本成果受到中国人民大学中央高校建设世界一流大学（学科）和特色发展引导专项资金支持

# 政策过程理论

李文钊 著

Theories of Policy Process

中国社会科学出版社

图书在版编目（CIP）数据

政策过程理论／李文钊著 . —北京：中国社会科学出版社，2024.5（2024.7 重印）
ISBN 978-7-5227-3324-1

Ⅰ.①政…　Ⅱ.①李…　Ⅲ.①政策科学—研究　Ⅳ.①D035-01

中国国家版本馆 CIP 数据核字（2024）第 058069 号

| 出 版 人 | 赵剑英 |
| --- | --- |
| 责任编辑 | 宫京蕾 |
| 责任校对 | 王　龙 |
| 责任印制 | 郝美娜 |
| 出　　版 | 中国社会科学出版社 |
| 社　　址 | 北京鼓楼西大街甲 158 号 |
| 邮　　编 | 100720 |
| 网　　址 | http://www.csspw.cn |
| 发 行 部 | 010-84083685 |
| 门 市 部 | 010-84029450 |
| 经　　销 | 新华书店及其他书店 |
| 印　　刷 | 北京君升印刷有限公司 |
| 装　　订 | 廊坊市广阳区广增装订厂 |
| 版　　次 | 2024 年 5 月第 1 版 |
| 印　　次 | 2024 年 7 月第 2 次印刷 |
| 开　　本 | 710×1000　1/16 |
| 印　　张 | 24 |
| 插　　页 | 2 |
| 字　　数 | 406 千字 |
| 定　　价 | 115.00 元 |

凡购买中国社会科学出版社图书，如有质量问题请与本社营销中心联系调换
电话：010-84083683
版权所有　侵权必究

# 目　录

**第一章　政策过程理论：起源、路径与演进** …………………（1）
　一　拉斯韦尔："两种知识"与政策科学的兴起 ……………（2）
　　1. 拉斯韦尔：政策取向与政策过程的"两种知识" …………（3）
　　2. 拉斯韦尔的政策科学设想及其主要贡献 …………………（5）
　　3. 拉斯韦尔引发的政策科学研究争论 ………………………（8）
　二　公共政策研究的范式变迁 ………………………………（16）
　　1. 政策过程中的事实：科学事实，还是社会事实？ ………（17）
　　2. 政策科学的兴起及其局限 …………………………………（20）
　　3. 论证转向及话语途径的产生 ………………………………（24）
　　4. 统一性的诱惑：融合政策科学与论证转向的新尝试 ……（28）
　　5. 寻找万能药，还是多样性的公共政策研究？ ……………（34）
　三　本书的框架结构 …………………………………………（36）

**第二章　多源流框架** …………………………………………（39）
　一　多源流框架的理论基础：模糊性与垃圾桶模型 ………（40）
　二　多源流框架的演进过程 …………………………………（48）
　三　多源流框架的假设、构成要素与核心命题 ……………（53）
　　1. 基本假设 ……………………………………………………（54）
　　2. 构成要素 ……………………………………………………（55）
　　3. 基本命题 ……………………………………………………（65）
　四　多源流框架的案例研究 …………………………………（66）
　五　多源流框架的应用、评价与展望 ………………………（69）
　　1. 多源流框架的应用 …………………………………………（69）
　　2. 多源流框架的正面评价 ……………………………………（72）

3. 多源流框架的主要争论 …………………………………………（74）
　　4. 多源流框架的展望 ………………………………………………（78）
　小结 …………………………………………………………………（80）

## 第三章　间断—均衡理论 …………………………………………（83）
　一　挑战政策过程中的渐进模型和偏好模型 ……………………（85）
　二　间断—均衡理论的理论基础 …………………………………（87）
　三　间断—均衡理论的演进：起源、发展与最新进展 …………（94）
　四　间断—均衡理论的框架结构：模型、要素与基本假设 ……（98）
　　1. 有限理性、政策选择的行为模型和不成比例信息处理
　　　模型 ………………………………………………………………（99）
　　2. 政治制度和政策图景 …………………………………………（104）
　　3. 信息处理途径和随机过程模型 ………………………………（107）
　　4. 多样性的研究方法 ……………………………………………（110）
　　5. 正反馈和负反馈机制 …………………………………………（114）
　　6. 一般间断假设 …………………………………………………（117）
　五　间断—均衡理论的案例研究 …………………………………（121）
　六　间断—均衡理论的应用、评价与展望 ………………………（124）
　小结 …………………………………………………………………（128）

## 第四章　制度分析与发展框架 ……………………………………（130）
　一　IAD 框架的思想传统：从托克维尔、霍布斯到联邦党人 …（131）
　　1. 托克维尔新政治科学的思想传统 ……………………………（132）
　　2. 霍布斯方法论个人主义和政治算术的思想传统 ……………（133）
　　3. 联邦党人的立宪分析传统 ……………………………………（134）
　二　IAD 框架的起源、演进与最新进展 …………………………（135）
　三　制度多样性、博弈论与 IAD 框架 ……………………………（137）
　　1. 行动舞台中的行动情景 ………………………………………（138）
　　2. 行动舞台中行动者假设 ………………………………………（140）
　　3. 在行动舞台中预测结果 ………………………………………（141）
　　4. 评价结果 ………………………………………………………（142）
　四　IAD 框架中外部影响变量 ……………………………………（143）

五　IAD 框架的制度理论 ………………………………… (145)
　　　1. 制度语法学：一种解剖制度的工具 ………………… (145)
　　　2. 制度类型学：一种分析制度分类的工具 …………… (147)
　　　3. 制度层次学：一种分析制度选择的工具 …………… (149)
　　　4. 制度演化学：一种分析制度变迁的工具 …………… (151)
　　　5. 制度设计学：一种型构制度的工具 ………………… (155)
　　六　从 IAD 框架到 SES 框架 …………………………… (158)
　　七　IAD 框架的应用、成就与挑战 ……………………… (161)
　　小结 ………………………………………………………… (164)

**第五章　行动者中心制度主义** ……………………………… (167)
　　一　挑战政策过程中的问题取向研究范式和实证研究范式 …… (168)
　　二　行动者中心制度主义的基础：博弈论、制度理论和合法性
　　　　理论 …………………………………………………… (170)
　　三　行动者中心制度主义的分析框架 …………………… (173)
　　四　政策过程中的行动者 ………………………………… (176)
　　五　政策过程中的行动者荟萃 …………………………… (180)
　　六　政策过程中的互动模式 ……………………………… (185)
　　　1. 无政府领域和最低限度制度之下的单边行动 ……… (185)
　　　2. 谈判协议 ……………………………………………… (188)
　　　3. 多数投票 ……………………………………………… (194)
　　　4. 等级命令 ……………………………………………… (196)
　　七　迈向谈判国家：行动者中心制度主义对政策过程理论的
　　　　贡献 …………………………………………………… (200)
　　八　行动者中心制度主义理论的评价与展望 …………… (202)
　　九　行动者中心制度主义对于中国政策和治理研究的启示和
　　　　借鉴 …………………………………………………… (204)

**第六章　倡导联盟框架** ……………………………………… (208)
　　一　寻找更好的政策过程理论 …………………………… (209)
　　二　倡导联盟框架的思想基础 …………………………… (210)
　　三　倡导联盟框架的演进过程 …………………………… (214)

四　倡导联盟框架的主要内容 ……………………………………（219）
　　1. 构成要素 ……………………………………………………（219）
　　2. 基本假设 ……………………………………………………（221）
　　3. 政策子系统 …………………………………………………（223）
　　4. 倡导联盟 ……………………………………………………（224）
　　5. 政策取向学习 ………………………………………………（228）
　　6. 政策变迁 ……………………………………………………（230）
　五　倡导联盟框架的案例研究 ……………………………………（232）
　六　倡导联盟框架的评价与展望 …………………………………（233）

## 第七章　民主的政策设计理论 …………………………………（236）
　一　挑战政策过程的四种传统理论 ………………………………（238）
　二　社会建构框架的理论基础 ……………………………………（242）
　三　社会建构框架的演进过程 ……………………………………（248）
　四　社会建构框架的研究问题、假设、要素和基本命题 ………（255）
　　1. 社会建构框架的研究问题 …………………………………（255）
　　2. 社会建构框架的基本假设 …………………………………（257）
　　3. 社会建构框架的构成要素 …………………………………（258）
　　4. 基本命题 ……………………………………………………（263）
　五　社会建构框架的案例研究 ……………………………………（272）
　六　社会建构框架的评价与展望 …………………………………（274）
　小结 …………………………………………………………………（276）

## 第八章　叙事式政策框架 …………………………………………（278）
　一　叙事式政策框架的理论基础 …………………………………（279）
　二　叙事式政策框架的哲学基础 …………………………………（282）
　三　叙事式政策框架的主要内容 …………………………………（287）
　　1. 政策叙事的形式和内容 ……………………………………（288）
　　2. 叙事式政策框架的核心假设 ………………………………（291）
　　3. 叙事式政策框架的分析层次 ………………………………（292）
　　4. 微观层面的叙事式政策框架 ………………………………（293）
　　5. 中观层面的叙事式政策框架 ………………………………（298）

6. 宏观层面的叙事式政策框架 …………………………（302）
　四　叙事式政策框架的案例研究 ………………………………（302）
　五　叙事式政策框架的评价与展望 ……………………………（308）
小结 ………………………………………………………………（311）

## 第九章　政策创新与扩散框架 ……………………………（313）
　一　政策创新与扩散框架的理论基础 …………………………（314）
　　1. 民主的实验室理论 ………………………………………（314）
　　2. 联邦主义理论 ……………………………………………（315）
　　3. 有限理性理论 ……………………………………………（316）
　　4. 制度趋同理论 ……………………………………………（318）
　二　政策创新与扩散框架的思想演进 …………………………（319）
　　1. 创立阶段（1969—1990）………………………………（319）
　　2. 发展阶段（1990—2006）………………………………（321）
　　3. 成熟阶段（2006 年至今）………………………………（322）
　三　政策创新与扩散框架的主要内容 …………………………（323）
　　1. 政策决策者及其心智模型 ………………………………（325）
　　2. 政策采纳的内部因素决定模型 …………………………（326）
　　3. 政策采纳的外部因素决定模型 …………………………（327）
　　4. 政策扩散的机制 …………………………………………（328）
　　5. 政策采纳的统一模型 ……………………………………（330）
　　6. 政治制度下的政策扩散过程 ……………………………（331）
　四　政策创新与扩散框架的案例研究 …………………………（332）
　五　政策创新与扩散框架的评价与展望 ………………………（333）
　　1. 政策扩散机制的评价与优化 ……………………………（333）
　　2. 政策扩散研究在政策过程中的拓展和应用 ……………（335）
　　3. 政策扩散研究与其他政策过程理论的连接 ……………（337）

**参考文献** ………………………………………………………（340）

**后　记** …………………………………………………………（375）

# 第一章

# 政策过程理论：起源、路径与演进

自从萨巴蒂尔对政策研究的阶段论（Stage Model）提出挑战，倡导政策过程研究应该发展能够符合科学原则的理论以来，政策过程理论取得了长足进展（Sabatier，1999；Sabatier，2007；Sabatier & Weible，2014）。随着越来越多的学者加入政策过程理论研究，更多的分析框架和理论模型被提出、开发、应用、检验和修正，政策过程理论正成为公共政策研究中最有竞争力和进展最快的领域之一（John，1998，2012；Cairney，2012；Peters & Zittoun，2016）。在发展多样性的政策过程框架和理论模型时，不同学者之间开展了严肃而富有成效的对话、学习与交流，这进一步促进了政策过程理论的研究与发展。

《政策研究杂志》（*Policy Studies Journal*）在推动政策过程理论的发展中发挥着重要和关键作用，正成为政策过程理论研究的主要交流平台之一。一方面，它发表了大量有关政策过程理论研究的成果，针对一些重要政策过程理论，如倡导联盟理论（Advocacy Coalition Framework，ACF）、多源流理论（Multiple Streams，MS）、制度分析与发展理论（Institutional Analysis and Development，IAD），以及一些政策过程的前沿理论（Schlager & Weible，2013）出版专刊（Special Issues），进行深入的对话和讨论，聚集了一批对政策过程理论研究感兴趣的学者群体，促进了政策过程理论研究的深化、传播和发展。另一方面，它还相继发表了有关政策过程理论的综述性论文，对政策过程理论已经取得的研究成果进行介绍，对研究现状进行反思，并进一步探讨未来的可能发展方向和空间（Nowlin，2011；Petridou，2014）。

很显然，政策过程理论的产生、传播与争论，有利于政策过程学科范式的形成。政策过程理论在某种程度上复兴了公共政策研究的科学性和理论性，它以另一种方式回应了拉斯韦尔对政策科学的倡导，为寻找公共政策学科本身的"身份认同"和"学科认同"奠定了良好的基础。因此，公共政策研究者和学习者都不得不对政策过程理论给予足够关注和重视，否则就会跟不上学术发展的步伐，也不能够参与学术对话和把握学术前沿，更不能够很好地理解政策过程本身。

在英文世界，一些系统介绍政策过程理论的著作相继出版，这使学者们能够更加便捷地了解政策过程理论的主要流派及其发展状况，大大节省了知识获得成本，也有利于理论本身的进一步发展（John, 1998, 2012; Cairney, 2012; Sabatier & Weible, 2014; Peters & Zittoun, 2016）。与英文世界相比，中文世界还缺乏这样的学术著作。正是这一原因，本书将聚焦于政策过程理论研究，厘清不同理论的内在逻辑及其中国适用性，为进一步发展具有中国特色的政策过程理论奠定智识基础。为此，本书试图系统、全面和客观地阐述不同政策过程理论研究的路径、理论模型、主要发现、存在问题与挑战，对这些不同政策过程理论在中国的应用情况进行简要回顾与评论，分析不同政策过程理论之间的共性与差异，并对政策过程理论的未来进行展望。

本章为全书的导论部分，主要讨论政策过程理论的起源、路径与演进，刻画不同政策过程理论之间的内在关系，并介绍全书的框架结构，这为理解整本著作的叙事逻辑提供了一把钥匙。接下来的内容安排如下：首先通过对拉斯韦尔（Harold Lasswell）有关"政策取向"（Policy Orientation）论述的再思考，探讨了政策过程理论研究的起源，以及它在拉斯韦尔所倡导的"政策科学"这一学科中的位置。其次根据拉斯韦尔提出的"政策过程的知识"（Knowledge of the Policy Process）和"政策过程中的知识"（Knowledge in the Policy Process）的"两种知识"，对整个公共政策研究的逻辑谱系进行了分类，从中可以看出政策过程理论所处的位置。随后，通过对政策过程理论演进逻辑的回顾，认为政策过程理论经历了借鉴政治学和经济学理论，到形成有特色的阶段论，以及发展具有政策特色的综合理论过程，这些综合理论构成了本书研究的重点。最后，对整本书的框架结构进行了介绍。

## 一 拉斯韦尔："两种知识"与政策科学的兴起

对于政策过程理论的关注，最早可以追溯到政策科学的鼻祖拉斯韦尔。他对政策科学学科使命的思考深刻地影响了政策研究本身的路径，后来所有有关公共政策的研究与发展都可以在他的阐述中找到线索和萌芽，对于政策过程理论的研究也不例外（Torgerson，2007；黄璜，2015；张敏，2010）。

为此，我们将从拉斯韦尔提出"政策取向"开始，探讨他对政策科学的理论构想和宏伟设计，概括他在政策科学研究方面的具体贡献，以及阐述围绕着他提出的政策科学蓝图而产生的争论。

### 1. 拉斯韦尔：政策取向与政策过程的"两种知识"

一般认为，政策科学起源于拉斯韦尔于 1951 年编辑出版的《政策科学：范围与方法的最近发展》一书。在该书中，拉斯韦尔撰写了一篇《政策取向》的文章，强调使用政策来整合现有的学科分工，提出了建构基于政策研究的学科设想，并将这一学科定义为"对政策的科学研究"，并用"政策科学"来指称这一学科。在对政策学科任务的界定中，拉斯韦尔指出：

> 我们应该意识到政策过程本身是一个适合的研究对象，这主要是因为我们需要提高决策的理性程度。政策取向正在发展过程之中，它是要跨越现有分工。这一取向有两方面任务。一部分是指向政策过程，另一部分是政策的智力需求（Intelligence Needs）。第一个任务是需要使用社会和心理学研究方法来发展一个政策形成和执行的科学。第二个任务需要跨越社会科学和心理学的边界，提升对政策制定者有用的信息和解释的具体内容。（Lasswell，1951：5）

对于政策科学的这两项任务，拉斯韦尔（Lasswell，1970）在《正在出现的政策科学概念》一文中，将之概括为"政策过程的知识"和"政策过程中的知识"。很显然，"政策过程的知识"关注一般性政策过程，讨论政策过程本身的科学性，即能否按照科学逻辑来建构政策过程。"政策过程中的知识"则关注政策本身的内容，讨论政策本身的科学性，即能否用科学方法来解决问题。在拉斯韦尔的设想中，政策过程的这两个知识具有内在逻辑一致性，两者之间相互促进，共同推进政策本身的科学性，尤其是知识与政策有效结合，使知识真正服务于实践和问题解决，这也是"政策科学"不同于"政治科学"的主要方面。因此，很多学者认为"问题导向"是拉斯韦尔"政策科学"的本质和核心（Turnbull，2008）。

拉斯韦尔的知识观受哲学家杜威实用主义的影响，它是实用主义哲学一般逻辑与政策研究相结合的产物。事实上，将社会科学的知识用于改善实践的传统可以追溯到更早的启蒙时代。学者彼特·瓦格拉（Wagner，2007：29）在一篇回顾政策科学产生历史的文章中指出："在启蒙时代，发展社会知识用于社会改善目的的观点就以我们现在所熟知的形式展现。在很多方面，美国和法国革命是那种发展的高点，也是一次大范围利用现代社会和政治理论来改善社会实践的时代。"在瓦格拉看来，启蒙时代以来，人类社会试图按照自由放任的原则来建构社会秩序，认为只要给予个人足够的政治和经济自由，社会就会实现良好运行。但是，社会运行的现实打破了启蒙时代的思想观念，自由放任的社会中出现了很多社会问题，并没有实现启蒙思想所预期的结果。政府开始广泛对社会进行干预，通过社会政策来解决社会问题，提升社会福利，这种干预也产生了利用社会科学的知识提升社会现实的需求。对于"知识为了什么？"（Knowledge for What）的重新思考，使一些研究者开始对研究方向进行转向，从纯粹对社会运行逻辑的理解向提出有利于社会改善的有用知识的转变，这种转变过程要求知识具备应用性的特征。知识的应用转向，以及国家对知识的需求，使得知识与权力等重新建立了联系，并且为社会学科研究中政策转向奠定了实践基础和知识基础。

彼得·德利昂（DeLeon, 1988; DeLeon, 2006; DeLeon & Vogenbeck, 2007）对于政策科学的产生也给出了类似的解释，他提出了一个政策科学产生的需求与供给模型，讨论了政治实践与知识需求之间的互动关系。他将分析活动与特殊的政治事件联系在一起［他将之定义为了供给（Supply），这意味着，事件为分析者使用他们分析技能提供了条件。］，这些事件也产生了政府部门中进行分析的需求［他将之定义为需求（Demand），意味着对分析技能的需要］。在讨论对政策科学产生影响的政治事件中，他重点列举了六个重要的政治事件，即第二次世界大战、向贫困宣战、越南战争、水门事件、20世纪70年代能源危机和冷战结束，其中前面两个事件对政策科学的产生具有正面推动作用，后面四个事件则对政策科学的发展有负面影响。由此可见，政策实践与政策科学发展之间具有相互促进的作用。

道格拉斯·托格森（Torgerson，2007）在一篇讨论拉斯韦尔政策取向的论文中，使用了拉斯韦尔在倡导政策科学研究时强调的"情景"一词，并将拉韦斯韦尔的政策取向的提出本身放在"情景"中考察。在托格森看来，拉斯韦尔提出的政策取向的设想本身是受到其所处时代和自身经验影响，正是拉斯韦尔本人在第二次世界大战中将知识与战争需求相结合，才使他设想提出一门以政策为研究对象的独立科学。从这意义上看，拉斯韦尔提出的政策取向研究，以及将这一研究命名为"政策科学"有着深厚的历史、理论与实践基础。而他关于政策科学应该聚焦于政策过程研究，并且重视政策过程中的"两种知识"，为政策科学的后续发展奠定了坚实的基础。

### 2. 拉斯韦尔的政策科学设想及其主要贡献

将"两种知识"作为政策科学的研究对象，仅仅是拉斯韦尔所设想的政策科学使命的内容之一。在《政策取向》一文中，拉斯韦尔还讨论了政策科学应该关注和重视的核心内容：强调方法，尤其是定量分析方法在政策科学中的应用；注重知识的应用，认为知识应该应用于一个时代重大危机的解决之中；选择最根本性问题进行研究；使用理论模型；对目标进行分类；民主的政策科学，认为政策科学应该是有利于实现人类自身的尊严；对时间的敏感性；将全球纳入政策科学的讨论中；注重发展概念（Development Construct）；问题导向等。此后，在另外一篇讨论政策科学起源的重要论文中，拉斯韦尔（Lasswell，1970）指出了政策科学本身的四个独特特征，即情景性（Contextuality）、问题取向（Problem Orientation）、技术整合（Distinctive Synthesis of Techniques）和独特的身份意识（Distinctive Identity Image），这进一步刻画了政策科学的图景。

拉斯韦尔除了对政策科学的学科发展进行前瞻性构思之外，他还对政策过程的具体研究做出了突出贡献，为政策过程的后续研究奠定了基础。目前有关政策过程中的阶段论，大多受到了拉斯韦尔研究的启发。拉斯韦尔在研究政策过程时，非常重视情景和模型的作用，它将模型类比为地图，如同地图有利于人们寻找地理位置，模型有利于政策科学家理解政策现实，也是政策科学家之间进行知识交流的基础。为此，他对政策模型在政策过程中作用进行了总结，他认为"一个完整的政策模型（Comprehensive Policy Model）被用来描述不同领域和不同政策过程中任何个人、团体和结构的涉入程度"（Lasswell，1970：9）。在使用模型描述政策过程时，拉斯韦尔讨论了两个相关的过程，一个是社会过程（Social Process），一个是政策过程（Policy Process），后者嵌套于前者之中。社会过程构成了政策过程的情景，政策过程本身会受到社会过程的影响，也会影响社会过程，社会过程和政策过程形成了一个连续体。对于社会过程，拉斯韦尔将之概括为七个构成要素，即参与者（Participants）、视角（Perspective）、情景（Situation）、基本价值（Basic Values）、策略（Strategy）、结果（Outcome）和效果（Effect），这些要素可以描述社会的运行过程（详细内容见表1-1）。很显然，拉斯韦尔对于社会过程的描述符合博弈论对于社会的构造（克雷普斯，2006）。对于政策过程而言，拉斯韦尔分析了决策过程中的七个功能或阶段，即情报功能（Intelligence），主要是投票通过或阻止的信息，如计划；推广功能（Promotion），主要是承诺或反对政党或压力集团的主张；建议功能（Prescription），主要是对应该采取的行动提出意见和建议；援引功能（Invocation），它是建议在具体情景中实施的初步特征；实施功能（Application），指建议的实施过程；终结功能（Termination），对建议的终结，或者处理建议引起的期望；以及评价功能（Appraisal），对政策目标的实施情况进行评价。决策过程通常是由官方行动者参与的"舞台"，但是，它也会在社会过程中体现，主要是通过前舞台（Pre-Arena）、共同舞台（Co-Arena）和后舞台（Post-Arena）发挥作用，权威决策过程见图1-1。从图1-1可以看出，拉斯韦尔已经非常敏锐地意识到决策过程本身的自主性与开放性之间的内在关系，并且强调政策过程本身要受到社会的作用，这些洞见对政策过程理论研究产生了深远的影响。此后，无论是政策过程中阶段论，还是更加复杂的政策过程理论，如倡导联盟理论、多源流理论等，都可以从社会过程与政策过程之间关系中找到各自的位置。

表1-1　　　　　　　　　　社会过程

　　为了方便起见，社会过程能够更加宽泛地被定义为：

　　　　参与者→寻求价值

　　　　　　→通过制度

　　　　　　→影响环境

## 第一章 政策过程理论：起源、路径与演进

这一过程通过下表以更为详细的特征呈现：

| 参与者 | 视角 | 情景 | 基本价值 | 策略 | 结果 | 效果 |
|---|---|---|---|---|---|---|
| 个人<br>团体<br>价值塑造<br>官方<br>非官方<br>价值接受<br>官方<br>非官方 | 价值需求<br>期望<br>身份<br>神话<br>学说<br>规则<br>值得称羡的东西 | 非组织<br>领地<br>多元主义<br>组织<br>领地<br>多元主义 | 正面资产<br>视角<br>能力<br>负面资产<br>视角<br>能力<br>（权力、启蒙、财富、福利、技能、情感、尊重、诚实） | 强制<br>说服<br>聚集<br>过程 | 价值<br>放纵<br>剥夺<br>决策<br>选择<br>1. 情报<br>2. 推广<br>3. 建议<br>4. 援引<br>5. 实施<br>6. 终结<br>7. 评价 | 价值<br>聚集<br>享受<br>分配<br>制度<br>结构<br>功能<br>创新<br>扩散<br>限制 |

资料来源：Lasswell，1970：7。

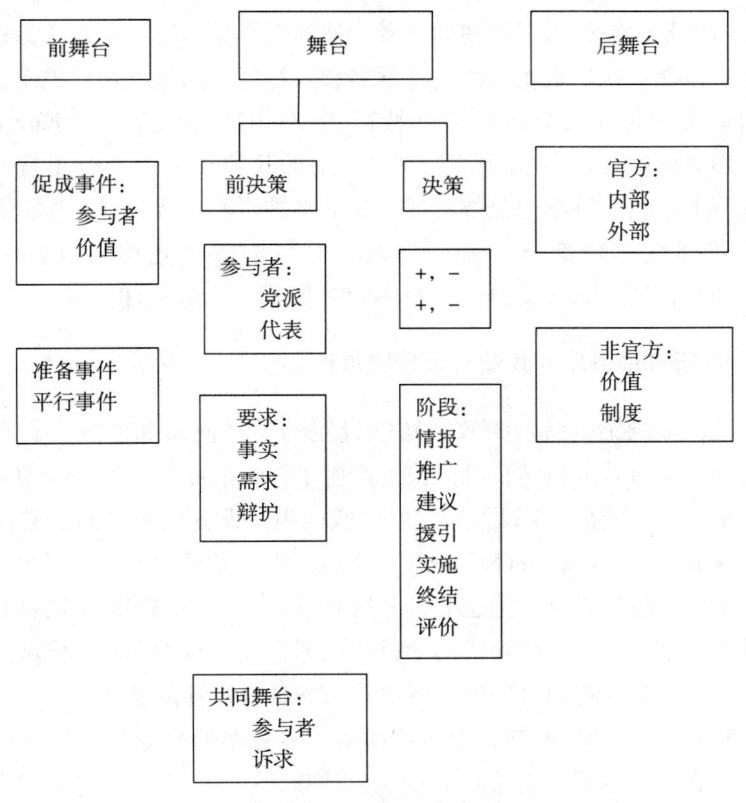

**图 1-1　权威决策过程**

资料来源：Lasswell，1970：8。

应该说，拉斯韦尔这位政策科学的鼻祖给政策科学研究留下了丰富的遗产，他对政策科学的一些洞见对政策研究产生了深远影响，而且现在仍然值得我们深思。对于拉斯韦尔有关政策科学的思想，不同学者给出了不同解读，并且进行了不同的阐述。彼得·德利昂等（DeLeon & Vogenbeck，2007）学者将拉斯韦尔等倡导的政策科学的试金石（Touch-stones）概括为三个方面：问题导向（Problem-oriented），政策科学要面对政策议题，并且提出解决方案，而不是为了知识而知识进行研究；多学科性（Multi-disciplinary），这是由政策问题本身的复杂性决定的；规范或价值取向（Normative or Value Oriented），它需要处理和应对民主价值和人类尊严问题。很显然，这三个方面的总结是相当精辟的，这些内容也是拉斯韦尔设想的政策科学应该追求的方向。尼克·特恩布尔（Turnbull，2008：73）则指出："拉斯韦尔对于学术性政策的分析十分重要。这主要是因为：他是政策科学理想的创立者；他的工作是用科学反对政治这一更大运动的体现；他尽量使得社会科学和政策过程之间建立正式关系；他使得问题解决成为政策分析的显著特征。"詹姆斯·法尔等（Farr et al.，2006）学者则对拉斯韦尔所倡导的"民主的政策科学"十分重视，认为这是拉斯韦尔政策科学的独特特征，却常常被研究者所忽略，这一思想被很多后实证主义政策分析者所强调。道格拉斯·托格森（Torgerson，1985）则对拉斯韦尔政策科学思想中的"情景"十分关注。

### 3. 拉斯韦尔引发的政策科学研究争论

不过，围绕拉斯韦尔为政策科学设定的学科使命和前景一直存在争论，这些争论对政策科学自身的演进产生了深远的影响。第一个争论是政策科学是否应该遵循"问题导向"？杜威认为知识应该为"问题解决"服务（Knowledge for Problem Solving），这是实用主义哲学的核心思想。拉斯韦尔深受该思想的影响，他也非常重视政策科学本身的问题解决特征，将政策科学称之为公共问题解决的学科，试图在社会科学和政治实践之间建立联系，并且首次将政策问题的解决作为学科合法性的基础。尼克·特恩布尔（Turnbull，2008：78）对于拉斯韦尔所强调的政策科学的"问题导向"所包含的内在矛盾有清晰的认识，他指出："拉斯韦尔将实用主义的单独问题探究过程转化为两个问题探究过程。他将从问题到解决方案的一体化程序转化为两个探究过程：一个是问题本质的探究，一个是对如何实施问题的探究。拉斯韦尔的政策科学两极（Two Poles of Policy Science）①将科学发现与将发现应用于实际的方法区分开来。他超越了杜威模型，区分了科学和科学的政治，即便他并不认为政策制定过程在逻辑上不同于科学探究过程。"

特恩布尔的阐述已经触及拉斯韦尔有关政策科学思想的核心，即政策过程的知识和政策过程中的知识是否具有内在逻辑一致性，是否能够都按照科学逻辑来建构。很显然，拉斯韦尔为政策研究提供了一个"科学模型"，这也是他将政策研究称为政策科学的原因。不过，拉斯维尔的科学模型本身受到挑战。拉斯维尔关于政策科学两极的思想自然产生了一个问题：这两极之间是如何联系的？或者说，科学知识是如何在政策过程中得到应用的？特恩布尔在回顾学者们对拉斯韦尔的批评时，指出科学知识在政策过程中的应用可以分为两种类型，一种类型的科学知识主要是应用于宣传，服务于已经有的私人利益，科学知识通常用来论证已经制定的决策；另一种类型的科学知识则是受到实践检验，是真正对问题的反映。在实际的政策过程中，很多研究者认为存一种"问题解决的神话"（Problem Solving Myth），"研究发现对于政策的影响并没有学者想象的那么大；科学家通常比较幼稚地没有考虑到利益和意识形态在政治中的作用；研究更多的是影响政策制定者如何对问题的概念化而不是提供解决方案，或者它用来使议题在公众议程中受到关注或者不受关注；政策制定者通常使用研究来论证他们一种已经拥有的立场"（Turnbull，2008：80）。

很显然，科学知识与政策过程之间并非遵循理性模式和科学逻辑，而是存在一系列复杂的互动关系。维特罗克（Wittrock，1991）讨论了社会科学与政策之间互动的四种模型，即启发模型（The Enlightenment Model）、工程模型（The Engineering Model）、技术模型（The Technocratic Model）和经典官僚模型（Classical Bureaucratic Model），启发模型认为社会科学在发现问题而不是解决问题方面发挥作用，工程模型则认为研究应该服务于政策需求，技术模型认为研究是首要的，政策应该服从于研究，经典官僚模型强调政治和行政的首要性。他认为，这四种模型都具有类在缺陷性，启发模型和经典官僚模型认为公共政策和社会科学研究之间拥有

---

① 这里的政策科学两极主要是指前面提到的"两种知识"，即政策过程的知识和政策过程中的知识，前者涉及政策制定过程，后者涉及公共政策本身。

不同的逻辑，而工程模型和技术模型则认为两者之间拥有单一的逻辑。在维特罗克看来，这些研究假设都不符合现实，如果科学研究与政策过程之间具有不同逻辑，则两者之间很难进行交流学习；如果科学研究与政策过程之间具有相同的逻辑，则在现实中很少看到两者之间比较和谐的互动。正是在对这些模型的挑战基础之上，维特罗克提出了"对话结构"（Discourse Structuration）模型，认为科学研究与政策过程之间是一种双向互动关系，政策制定者会使用科学知识，与此同时，他们也会影响科学研究过程。在维特罗克的研究基础之上，特恩布尔（Turnbull, 2008）得出科学研究与政策过程之间是情景性（Contingent）的关系而不必须性（Necessary）的关系，两个领域之间互动，但是知识的流动会以不同方式和不同逻辑流动，科学逻辑并不是两个领域之间唯一的互动逻辑，与其说两者之间是科学逻辑，还不如说是一种修辞逻辑和政治逻辑。

特恩布尔指出了拉斯韦尔所倡导的政策科学所隐含的内在假设，即认为存在一个客观的问题可以通过科学方法去解决。这一假设将科学放到了更为重要和关键的位置，认为科学是推动问题解决的主要途径，也排除了对于问题本身多样性解释和建构的可能性，这也是政策过程和科学研究之间产生矛盾的关键所在。拉斯韦尔的政策科学中问题取向进一步强化了这一趋势，使问题建构本身的政治性和社会性被排除在外。对于拉斯韦尔而言，"科学理性既包括政策过程中信息输入，也包括政策制定过程本身。他将问题科学解决包含着政策科学的两极，……政策科学背后的科学理性通过排除问题本身使政治边缘化"（Turnbull, 2008: 85）。因此，特恩布尔指出了拉斯韦尔的政策科学的"问题取向"本身的"问题"，即没有认知到知识在政策过程中应用的"政治性"，它是对政策过程的"政治性"的重新强调和认识。当然，这也是一个巨大讽刺，拉斯韦尔所力图使用科学方法对政策过程进行研究本身不具有科学性。究其原因，他预设了科学逻辑至高无上性，放弃对政策过程现实的思考，用假设去替代和改造现实。

中国学者对中国政策过程中政治和科学关系的研究也表明，政策过程与科学知识之间远非拉斯韦尔所设想的政策科学的"两极模式"。朱旭峰（2011）在对中国政策变迁过程中专家参与的研究中，就讨论了政策变迁属性与专家参与模式之间互动机理。他以"损失嵌入性"和"知识复杂性"两个维度为基础，讨论了在四种政策变迁情景之下不同专家参与模式的选择，即公众启迪—竞争性说服模式、内部参与—直接咨询模式、外锁模式、社会动员—简单决策模式。在他提出的两个分类维度中，"损失嵌入性"是一个政治和利益的维度，它考虑政策过程中参与者在政策变迁中的利益得失，以及与决策者之间的关系，"知识复杂性"则是一个讨论科学知识重要性的维度。他的研究表明，科学知识在政策过程中并不会自然发挥作用，政治、利益、意识形态等都会发挥关键作用，要使科学知识发挥作用，作为科学知识的拥有者专家需要使用不同策略，才能够使专家知识真正发挥作用。事实上，如果我们一旦加个专家本身的"政治性"，这将会使政策过程中科学知识的应用更复杂。这说明，拉斯韦尔所倡导的政策科学中"问题取向"并非那么容易实现，科学逻辑也只是一种理想逻辑，现实政策过程更加复杂与多样，这也是很多学者试图发展更好地理解政策过程的理论框架的原因所在。

第二个争论是政策科学中是否应该考虑"民主价值"。对于拉斯韦尔而言，政策科学本身应该有较强的价值倾向，它服务于民主价值，实现人类尊严，而不是服务于"监视国家"（Garrison State），这应该是一种"民主的政策科学"（Policy Science of Democracy）。而从事"民主的政策科学"的研究人员，也就是拉斯韦尔所说的"民主的政策科学家"（Policy Scientist of Democracy）。对于民主的政策科学家的具体使命，詹姆斯·法尔等（Farr et al., 2006：582）在一篇专门讨论拉斯韦尔有关民主的政策科学家的论文中进行了具体阐述。对于民主的政策科学家角色，他们指出："政策科学家是社会精神分析师、技术专家和民主宣传家的后代。像他们一样，政策科学家是一种科学的实践者，医生或律师是他们的原型，他们都是将方法和一般原理应用于解决现实问题。……政策科学家是战略性的、创新性的和向前思考的。更为重要的是，政策科学家是与一个时代的治理危机相联系在一起。政策科学家作为专家，在情报方面拥有专业技能，他们也是咨询者，与权力很好相处，拥抱斗争，对一些重大的决策问题贡献智慧。"简而言之，民主的政策科学家知道所有精英决策过程，通过他们的知识为决策者提供建议，并且与决策者分享权力，促进人类尊严和价值的实现。戴维·伊斯顿（Easton, 1950）认为拉斯韦尔本人就是民主的政策科学家的典型，而他的理论本身发展于他自身服务于政府、推进政策科学化的实践。

从拉斯韦尔一开始倡导民主的政策科学，以及与之相关的民主的政策科学家的理念时，就得到两种截然相反的评价。持肯定意见的学者认为拉斯韦尔把握了时代的本质，很好地调和了政策科学与民主之间的关系，是对价值的科学判断的尝试。不过，另外一些学者则认为拉斯韦尔的民主的政策科学自身包含着矛盾和冲突。这主要是因为民主的政策科学本身既包含着描述性内容，也包含着规范性内容。一方面，民主的政策科学强调科学性，主张事实、客观和真理，另一方面，民主的政策科学强调民主性，则是价值层面的判断和导向。民主的政策科学和民主科学（Democratic Science）一样，两者本身都是一个矛盾体。此后，很多学者开始转入定量、专业化和经济学分析思维中，注重客观分析，回避主观价值判断，并没有按照拉斯韦尔所倡导的多学科和民主的政策科学方向迈进。实证主义的教条，以及科学中价值中立的信奉，与对推进民主的决策过程两者本身并不相容。而一些对拉斯韦尔持同情立场的学者则认为民主的政策科学中"民主"一词太空洞，本身并不包含什么具体内容。他们认为试图将拉斯韦尔的民主的政策科学的内涵具体化并进行扩展，以包括更多的内容，而不仅仅是专家和领导者。于是，德雷泽克（Dryzek，1989：113）认为政策科学需要更多的公民参与、教育和公共讨论，他称之为"参与式民主的政策科学"（Policy Science of Participatory Democracy）。中国学者也认知到拉斯韦尔所倡导的民主科学所包含的内在矛盾，并将它们称为规范性特征与方法论特征的冲突。如张敏（2010：117）指出："政策科学要以民主的基本价值为追求，这构成了政策科学的整体规范特征；政策科学要以问题导向、注重情境关系以及方法多元为研究指导，这构成了政策科学的方法论特征。"

尽管如此，拉斯韦尔有关民主的政策科学的设想仍然给政策科学留下了丰富的遗产。詹姆斯·法尔等（Farr et al.，2006：585）在评论拉斯韦尔的民主政策科学的研究时，指出："拉斯韦尔有关民主的政策科学家的理想，尽管存在矛盾和不符合现实的情形，但是仍然为政治科学提供了一些需要思考的问题：什么是民主社会政治科学家的角色？政治科学家有义务为政策提供建议或者影响政策吗？有一些民主价值需要政治科学服务吗？如果有，这些价值是什么？"不过，布伦纳（Brunner，2008）给出了不同的观点，他认为詹姆斯·法尔等学者并没有真正理解拉斯韦尔的"民主的政策科学家"的思想，拉斯韦尔试图在"道德、科学与政策实践"之间实现整合，并进行了有益探索。在道德方面，拉斯韦尔认为科学与政策是实现人类尊严的手段，并且对人类尊严具体包含的内容进行了讨论。在科学层面，拉斯韦尔强调多学科方法，并非主张实证主义作为唯一方法，十分重视情景的作用。在拉斯韦尔看来，科学命题以及支撑科学命题的概念框架都需要适应具体的情景。因此，布伦纳（Brunner，2008：10）对拉斯韦尔心目中理想的"民主的政策科学家"进行了总结，他认为"在拉斯韦尔的愿景中，民主的政策科学家使用综合的概念框架，以及在这些框架基础之上的道德和科学命题，以这些框架、命题作为启发式方法以呈清政策情景中价值目标以及实现价值目标的行动手段"。在布伦纳看来，拉斯韦尔不仅指明了民主的政策科学的方向，而且还探索了具体路径，布伦纳与詹姆斯·法尔等的争论正是在于"民主的政策科学"的具体路径和设想方面。在回应布伦纳的文章中，詹姆斯·法尔等（Farr et al.，2008：22）对他们论文的主题进行了进一步阐述，认为："我们论文中赋有生机的问题是：拉斯韦尔主张的能够对民主决策过程产生影响的问题导向的社会科学，在这一转化的智识背景之下，如何才能够实现？"对于这一问题，他们坚持认为拉斯韦尔对政策科学和政治科学提出了很好的问题，但是并没有清晰地回答。

对于政策科学与民主之间的内在紧张、冲突与融合关系，彼得·德利昂（DeLeon，1995）进行了更为深入的讨论。他认为，仅仅提出民主的政策科学这一称谓是不够的，还需要弄清楚民主的具体含义。为此，他将民主的政策科学纳入民主研究这一更为深厚的学术研究传统之中，探讨民主的政策科学中"民主意味着什么"。在回顾民主的历史演进中，德利昂重点讨论了两种不同的民主观，即麦迪逊的代议制民主和托克维尔的直接民主。麦迪逊的间接民主会与功利主义结合有可能导致"专制的政策科学"（Policy Science of Tyranny），这会使政策分析人员代替民众行使权力，使政策科学与民众脱离，不能够真正实现民主的政策科学。正是因为一些研究者认识到现有政策分析中所体现的官僚、实证和技术气息，提出了替代性政策分析思想，而这一思想的源头仍然是拉斯韦尔的民主的政策科学。这些替代性政策分析有不同称谓，如参与式政策分析（Participatory Policy Analysis）、审慎式政策分析（Deliberative Policy Analysis）、对话式政策分析（Discourse Policy Analysis），其关键都是重新将公民纳入政策分析的中心，根植于托克维尔的直接民主，强调公民参与。彼得·德利昂最后的观点是两种不同的民主观之间以及它们在政策研究中的表现展示了持续的冲突，它们构成了民主的政策科学必须面对的问题。而只有托克维尔式的民主观战胜麦迪逊式民主观，民主的政策科学才能够真正发挥作用。由此可见，德利昂的研究一方面深化了我们对于民主的政策科学中民主与政策科学之间冲突的认知，另一方面也加强了对民主本身的理解。

很显然，拉斯韦尔有关民主的政策科学的设想也会继续对后续研究产生深远的影响。围绕民主的政策科学这一所谓的"矛盾体"的争论还会持续，这将构成政策科学的基本现实。在未来的研究中，民主与政策科学之间的关系仍然会是政策科学研究的焦点，并且会对政策科学学科发展本身产生持续的作用。

第三个争论是政策科学中是否应该重视"情景性"（Context）。拉斯韦尔在倡导政策转向的同时，他非常重视"情景"在政策研究中的作用。在讨论情景时，他（Lassewell，1951）将"发展概念"（Development Construct）、时空概念和世界概念联系在一起，这些因素共同构成了情景的具体内容。"发展概念"受到马克思理论的影响，他认为政策研究应该从历史的角度进行研究，考虑过去、现有与未来。与马克思理论不同的是，拉斯韦尔并不认为历史有某种"决定论"，发展有规律可以寻找，但是这些规律并没有决定论的特征，这种未来的不确定性为探究和行动提供了空间。为此，拉斯韦尔非常重视在为政策过程提供知识时对情景的模型化，而对于"情景中个人"（Self-In-Context）的讨论构成了其对于情景研究和把握的核心。在上文中，我们已经讨论过拉斯韦尔的社会过程模型，该模型就是对情景进行描述的一种尝试。不过，拉斯韦尔另一方面也重视决策中的技术层面，他设想一种类似机器自动运转的决策机制，"决策过程中大部分工作的运行，其期望是选择者的自行决定权，用一种更加自动化的像机器一样的程序取代"（Lassewell，1955：387）。从某种程度上看，现在流行的大数据决策、人工智能等可以看作拉斯韦尔所倡导的像机器自动决策的进化版本。

围绕拉斯韦尔有关政策取向研究中的"情景"问题，实证主义政策分析取向与后实证主义政策分析取向之间产生了较大分歧。实证主义取向政策分析使用"政策科学"一词来指称政策过程中的理性分析，突出经验、实证和理性的作用。技术式政策分析强调实证主义取向，注重使用定量方法，主张事实与价值二分，并且寻找一些具有普遍适用的法则。技术式政策分析的典型是将决策过程看成一个"理性"过程，决策者对问题进行界定，寻找不同解决方案，预测不同解决方案对政策目标的实现程度，选择最能够实现目标的方案。在技术式政策分析看来，公共政策是一个客观的、技术的和可以管理的问题，科学方法和成本收益方法是最好的政策分析方法。这种对公共政策问题的"客观性"建构，使它忽视了公共政策现实本身的"多样性"和"复杂性"。在很多时候，价值、观念、规范和情况等在政策分析中发挥重要作用。技术式政策分析在城市规划的表现为强调城市规划是一种科学活动，科学和技术知识发挥重要作用，主要是专家活动的领域。

最近二十多年，公共政策政策分析经历了从技术式政策分析（Technocratic Policy Analysis）向审慎式政策分析（Deliberative Policy Analysis）的转变，从形式理性（Formal Reason）向实践理性（Practical Reason）的转变，这种转变被称为"论证式转向"（Argumentative Turn）（Fischer & Forester, 1993; Fischer, 2003; Fischer, 2007）。这种转变过程最直接的原因是政策分析不能够为实践提出"有用的知识"，不能够成功地解决政策世界中面临的问题。这种"论证式转向"与社会科学研究中"后实证主义运动"联系在一起，其核心特征主要有三个：经验、解释和批判（Torgerson, 1985）。与实证主义比较关注经验研究，将经验研究作为最重要方面相比，后实证主义则重视解释和批判。解释主要是满足于理解需要，批判主要是满足于对行动限制取消的需要。其中，审慎式政策分析是后实证主义政策分析中最有代表性的一种分析方法。

审慎式政策分析则强调知识是互动、冲突和协商的产物，它要求将经验研究与规范研究结合起来，政策分析过程本身具有十分重要的作用。审慎式政策分析非常重视"论证"在政策分析过程中的作用，认为政策分析很可能是先有观点、后寻找证据的过程，认证过程类似于法庭辩论，各方在提出自己的观点时，用证据来证明自己的观点。因此，在政策分析过程中，发现各不相同的政策主张及其背后的逻辑本身具有非常重要的价值，这些不同政策主张之间交流、沟通、说服、认证、辩论和相互学习本身有利于政策选择，它们对于政策分析过程具有重要意义。审慎式政策分析认为政策分析过程不仅是行政管理者和专家的作用领域，更应该重视民众参与在政策选择中的作用，在互动过程中，各方会形成自己的观点和主张，而不是由别人为他们提供的观点和主张。以城市规划为例，城市规划过程不仅是科学过程和理性决策过程，强调定量、经验与事实，而且也是一个民主决策过程，强调民众参与在城市规划中发挥重要作用，决策过程是不同方案、价值观点和偏好互动过程，也是共识形成过程。

与前面有关"问题取向""民主的政策科学"产生争论一样，有关"情景性"产生的实证主义政策分析与后实证主义政策分析之间的争论，仍然会成为政策研究中持续焦点。这既是由于政策过程本身的复杂性，也是由于知识本身的复杂性而导致的政策过程研究的复杂性和多样性。或许正是因为看到政策过程本身的复杂性，使政策科学的鼻祖拉斯韦尔在提出"政策转向"时本身包含着我们从单一视角看有"矛盾"的观点和主张。也同样是因为拉斯韦尔本身的复杂性特征，使不同政策研究的主张者都可以从其身上找到支持各自主张的论点和证据。很显然，对于拉斯韦尔的理解本身需要一个整合的观点。接下来，我们将从拉斯韦尔提出的"两种知识"出发，对现有公共政策研究进行归类，并阐述政策过程理论在公共政策研究中所处的位置。

## 二 公共政策研究的范式变迁

公共政策研究离不开哲学思考，其范式变迁反映了哲学思想的演变。透过哲学可以更好地厘清不同研究范式的内在逻辑，探究研究范式之间所谓的"根本性差异"，从而为在不同范式之间建立联系和促进融合提供可能性。对于哲学问题的讨论，其核心是有关本体论、认识论、方法论和伦理论的研究（Mertens & Wilson，2012）。本体论是对事实本质的探讨，认识论是对知识的探讨，方法论是对获取知识途径的探讨，伦理论是对伦理的探讨。而在这四个方面的讨论中，本体论是最为关键和核心的要素，它是认识论、方法论和伦理论的基础。有什么样的本体论，就会有什么样的认识论、方法论和伦理论。因此，对于公共政策研究范式的哲学讨论，需要从本体论出发，讨论不同研究范式所依据的事实基础。

自从拉斯韦尔倡导政策科学以来，公共政策研究的主导范式是实证主义哲学，它主张用科学方法对政策世界进行探索（Lasswell，1951）。40年后，以詹多梅尼科·马约内（Majone，1989）和弗兰克·费希尔（Fischer & Forester，1993）为代表的公共政策研究者主张"论证转向"，倡导后实证主义分析范式，用协商、话语、说服等方式对政策世界进行探索。从政策科学到论证转向代表了公共政策研究范式变迁，其核心是实证主义哲学向后实证主义哲学转型，背后是对什么是政策过程中的"事实"以及如何认知这些"事实"哲学理论变革。通过引入本体论讨论，可以更好地聚焦范式之间的根本性差异，理解不同范式之间实现融合的尝试，这为未来的政策研究指明方向。

接下来安排如下：首先通过对政策过程中事实的讨论，提出一个理解公共政策研究范式变迁的统一框架；其次对政策科学研究的核心思想进行简要总结，分析它对于政策过程的"两种知识"的贡献，并指出存在缺陷；随后对论证转向的起源和核心观点进行分析，讨论其不足；再次对不同范式之间融合的主要路径进行了分析，这是不同范式统一性追求的尝试；最后指出公共政策研究应该是多样性范式并存，针对不同的政策问题寻找不同范式。

**1. 政策过程中的事实：科学事实，还是社会事实？**

公共政策研究是对政策过程的探究，它类似于盲人摸象，不同探究者根据自身的感受会得出不同结论。与盲人摸象相比，社会科学研究者还带着不同的"视角"来看待自己感知的现象，这使得人们对于政策过程的认识分歧加大。这意味着，学者们所感知的"大象"不一样，看待"大象"的视角也不一样，双重差异性使得对政策过程有完全不同的理解和认知。为了促进不同学者之间的交流，发展政策过程理论，萨巴蒂尔等率先将一些有竞争力的政策过程理论编辑出版，推进了政策过程理论研究共同体的产生（Sabatier, 1999; Sabatier, 2007; Sabatier & Weible, 2014; Weible & Sabatier, 2017）。不过，很多学者批评萨巴蒂尔等研究者存在科学方法偏见，他们更多注重假设的提出和被检验，这使得入选《政策过程理论》一书的分析框架都偏向实用实证主义方法。

从哲学本体论的视角看，学者们有关政策过程研究的重大分歧主要来源于对政策过程的事实看法差异，以及由此所导致的认识论和方法论偏见。公共政策研究作为一种认知活动，它受到对于"什么是政策过程的事实"这一哲学本体论的影响。对于政策过程的事实，至少有两大分歧，即科学事实和社会事实，前者是实证主义哲学的典型观点，后者是后实证主义哲学的典型观点。实证主义哲学认为政策过程中的事实是一种客观存在的事实，研究者通过对这些事实的观察、研究和分析，可以发现其中蕴含的规律，所有规律都必须经受经验检验才能够称之为规律。这一观点应用于公共政策研究构成了政策科学研究范式，拉斯韦尔作为政策科学的鼻祖，他是这一范式的坚定倡导者和拥护者。拉斯韦尔倡导政策科学时，所使用的是"复数"科学，强调政策科学包含很多科学，这意味着他主张将很多科学融入和整合到政策取向研究之中（Lasswell，2003）。此后，萨巴蒂尔继承了科学主义的传统，在政策过程理论中发展和弘扬了科学精神。后实证主义哲学认为政策过程中的事实是一种社会实在，这种事实需要依靠参与者认知存在，它是一种不同于客观本体论的主观本体论，属于社会本体论范畴（Tuomela，2013）。这一观点应用于公共政策研究构成了论证转向研究范式，詹多梅尼科·马约内（Majone，1989）是始作俑者，而弗兰克·费希尔（Fischer & Forester，1993）对于论证转向的传播、扩散和深入研究发挥了关键而重要的作用。费希尔在主张论证转向时，认为政策过程是话语沟通实践，论证、说服、争论等因素发挥着重要作用。对于政策过程中事实的认知，可以借鉴拉斯韦尔（Lasswell，1971）有关政策过程的知识和政策过程中的知识，对知识进行分类。图1-2对政策过程中的事实、引发的范式争论及其知识探究进行了概括和总结。

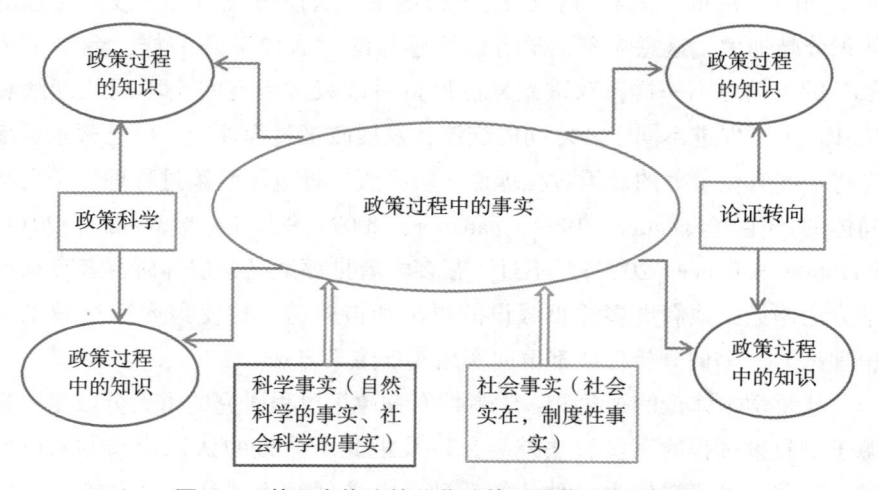

**图1-2 基于本体论的公共政策研究范式变迁框架**

当然，对于科学事实，也有学者指出了自然科学的事实和社会科学的事实的差异性（Hayek，1943）。哈耶克很早就认识到自然科学的事实不同于社会科学的事实，社会科学的事实包含着人类的思考，从某种程度上看,"在社会科学中,事情是人们所想象他们是那样的事情"(Hayek,1943:3)。因此,社会科学的事实都是按照类型化方式来组织,属于目的论概念(Teleological Concepts),包含目的、拥有目的的个人以及实现目的的手段。这意味着,社会科学对客体、人类行动的定义并不是根据物理属性来描述,而是根据这些客体和行动对于人类意义来界定,目的性是理解人类行动逻辑的钥匙,而目的性本身就意味着社会科学的事实不同于自然科学的事实。对于自然科学的事实与社会科学的事实,哈耶克用一个形象的比喻进行了总结,他指出:"在自然的世界中,我们从外部看,在社会的世界中,我们从内部看。与此同时,在考虑自然世界时,我们的概念是有关事实的,并且要使我们的概念适应事实,而在考虑社会世界时,我们很多熟悉的概念本身是社会构造的材料。"(Hayek,1943:13)事实上,社会本体论只是对社会科学事实的进一步延伸,突出了事实本身的主观性,这也是主观本体论的主要观点。在主观本体论中,制度性事实是发展最为完成的理论,它强调制度创造制度性事实,如总统制创造总统这一制度性事实(Searle,2005)。这些有关事实本质的不同观点最终影响了研究者对于政策过程的认知,形成了政策过程的不同理论和研究范式。

从图1-2可以看出,公共政策研究可以根据本体论的类型和知识的类型,划分为四种类型的研究(见表1-2)。从本体论的角度看,政策过程的事实可以区分为科学事实和社会实在;从认识论的角度看,政策过程的知识可以区分为政策过程中的知识和政策过程的知识。坚持科学事实的主张,可以称之为政策科学范式,而坚持社会实在的主张,可以称之为论证转向范式。在每一种范式之下,又会形成对于政策过程的知识和政策过程中的知识的不同认知,前者学者们会用政策过程来指称,后者学者们会用政策分析来指称,这些不同的概念体系形成了不同的知识探究重点。根据政策科学的范式,公共政策研究可以区分为政策过程理论和技术式政策分析理论,前者探讨一般性政策过程是如何产生的,这主要依赖于拉斯韦尔所提出的社会和心理科学,后者探讨如何为政策过程提供知识(Intelligence),这主要依赖于拉斯韦尔所提出的所有其他科学。论证转向是对政策过程中科学事实的挑战,突出了政策过程的"沟通实践"(Communicative Practice),该理论对技术式政策分析进行了批判,指出政策分析不可能完全按照科学逻辑,而是一个论证和说服的过程,话语在政策分析中发挥关键作用,因此论证转向又被称为话语途径。

此后，一些研究开始探讨如何构造与论证式政策分析相适应的政策过程，于是他们提出一种不同于理性决策过程的合作式政策制定过程，认为治理理论可以作为替代性选择，强调政策过程是一个审慎选择的过程（Hajer & Wagenaar，2003）。公共政策研究基本上在政策科学范式和论证转向范式之下，围绕政策过程和政策分析两大知识谱系展开，形成了四个子类型的研究图景。

**表 1-2** 公共政策研究的类型

|  |  | 本体论 | |
| --- | --- | --- | --- |
|  |  | 科学事实（科学范式） | 社会实在（论证转向） |
| 知识论 | 政策过程的知识（政策过程） | 政策过程理论 | 论证式政策过程 |
|  | 政策过程中的知识（政策分析） | 技术式政策分析 | 论证式政策分析 |

随着政策科学与政策论证争论的加剧，很多学者开始尝试进行融合，目前的一个主要思路是将对方作为一种特殊来纳入自身的分析框架之中，这也促进了各自范式的发展。接下来，将分别对政策科学范式、论证转向范式和范式间融合进行分析，并对未来发展趋势进行展望，提出中国政策过程研究的建议。

**2. 政策科学的兴起及其局限**

通常认为，政策科学起源于拉斯韦尔于 1951 编辑出版的《政策科学：范围与方法的最近发展》一书，拉斯韦尔也被称为政策科学的鼻祖。从后面披露的数据看，拉斯韦尔对于政策科学的设想和主张，至少最早可以追溯到 1943 年。在这一年，他系统地提出了有关个人政策目标（Personal Policy Objectives）、政策科学机构（The Institution of Policy Sciences）和政策领导人培训的全国机构（A National Institution for the Training of Policy Leaders）的设想，这些设想以个人备忘录的形式体现，并于 2003 年首次在《政策科学》杂志上发表（Lasswell，2003）。同样是这一年，拉斯韦尔还和他的同事，系统地提出了基于公共政策的法学教育改革思路，突出职业训练要强调公共利益（Lasswell & McDougal，1943）。如果以 1943 年作为政策科学产生的起点，那么政策科学分析范式至今已经 80 年了，并且逐步发展成一门较为成熟的学科。

(1) 拉斯韦尔的政策科学设想

对于政策科学的总体设想，拉斯韦尔希望致力于道德、科学和政策的融合，并且将人类尊严作为政策科学最高追求目标。对于政策科学的系统理论，拉斯韦尔认为："政策科学包含社会和心理科学；大体上，所有提供了在政府、商业和文化生活中做出重要决策的事实和原则的科学。"（Lasswell，2003：74）除了科学的追求，拉斯韦尔还希望他能够发挥政策咨询（Policy Advisory）作用，为社会提供智力支持（Intelligence Function）。对此，拉斯韦尔将之定义为："有关智力功能，我主要是指为做出决策的人员提供事实和解释的过程，以使他们提升他们判断的理性和道德水平。"（Lasswell，2003：75）要发挥好智力功能，就需要对目标进行澄清，并且评估他们的代价和道德水平；呈述替代性行动方案；还需要对趋势和因果关系提供充足信息。

拉斯韦尔1943年的政策科学设想在1951年的"政策取向"一文中得到系统阐述，他强调使用政策来整合现有的学科分工，提出了建构基于政策研究的学科设想，并将这一学科定义为"对政策的科学研究"，并用"政策科学"来指称这一学科。对政策学科任务的界定，拉斯韦尔指出：

> 我们应该意识到政策过程本身是一个适合的研究对象，这主要是因为我们需要提高决策的理性程度。政策取向正在发展过程之中，它是要跨越现有分工。这一取向有两方面任务。一部分是指向政策过程，另一部分是政策的智力需求（Intelligence Needs）。第一个任务是需要使用社会和心理学研究方法来发展一个政策形成和执行的科学。第二个任务需要跨越社会科学和心理学的边界，提升对政策制定者有用的信息和解释的具体内容。（Lasswell，1951：5）

对于政策科学的这两项任务，拉斯韦尔（Lasswell，1970）在《正在出现的政策科学概念》一文中，将之概括为"政策过程的知识"和"政策过程中的知识"。在拉斯韦尔的设想中，政策过程的这两个知识具有内在逻辑一致性，两者之间相互促进，共同推进政策本身的科学性，尤其是知识与政策有效结合，使得知识真正服务于实践和问题解决，这也是"政策科学"不同于"政治科学"的主要方面。为此，拉斯韦尔还进一步提出了政策科学家的独特前景，即情景性（Contextuality）、问题取向

(Problem Orientation)、技术的独特整合（Distinctive Synthesis of Technique）和独特的身份（A Distinctive Identity Image）。不过，拉斯韦尔有关"政策过程的知识"和"政策过程中的知识"两者共同融合的思想并没有得到很好贯彻，而是在共同政策科学范式之下，以政策过程理论和技术式政策分析两个独立的研究领域展开，并形成了各自的话语体系，两种知识并没有得到很好整合。尽管如此，他们共享科学范式，在科学范式之下开展各自的研究。

（2）萨巴蒂尔的政策过程理论

以科学的方式对政策过程的知识进行探索，有影响力的主要倡导者是萨巴蒂尔，在他的推动之下发展了以政策过程理论作为标签的研究领域。在萨巴蒂尔看来，政策过程涉及一些较为复杂的要素，理论模型的目的是对复杂的政策世界的简化，这些要素包括：（1）通常会有数百个来自利益集团、政府机构、立法部门、研究机构和新闻媒体的行动者；（2）大多数政策循环从问题出现、较充分执行和产生公正评价至少需要十年以上或更多时间；（3）在空气污染控制或卫生政策等政策领域，它通常涉及多层次政府的数十个项目同时在一个地区运行；（4）在立法听证、诉讼和行政监管的政策辩论中通常会在问题的严重性、问题与解决方案之间涉及较为技术性的争论；（5）大量争论涉及深度的价值/利益，大量金钱，在某种程度上还涉及权威强制（Sabatier，2007：3-4）。

为了简化复杂的政策世界，萨巴蒂尔提出了两种不同策略，通过常识或科学来认知政策世界。很显然，他比较赞同使用科学的策略来认知政策世界，他认为："科学的基本本体论假设在于一组较少的关键关系可以解释令人困惑的复杂现象。"（Sabatier，2007：5）对于科学的特征，萨巴蒂尔总结了四个基本属性："（1）数据获取和分析的方法应该以相当公开的方式呈现，以方便他们能够复制；（2）概念和命题应该被清晰定义和具有逻辑一致性，并且应该产生可以被经验证伪的假设；（3）命题应该尽可能一般化，并且能够处理一定程度的不确定性；（4）方法和概念应该能够有意识地被该领域专家批评和评估。"（Sabatier，2007：5）应该说，萨巴蒂尔以另一种方式回应了拉斯韦尔的政策取向研究，并将政策科学理论化和模型化，大大地推进了我们对于政策过程的知识理解和认知。

在上述问题与标准的指引下，萨巴蒂尔提出了自己的倡导联盟框架，并将多源流理论、间断—均衡理论、制度分析与发展理论、政策反馈理论、叙事式政策框架、政策创新与扩展等有潜力的政策过程理论编辑出版，促进不同政策过程理论之间的交流与学习，使政策过程成为一个研究领域，也是公共政策研究中增长最快的领域的之一（Sabatier, 1999; 2007; Sabatier & Weible, 2014; Weible & Sabatier, 2017）。拉斯韦尔对于政策科学的设想，尤其是用科学方法对政策过程进行研究，在萨巴蒂尔的推动之下取得了长足进展。多样性的政策过程框架，使得学者们有更多的选择去理解政策变迁，探究政策是如何发生变迁的这一根本性问题。

（3）技术式政策分析

以科学的方式对政策过程中的知识进行探索，形成了以政策分析为标签的知识谱系，其核心是定义政策问题，并提供解决问题的方法与路径。由于这些知识谱系大多以理性作为分析基础，被论证转向的研究者称之为技术式政策分析（Fischer & Forester, 1993）。韦默和瓦伊宁（2013）对理性主义模式的分析步骤进行了总结，他们将之概括为七个基本步骤，如理解问题、选择并解释相关的目标和限制、选择解决方法、选择评价标准、说明备选政策、评价、推荐行动（见图1-3）。

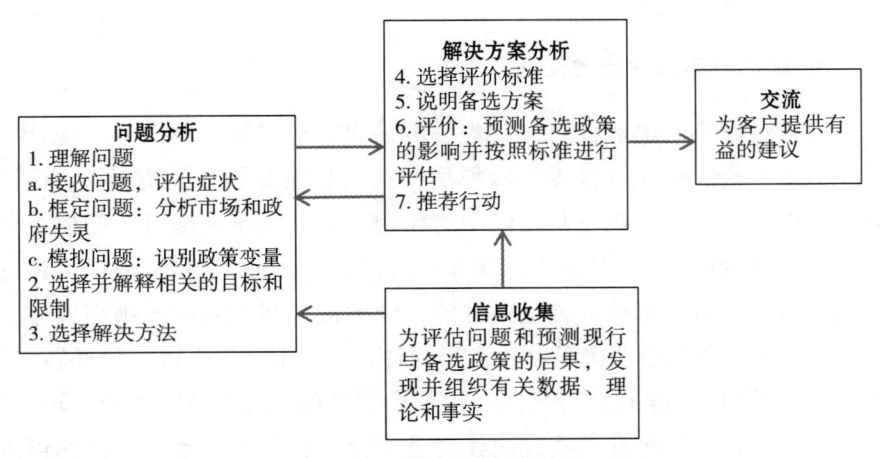

**图1-3 政策分析步骤总结**

资料来源：韦默和瓦伊宁，2013：316。

从图1-3可以看出，政策分析的过程就是应用理性进行问题解决的过程，它涉及两个环节，一个是问题分析环节，另一个是解决方案分析环节。在每一个环节中，理性和科学都发挥着重要和关键的作用。在问题分析环节，通过理性和科学去识别问题、确定目标和寻找解决方法，其中非常重要的是对问题进行界定，弄清问题的本质和原因。在解决方案分析环节，涉及用什么样的评价标准来对替代方案进行评价，并对最好的方案进行选择。

詹多梅尼科·马约内认为传统的政策分析方法可以概括为"决定主义"（Decisionism），并将其形象概括为少数几个政治行动者在一些有限政策方案内进行算计式选择（Calculated Choice）（Majone，1989：12）。为了理性决策，政策制定者需要陈述政策目标、列出实现政策目标的替代方案、评估替代方案的结果、选择最大化净收益的方案。马约内认为，"决定主义"存在一些局限性，主要包括：它以单一行动者作为决策的基础，但是一旦涉及多个行动者并且有冲突目标时，就存在适用性难题；它将所有政策问题等同于选择问题，但是两者之间存在很大差异，政策有时涉及不决策，以及需要很长时间才能够进行决策；它过多对结果进行关注，缺乏对决策过程的重视；它对于政策过程中正当性（Justification）、论证和说服（Persuasion）关注不够，政策选择涉及对不同人员的说服，它们在政策辩论中发挥着重要角色。

### 3. 论证转向及话语途径的产生

政策过程的"论证转向"的先驱者是詹多梅尼科·马约内，他首次系统阐述了论证在政策过程中的作用，强调政策分析所具有的"论证"功能，以及政策分析在公共审议中的作用，为政策研究提供了新的视角（Majone，1989）。而促进整个政策过程研究的"论证转向"，使得"论证转向"成为政策分析的一种重要方法、分析范式和研究领域则当属弗兰克·费希尔，他先后两次编辑"论证转向"的学术著作，将"论证转向"中一些重要和有代表性的分析路径进行集中呈现，成为倡导"论证转向"的标志性学者和旗帜性人物，他在促进"论证转向"学术共同体的形成中发挥了关键作用（Fischer & Forester，1993；Fischer & Gottweis，2012）。

（1）论证、说服与政策分析

马约内认为可以借鉴古希腊式的辩证法（Dialectics）来对政策过程进行研究，重新发挥论证和说服的作用（Majone，1989：6）。这一辩证法以一套批判式对话（Critical Discourse）技术为基础，其核心特征不是推理，而是推理的前提和假设，以及这些推理的适用情景。马约内认为古希腊的辩证法观点与讨论政策分析在公共审议中的作用具有内在一致性，他认为辩证法提供了一种新的视角来理解政策分析，不同于教科书式的作为"决定主义"的政策分析。对此，他将政策分析与辩证法之间的内在逻辑关系概括为："像辩证法，政策分析通常开始于合理假设，拥有竞争性和相互转换的观点，而不是从无可争议的原则或事实出发。像辩证法，它不产生正式证明，而是产生说服性主张。辩论家和分析者共同面临的关键问题是硬事实（Hard Facts）不能够获得时如何将合理的推理建立在价值或观点基础之上。最后，像辩证法一样，政策分析通过批判、倡议和教育来对公共审议贡献力量。"（Majone，1989：6-7）这些观点和想法重新定义的政策分析的角色与使命，也提出了不同于技术式政策分析的新方法，它强调政策分析不仅仅是客观知识的发现过程，更为重要的是对话、协商和共识形成过程（见表1-3）。

表1-3　　　　　　　　　　　政策分析范式比较

|  | 作为问题解决的政策分析（技术式政策分析） | 作为论证的政策分析（论证式政策分析） |
| --- | --- | --- |
| 政策分析者形象 | 技术式、非党派的问题解决者，列出替代方案，评估结果，寻找实现目标的最优手段 | 政策论证的生产者，它与律师的形象更符合，而不是工程师和科学家的形象 |
| 主要技能 | 价值中立，数学和逻辑推理，系统分析，仿真模拟，数据收集，正式证明 | 对假设进行批判性审视，生产和评估证据，保持很多条线索，从不同来源获得结论，有效沟通 |
| 前提与假设 | 从正式化公理和推理系统出发，以演绎方式进行证明 | 从观念、价值和竞争性主张出发，不局限逻辑推理，以说服达成共识 |
| 对象 | 说服任何拥有一定技术知识的人 | 说服特定公众以及增加共识 |
| 理性 | 技术理性 | 实践理性 |
| 目的 | 知识 | 行动，或者行动的倾向性 |

资料来源：根据马约内（Majone，1989：21-22）的阐述进行整理而成。

（2）政策研究的"论证转向"

弗兰克·费希尔和约翰·福雷斯特（Fischer & Forester，1993）在借鉴马约内（Majone，1989）和斯通（Stone，1988）的研究基础之上，编辑了《政策分析与规划的论证转向》一书，进一步明确了政策分析与规划中的论证属性。他们从哲学研究中的"语言转向"（Linguistic Turn）出发，提出了政策分析与规划的"论证转向"。在他们看来，政策分析与规划的"论证转向"起源于一个语言的问题，即如果语言不仅仅是对现实的描述或再现，而首先会对我们的观念进行塑造，那么会导致什么问题？与语言的双重作用相同，政策分析与规划同样存在观念塑造，即："如果分析者再现政策和规划议题必须会涉及有关因果关系与责任、合法性与权威、利益、需求、偏好、价值和义务等假设，那么政策与规划的语言不仅对议题进行描述，而且还建构议题。"（Fischer & Forester, 1993：1）简而言之，他们将这一核心洞见总结为："政策分析与规划是论证的实践过程。"（Fischer & Forester, 1993：2）

与此同时，他们也认为政策过程也是一个"论证过程"。对此，他们借鉴了斯通（Stone, 1988）的政策悖论和政治理性的观点，认为："政策制定过程是一个持续的话语斗争过程，这些话语斗争围绕社会分类标准、问题类型的边界、共同经验的主体间解释、问题的概念框架、对指导人类创造共享信仰以激励人们行动的观点的界定。这些话语斗争不仅仅涉及修辞操纵。政策和计划的制度化、程式化修辞会影响问题选择与问题分析，组织认同和行政战略，公共准入和公共理解。"（Fischer & Forester, 1993：2）

一旦从"论证转向"看待政策分析与规划，就需要对论证一词给予清晰的认知。在费希尔和福雷斯特看来，论证这一词汇存在模糊性，包含着双重含义。一方面，它可以指称分析内容（An Analytic Content），这一视角强调论证的逻辑，主张对论证的构成要素进行分析。另一方面，它还可以指称实际绩效（Practical Performance），主张论证实际发挥作用的情况。结合上面的内容，图1-4对政策分析的论证转向进行了总结。通过将语言与论证过程放入中心，分别增加政策分析者和规划者，以及正式权力行使者，就可以形成一个基于"论证转向"的政策分析与政策过程。

从图1-4可以看出，政策分析是一个论证过程，它强调政策分析者和规划者通过语言形成政策论证，这一论证是关于现实政策世界的主张。这说明，政策分析者在供给"政策过程中的知识"时，它不可避免地将主观价值、态度和观点带入政策分析过程中，政策分析是一个说服与论证过程。与此同时，政策过程是一个论证过程，论证在政策过程中发挥着关键而重要的作用，论证最终会导致政策产生。从论证转向角度看待政策过程，会关注政策过程中不同行动者的主张，以及这些不同主张之间最后是如何达成共识的。对于论证的内容和绩效的分析，构成了"论证转向"

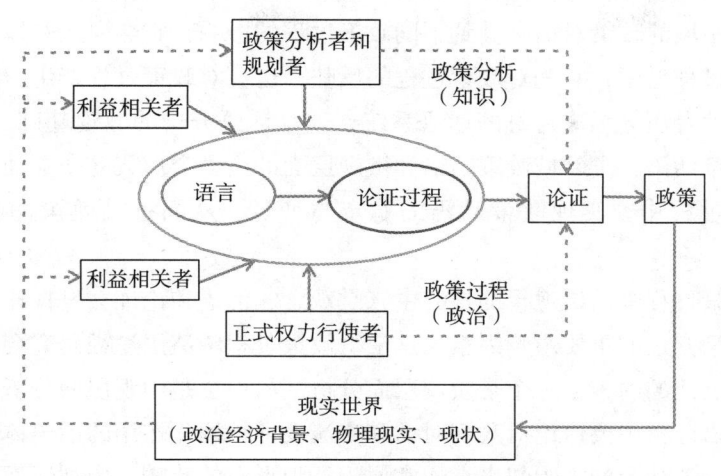

图 1-4  政策分析与政策过程的论证转向

研究的核心内容。

(3) 话语途径的兴起

话语分析的重要倡导者哈杰尔（Hajer，1995）指出，话语是观念、概念和分类的集合，他们被不断地生产、再生产与转换从而对客观与社会关系赋予意义。话语通常发生在一定的宏观社会文化背景之下，它起到传递共享价值和促进共享信念的融合作用。因此，在不同文化背景之下，话语是不同的。话语是论证的材料，通过话语论证得以产生。由于话语中包含冲突与矛盾，这使得围绕特定问题的话语冲突和话语部分成为政治和政策中的重要内容。从话语途径思考政策过程和政策变迁，其核心思想是强调行动者、话语结构和政策之间的复杂互动。一方面，行动者会受到话语结构的影响，话语结构会对争论与讨论的内容进行限制。另一方面，行动者也并不完全受到话语结构限制，在行动者与话语结构之间存在辩证互动，这使得社会行动者会影响主流话语结构的内容。这意味着社会行动者发挥着双重作用，即"社会行动者既需要理解为现有话语结构的产品，又要理解为话语结构变迁的行动者"（Fischer & Gottweis，2012：12）。

话语分析除了讨论宏观话语和宏观叙事，还会针对每一个子系统和微观领域的从属性话语（Subordinate Discourse）进行分析。从属性话语与政策子系统联系在一起，如环境话语叙事、交通话语叙事、政治和经济话语叙事等，这些不同领域存在自己独特的话语类型。通常政治话语包含更广泛的范围和议题，它会讨论来自各个领域中包含着政治性的叙事。通常，不同子领域的政策对话会受到不同政策过程的影响，它会嵌入具体的制度化政策过程之中，它是对政策过程的反映，也会对政策过程产生影响。此外，行动者还会形成自身的话语系统，这是话语分析的微观基础。这样，宏观政策话语、子领域政策话语和微观层面的话语会形成复杂互动，在这种互动过程中，实现政策话语的稳定与变迁，从而推动政策的稳定与变迁。

政策过程中话语途径的核心主张是观念、话语和论证会发挥作用，他们是政策变迁的重要影响因素。这使得政策过程中话语途径研究会主要关注两个层面的内容，一个是宏观层面分析，另一个是中观层面分析。宏观层面话语分析主要讨论对我们对话和交流发挥结构化作用的话语体系，它构成了一个社会的宏观叙事，通常属于意识形态的范畴。中观层面分析主要是讨论在一定的话语体系之下的具体论证过程，如话语制度主义（Discursive Institutionalism）就是讨论政策对话如何形塑政治参与者的沟通实践，这些沟通实践通常涉及从问题到政策议题的转换。制度对行为影响的一种重要方式是通过影响参与者的话语实践，从而实现制度与行动的内在统一。因此，如何解释通过互动共识形成政策变迁成为政策过程中话语途径分析的重要内容之一，也是理解政策变迁的替代性路径。

### 4. 统一性的诱惑：融合政策科学与论证转向的新尝试

政策科学和论证转向构成了公共政策研究的两大阵营，代表了完全不同的本体论、认知论和方法论。萨巴蒂尔（Sabatier，1999）编辑出版的《政策过程理论》一书，进一步加剧了这种分歧，使得不同研究者开始对政策过程的事实这一根本性问题给予关注。该书出版后，《欧洲公共政策杂志》专门邀请一些学者对此进行了讨论，很多学者认为萨巴蒂尔存在"实证主义"偏见，没有给予"后实证主义"较多的空间和机会，不利于不同研究范式之间对话与交流（Dudley，Parsons，Radaelli& Sabatier，2000）。对此，伊丽莎白·沙纳汉（Elizabeth A. Shanahan）等学者将之总结为："2000 年以来，关于什么是合法的公共政策理论形成了两大阵营：后实证主义者，他们在叙事和社会建构而形成的情景中理解政策；更多实证取向的理论研究者，他们将其研究建立在清晰概念和命题、因果驱动、预测和可证伪等基础之上。"（Shanahan，Jones，McBeth，& Radaelli，

2017：174）尽管萨巴蒂尔认为社会建构框架可能满足他关于政策过程理论定义的基本标准，但是他仍然主张"理论应该足够清晰以至能够被证明为错误"，这一设想使得他认为："在我的观点看来，帕森斯所引用的绝大部分建构主义、后实证主义或论证转向都很少关注足够清晰以至能够被证明为错误。"（Dudley，Parsons，Radaelli & Sabatier，2000：138）由此可见，政策科学范式和论证转向范式之间还是存在较大分歧，沟通、交流、对话和相互学习不多。

随着时间的推移，越来越多的学者开始认识到不同范式对政策过程的独特贡献，每一种范式都有其优势，并且尝试将两种范式进行融合，以扩展自身的外部有效性。正如马奇在讨论决策的结果逻辑和适应性逻辑时所指出的那样，每一种逻辑都希望将另一种逻辑作为自己的特例（March，1994）。同样，政策科学范式和论证转向范式都希望将对方作为自身的特例，通过将对方讨论的问题纳入自己的框架，以实现范式的更大包容性，这促进了理论间的融合，也是学者们建立统一理论的尝试。

（1）将论证转向融入政策科学范式

对于政策科学范式而言，它将论证转向融入其中的一个主要尝试是用经验的方法来讨论论证在政策过程中的作用。这些研究的一个共同点是讨论观念的作用，重视社会建构、文化理论、叙事等在政策过程中的重要性，并从实证的角度进行检验。目前，这种融合最有成效的成果是叙事式政策框架（Narrative Policy Framework，NPF），该框架主要是由马克·麦克贝斯（Mark K. McBeth）、迈克尔·琼斯（Michael D. Jones）和伊丽莎白·沙纳汉（Elizabeth A. Shanahan）三位学者创立，他们为回应萨巴蒂尔（Sabatier，1999；2000）对后现代公共政策分析（Policy Analysis Postmodernized）和后实证主义（Postpositivism）的批评，将后现代政策分析的视角和实证主义的研究方法有机结合，试图提出一个主要讨论叙事（Narrative）在政策过程中作用的理论框架，进一步推动后现代政策分析学者与政策过程理论者的对话，推进政策过程理论的发展。对此，他们在总结其理论的核心问题时，指出："叙事式框架是一种政策过程理论，它的核心问题是对叙事力量的真实性陈述给予经验关注：叙事真的在政策过程中扮演重要角色吗？"（Shanahan, Jones, McBeth, & Radaelli, 2017：173）叙事是论证转向的核心观点，通过叙事实现说服的目的。叙事式政策框架将叙事研究实证化，以科学方法来检验叙事在政策过程中的作用。

迈克尔·琼斯和马克·麦克贝斯（Jones & McBeth，2010）于2010年在《政策研究杂志》上发表了《叙事式政策框架：足够清晰以致很容易鉴别错误？》（*The Narrative Policy Framework: Clear enough to be wrong?*）一文，正式将他们的研究命名为"叙事式政策框架（NPF）"，并对该框架的理论基础、核心假设和主要命题进行了系统阐述，叙事式政策框架的雏形基本形成。政策叙事是其核心概念，对政策叙事的测量包含形式和内容两个层面，微观、中观与宏观构成了分析的三个层次。

叙事式政策框架面临的最大挑战是如何界定"政策叙事"，并且将解释主义与实证主义有机结合，用实证主义方法来证明解释主义的论点和主张。叙事研究本身存在"结构主义"与"后结构主义"争论，"结构主义"强调叙事本身包含共同要素，"后结构主义"强调叙事的差异性、独特性和情景性。对此，叙事式政策框架采取了折中的方式，它强调了政策叙事的形式（Form）和内容（Content）两个方面，前者注重叙事的一般性结构，后者注重叙事的独特性。对于政策叙事的构成要素而言，马克·麦克贝斯、迈克尔·琼斯和伊丽莎白·沙纳汉等（Shanahan, Jones, McBeth & Radaelli, 2017：175–177）提出了四个构成要素，即情景（Setting）、角色（Characters）、情节（Plot）和寓意（Moral）。对于政策叙事的内容而言，可以划分为信念系统（Belief Systems）和策略（Strategy）两个层面。叙事式政策框架也是建立在一些核心假设基础之上，这些假设包括：社会建构（Social Construction）、有限的相对性（Bounded Relativity）、一般化的结构要素（Generalizable Structural Elements）、三个层次的同时运行（Simultaneous Operation at Three Levels）和个人模型中叙事假设（Homo Narrans Model of the Individual）。

微观层面的叙事式政策框架建立在个人模型的叙事假设中，在经验研究中关注的核心问题是：政策叙事如何影响个人的偏好、风险态度、对特定领域公共政策的意见，以及集体的公众意见？政策叙事通过不同叙事类型、叙事通道、叙事信任、叙事角色、叙事观点一致性等影响个人观点，实现个人对政策叙事的接受。这也使叙事式政策框架能够和政治心理学对话，讨论政策过程中叙事效应的心理基础。

中观层面的叙事式政策框架的分析单位是政策子系统（Policy Subsystem），它讨论政策叙事在政策过程中的角色和作用。中观层面的叙事式政策框架借鉴了古希腊公共空间（Agona）的概念，希腊人的公共空间是实现政策目标的行动场域。马克·麦克贝斯认为在这一空间中，不同政策叙事之间竞争在空间叙事（Agona Narrans）中展开。不同联盟为了在空间叙事竞争中获胜，通常会采取不同叙事理念和叙事策略，并在叙事竞争中进行叙事扩散、模仿和学习，以实现对政策设计、过程、变革和结果的影响。

与微观层面和中观层面的研究相比，叙事式政策框架对于宏观层面的研究相对缺乏。这一研究的缺乏，也使得叙事式政策框架的微观、中观与宏观之间联系比较弱。对于这一点，叙事式政策框架的创始人马克·麦克贝斯和伊丽莎白·沙纳汉在该理论的开创性论文中就有清晰认识，他们认为"缺乏一个一般性理论处理政治系统中宏观层面力量如何影响政策叙事在政策行动者和更广泛的公众的发展"（McBeth & Shanahan，2004：319-320）。

叙事式框架试图将实证主义与解释主义连接的努力，似乎并没有得到后实证主义者认同。一本体现后现代公共政策研究内容的《批判性政策研究》（Critical Policy Studies）杂志于2015年刊登了一组讨论叙事式政策框架的论文，该杂志首先请叙事式政策框架的创立者阐述其核心思想，随后邀请了一些研究者对该分析框架进行评价。休·米勒（Miller，2015）对叙事式政策框架的哲学基础进行了批判，认为该框架的哲学基础是认识论中科学主义（Scientism）和建构主义（Constructionism）的混合（mishmash），而这两种认识论存在很大差异。对此，他指出"将有效性、效度和假设检验等科学式教条嵌入社会建构主义期待中本身产生了不可调和的认识论矛盾"（Miller，2015：358）。

詹尼弗·道奇（Dodge，2015）也对叙事式政策框架的混合范式（Mixing Paradigms）面临的挑战进行了讨论。在道奇看来，叙事式政策框架试图融合实证主义与解释主义两种哲学传统，形成一个"主观主义/社会建构主义本体论，客观主义认识论，混合的社会建构/实证主义理论视角和包含定量和定性的实证主义理论方法"（Dodge，2015：361）。尽管他对这一努力持同情性理解，不过他也指出融合两种范式在形成推理中存在的问题。在他看来，实证主义主要从假设演绎视角来从事研究，它基本上是模仿自然科学，强调使用基于观察和实验的经验方法（程序、工具和技术）来生产和分析数据，从而产生知识。这种范式强调主观与客观分离，通过假设检验和推理来获得真理，形成对于世界的理解。解释主义则强调社会世界不同于自然世界，需要使用不同方法来获得知识。这种范式强调解释的重要性，认为需要通过实践理性和对话来获取知识，它并不强调客观性，相反认为主观性本身是理解的一部分。该范式主要是从多种真理中发现一种真理，获得这种真理的方法主要是基于认知共同体的共同认可。在道奇看来，叙事式政策框架混淆了本体论和认识论，它所强调的社会建构主义本身应该是认识论范畴而不是本体论范畴，本体论强调现实的本质，一旦存在多种现实时，这些假设本身与实证主义认识论存在矛盾，后者认为只有一种现实，这也是发展普遍性法则和原理的基础。因此，道奇认为，叙事式政策框架在本体论和认识论方面存在不匹配。

（2）将政策科学融入论证转向

对于论证转向范式而言，它将政策科学融入其中的一个重要尝试是将科学作为多种叙事的一种，并讨论科学叙事与其他叙事之间的关系，以及科学叙事在政策过程中的作用。在这些研究中，最为代表性的典型是弗兰克·费希尔（Fischer，1995）所倡导的作为实践审慎的公共政策分析（Public Policy Analysis as Practical Deliberation）和安妮·施奈特（Anne L. Schneider）与海伦·英格拉姆（Helen Ingram）的知识的社会建构（Schneider & Ingram，1997），前者试图融合经验和规范评估，后者试图讨论作为社会建构的科学知识。

在政策分析的"论证转向"中，弗兰克·费希尔（Fischer，1995：1-2）提出了一个公共政策评估的替代框架，来重新讨论政策评估中的经验和规范判断，他指出："本书将政策评估概念化一种实践审慎，关注有关政策判断的全范围经验和规范议题。"对于政策评估的概念，费希尔是与"政策分析""政策科学"等交互使用，认为它们都是指称应用性学科或领域，并且主要关注对公共政策的评估。政策评估是一个更具包容性的概念，强调"公共政策在政策制定过程的所有环节能够被评估：政策问题的识别和陈述、特定政策选择的执行和在政策终结环节中决定政策效果"，它属于"政策审慎逻辑"（Logic of Policy Deliberation）范畴（Fischer，1995：2）。这是范畴对政策评估的实证主义的批判，这一分析范式就是政策科学范式，其核心主张是事实与价值二分，政策评估只关注经验和事实层面，而忽视价值和规范层面考虑。通过引入实践审慎逻辑，费希尔希望实现政策科学范式与论证转向范式的统一，政策科学范式只是整个实践审慎的一个阶段和环节。

在费希尔看来，政策评估可以划分为两个层级和四个类型的对话。在第一个层级的评估中，它主要包括技术分析对话（Technical-Analytic Discourse）和情景对话（Contextual Discourse），核心是针对项目或政策本身的效果以及它与情景之间的关系展开。在第二个层级的评估中，它主要包括系统对话（Systems Discourse）和意识形态对话（Ideological Discourse），核心是针对项目或政策本身的目标和价值展开。通过引入对话的概念，这使得政策科学范式只是属于技术分析对话，而论证转向则是全部四个层次的对话，技术分析对话服从更上层次的价值层面对话，价值层面对话也是价值评价和价值共识形成的过程（见表1-4）。

表 1-4　　　　　　政策评估的逻辑：层次、对话与问题

| 层次：第一层次评估 |
| --- |
| Ⅰ技术分析对话：项目确认（Program Verification）——结果<br>组织问题：项目从经验上实现了它陈述的目的（Objectives）吗？<br>Ⅱ情景对话：情景有效性（Situational Validation）——目的<br>组织问题：项目的目的与问题情景相关吗？ |
| 层次：第二层次评估 |
| Ⅲ系统对话：社会辩护（Societal Vindication）——目标<br>组织问题：政策目标对于社会有工具性价值或对社会有贡献吗？<br>Ⅳ意识形态对话：社会选择（Social Choice）——价值<br>组织问题：组织一个可接受的社会秩序赖以存在的基本观点（或意识形态）能够提供相互冲突的价值判断的合法性解决吗？ |

资料来源：Fischer，1995：18。

在第一层次评估中，项目确认是四个对话阶段中最常用的对话模式，也是政策科学范式主要讨论的内容，它强调利用实验设计、成本收益等方法对项目的效果进行评估。在技术分析对话中，研究者会关注如下问题："项目在经验上是否履行了其陈述的目标？经验上是否揭示了抵消项目的第二层次或非意外效果？项目是否比可获得的替代方案能够更有效率地实现目标？"（Fischer，1995：20）在第一层次评估中，评估者还会关注有效性问题，它将讨论特定项目目标是否与问题情景相符。在情景对话中，研究者会关注如下问题："项目目标与问题情景相关吗？在这情景中，存在着对于目标实现的例外环境吗？两个或更多标准对于问题情景同等相关吗？"（Fischer，1995：21）

在第二层次评估中，政策审慎逻辑从具体行动情景转向将社会系统作

为一个整体来考虑。在系统对话中，研究者考虑政策目标是否有利于现有制度安排，主要问题如下："政策目标对于作为整体的社会是否有工具性或贡献性价值？政策目标会产生无预期的问题进而会产生重要的社会后果？对政策目标的承诺会导致被判断为平等分布的后果吗？"(Fischer,1995：21) 在意识形态对话中，研究者考虑社会选择背后的标准和价值，强调社会系统是依据什么逻辑建立，主要问题如下："组织可接受社会秩序的根本观点（或意识形态）能够提供解决社会冲突性判断的基础吗？如果社会秩序不能够解决基本价值冲突，其他社会秩序能够平等地提供冲突所反映的相关利益和需求的方案吗？规范性反思和经验性证据能够为替代性意识形态和社会秩序提供支撑和证明吗？"(Fischer,1995：22)

尽管费希尔提出了将政策科学融入论证转向的系统思维，不过，他所提出的整体性评估框架并没有产生预期影响。对于公共政策研究而言，实证主义与后实证主义仍然存在较大分野，费希尔系统评估的思维并没有获得实证主义公共政策研究者的认同，政策科学范式仍然主张事实与价值二分，对价值问题的讨论不在科学范畴之内。即便一些研究者开始将观念、价值、信念等引入公共政策研究，他们仍然将其作为一种可以测量的客观现象，用实证方法来回答观点的作用，这与费希尔等倡导的实践审慎和解释主义视角还有很大差距。

### 5. 寻找万能药，还是多样性的公共政策研究？

通过以上分析可以看出，公共政策研究的范式之争似乎并没有因为寻找统一性范式而得以终结。政策科学将论证转向纳入研究和讨论，以及论证转向融合政策科学的尝试，都没有得到彼此的认同。范式之争背后是哲学之争，是实证主义哲学与后实证主义哲学（如解释主义等）之间的分歧，它涉及如何看待政策过程的事实、如何认知事实、以什么方法来获取知识等一系列本体论、认识论和方法论层面的根本性问题。在这些问题中，最大分歧仍然是对政策过程的事实这一本体论的看法，它直接决定了是以科学的方法还是以论证的方法来理解政策过程，为政策过程贡献智慧。

事实上，即便研究者对政策过程的事实存在共同看法，也会在如何认知事实，以及使用什么样方法来认知事实方面存在分歧。正是这一原因，使哈耶克敏锐地观察和提出了自然科学的事实和社会科学的事实之间的差异性，这一差异性使得社会科学对于同样的事实存在多样性认知，或者说不同研究者对事实的不同方面给予了关注。萨巴蒂尔也注意到这一点，尽管他倡导用科学的方法来研究政策过程，但是所形成的政策过程理论并非一种理论，而是多种理论。从他和韦伯（Weible & Sabatier, 2017）编辑的《政策过程理论》一书看，他们认为符合他们所谓的"科学标准"的政策过程理论至少有七种以上，如多源流理论、间断—均衡理论、倡导联盟理论、政策反馈理论、制度分析与发展理论、叙事式政策框架、政策创新与扩散等。同样，对于主张论证转向范式的学者而言，在同一哲学主张之下，他们对于政策过程的探究也提出了不同的理论，如话语联盟理论、合作式政策制定、叙事式政策分析、参与式政策分析、审慎式政策分析等（Hajer & Wagenaar, 2003; Durnova, Fischer & Zittoun, 2016; DeLeon, 1990）。由此可见，在政策科学范式和论证转向范式之下，本身存在大量的理论之争，要实现同一范式之下的理论统一也存在较大困难，何况要对不同范式之间实现统一。

面对公共政策研究的范式之争，与其试图通过统一性来寻找万能药，还不如在保持多样性的情况之下促进不同范式之间的竞争、学习、交流、融合与共同发展。正如制度、文化和生态存在多样性一样，研究也应该存在多样性（Ostrom, 2005）。当研究者在倡导多科学、多样性方法时，也必定存在哲学范式的多样性，这主要是因为本体论、认识论和方法论之间存在内在契合性。公共政策研究的范式之争，尤其是政策科学范式与论证转向的范式不应该成为问题，而应该是财富，这样不同的范式竞争既会加强我们对政策过程的理解和认知，又会更助于我们改进政策过程，提升公共政策质量。这意味着，我们需要思维方式变革，从寻找统一范式的万能药思维向鼓励不同范式之间学习、竞争与合作的多样性思维方式变迁。多样性思维方式要求我们对政策过程的事实多样性、认知多样性和方法多样性的尊重，这些多样性的认知和方法论最终会加深我们对多样性的政策过程事实的理解和认知，从而为改进公共政策质量创造更多可能性。

政策过程的事实总是与情景联系在一起，而情景又嵌入历史之中，历史包容着传统、文化、观点和习俗等，这为公共政策研究带来了挑战。以中国为例，在考虑中国政策过程的事实时，除了考虑与美国等西方国家共同的科学事实，还需要考虑中国独特的历史和文化因素，以及这些因素可能造成的对事实的多样性理解。正是这一原因，越来越多学者开始重视比较研究的价值和意义。因此,对于公共政策研究,需要融合政策科学范式和论证转向范式,共同关注政策过程中的多样性事实,以及政策过程中参与者对于事实的感知、看法和主张,在协商、对话与合作中定义政策问题,寻找政策问题的解决方案,并为问题解决的可持续性提供体制基础。技术、观念和社会的变化,也使政策过程的事实处于动态演进之中,这为公共政策研究提供了无限的可能性。公共政策研究的未来之路和发展潜力,仍然在于能够按照多样性的研究范式去对政策过程的事实进行探究,而不是追求统一的研究范式,统一性可以尝试,但并非唯一追求,多样性范式应该成为常态。

## 三 本书的框架结构

本书将重点关注公共政策研究范式中的政策过程理论,尝试对主流政策过程理论进行系统介绍。对于当前流行的政策过程理论,萨巴蒂尔等学者进行了详细阐述,应该说研究者对成熟的政策过程理论逐步达成共识(Sabatier, 1999)。对于如何将政策过程理论进一步细分,厘清不同政策过程理论之间的内在差异,这是当前研究的重点和难点。彼特·约翰提出了对公共政策理论进行分类的五个要素,即制度途径(Institutional Approaches)、团体和网络途径(Groups and Network Approaches)、外部关系途径(Exogenous Approaches)、理性行动者途径(Rational Actor Approaches)和观点为基础途径(Ideas-based Approaches),这些为政策过程理论的分类提供了有益的参考(John, 2012)。

我们认为,对于政策过程理论,可以形成决策、政治和话语三种途径,每一种途径都把政策过程想象成其所期望的状态。决策途径将政策过程想象成选择过程,行动者针对替代方案依据偏好进行抉择,政策变迁是选择逻辑的产物。多源流框架就是典型的基于决策途径来研究政策过程的理论,该理论借鉴决策理论中的垃圾桶模型,提出了问题流、政策流和政治流三流融合推动政策变迁的逻辑。政治途径将政策过程想象成权力博弈过程,行动者围绕着各自利益进行讨价还价,政策变迁是政治权力此消彼长的产物。倡导联盟框架就是典型的基于政治途径研究政策过程的理论,该理论借鉴政治理论中的团体模型,提出了不同联盟之间权力变化会推动政策变迁的逻辑。话语途径将政策过程想象成观念互动过程，行动者会借鉴其他决策者的政策观念来行动，提出了观念及其扩散推动政策变迁的逻辑。政策创新与扩散就是典型的基于话语途径研究政策过程的理论，该理论强调行动者之间观念的相互依赖性，提出了其他行动者的政策创新行为会推动行动者自身的政策变迁的逻辑。基于决策、政治和话语途径，我们可以对主流的政策过程理论进行归类，本书重点关注其中的八种理论，即多源流框架、间断—均衡理论、制度分析与发展框架、行动者中心制度主义、民主的政策设计理论、倡导联盟框架（见表1-5）。

表1-5　　　　　　　　　政策过程理论的分类

| 研究途径 | 政策过程理论 |
| --- | --- |
| 决策途径 | 多源流框架（第二章）<br>间断—均衡理论（第三章）<br>制度分析与发展框架（第四章）<br>行动者中心制度主义（第五章） |
| 政治途径 | 倡导联盟框架（第六章）<br>民主的政策设计理论（第七章） |
| 话语途径 | 叙事式政策框架（第八章）<br>政策创新与扩散（第九章） |

应该说，基于决策、政治和话语三种途径来对政策过程理论进行分类，并非意味着每一种途径的理论不关注其他途径，而只是说该理论在所对应的研究途径中特色更为鲜明。事实上，每一种政策过程理论都会或多或少关注三种途径的内容，与其说它们是三种途径，不如说是政策过程理论需要重点关注的三种要素。以多源流框架为例，尽管我们将之归为决策途径，该途径也十分重视政治和话语因素在政策变迁中的作用。同样，倡导联盟框架作为政治途径的代表，该理论也十分重视政策学习和观念对于推动政策变迁的作用。而作为话语途径的政策创新与扩散框架，当前也非常重视政治制度对于政策扩散的影响，试图重新建构政策扩散的政治理论。

本书由九章组成，第一章是对公共政策研究的知识体系进行整体性介绍，而第二章至第八章则基于决策、政治和话语的途径分别讨论了八种典型的政策过程理论。第二章至第五章主要关注政策过程的决策途径，由多源流框架、间断—均衡理论、制度分析与发展框架和行动者中心制度主义等四种理论组成。第六章至第七章主要关注政策过程的政治途径，由倡导联盟框架、民主的政策设计理论两种理论组成。第八章至第九章主要关注政策过程的话语途径,由叙事式政策框架、政策创新与扩散(第九章)两种理论组成。在对每一种理论讨论时,我们都试图关注其理论基础、演进过程、主要内容、典型案例和前沿进展等几部分内容,试图为读者提供一个快速了解该理论的思维导图。由于篇幅和时间精力所限,还有很多重要的政策过程理论,如政策网络理论、制度性集体行动理论、政策反馈理论等都没有在本书中体现,这些只能等待以后再完善。

# 第二章

# 多源流框架

多源流框架①（Multiple Streams Framework，MSF）由政治学家金登（Kingdon，1984）首次提出，他在借鉴决策理论研究者科恩、马奇和奥尔森（Cohen，March & Olson，1972）提出的组织选择的垃圾桶决策模型（A garbage can model of organizational choice）基础之上，开发出从问题源流（problem stream）、政策源流（policy stream）和政治源流（politics stream）来理解政策过程，探究议程设定、备选方案与公共政策之间的关系。他认为，一旦政策之窗（policy windows）开启，问题源流、政策源流和政治源流实现三流合一，新的公共政策就会被选择，或者新的公共政策取代旧的公共政策，政策变迁得以实现。因此，多源流理论既是政策选择理论，也是政策变迁理论。此外，由于目前几乎所有领域都存在公共政策，这也使得全新的公共政策很难发生，大部分公共政策选择过程也是政策变迁过程。

多源流框架正成为从决策视角理解政策过程的代表性理论，也是政策过程主流理论中最具有竞争性的理论之一。尼古劳斯·扎哈里亚迪斯（Nikolaos Zahariadis）是继金登之后最重要的研究者，他深化和拓展了多源流框架研究，将多源流框架与模糊性联系在一起，突出了多源流框架的适用范围，强调对多源流框架最本质特征的把握，并进一步深化了多源流框架的认识论基础（Zahariadis，2003；2008；2015a；2015b）。与此同

---

① 对于多源流，有学者称之为多源流框架（policy streams Framework，PSF），有学者称之为多源流理论（policy streams theory，PST），也有学者称之为多源流研究途径（policy streams approach，PSA），这里我们同意尼古劳斯·扎哈里亚迪斯的观点，使用多源流框架（PSF）来称这一政策过程理论，主要是考虑到多源流更多提供了一个分析政策过程的视角和框架，而转化为理论需要结合具体情景。当然，本章也会根据情景，交替使用多源流理论、多源流途径和多源流框架，只是标签不一样，都是对同一种政策过程理论的概括。

时，他也是多源流框架的重要传播者，很多政策过程理论著作中有关多源流框架的章节都是由其撰写（Zahariadis，1999；2007；2014；2016a）。2016年，公共政策领域的两本重要杂志《政策研究杂志》①（Policy Studies Journal）和《政策科学》②（Policy Science）相继发表了多源流框架的专题研讨，这标志着这一框架被更多的学者所认可，也体现出这一框架在政策过程理论中的重要性。

接下来，内容安排如下：首先讨论多源流框架的理论基础，这里将重点介绍模糊性理论和垃圾桶模型，其中模糊性理论又是垃圾桶模型的基础；其次对多源流框架的演进过程进行介绍分析，讨论从金登提出多源流框架到扎哈里亚迪斯的进一步发展；再次对多源流框架的主要内容进行介绍，包括基本假设、主要构成要素和基本命题等；接着将结合两个经典案例对多源流框架进行分析，指出其应用过程；随后对多源流框架在中国的应用情况进行分析；最后对多源流框架进行评价和展望，总结过去的研究，为未来研究设定方向。

## 一 多源流框架的理论基础：模糊性与垃圾桶模型

金登（2004；Kingdon，1984；2003）在提出从多源流框架视角理解政策过程时，对三种有影响力的过程理论进行了批判。这些过程理论大多以决策理论为基础，关注决策过程。第一种过程理论从政策创新的起源出发来思考议程设定和备选方案的选择，他认为这种理论并没有什么帮助，这主要是因为："（1）思想可以来自任何地方；（2）追溯起源意味着一个

---

① 《政策研究杂志》于2016年1期发表了多源流途径（multiple streams approach）的专题研究，一共由6篇论文组成，有一篇论文对整个专题研究的介绍（Weible & Schlager，2016），有一篇论文是对多源流途径进行详细分析（Cairney & Jones，2016），有一篇论文是对多源流途径的研究进展回顾与综述（Jones et al.，2016），余下的三篇论文则是使用多源流途径的案例研究（Winkel & Leipold，2016；Zahariadis & Exadaktylos，2016；Zohlnhöfer，2016）。

② 《政策科学》于2016年第1期发表了多源流框架（multiple streams framework）的专题研究，一共由6篇论文组成，这一组论文的特点是将"制度研究"带入多源流框架，探讨加入制度变量之后，对多源流框架的发展，并且主要是以欧洲的经验为基础（Zahariadis，2016b；Saurugger & Terpan，2016；Herweg，2016；Rozbicka & Spohr，2016；Novotný & Polášek，2016；Sætren，2016）。

无限回归的一；(3) 没有谁可以领导别人。"(金登，2004：91) 他认为不同领域的政策案例，其思想起源于不同地方，不存在所有政策领域共同的思想来源。对于同一政策案例而言，追溯其思想起源问题存在无限回归问题。并且不同行动者在不同政策领域发挥作用不同，不存在一个行动者在所有领域都处于领导地位，所有思想都来源于该群体。

第二种过程理论是全面理性决策。根据金登的看法，该理论认为："如果政策制定者按照一个全面理性模式运作的话，他们首先会很清楚地界定自己的目标，并确定将会符合他们要求的目标实现水平。然后，他们会详细讨论可以实现目标的许多（理想地说，所有）备选方案。他们会对这些备选方案进行系统比较，评估它们的成本和收益，最后再选择以最少的成本实现目标的备选方案。"(金登，2004：98) 对此，金登认为一方面政策制定者的理性是有限的，并且很多时候并不是去解决问题；另一方面，政策制定过程并非按照阶段论的线性模型展开。

第三种过程理论是渐进主义。在金登看来，渐进主义主张"决策者通常不是重新开始考虑每一个项目或问题，而是把他们目前正在做的事情视为既定的，并且只是对那种存在的行为做渐进的、边际的小调整。通过采取这种行动步骤，他们不需要详细讨论太多广泛深远的变化，他们也不需要花过多的时间去界定目标，而且他们在目前的现状与现存行为所需要进行的小调整之间进行的比较也完全可以得到控制。结果，政策便是以小的步子渐进变化。"(金登，2004：99)。对此，金登同样认为渐进主义对很多政治过程和政府过程进行了很好的描述，也能够部分描述公共政策案例，但是，渐进主义不能够解释议程变化。他指出，议程具有相当的易变性，而政策制定者所考虑的备选方案和他们准备通过的实际建议可能会体现的变化程度就要小得多。

多源流框架以垃圾桶模型为基础，通过对其修正，提出了影响议程和备选方案的问题源流、政策源流和政治源流。而垃圾桶模型是以模糊性假设为基础，因此模糊性和垃圾桶模型构成了多源流框架的主要理论基础。模糊性和垃圾桶模型两者紧密联系在一起，模糊性构成了一种组织生活（Organization Life）的新形态，而垃圾桶模型则是在这种组织生活形态之下组织选择的模型，它们由马奇（March）、奥尔森（Olson）和科恩（Cohen）于20世纪70年代提出，并于20世纪70年代和80年代发表了一系列的论文和著作，系统地探讨作为模糊性情景的大学和军队如何从事领导、命令和决策（Cohen，March & Olsen，1972；Cohen & March，1986；March & Olsen，1976；March & Weissinger-Baylon，1986）。

马奇、奥尔森和科恩的模糊性理论挑战了启蒙精神以来西方文化中的理性选择和问题解决的传统，提出了一种不同于目的秩序（purposive order）的暂时程序（temporal order），前者基于理性选择，后者基于时间的观点，模糊性构成了垃圾桶模型的基础（Cohen，March & Olsen，1972）。在马奇、奥尔森和科恩看来，启蒙以来的西方文化传统可以概括为："理性选择和问题解决的观点深深根植于更广泛的西方现代文化之中，该观点被垃圾桶模型放宽。这些观点是自由市场和民主自主政府的根基，更为广泛地讲它们是启蒙思想的道德观，坚信人类能够通过目的、理解和控制来解决问题、提升自身状态和实现社会进步。"（Cohen，March & Olsen，2012：23）这样，决策中秩序的传统观点涉及三个紧密联系的观点，即事实（reality）、因果关系（causality）和意向性（intentionality）（March，1994：176）[①]。事实强调有一个客观的世界被观察，并且认为仅仅存在这样一个世界存在。因果关系强调现实和历史遵循原因和结果的结构化链条，这使得选择影响结果，决策是实现目的的手段。意向性强调决策是实现目的和自我的工具，理性选择、学习、规则遵循、讨价还价和交易都符合偏好和身份。这些有关秩序的观点似乎与现实中的复杂性和不确定性不相符，于是马奇等学者提出了有关组织生活中的模糊性的判断，模糊性提供了观察组织生活中的新视角。

对于模糊性的含义，马奇指出："模糊性是指对事实、因果关系和目的性缺乏清晰或一致性。"（March，1994：178）由此可见，马奇对模糊性的界定是对启蒙以来秩序定义的放松。模糊性意味着外部事实的模糊，这是由事实需要解释、存在相互冲突的解释、相同冲突信念的建构和信念的套套逻辑（tautology）等原因造成。历史和科学常常试图为模糊事件提供因果故事，使人们接受有关事实、因果关系和目的性的观点。但是，人类对历史的解释会放大历史的一致性、人类在历史中的目的性和行动、历史力量本身的全面可理解性，会存在一些解释性偏见，如过分夸大历史的确定性、人类自身的信念以及人类中心性。此外，对历史事件和社会事实的

---

[①] 接下来，有关模糊性的讨论，主要参考了马奇（March，1994）的《决策是如何产生的？》一书中第五章模糊性与解释的观点。

解释，人类也会存在不一致甚至相互冲突的解释，对于同样一件事情有完全不同的看法，这些也形成社会中不同的意识形态和组织中的不同文化。对于每一个行为，人们会建构出完全相反的信念，同一个维度会有完全不同的看法。例如，一个小心谨慎的行为也可以被建构为一个胆小的行为，成熟的行为也可以被建构为圆滑的行为。对于历史事实，人们也会采用套套逻辑的模式，用一般理论解释所有现象，使得理论的预测能力减少，这说明事实本身也是模糊的。如效用理论强调人们依据结果的效用进行选择，而如何观察一个人选择行为的效用，则是通过他的选择结果来推测，这样所有行为都可以归为效用行为。

模糊性还意味着自我本身的模糊性。自我的模糊性强调一个人在选择行动时，其偏好和身份也是模糊的，他不可能对自身的偏好和身份意识有清晰的认识。理性选择理论强调人类的偏好存在稳定性、一致性和外在性，稳定性主张偏好在未来不会发生变化，一致性认为偏好在面临同样事务进行同样选择时有同样的结果，外在性则强调偏好不会受到选择行为的影响。对于模糊性理论而言，这些假设都是不成立的，偏好会随着时间变化而变化，选择行为会对偏好产生影响，偏好会受到人际影响，人们也会对偏好进行伪装，这些因素都导致了偏好是模糊的，很多时候选择者不知道自己追求的偏好，选择就是偏好实现的过程。人们在对身份进行认同时，也会面临着身份的多样性、相互冲突性和不清晰性的影响，这使得身份意识是模糊的。人类会面临着来自个人、家庭、社会、职业场所等不同领域的身份意识，他们需要在某一种情景之下唤起一种身份意识，这种多重身份的冲突会使他们对于身份认同可能存在模糊性的风险。即使不存在身份认同多样性的冲突，对于同一种身份的期望本身是演化的，它存在不清晰性、不一致性、不稳定性和内在性的影响。如对于律师、医生和教师等不同职业的身份，在不同变化和演进之中。

海尔·瑞尼等公共组织研究者（Chun & Rainey，2005；Rainey & Jung，2015）也开始关注目标模糊性（goal ambiguity），提出了研究目标模糊性的概念性框架，发展测量目标模糊性的工具，以及探讨目标模糊性的前因后果。在对目标模糊性的定义中，他们指出："我们将组织目标模糊性定义为允许对组织目标和一系列目标进行留有余地解释的程度，其中组织目标代表了组织未来追求的状态。"（Chun & Rainey，2005：2）这说明组织目标模糊性意味着组织目标存在不同的认知、解释、冲突性解释和意义赋予,这与马奇对模糊性的定义基本一致。对于目标模糊性的讨论,是马奇所讨论的偏好模糊性在组织层面的体现。与此同时,他们（Rainey & Jung, 2015: 83-84）提出了目标模糊性的三种测量维度,即指导性目标模糊（directive goal ambiguity）、评估性目标模糊（evaluative goal ambiguity）和优先性目标模糊（priority goal ambiguity）。指导性目标模糊是指将组织的使命或一般性目标转化为可以实现使命的行动指导和准则时所允许的留有余地的解释空间。评估性目标模糊是指一个组织在评价使命实现程度时允许使命的解释留有余地的空间。优先性目标模糊是指一个组织在面临多种目标时允许就组织目标优先性解释留有余地的空间。

针对组织生活中的模糊性,马奇、奥尔森和科恩提出一种不同于理性选择模型的垃圾桶模型。在他们看来,该模型主要是基于组织生活中"有组织无序"（organized anarchies）的三个基本特征,即有问题的偏好（problematic preferences）、不清晰的技术（unclear technology）和流动的参与（fluid participation）。这些特征与上面讨论的模糊性理论高度一致,这意味着组织中存在偏好、技术和参与的模糊性。对于这三个基本特征的概括,马奇、奥尔森和科恩（Cohen, March & Olsen, 2012）在40年后的一篇回忆论文中指出,这些概括主要是来自对大学决策过程的经验观察。他们指出,教育机构存在目标的模糊性和冲突性,决策很少是由单一目标决定的,不同的行动者会追求不同的目标。与此同时,教育机构似乎是在一个不清晰的技术之下运行,人们虽然有一些信念,但是在决策时并没有明确的方法。结果取决于谁参与决策,以及参与决策人员面临冲突性要求的注意力分配。这种被称为"有组织无序"的组织决策状态,拥有如下特征:"注意力是一种稀缺资源,当对一种事务进行关注时,不能够对另一种事务进行关注;多样性决策舞台竞争问题、解释方案和决策者时间;问题和解决方案的到达是由外部因素决定,他们由于同时到达而取得联系。"（Cohen, March & Olsen, 2012: 22）垃圾桶模型所描述的组织形态,又被称为松散的耦合（loose coupling）,组织结构中按照分权模式建立,决策和执行分开,语言和行动分开,这使得组织中存在某些"混乱"和"无序"。在"组织无序"的情景之下,"一个人可以将选择机会（choice opportunity）看作是垃圾桶,不同的问题和解决方案在被产生时由不同的参与者倒入垃圾桶中。单个垃圾桶的垃圾混合程度依赖于垃圾桶数量、替代性垃圾桶的标签、什么样的垃圾被产生以及垃圾从场地中被收集和移出的时间"(Cohen, March & Olsen, 1972: 2)。

于是,马奇、奥尔森和科恩(Cohen, March & Olsen, 1972: 2-3)提出,在垃圾桶模型中,决策是由组织中问题源流、技术源流、参与者源流以及决策机会等四个相互独立的源流相互作用的结果。问题源流主要是组织内外的人员所关注的问题,它常常以失败或即将失败的信号存在,它们包括生活方式、家庭、工作挫折、冲突、职业、团体关系、地位、工作和金钱分布、意识形态以及媒体和大众所关注的各种问题。技术源流主要是某个人的产品,不同的人会提出各种不同的解决方案,这些解决方案在决策过程中出现、流动和消失,有时除非知道了答案,否则你可能不知道所要解决的问题。参与者源流主要是参与决策的人员,他们参与时间、接近决策机会的程度以及所拥有资源都会对决策产生影响,这些人员不断地流入和流出,每个人都在一定时间内带着一定的能量进入组织。决策机会主要是指一个组织什么时候决定从事决策,一般而言决策机会都是有规律地出现,每个组织都会定期宣布决策,这些决策包括签订合同、预算委员会、招聘人员、人员解聘、财政支付以及责任重新分配等。相反,垃圾桶决策模型则认为,在问题、技术、参与者和决策机会复杂互动的环境中,时间导致决策产生,秩序的主要来源是时间,这种秩序是一种暂时秩序。

针对垃圾桶决策模型,学术界在使用时存在三种态度和看法(Cohen, March & Olsen, 2012: 24-25)。第一种态度是将垃圾桶模型看作一种新的洞见,能够帮助人们理解和观测的组织中的混乱状态。这一态度强调垃圾桶模型的"理解"功能,能够帮助研究者重新在混乱无序的组织世界中找到"秩序",使得经验观察的决策世界可以被理解和认知。政策过程中多源流框架就是应用垃圾桶模型理解政策过程中混乱与无序,从中发现议程设定、备选方案和公共政策选择的规律。第二种态度是将垃圾桶模型看作一个适应混乱和无序世界的有目的行为,它强调个人如何在有组织无序的情景之下智慧行动。这一态度不仅强调垃圾桶模型的"理解"功能,而且强调其"目的"功能,行动者被认为一旦理解了无序世界中存在的垃圾桶过程和暂时秩序,明确了问题、技术、参与者和决策机会的互动模式,那么他们就可以追求有目的和有智慧的行动。第三种态度是将垃圾桶模型看作一种通过有意识组织设计重新获得控制,减少或消除垃圾桶过程和暂时秩序,维护目的的、结果的、可控制的和可预测的秩序的手段和工具。这一态度强调通过垃圾桶模型实现理解、目的和控制三种功能，垃圾桶过程被认为是一种不理性和病态的过程，需要减少或消除这一过程，改革是必需的、可能的和可期望的，混乱和无序能够重新得以控制，以符合人类自身的目的和期望。马奇（March，1994：205-206）也将三种态度称之为热情者（enthusiasts）、实用者（pragmatists）和改革者（reformers），认为并没有必要一定从中选择，每一种态度都有其局限性。

垃圾桶决策模型产生了广泛而深远的影响。亚历桑德鲁·洛米和理查德·哈里森（Lomi & Harrison，2012）在《组织选择的垃圾桶模型》一文发表40年之后，编辑出版了《组织选择的垃圾桶模型：40年后向前看》一书，试图推动垃圾桶模型向下一步逻辑结构演化，直接对影响参与者、问题、技术和选择机会的复杂网络结构进行模型化，讨论自主个体如何演化出相互依赖的结构，计算机仿真模拟仍然是垃圾桶模型使用的重要工具。马奇、奥尔森和科恩（Cohen，March & Olsen，2012）在评价垃圾桶模型的影响时，也指出垃圾桶模型像其他观点或理论一样不断地在不同文化环境和假设中被考虑、适用、使用、解释和发展，这一模型是对启蒙以来理性选择中有关结果和目的秩序的放松，讨论模糊的偏好、不确定的技术、流动的参与以及不同决策接触机会之下的选择逻辑和暂时秩序形成问题，提供了一个重新思考人类自身和正式组织在人类社会中角色的新观点。这些令人惊讶的观点和主张也是一些神学、小说和哲学中核心观点与主要内容，垃圾桶观点与这些传统很契合。只是启蒙以来的思想太过于强调理性和秩序，忽略了人类存在的混沌和无序的另一面。在他们看来，"垃圾桶观点提出一个新的工具来思考组织中一些老的和困惑的议题：探讨有限理性的可能和限度；正式组织作为规则、仪式和标准操作程序的集合体，以及作为政治冲突集合体；作为有意图设计、适应、自然和共同演化的历史过程推动的变迁"（Cohen，March & Olsen，2012：28）。很显然，垃圾桶模型为组织研究和决策研究提供了一种替代性的行为研究途径。垃圾桶模型的传统使组织研究的探索与政治制度、地区或全球层面的新制度形成联系在一起，建立了政治的组织基础（March，2008；Olson，2001）。垃圾桶模型中对暂时秩序的关注也使人们重新思考组织中一些核心问题，比如：组织安排是如何获得或失去结构的；组织中稳定与变化是如何平衡的；有意识的设计和改革在有意图秩序建构中角色；关注历史无效率的假设，作为历史总是平衡和有效的替代性观点。

针对垃圾桶决策模型，也有一些批评者。乔纳森·本德、特里·摩尔和肯尼斯·肖特（Bendor, Moe & Shotts, 2001）对垃圾桶模型进行了系统和全面的评价，认为垃圾桶模型缺乏科学基础。他们将垃圾决策模型概括为两个部分，一个是文字理论（verbal theory），另一个是计算机模型（computer model）。前者是有关决策是如何在"有组织的无序"状态下做出的，后者是以简单的数学形式来描述文字理论的关键特征，并提供一个能够产生预测的关键逻辑结构。他们一方面认为无论是文字理论，还是计算机模型，都存在缺陷；另一方面，文字理论和计算机模型两者也不匹配，计算机模型并没有证明文字理论。对文字理论而言，本德、摩尔和肖特认为垃圾桶模型是一种比喻，以垃圾桶来比喻决策过程，强调不同输入在垃圾桶中混合，决策结果取决于混合内容和程度，这不符合社会科学的传统（Bendor, Moe & Shotts, 2001：171）。对于文字理论，他们认为垃圾桶模型存在如下问题：它没有很好地区分个人层面选择和组织层面选择，没有建立自己的个人选择模型；它强调问题、技术、参与者和选择机会等四个源流是相互独立的，但是在实际过程中这些不同源流之间不可能独立，存在紧密的相互联系；它没有讨论组织结构是如何产生的，以及对组织结构中权威、分配和控制等重要因素的忽略；对"有组织的无序"这一核心概念缺乏清晰认识，存在模糊性，"有问题的偏好、不清晰的技术和流动的参与"三个条件是同时满足，还是只需要满足一个条件，没有明确陈述；它放弃了马奇—西蒙传统（March-Simon tradition），没有遵循有意图理性、对理性选择的所有假设进行全面放松、将结构和过程作为外部变量，过于强调组织中符号、迷思和合法性传统，这是组织中的制度主义传统。对于计算机模型，他们认为该模型构成了垃圾桶模型成功的"科学核心"，但是仍然存在许多问题，没有对技术进行模拟、认为在没有问题或参与者的情况之下仍然能够选择、计算机模型的假设与文字理论的假设不一致、计算机模拟的结果并未显示出没有秩序。最后，本德、摩尔和肖特认为"整个研究传统的核心是一个一般性主题，这一主题是垃圾桶模型的标志：对模糊性和社会建构秩序的论证"（Bendor, Moe & Shotts, 2001：184）。在他们看来，马奇、奥尔森和科恩的后续研究都是围绕着这两个方面展开，提出经验、过去、历史、权力、成功、相关性、自我等维度的模糊性来扩充模糊性的内涵，提出符号秩序、规范秩序和解释秩序来扩充社会建构秩序的维度。垃圾桶模型的创立者之一的奥尔森

(Olson, 2001) 对本德、摩尔和肖特的批评进行了回应，并不认为他们掌握了垃圾桶模型的核心精髓，没有把握到垃圾桶模型是对政治行动者、制度和变化的理性选择模型的替代性解释，以科学模型来衡量一切观点，误解了垃圾桶模型。无论如何，垃圾桶模型对政策过程理论产生了深远影响。一种基于垃圾桶模型的多源流理论正成为理解政策过程的最具有竞争力的理论之一，这是接下来要讨论的主要内容。

## 二　多源流框架的演进过程

多源流框架是由约翰·W. 金登（Kingdon, 1984）于 1984 年创立的，他出版了《议程、备选方案与公共政策》一书，通过借鉴垃圾桶模型，发展了以问题源流、政策源流和政治源流等多源流来解释政策过程的分析框架，他也是多源流框架的鼻祖。1995 年，金登出版了《议程、备选方案与公共政策》一书的第二版，增加了一章专门对多源流框架产生的争论与问题进行了回应。金登并非完全根据垃圾桶模型来建构政策过程的多源流框架，他对垃圾桶模型进行了改造（见表 2-1）。

表 2-1　　　　　　　　　垃圾桶模型和多源流框架比较

|  | 垃圾桶模型 | 多源流框架 |
| --- | --- | --- |
| 源流数量 | 问题源流、技术源流、参与者源流、决策机会 | 问题源流、政策源流和政治源流 |
| 共性源流 | 问题源流、技术源流 | 问题源流、政策源流 |
| 差异源流 | 参与者源流、决策机会 | 政治源流 |
| 理论逻辑 | 时间是决策的基础 | 政策企业家在政策之窗开启时，促进三个源流融合，使得决策产生 |

从表 2-1 可以看出，金登保留了垃圾桶模型中问题源流和技术源流的思想，并将技术源流变更为政策源流。与此同时，他根据政策过程的特殊性，增加了政治源流，政治源流主要是讨论国民情绪、政府更替等政治因素对政策过程的影响。这样，垃圾桶模型中四个独立源流变为三个独立源流，通过问题源流、政策源流和政治源流来解决政策过程中的决策现象。对于垃圾桶模型中参与者源流和决策机会，金登将它们分别改造为行

动者和政策之窗。在金登看来，政策过程应该区分行动者和过程，他认为源流主要是过程层面的内容，行动者则属于主体层面的内容，行动者通过在过程中互动影响政策。对于行动者而言，它由官方行动者和非官方行动者组成，政策企业家是最重要的参与者。政策之窗对应于决策机会，但是它并非独立的源流，而是源流汇合的场所。在政策之窗开启时，多源流实现融合，议程得以建立，备选方案产生，公共政策出台。在连接行动者与过程、抓住政策之窗方面，政策企业家发挥着关键和不可替代的作用。一方面，政策企业家在政策流中通过对政策和观念实现"软化"，使得观念被更多人员所接受。另一方面，政策企业家会主动投入更多的时间和精力来促进不同源流之间的融合。

于是，在垃圾桶模型中，时间在秩序的形成中发挥重要作用，时间是决策产生的触发机制。而对于多源流框架而言，时间是重要的，政策之窗没有开启时，公共政策的产生会面临较大困难。但是，多源流框架也非常重视人的作用，认为即便政策之窗开启，是否能够把握机会取决于政策企业家的策略和行为。这说明，在多源流框架看来，随机性会发挥作用，但是政策企业家的主观能动性更重要。根据将行动者与过程分开，突出政策企业家在多源流框架中的作用，金登在《议程、备选方案与公共政策》一书中，分别对行动者、过程、问题源流、政策源流、政治源流、政策之窗和融合等内容进行了阐述。与其他政策过程理论相比，金登并没有将其理论图形化。为了更为形象地展示金登的多源流框架，我们可以用图2-1来描述多源流框架的逻辑结构。

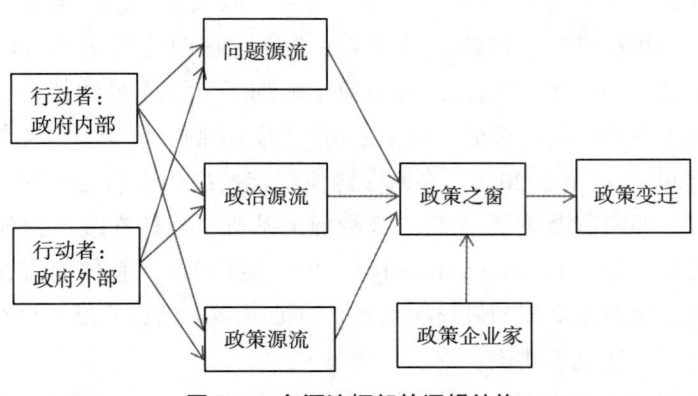

**图 2-1 多源流框架的逻辑结构**

从图 2-1 可以看出，行动者通过影响问题源流、政策源流和政治源流等影响政策过程，政策变迁是三个独立源流相互作用的结果。政策企业家在政策之窗开启时，通过促进问题源流、政策源流和政治源流的融合而推动政策变迁。遗憾的是，金登在提出多源流框架之后，仅在 10 年后的第二版对多源流框架引发的争论进行了集中回应。与其他政策过程理论的倡导者相比，金登在组织更多的学者对多源流框架进行研究和检验，以及在推广和发展多源流框架方面，并没有做出多少贡献，这也限制了多源流框架的发展。当萨巴蒂尔邀请金登就多源流框架撰写专门章节时，金登并没有答应这一请求。尼古拉斯·扎哈里尔迪（Zahariadis，1999；2007；2014）则承担了这一任务，他先后撰写了三个版本的介绍多源流框架的章节，在促进多源流框架的传播、应用和扩散方面发挥了关键作用。

对于扎哈里尔迪而言，他将多源流框架与模糊性理论联系起来，提出了多源流框架的假设、结构性构成要素和过程（见图 2-2）。在假设方面，扎哈里尔迪将其归结为模糊性假设和政治操纵的假设。对于多源流框架的结构性要素，扎哈里尔迪将其概括为问题源流、政策源流、政治源流、政策之窗口和政策企业家五个要素。这些结构性要素围绕三个核心问题展开："注意力是如何分配的？替代方案是如何搜索的？选择是如何发生偏见的？"（Zahariadis，2007：65）

目前，有关多源流框架的结构性要素，都遵循了扎哈里尔迪的五个要素总结。学者们对这五个要素基本上达成了共识，其差异主要是构成每一个要素的二级指标，不同时期的不同学者会有所增减。例如，扎哈里尔迪（Zahariadis，2014：31）在第三版中，分别对政策源流、政策源流和政策之窗的二级指标进行了修改，形成了一个新的多源流框架的结构（见图 2-3）。从图 2-3 可以看出，政策源流中增加了资源充足性指标，政治源流中增加了利益平衡的指标，政策之窗中增加了制度情景。迈克尔·琼斯等学者（Jones et al.，2016）在对多源流框架的应用进行宏观评估时，也是以这五个要素以及图 2-3 的二级指标为基础，他们在政策源流中又增加了政策共同体（Policy community）这一二级指标。总体而言，这五个要素构成了多源流框架的最核心要素，目前基本上已经成形，也在多源流框架研究者中达成了共识。

通过将图 2-2 和图 2-3 与图 2-1 进行比较，我们会发现，金登早期试图区分"行动者—过程"，并且将行动者放在政策过程的重要位置这一

```
┌─────────────┐
│ 问题源流    │
│ 指标        │
│ 焦点事件    │──────┐
│ 反馈        │      │     ┌──────────────┐
│ 负担        │      │     │ 政策之窗     │
└─────────────┘      └────▶│ 耦合逻辑     │
                           │  —— 结果    │        ┌──────────┐
┌─────────────┐            │  —— 学说    │───────▶│ 政策产出 │
│ 政治源流    │            │ 决策方式    │        └──────────┘
│ 政党意识形态│───────────▶│  —— 更多关注│
│ 国民情绪    │            │  —— 更少关注│
└─────────────┘            └──────────────┘
                                   ▲
                                   │
┌─────────────┐            ┌──────────────┐
│ 政策源流    │            │ 政策企业家   │
│ 价值可接受性│            │ 进入         │
│ 技术可行性  │            │ 资源         │
│ 融合        │───────────▶│ 战略         │
│  —— 进入   │            │  —— 框架    │
│  —— 模式   │            │  —— 渐进战术│
│  —— 规模   │            │  —— 符号    │
│  —— 能力   │            │  —— 情绪启动│
└─────────────┘            └──────────────┘
```

**图 2-2　多源流框架的结构**

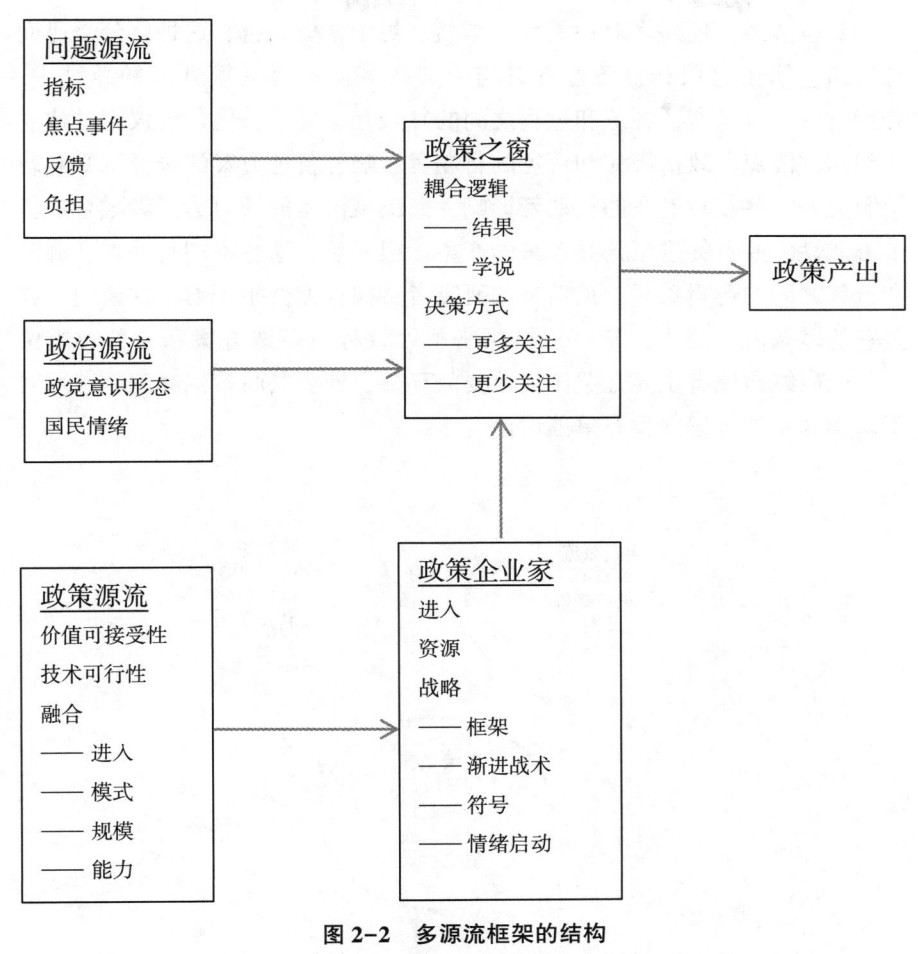

资料来源：Zahariadis, 2007: 71。

思想被后续的研究者所忽略。以扎哈里尔迪为代表的新一代多源流框架研究者更加重视结构性要素，没有考虑行动者要素，并且将金登早期对议程、备选方案与公共政策的关注，转化为对注意力分配、搜索和选择等过程的关注。

当然，研究者也一直对金登的"议程—备选方案—公共政策""行动者—过程""问题源流—政策源流—政治源流"三种情形的区分，以及这些不同的区分之间存在的逻辑关系存在争论。在这些区分之中，尤其是"议程—备选方案—公共政策"和"问题源流—政策源流—政治源流"两者之间的关系，三个源流与"议程—备选方案—公共政策"之间到底是一一对应关系，还是多对一关系。当然，对于金登而言，这种区分是显而易见的。他在《议程、备选方案与公共政策》一书的第九章的总结中，分别讨论了行动者、源流和过程之间的复杂互动关系，他认为议程的建立受到问题源流、政治源流和可见的行动者影响，备选方案的选择则受到政策源流和一些相对潜在的行动者影响，而决策议程的开启为三者融合提供了可能性，并且促进了公共政策的产生。很显然，这些不同行动者、源流和过程之间的逻辑关系，被后来的研究者重视程度似乎不够。这说明，在金登的多源流框架中，它可以被用来解释议程、备选方案和公共政策选择，而后续研究者主要是关注最重要的环节，即公共政策选择问题，而对于议程和备选方案并没有单独讨论。

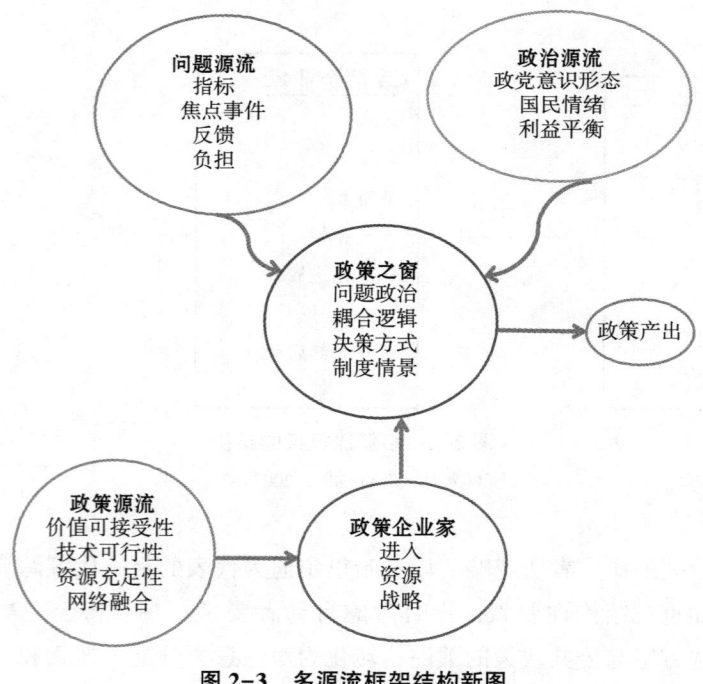

**图 2-3　多源流框架结构新图**

资料来源：Zahariadis，2014：31。

## 三 多源流框架的假设、构成要素与核心命题

对于多源流框架,可以从假设、构成要素与核心命题三个方面进行阐述。假设是框架得以建立的基础,它意味着一旦现实与这些假设相符,那么框架就能够很好地解释现实。假设是任何政策过程理论和框架不可回避的问题,它涉及如何看待政策过程的一系列基本设想和主张,这些假设不需要证明,它构成了理论讨论的前提基础。要素是分析框架的组成部分,这些要素也是进行理论分析的基础,通过这些概念来理解政策过程。目前,对于多源流框架而言,主要有五个最基本的概念,即问题源流、政策源流、政治源流、政策企业家和政策之窗。我们认为,这五个要素忽略了金登对"议程、备选方案与公共政策"的讨论,于是本书又增加了议程建议、备选方案和决策系统三个要素,这样一共形成了八个构成要素(见图2-4)。核心命题是应用这些假设和要素与政策过程实际相结合,形成的一些有关政策过程认知的基本设想和命题,它们告诉我们公共政策是如何产生的。对于多源流框架而言,核心命题主要与议程建立、备选方案的选择以及公共政策的产生有关,其中最重要的是解释公共政策的产生问题。接下来,将以图2-4为基础,详细阐述多源流框架的假设、构成要素和核心命题。

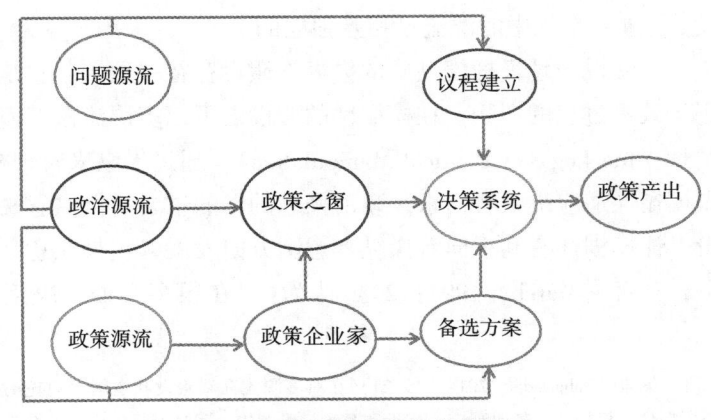

图 2-4 多源流框架结构整合图

## 1. 基本假设

由于多源流框架建立在垃圾桶模型的基础之上，它是垃圾桶模型在政策过程中的应用，这使得多源流框架的假设受到垃圾桶模型假设的影响。根据扎哈里尔迪（Zahariadis，2014：26-31）对多源流框架的概括①，我们可以将其分析单位、假设和逻辑进一步总结为：系统层面的分析单位、模糊性假设和政治操纵逻辑。从分析单位上看，多源流框架属于系统层面的分析单位，它将整个决策系统作为分析单位，考虑影响决策的系统因素，目前这些因素主要有问题源流、政治源流和政策源流。模糊性假设构成了多源流框架最基本的假设，它是看待政策过程中决策逻辑的基本假设。第一部分已经对模糊性假设的主要内容进行了介绍，它是一种不同于决策的理性假设和社会建构假设的新假设，它强调针对现实存在相互冲突的意义和观点的假设。模糊性意味着矛盾而不是意味着不确定性（March，1994：178-179），这些相互冲突的假设会影响政策过程中的决策。上面已经讨论，模糊性还意味着时间在决策过程中发挥重要作用，时间是推动决策产生的重要因素，于是模糊性强调决策过程中的"暂时秩序"。扎哈里尔迪（Zahariadis，2014：28-29）进一步将模糊性假设概括三个基本假设：

假设 1：个人注意力分配或处理是连续的，而系统的注意力分配或处理是平行的。

假设 2：政策制定者会在严格的时间限制之下操作。

假设 3：进入系统中的源流是相互独立的。

以上三个假设与垃圾桶模型中的模糊性假设存在一致性，它是模糊性假设应用于政策过程的产物。在模糊性的假设之下，多源流框架遵循政治操纵的逻辑（the Logic of Political Manipulation），通过操纵来管理模糊性，从而使得模糊性适应决策者需求。政治操纵的目的主要是提供意义、清晰性和身份，让模糊性有利于向着操纵者意图方向发展。正是在意义解释的视野之下，马奇（March，1997：23）认为："在很多方面，决策最好被

---

① 扎哈里尔迪（Zahariadis，2014：26-31）在对多源流框架假设和逻辑的讨论时，分为五个部分：分析单位、模糊性、暂时秩序、假设和政治操纵逻辑，通过对具体内容的分析，我们发现他所讨论的假设主要是依据模糊性和暂时秩序，因此可以将"模糊性、暂时秩序和假设"总体概括为模糊性假设。

想象为一个意义工厂,而不是行动工厂。"为了实施政治操纵的目标,政策企业家会通过使用信息、象征或符号,以及应用各种策略来实施意义重构,实现操纵目的。正是因为信息的操纵使用,以及其与制定和政策之窗的联合作用,使得环境、意义和政策随着时间改变而改变。

**2. 构成要素**

从图2-4可以看出,多源流框架的主要构成要素有八个,即问题源流、政策源流、政治源流、政策之窗、政策企业家、议程建立、备选方案与决策系统。问题源流、政策源流和政治源流是三个独立的源流,它们构成了政府的三个主要过程源流,用于解决政府中的三个核心问题:问题识别、政策建议的阐明和精练、政治活动。这三个源流与议程和政策变化之间存在明确的关系,金登指出:"一旦我们认识了这些独立产生的溪流,那么理解议程和政策变化的关键是它们的结合。这些溪流在一些关键的时候汇合在一起。一个问题被识别了,一个解决办法可以得到,这种政治气候便促成了适合变革的恰当时机,而且这些约束条件也阻止不了行动。一些倡议者提出了他们的建议,然后就等待随之会出现一些他们可以为其附上解决办法的问题,或者等待政治溪流中出现一种使其政策建议更有可能被采纳的行政当局更换一种发展状态。"(金登,2004:110)结合的机会,被称之为"政策之窗",促进不同源流之间融合的人员称之为"政策企业家"。

(1) 问题源流

问题源流主要是推动问题纳入政府议程,在这一源流中不同行动者围绕着什么是政策问题进行争论,都希望将自己认为的政策问题纳入议程。政策问题是指客观状态与主观价值发生偏差,它是主观价值对客观状态进行评估的结果,因此建构政策问题时涉及对客观状态的意义赋予。由于决策者注意力分配有限,因此不同行动者会对注意力进行竞争,这正是议程设置理论的主要内容。问题源流在议程建立中发挥关键作用,它通过指标、焦点事件、反馈和负担等方式来促进议程设定。

指标(indicators)通常被用来衡量事物的状态、程度和变化范围,它是促进问题形成的一种重要方式。金登(2004:114)指出:"通常,问题并不是通过某种政治压力或对人的认知的重视而引起政府决策者关注的,问题引起政府决策者关注的原因常常在于某些指标完全表明那儿本来就有一个问题存在。政治领域有很多这样的指标,因为政府机构和非政府机构都可以对各种活动和事件进行常规的监控:公路死亡人数、发病率、免疫率、消费者价格、输送上下班人员的交通工具和城际班车的乘车数、权利性政策项目的代价、幼儿死亡率以及许多其他的活动和事件。"这些指标既可以是政府或非政府部门所进行的常规性收集,如政府的统计数据,一些研究机构的定期数据收集,也可以是就某一问题进行专门收集。决策者通常会以两种方式来使用指标,一是对问题的重要性进行评估,二是对问题变化进行衡量。对于指标的解释,在问题建构中发挥着关键和重要作用,不同的解释会使相同的指标得出不同结论。

焦点事件(focusing events)是引起决策者及其周围人对某一问题进行关注的重要推动力。金登(2004:119)指出:"这一些推动力有时是由像开始引起人们关注这个问题的一次危机、一种变得流行的符号或政策制定者的个人经历这样的一个焦点事件所提供的。"焦点事件最典型的表现形式是危机或危害,使得人们认为需要马上对某些事件采取行动,如中国的SARS危机就成为卫生领域的焦点事件。金登认为焦点事件除了危机,还有两种变体,一个是个人经验和体验,另一个是符号。对于个人经验和体验的作用,金登(2004:97)认为:"一些主题之所以成为显著的议程项目,其原因部分地在于一些政策制定者具有使这些主题能引起他们注意的个人经验。"对于符号的作用,金登(2004:123)认为:"一些符号之所以变得流行起来并且具有重要的聚焦作用,其原因在于它们迅速捕捉住人们已经以一种比较模糊、分散的方式感受到的某种现实。"这意味着符号通过强化人们头脑中某种主题而起到加强作用,这些符号可能是问题符号,也可能是政治事件符号。焦点事件并不能够单独发挥作用,需要其他事件"伴奏",与其他事件一道促使问题纳入议程。

反馈(feedbacks)是影响决策者对某一问题进行关注的另外一种途径。金顿(2004:126)认为:"按照事情的正常发展,政府官员可以收到关于现行项目运行情况的信息。他们监控开支,亲自去实施项目,评估和监督项目的执行情况,并且收到种种抱怨的意见。这种反馈常常使一些问题引起他们的注意:项目没有按照计划运行,执行不符合他们对立法条例的解释,一些新问题不是作为某一项目实施的后果而出现的,或一些意外后果必须得到纠正。"由此可见,反馈的渠道包括:系统监控,抱怨和个别调查,以及官僚的经验。反馈信息的内容包括:执行不符合立法意图和上级行政意图；不能够实现规定目标；项目成本过高；一项公共政策的意外后果引起决策者的关注。

负担（loads）是促进决策者对问题关注的又一种途径。负担是指一个机构处理问题的能力，如果政策制定者正面临着大量问题需要处理，那么一个新的问题进入决策者视野的可能性微不足道（Jones et al.，2016）。马奇、奥尔森和科恩（Cohen，March & Olsen，1972）等学者在提出垃圾桶模型时，也非常重视决策负担对决策过程的影响，并且在进行决策模拟时，也将决策负担作为一个影响决策的重要变量进行考虑。

（2）政策源流

政策源流的核心作用是推动备选方案和政策建议的产生，它由一些专业人员组成的政策共同体（policy community）或政策网络（policy network）主导[①]，思想在共同体中竞争、软化和被接受。金登将政策源流称之为政策原汤（policy primeval soup），他认为："在这个共同体中，备选方案和政策建议的产生过程类似于一种生物的自然选择过程。正如生命诞生之前分子在生物学家所谓的'原汤'中四处漂浮一样，思想也在这些共同体中四处漂浮。许多思想都是可能的，这就犹如许多分子都是可能的一样。思想先是变得很显著，然后又消失。'软化'是一个很长的过程：思想漂浮、提出议案、作演讲、草拟政策建议，然后根据反应修改议案，并且再一次漂浮起来。不同的思想之间相互对抗（犹如不同的分子相互碰撞一样），并且以各种各样的方式彼此结合。这种'汤'不仅通过出现一些全新的元素而发生变化，而且更多的是通过对以前就存在的元素进行重组而发生变化。尽管在这盆政策原汤中有许多思想四处漂浮，但是如同在一个自然选择系统中的情况一样，只有那些符合某些标准的思想才会坚持下来。有些思想幸存下来并且得以成功；有些政策建议则比其他的政策建议更加受到重视。"（金登，2004：148）由此可见，在政策源流中，政策网络的融合程度、政策建议的标准和软化过程对政策建议产生发挥着关键作用。

政策共同体或政策网络的特征会影响政策建议的产生。政策共同体是

---

[①] 金顿（2004）在最初讨论政策源流时使用政策共同体（policy community）来指称影响备选方案产生的群体，而扎哈里尔迪（Zahariadis，2003）则偏好使用政策网络（policy network）来指称影响备选方案产生的群体。由于扎哈里尔迪的影响，目前更多的学者使用政策网络来指称备选方案产生的来源。

由某一领域的专业人员组成，不同领域的共同体有不同的特征，金登（2004：149）指出："有些共同体非常封闭、排外，并且联合得很牢固。而另一些共同体则更为多样性和分裂。"共同体的分裂会导致政策分裂，并且使政策不具有稳定性。紧密团结的共同体则会产生共同的视野、取向和思维方式，这反过来会进一步强化共同体的团结。扎哈里尔迪（Zahariadis, 2003）则从规模（size）、模式（mode）、能力（capacity）和准入（access）等四个维度对政策网络的整合程度进行了区分，整合程度不高的网络通常规模大、采取竞争模式、行政能力低和没有严格的准入限制，相反，整合程度高的网络则规模小、采取一致模式、行动能力高和有严格的准入限制。目前，政策网络理论的发展，为更好地衡量网络的结构、关系和密度创造了条件，使我们能够更加定量地衡量思想和政策建议在政策网络中产生过程。

政策建议的合适性受到一些标准的约束。目前，政策建议的生存受到政策源流中三个标准的影响，即技术可行性（technical feasibility）、价值可接受性（value acceptability）和资源充足性（resource adequacy）。技术可行性是指技术能否更好地执行政策建议，金登（2004：165）提出："即使不完善的思想也可以作为试探舆论的想法。但是最后，一项政策建议的倡导者必须深入探究细节，逐渐消除不一致性，注意执行的可行性，以及阐明一种思想将会得以实际应用的现实机制。"价值可接受性是指政策建议需要符合现存的价值标准，金登（2004：167）指出："在政策共同体中幸存下来的政策建议往往都符合那些专业人员的价值观。显然，所有的专业人员并非具有同样的价值观，而且在那些专业人员意见不一致的情况下，冲突便会外溢到更大的政治舞台上。但是，在有些方面，大部分专业人员实际上最终还是以一些类似的方式来看待世界的，并且同意或不同意一些处理问题的类似方法。"资源充足性是指存在用于执行政策的充足预算。

在政策建议的具体产生过程中，政策企业家在思想的"软化"过程中发挥着重要作用。政策企业家可能因为物质利益，也可能因为符号利益而参与政策思想的生产过程。政策思想的产生要么来自变异，要么来自重组。政策企业家通过"软化"，使政策共同体和大众接受新思想。对此金登（2004：160）指出："这些政策企业家不仅试图'软化'常常趋向于受惯性约束并且会抵制重大变革的政策共同体，而且还试图'软化'更加广泛的公众，使公众习惯于新的思想并且逐渐接受他们的政策建议。"当然，金登在讨论思想"软化"过程时，更多将之看作一个渐进过程。扎哈里尔迪（Zahariadis，2003）则认为"软化"过程也可以采取突变的方式来实现目的。

（3）政治源流

政策源流是指对议程或产出有影响的政治和文化情景。对此，金登（2004：184）有详细的阐述，他指出："独立于问题溪流和政策溪流而流淌的是政治溪流，它由诸如公众情绪、压力集团间的竞争、选举结果、政党或意识形态在国会中的分布状况以及政府的变更等因素构成。既不同于专业人员共同体中所发生的事件，也不同于使问题引起政府内部及其周围人的关注，政治溪流中所发生的是诸如国会中出现新的多数党或者产生新一届政府这样的事件。政治溪流中的这些发展对于议程具有强大影响，因为新的议程项目变得更重要，而其他项目在一个更为有利的时机之前一直都被束之高阁。"对于金登而言，政治源流中"政治"主要是指选举、政党或压力集团等。目前，在讨论政治源流时，主要会对国民情绪、政党意识形态和利益平衡问题进行阐述。

国民情绪是指公众对与政策问题相关的议题、价值和解决方案的一般倾向性。对于国民情绪的具体内容，金登（2004：187-188）指出："政府内部及其周围的人们可以感觉到一种国民情绪。他们惬意地讨论它的内容，并且相信自己知道这种情绪何时会发生变化。这个概念具有不同的名称——国民情绪，国家的气候，公共舆论的变化或者广泛的社会运动。然而，这些名称具有一个共同的观念，即它们都认为在一个国家里有大批的民众正沿着某些共同的路线思考，这种国民情绪以明显的方式经常发生变化，而且国民情绪或者国家气候的这些变化对政策议程和政策结果具有重要的影响。"对于国民情绪的获取，可以从民意调查、利益集团的观点和民众意见反映等中获得。

政党意识形态是指政党对相关机构的控制程度。政党意识形态会为各种不同机构中的党员提供行动指南，这些意识形态会影响他们的政策选择。金登（2004：193）指出："政府行政当局发生了变化，随之带来政策议程的显著变化。在国会中，席位的易手可以创造一些提出政策建议和掩埋其他政策建议的机会。官僚机构和国会委员会对政策地盘的争夺战也会对在这个过程中的议程产生影响。"这意味着，当政府当局的人事发生调整，就会导致政党在政府中人数数量发生变化，随之也会影响意识形态的倾向性。行政部门、立法部门和司法部门都会因为政党组成人员的数量发生变化而使得意识形态发生变化。

利益平衡涉及针对同一政策问题的不同利益群体之间的力量对比。在某一政策领域中，都会存在不同政策主张的倡导联盟，这些联盟之间共识和冲突会对议程建立和政策选择产生重要影响。金登（2004：190）指出："如果重要人士环顾四周，并且发现所有的利益集团和其他有组织的利益群体都把他们引向同一个方向，那么整个环境就为他们朝着那个方向运动提供了强大的动力。然而，如果有组织的力量之间存在某种冲突的话，那么政治领袖就会朦胧地获得这样一种对其环境的印象，即支持某一给定的政策建议或项目显著地出现在议程上的人们与反对某一给定的政策建议或项目显著地出现在议程上的人们之间的平衡已被打破。"这说明，利益平衡情况对于政策过程具有重要的影响力。倡导联盟框架（ACF）甚至直接将利益平衡情况作为解释政策变迁的主要影响因素。

（4）政策企业家

政策企业家是多源流框架中最重要的行动者（agency），他们也是促进多源流融合从而实现政策变迁的主要推动力量。政策企业家在多源流框架中发挥着双重作用。一方面，在讨论政策源流时，已经指出政策企业家在新思想的软化和备选方案的产生中发挥着不可替代的作用。另一方面，政策企业家也是在政策之窗出现时，促进问题源流、政策源流和政治源流融合的主要行动者，他们将解决方案与问题结合，并且寻找适合将问题纳入议程和符合他们所期望的备选方案的政治氛围。对此，金登（2004：228）明确指出："成功政策企业家的品质在软化政策制定系统的过程中十分有用，我们在讨论政策溪流的那一章中对此进行了描述。但是，政策企业家的作用不仅仅在于推出、推出、再推出他们的政策建议或他们对问题的认识，他们还暗暗地等待——等待一扇政策之窗的打开。在抓住机会的过程中，他们对于这些溪流在政策窗口的结合具有极为重要的作用。"

作为行动者，政策企业家在多源流框架中发挥作用的程度取决于两个因素：一个因素是激励约束，另一个因素是能力约束。前者讨论激励政策企业家参与政策过程，促进多源流融合的诱因。这已经在政策源流中进行了讨论，金登（2004：155）更是进行了清晰描述，他指出："他们的明显特征犹如一个工商企业家一样：怀着未来会有所回报的希望而愿意投入自己的资源——时间、精力、声誉，而且有时还愿意投入资金。他们所得到的回报形式可能表现为他们所赞成的政策，因参与而产生的满足感，甚或个人职业安全感的增强或职位的提升。"这说明，政策企业家参与政策过程是一个多种因素权衡和平衡的结果，这些激励可能是物质性的，也可能是符号性的。

一旦政策企业家决定参与政策过程，推动备选方案的产生，利用政策之窗的机会，促进问题源流、政策源流和政治源流的融合，此时就涉及政策企业家是否有能力来实现这一目标。目前，对于政策企业家促进多源流融合的影响因素主要有三个：资源（resources）、进入（access）和战略（strategies）。资源主要是政策企业家所拥有的时间、精力、声誉和物质资源，以及他们愿意将这些资源投入政策过程中促进多源流融合的程度。进入是政策企业家与关键政策制定者的接触程度，他们是否能与这些决策者进行接触，以及接触的渠道是否多。战略是政策企业家通过框架建构、符号、渐进主义和情绪启动等来推动多源流融合，促进政策变迁。

（5）政策之窗

问题源流、政策源流和政策源流分别独立运行，他们在政策之窗（policy windows）开启时进行融合（coupling）。政策之窗与垃圾桶模型的决策机会类似，他是金登借鉴航空发射时窗口的含义将之用于政策领域，认为："政策之窗是政策建议的倡导者提出其最得意的解决办法的机会，或者是他们促使其特殊问题受到关注的机会。"（金登，2004：209）政策之窗开启时间短，稍纵即逝，需要政策企业家把握机会促进多源流融合。对此，金登指出："当一扇政策之窗敞开的时候，政策建议的倡导者就意识到他们的机会来了，并且会抢着去利用这种机会。"（2004：221）对于政策之窗开启的原因，金登指出："从根本上看，一扇政策之窗之所以敞开，其原因在于政治溪流的变化（例如，行政当局的变更、政党或意识形态在国会席位分布上的改变，或者国民情绪的变化）；或者说，政策之窗之所以敞开，其原因在于一个新的问题引起了政府官员及其周围人们的关注。"（金登，2004：212）对于政策之窗关闭的原因，金登（2004：213-214）将其总结为五个方面：（1）参与者可能觉得他们已经通过决策或者立法把问题处理了；（2）与此密切相关的是，参与者可能没有争取到行动；（3）促进政策之窗打开的事件可能会从舞台上消失；（4）如果人事的变动打开了一扇政策之窗的话，那么人事就可能再度发生变化；

（5）政策之窗有时之所以关闭，是因为没有可行的备选方案。因此，在政策之窗开启时，要"趁热打铁"，否则要等待下一次机会之窗开启时需要很长时间。

一般而言，政策之窗可以划分为问题之窗和政治之窗，它们构成了打开政策之窗的两种机制。问题之窗意味着一个使政府感到压力很大或者至少会被逐渐视为很急迫的问题，而政治之窗则指由政治源流中的一个事件所产生的，这两种机制都会为政策之窗的开启提供契机。与此同时，问题之窗和政治之窗是相互关联的，存在紧密联系。对此，金登指出："当一扇窗户因为某一问题迫在眉睫而被打开时，如果作为问题的解决办法而被提出的备选方案也符合政治可接受性的检验标准，那么它们就会进展得更加顺利。"（金登，2004：220）这说明，一旦问题之窗开启，政策之窗也启动，两者之间会相互强化，实现问题、政策和政治的三流合一，促使一项新的公共政策出台。对于结合的普遍重要性，金登（2004：224）进行了详细阐述，他指出："如果这三种因素中缺少一种，即如果得不到一个解决办法，不能够发现问题或问题不太紧迫，或者缺少来自政治溪流的支持，那么该主题在决策议程中位置就会转瞬即逝。"

政策之窗构成了决策产生的制度情景（institutional context），他们是政策产生的限制条件和机会。因此，行动者需要在政策之窗开启时进行竞争，以获得项目或政策的一席之地，推动他们所关注的问题纳入议程并得以解决。不过，由于决策者的能力、资源和时间有限，以及他们会策略性使用其资源，这使得决策者对于议题的考虑都是有限的，议题之间竞争也比较激烈。这使得耦合逻辑（coupling logics）和决策方式（decision styles）在政策之窗中发挥着重要作用，前者主要是指政策企业家如何促进多源流之间融合的逻辑、论证和策略，后者是指一个决策产生所需要的信息量。一旦决策所需要的信息量越大，决策方式表现得较为谨慎，决策结果越可以被预测。相反，决策所需要的信息量较小，决策方式表现得较不谨慎，决策结果的可预测性较差。政策之窗有时是可预测的，固定的周期按照时间表打开或关闭政策之窗，如更新预算周期、定期报告和演讲等。政策之窗有时也是不可预测的，"一个问题被认识，一种解决办法可以获得，并且碰巧政治气候适宜，所有这一切都在同一时刻出现。或者说，可能缺少其中的某一个成分，结果就会导致政策建议进不了方程或者只是在议程上一晃而过。"（金登，2004：238）政策之窗还会产生外溢效应，某一主题的政策之窗可能会为另外一个相同主题的政策之窗开启提供机会。对于外溢问题的讨论，在政策创新与扩散框架中还会进行深入讨论。

（6）议程建立、备选方案与决策系统

多源流框架对于政策过程理论的重大贡献之一就是提出了两项重要的"前决策过程"，即议程的建立和备选方案的阐明。目前，研究者在讨论多源流框架的构成要素时，都会忽略决策过程，直接讨论政策产出。为此，图2-4将决策过程纳入多源流框架，增加了议程建立、备选方案和决策系统，其中议程建立和备选方案属于金登所谓的"前决策"，而决策系统则属于正式决策过程，它也是政策产出的基础。对此，金登（2004：23）指出："我们所设想的情况是这三条过程'溪流'都穿过该决策系统，即'问题溪流'、'政策溪流'和'政治溪流'。它们主要都是相互独立的，而且它们各自都是按照自己的动态特性和规则发展的。不过，在有些关键的汇合处，这三条'溪流'结合在一起，而且最大的政策变化就是产生于问题、政策建议和政治的那种结合。"对于"前决策"和"决策"过程，扎哈里尔迪（Zahariadis，2014：36）借用西蒙的决策理论，称之为决策的三个问题：注意力是如何分配的，搜索是如何实施的，选择是如何被偏见的。两者之间没有本质的区别，属于用不同语言来对同样的决策过程进行描述。

议程的提出推进了政策过程理论的研究，它也构成了多源流框架的主要特色之一。议程代表了权力的第二面性，否定性权力也是一种重要的权力（Bachrach & Baratz，1962）。在议程的界定中，金登（2004：4）指出"所谓议程，就是对政府官员以及与其密切相关的政府外人员在任何给定时间认真关注的问题进行的编目"。议程可以进一步划分为政府议程和决策议程，其中"所谓政府议程，是对正在为人们所关注的问题进行的编目，而决策议程则是指对政府议程内部的一些正在考虑就此做出某种积极决策的问题进行的编目"（金登，2004：4）。扎哈里尔迪（Zahariadis，2014：36）对影响议程的因素进行了总结，他将之概括为：制度结构、机会结构和符号系统。制度结构会对议程设立产生影响，上层中的政策制定者通常会面临很多问题，等级结构可以起到减少议程的作用。与此同时，当一个议题在多个制度性平台中讨论时，它更有可能纳入议程。机会结构也会对议程设定产生影响，问题之窗的开启会使得先有问题后有解决方案，相反，政治之窗的开启则是结果导向，先有解决方案，然后去寻找问题，政策方案的出台是一个寻找理性化的过程。符号在推动问题纳入议程中发挥着关键作用，符号具有情感和认知功能。正如西蒙（Simon，1983：29）所言，政治符号具有唤醒力量，它可以引起人们的注意力分配。高阶符号（higher-order）通常适用于更大社群，会有更多的情感效力，容易获得更多的认同，从而能够产生更多的一致性。议程的建立会受到问题源流和政治源流的影响，两个独立的源流都可能推动政府对某些应该议题的关注。

备选方案的阐明是多源流框架中有关"前决策"讨论的第二个内容，它意味着政府官员以及与其密切相关的人对一套政府行动的备选方案也很重视。备选方案对于决策很重要，它决定了决策的选择范围，正如金登（2004：5）所言："阐明备选方案的过程便将所有这些备选方案的范围缩小至那些更受重视的备选方案上。"对于组织中的决策理论而言，备选方案的阐明属于组织搜索的过程，通过搜索产生新思想和新观念，从而解决组织中面临的问题。对于组织而言，组织的结构以及组织中"松弛"（slack）都会在方案的搜索中发挥关键作用，前者使搜索活动成为"并行"模式，一个组织内的很多部门同时在搜索不同领域问题的解决方案，后者意味着有很多机构和人员拥有充足时间，他们可以进行自由搜索活动，这为组织中产生新洞见提供了可能性。组织中有关新思想和新观念的产生逻辑，同样也适用于政策过程。对于政策过程而言，备选方案的阐明会受到政策源流的影响，政策企业家和政策共同体都会对备选方案的产生发挥影响。

决策系统是正式的决策过程，它是政策方案产生的舞台。所有的政策产出，都是由决策系统创造的，都是决策系统的产物。多源流框架对于决策系统中决策逻辑的描述，主要是借鉴了垃圾桶模型有关决策的思考，这是一种不同于理性选择理论的决策理论。扎哈里尔迪（Zahariadis，2014：38-39）从选择的角度讨论了决策系统，认为决策系统中有选择可能会因为政策企业家的操纵而存在偏差（bias），造成偏差的因素包括框架效应（framing）、情绪启动（affect priming）、渐进战术（Salami tactics）和符号的使用（use of symbols）。对于多源流框架而言，决策系统因为政策之窗开启，触发问题源流、政策源流和政治源流的有机融合，从而使政策得以产生。

## 3. 基本命题

与其他政策过程理论相比，多源流框架还没有形成明确的可以进行假设检测的命题。这也使很多研究者认为，多源流框架更多是一种事后解释性理论，而不是一种事前预测理论。一旦政策发生了变迁，可以回溯性理解政策过程中的问题源流、政策源流和政治源流，分别对问题纳入议程、备选方案的产生以及政策出台进行分析，并且进一步探究政策企业家的作用。从事后看，多源流框架似乎对政策过程有很解释力，因为它抓住了影响政策过程的核心变量：问题、解决方案和政治。不过，金登在对多源流框架进行总结时，他也得出了一些结论，这些结论可以在未来发展为三组命题，即议程建立的命题、备选方案阐明的命题和政策产出的命题。

议程建立的命题。议程建立命题回答的核心问题是：政府议程是怎样建立的呢？金登（2004：249-252）的回答主要集中在三个解释上：问题源流、政治源流和可见的行动者。对于问题源流而言，其核心需要回答的问题：为什么有些问题而不是其他的问题最终引起了政府官员的关注呢？这意味着问题驱动议程建立，问题使政府官员关注并开始着手解决。在多源流框架看来，政府官员了解现状的手段主要是通过指标、焦点事件和反馈，而现状最终需要被界定为问题才有可能被提上议程。对于政治源流而言，国民情绪、政党意识形态、政府更替、利益平衡的打破等都可能改变政府的议程，使政府关注一些新的议题而忽略一些旧的议题。金登在建构多源流框架时，一个非常重要的洞见是提出行动者的重要性，并且将行动者区分为可见的行动者和潜在的行动者。对于议程建立而言，一些受到很大压力和大众关注的行动者会对议程建立发挥较大作用，这些行动者包括：总统及高级任命官、重要的国会议员、传媒以及诸如政党和竞选者这样一些与选举有关的角色。

备选方案阐明的命题。备选方案阐明命题的核心问题是：可供公共政策选择的潜在备选方案清单在范围上是怎样被缩小到实际受到关注的备选方案的呢？对此，多源流框架有两处解释：（1）备选方案是在政策源流中产生并且被缩小范围的；（2）一些相对潜在的行动者，即一些特定政策领域的专业人员参与了这种活动。对于潜在的行动者，多源流框架主要界定为专业人员，并且认为备选方案、政策建议以及解决办法都是在专业人员共同体中产生的。这些潜在的行动者主要包括：学者、研究人员、咨询顾问人员、职业官僚、国会办事人员以及为利益集团服务的分析人员。与此同时，这些人员主要在政策源流中进行互动，实现备选方案的"软化"，备选方案的生产过程类似于生物的自然选择过程。一些符合选择标准的备选方案，更可能被纳入选择范围。

政策产出的命题。多源流框架对于政策过程的最重要解释就是只有在政策之窗打开时，问题源流、政策源流和政治源流实现融合，一项新的公共政策才会产生。正如金登（2004：254-255）所言："一个完整的联结装置可以将所有三条溪流——问题溪流、政策溪流以及政治溪流——组合成一个单一的包裹。……如果所有这三种因素——问题、政策建议以及政治可接受性——结合成一个单一的包裹，那么一个项目进入决策方程的可能性就会极大地提高。"而多源流融合的路径可以是从方案开始，也可以是从问题开始。对此，金登有清晰论述，他（2004：254）指出："一个新政策动议的倡导者不仅会利用政治上的有利时机，而且还会宣称他们的政策建议是紧迫问题的解决办法。同样，关注某一特定问题的政策企业家往往在政策溪流中寻找解决办法以便与他们的问题相结合，然后他们力图在某些时刻及时地利用政治可接受性来提出这一问题及其解决办法。"这些结合是通过政策之窗来实现的，政策企业家在结合中发挥着重要而关键的作用。

## 四　多源流框架的案例研究

扎哈里尔迪（Zahariadis，2014：50-51）在回顾多源流框架 2003 年以来的应用情况时，按照政府层次，将多源流框架的经验应用划分为三类，即地方层次、国家层次和国际层次的多源流框架应用，并且列举了37 个示范性清单。这些论文清单构成了理解多源流框架经验研究的最佳样本，保罗·凯尔内和迈克尔·琼斯（Cairney & Jones，2016：44）甚至以这些清单为基础，结合新近研究进展，对 41 篇最佳案例研究进行了内容分析。从目前的研究看，多数研究者将多源流框架与案例相结合，讨论多源流框架在政策案例中的应用，这也与多源流框架开创者金登在建构多源流框架时使用案例来证明其研究发现具有内在一致性。接下来，我们将以扎哈里尔迪等学者（Zahariadis & Exadaktylos，2016）和塞宾·萨瑞格及法比安·德潘（Saurugger & Terpan，2016）的最新研究为例，讨论多源流框架的案例应用情况。

扎哈里尔迪等利用多源流框架讨论了一个很有意思的政策问题：为什么一个获得广泛支持而被采纳的政策在执行中却失败了？扎哈里尔迪和其合作者（Zahariadis & Exadaktylos，2016：61）将多源流框架应用到整个政策过程中，他们认为："尽管大多数多源流理论假设一个单位的窗口和对政策结果是否采纳这一结果进行分析，他们认为政策结果（policy outputs）应该包含着执行窗口（implementation windows）。"这样，他们将政策过程划分为两个阶段，即政策形成和政策执行。为此，他们（Zahariadis & Exadaktylos，2016：64）从多源流框架的角度，进一步提出了一个政策执行失败的假设：

"当政策对现状影响不利时，成功的企业家式策略在危机、集中垄断和不一致的政治沟通情景之下会导致执行失败，这些策略包括：议题连接和框架（issue-linkage and framing）、旁支付（side payment）和制度性规则操纵（institutional rule manipulation）。"

他们的核心观点是在危机情景之下，有利于政策采纳的企业家策略可能会导致政策执行失败。企业家策略成为讨论的重点，这也是政策企业家在政策过程中发挥作用的关键和基础。扎哈里尔迪等在借鉴梅杰因克和胡伊特马两位学者（Meijerink & Huitema，2010）有关政策企业家的联盟建立、观念发展与扩散、场所营销、网络管理以及观点和机会的策略性建构等五种策略基础之上，提出了议题连接和框架、旁支付和制度性规则操纵等三种策略。议题连接和框架主要是一种话语策略，它要求吸引新政策提案的支持者、动员反对者和对政策干预合法化。议题连接是以一个议题的合作换取其他议题的合作，通过合作实现双赢。框架则是获取注意力分配的一种重要方法，通过框架实现对问题与方案的建构。旁支付则是创造和持续获胜联盟的方法，通过以现代和未来支付许诺来换取联盟成员支持。这些支付可能是肯定性的，如物质和金钱支持，也可能是否定性的，如对非参与者实施惩罚，还可能是涉及意识形态的认同。制度性规则操纵是指政策企业家利用制度情景作为一个激励或约束政策的重要策略，从而增加对自己支持政策成功的可能性，阻止自己反对政策通过的概率。

于是他们以希腊教育改革为例，讨论了导致教育改革被采纳的企业家策略如何影响了教育改革的执行，并导致了教育改革在组织、人事、财政和绩效等方面政策变革动议最终以失败告终。希腊教育改革的标志性成果是 2011 年通过的 4009 法律（Law 4009），该法律使得大学行政直接受到政治影响，再造财政流程增加透明性和责任性，扩大大学机构本身的决策自主权，增加系统性的评估和评价体系，这些改革的目的是让希腊教育与欧洲和国际标准接轨。该法案在希腊国会中获得了绝大多数的赞同，但是在随后的执行中遭受大学联盟、教授组织、青年学生组织等政策目标群体的反对，使很多组织、人事、财政和绩效等改革项目最终都没有取得预期效果。

塞宾·萨瑞格和法比安·德潘（Saurugger & Terpan, 2016）则用多源流框架对危机中欧洲经济政策变迁过程进行了解释，并讨论了与政策变迁方向相关的研究问题。他们以欧洲稳定与增长法案（the Stability and Grow Pack，SGP）为例，讨论："为什么规范有时候成为更具有约束力的法律规范，而在其他时间则更为软性的治理工具会出现？"（Saurugger & Terpan, 2016：36）。为此，萨瑞格和德潘区分了"硬法"（hard law）和"软法"（soft law），认为"软法"介于"硬法"和非法律性规范（non-legal norms）之间。对于"软法"，他们又将之划分为两类：一类是有法律约束力但没有执行机制的规范；另一类是没有法律约束力但是有一些执行机制的规范。"非法律性规范""硬法"和"软法"构成了公共政策的基础。对于欧盟而言，"硬法"包括条约规定和次级法律，如管制、命令和决定等，"软法"则包含着一些非法律约束力规范，如目标、战略等，以及一些具有法律约束力的规范，但是不受欧洲法院管辖。

随后，塞宾·萨瑞格和法比安·德潘（Saurugger & Terpan, 2016）以 2003—2005 年的稳定与增长法案危机和 2009—2013 年的经济治理危机为例，解释了为什么在第一次危机中，欧洲选择了更为软性治理机制（softer governance mechanism），而在第二次危机中，欧洲却选择了将软性治理机制转变为"硬法"？通过借鉴多源流框架，他们将"危机"定义为"机会之窗"，从威胁程度、惊奇程度和紧急程度三个维度来界定"危机"，并讨论了用"危机"程度来测量"机会之窗"的大小。在引入"机会之窗"的同时，也将政策企业家作为推动政策变迁的主体，形成了两个有关政策变迁的假设：

假设 1："机会之窗"越大，政策变迁的可能性越大。

假设 2：当更大的"机会之窗"开启时，政策企业家联盟在问题和解决方案之间解释上越是一致，剧烈性政策变迁发生的概率越高。

通过对 2003—2005 年的稳定与增长法案危机和 2009—2013 年的经济治理危机的回溯性分析，塞宾·萨瑞格和法比安·德潘发现 2002—2005 年危机窗口小于 2009 年的危机窗口。在 2009 年，银行危机、财政危机、赤字危机和经济发展危机同时出现，涉及国家较多，并且对欧盟系统的稳定性构成了挑战。而 2002—2005 年，只有少数国家涉及债务危机，这些危机没有对系统构成挑战。在这两次危机中，政策企业家之间联盟状态也不相同。在 2002—2005 年的危机中，一些主张实施严格财政纪律的国家，如芬兰、奥地利、欧洲委员等，并没有形成强大和一致的立场，这使得"硬法"向"更软治理机制"和"软法"转变。在 2009 年的危机中，以德国为核心，包括芬兰和荷兰等小国，以及法国等国家都坚持相同的立场，要求在欧盟层面实施更为严格的法律规则和实施机制，这使得"软法"向"硬法"转变。

## 五 多源流框架的应用、评价与展望

前面的讨论，主要是从案例分析的角度论述了多源流框架的具体应用，以阐述多源流框架的生命力。事实上，金登在提出多源流框架时，也是以健康和交通领域的政策案例为基础，论证其作为理解政策过程的替代性框架的适用性。接下来，将从宏观评估（meta-review）的视角出发（Jones et al.，2016；Rawat & Morris，2016），回顾学者们使用多源流框架进行政策案例分析的具体情况，总结多源流框架的主要理论贡献，探讨围绕多源流框架形成的核心争论，探索多源流框架进一步发展的方向。

### 1. 多源流框架的应用

对于多源流框架的应用情况，目前有三篇论文进行了宏观评估。迈克尔·琼斯等学者（Jones et al.，2016）以金登的《议程、备选方案与公共政策》和尼古拉斯·扎哈里尔迪（Zahariadis，1999；2007；2014）撰写的多源流框架为基础，通过对 2000—2013 年发表的多源流框架应用情况进行检索，严格筛选获得 311 篇匿名评审论文，随后进行内容分析总结多源流框架的应用范围、领域和程度，这是首次对多源流框架应用情况进行系统和严格评估。拉瓦特和莫里斯（Rawat & Morris，2016：609）则仅以金登的《议程、备选方案与公共政策》著作为基础，对 1984 年以来的应用情况进行了文献回顾，他们一共对 120 篇论文进行了内容分析，试图回答三个核心问题："随着时间推移，金登的著作在使用和接受方面存在趋势吗？什么样的特征使得金登的著作在发表 30 年后依然可以作为一个理解政策过程的合适框架？在多样性的政治和经济系统中，学者们强调的这一模型有什么样的局限性？" 保罗·凯尔内和迈克尔·琼斯（Cairney & Jones，2016）则以尼古拉斯·扎哈里尔迪（Zahariadis，2014）提出的 41 篇"最佳应用"（best practice）论文为基础，进行了深度分析，讨论多源流框架的应用情况和主要理论贡献。通过这些宏观评估的论文，我们基本上可以鸟瞰多源流框架的整个应用情况和研究动向，这为对其贡献、局限和发展方向的讨论奠定了基础。

一般而言，对于多源流框架的描述，会划分为应用的总体描述和概念性应用两大类（Jones et al.，2016：18）。总体性描述包括应用领域（policy domain）、国家类型、治理层次和方法，概念性应用则涉及框架中问题源流、政策源流、政治源流、政策之窗和政策企业家等。根据迈克尔·琼斯等学者（Jones et al.，2016：19-20）的分析，多源流框架已经被应用于 22 个一般性政策领域，即农业、艺术、国防、多样性、经济、教育、紧急服务、能源、环境、枪支、外交关系、正义、治理、卫生、劳动、非营利、计划/发展、固定资产、宗教、技术、交通和福利，其中应用最多的政策领域是卫生（28%）、环境（19%）、治理（14%）、教育（8%）和福利（7%）。拉瓦特和莫里斯（Rawat & Morris，2016：614-615）则将多源流框架主要应用的政策领域总结为：卫生和交通、教育、环境和自然资源、气候变化、福利政策、法律实施、通讯、武器控制和电子政务等领域。从这两个不同样本的评估看，两者之间拥有较大重合性，这说明多源流框架主要应用于卫生、交通、教育、环境和福利等政策领域，这也与多源流框架的倡导者最初使用卫生和交通政策领域来解释多源流框架具有一致性。

从多源流框架中案例应用的国家和地理区域看，迈克尔·琼斯等学者（Jones et al.，2016：21-22）分析的 311 个案例涉及 65 个国家中 482 个国家代码，这意味着一个案例可能涉及多个国家，其中应用最多的国家和地区是欧洲（205）和北美（167），这两个国家和地区占了 78% 的比例。阿克瑞尔、肯尔和扎哈里尔迪（Ackrill, Kay, & Zahariadis, 2013）曾经对多源流框架在欧洲的应用情况进行了回顾，总结了多源流框架对欧洲决策过程应用的总体情况，取得的成绩，存在的不足，以及下一步研究方向。在多源流框架的应用层次方面，目前涉及地方、州、地区、国家和国际等五个层次，其中涉及地方治理的比例为15%、州治理的比例为12%、地区治理的比例为8%、国际治理的比例为13%、国家治理的比例为52%，从中可以看出多源流框架主要是在国家层面被应用，用于分析一个国家的公共政策制定过程（Jones et al., 2016：21-22）。在方法的使用方面，迈克尔·琼斯等学者（Jones et al., 2016：22-23）通过编码，将研究方法划分为定性方法、定量方法和混合方法，多源流框架大部分使用定性方法（88%），只有少量研究使用了定量方法（13%），而定性方法中大部分是案例研究（43%）和访谈方法（42%）。这些研究表明，多源流框架在政策过程的使用中能够跨越政策领域和政策地域的限制，具有领域和地域的外部有效性。

在多源流框架的概念应用方面，迈克尔·琼斯等学者（Jones et al., 2016：19-20）分别针对多源流框架的五个核心要素，以及每一个要素之间的子要素，阐述了311个案例研究在五个关键概念的应用情况（见表2-2）。从表2-2可以看出，多源流框架中被应用最多的是政策之窗的讨论，占到72%，对于三个源流的讨论基本上差不多，而对所有五个要素的讨论则比例较低，只有34%。此外，一些研究者还通过增加一些新的子要素来扩展多源流框架，这在整个案例文本中占比10%，如在政治流中增加宏观政治发展的要素，政治源流中可支付性要素等。事实上，一个比较好的理论应用，应该是对框架中所有要素进行分析，目前看来这是多源流框架在未来使用中应该注意的问题。

表 2-2　　　　　　　　　多源流框架概念应用情况

| 概　念 | 应用比例 |
| --- | --- |
| 政治源流 | 197, 63% |
| 政策源流 | 196, 63% |
| 问题源流 | 192, 62% |
| 政策企业家 | 181, 58% |

续表

| 概　念 | 应用比例 |
| --- | --- |
| 政策之窗 | 225, 72% |
| 新的要素（宏观政治发展、可支付性等） | 30, 10% |
| 所有三个源流 | 178, 57% |
| 所有五个要素 | 106, 34% |

资料来源：Jones et al., 2016：23-26。

**2. 多源流框架的正面评价**

通过上面的分析，我们可以看出多源流框架在政策过程理论中拥有重要角色和位置，一直被不同学者使用，并且将之应用于不同国家的不同政策领域，其外部有效性正在被不断检验。保罗·凯尔内和迈克尔·琼斯（Cairney & Jones, 2016）认为，金登的多源流框架在两个方面做出了独特贡献：一方面，该理论包含着一般性理论（universal theories）的潜质，并且促进了间断均衡理论等演化政策理论（"evolutionary" policy theories）的发展，所有考虑观念和思想的作用的政策理论都可以追溯到其研究；另一方面，该理论也催生了大量的、有分量的经验研究，当然，这些经验研究与更广泛的理论联系不够。凯内尔和琼斯认为，这两个方面的贡献是独立存在的，两者之间并没有紧密联系，这主要是由于多源流框架的进入门槛较低造成的。接下来，将重点讨论多源流框架的理论贡献。

对于多源流框架所蕴含的"一般性"要素，凯内尔和琼斯将其成功归结为垃圾桶模型，垃圾桶模型是多源流框架的理论基础。为此，他们将多源流框架中所包含的"一般性"要素总结为五个方面的内容："（1）模糊性（有很多方式来建构任何一个政策问题）；（2）注意力的竞争（很少有问题会到达议程中）；（3）不完善的选择过程（新信息很难获得，并且很容易被操纵）；（4）行动者只有有限的时间（他们在其偏好明确前，必须做出选择）；（5）决策过程既非完全理性，也非线性。"（Cairney & Jones, 2016：39）

正是因为这些"一般性"要素，使得政策行动者目标和政策问题是模糊的，有兴趣的行动者会努力研究问题并且产生方案，问题识别、方案提出和选择过程是相互独立的源流，问题源流、政策源流和政治源流构成了多源流框架的三个主要源流。问题源流聚焦于注意力分配，政策源流重视解决方案的提出，政治源流提供了政策制定者进行选择的激励和约束条件。正是因为多源流框架可以应用于广泛的政策情景之中，这使得其理论框架具有普遍性和一般性特征。

凯内尔和琼斯认为，多源流框架的第二个主要理论贡献是对政策过程的一般性环节和要素的解释，以及促进了其他政策过程理论的发展。彼特·约翰（John，2003：487）将多源流框架描述为"综合性理论"（synthetic theory），因为它能够整合政策文献的一些核心要素解释"制度、网络、社会经济过程、选择和观念"等五个因素的作用。凯内尔等学者（Cairney and Heikkila，2014：375-76）则从行动者选择、制度、网络、观念、情景和事件等七个方面讨论了多源流框架对政策理论的重要贡献。在凯内尔和琼斯看来，多源流框架对于演化政策理论（evolutionary public policy）和间断均衡理论（PET）的发展做出了突出贡献。对于演化政策理论，其核心是解释"怎样和为什么特定的环境能够产生特定类型的政策变化和稳定，行动者，例如政策企业家，是如何适应或者帮助塑造环境的？"（Cairney & Jones，2016：41）金登大量使用了"达尔文"式的比喻来描述可行的政策方案的发展过程，如可行方案围绕"政策原汤"盘旋，被一个行动者提出，被另外的行动者软化，最后将熟悉要素进行重新组合，实现技术可行性、价值可接受性和期望的成本。这些演化政策理论与间断—均衡理论有很强的相关性，间断—均衡理论借鉴了有限理性的思想，强调制度层面的注意力分配问题，这使得新思想和新观点的选择会受到制度层面注意力分配影响，只是以另一种演化过程代替了多源流框架有关政策稳定与政策变迁的演化思想，它强调更为激进的变革发生在对现有政策承诺不高的舞台（venues），并不需要"软化"过程，是一个快速、破坏性和突变的过程。

对于多源流框架的评价，迈克尔·琼斯等学者（Jones et al.，2016：26-27）则利用凯内尔和海基拉（Cairney & Heikkila，2014）所提出的四个外在标准来评价多源流框架，认为评价一个理论的效果，需要看该理论被应用情况、理论的完整性、理论适应范围和理论本身的适应性。为此，他们分别阐述了其在分析性使用及其成果发表、共享词汇和界定的概念、用多样性方法在多样性情景之下的检测理论、关键概念随着时间推移的适应性等方面的表现，认为这些标准可以用来衡量多源流框架的成熟程度（见表2-3）。

表 2-3　　　　　　　　　　多源流框架的评价标准

| 评价维度 | Cairney and Heikkila, 2014 | 更新的评价 |
| --- | --- | --- |
| 分析性使用及其成果发表 | 金登的两个版本著作和大量应用 | 对核心著作的引用是相当可观的；MSF 的应用虽然不多，但是从 2000—2013 年仍然有 311 篇论文 |
| 共享词汇和界定的概念 | 框架包含着五个结构化要素（问题流、政策流、政治流、政策企业家、政策之窗） | 虽然有一些例外，MSF 的大部分概念都是以比喻方式使用，缺乏清晰界定和可操作化 |
| 用多样性方法在多样性情景之下的检测理论 | 应用：包括地区、国家和国际的多样性政策领域；方法：主要是案例研究 | 情景是多样性的，但是大部分是应用于美国和欧洲的国家层面，并且主要使用定性案例法 |
| 关键概念随着时间推移的适应性 | 学者们已经对理论进行修改以适应外交政策和欧洲使用，但是并不是作为一个核心项目来推动。 | 有证据显示一些新的概念被提出，但是新概念的使用和整合并不清晰 |

资料来源：Jones et al., 2016：27。

从表 2-3 可以看出，在分析性使用及其结果发表方面，多源流框架的开创者出版了两个版本的著作，被很多人引用，并且 2000 年以来有 311 篇案例研究。在共享词汇和界定的概念方面，多源流框架有一些共识，但更多是从比喻角度使用，缺乏清晰界定。在对理论的检验方面，目前更多使用定性方法进行解释性研究，缺乏预测性研究。在理论的适应性方面，一些新的概念被提出，但是还没有被正式使用。

总体而言，"多源流框架是一个稳健的、积极的但也是混乱不一致的研究计划。……与经验研究相比，未来该框架需要在理论的系统发展方面进行更多探索"（Jones et al., 2016：31）。这意味着，多源流框架要成为有竞争力、生命力和可持续力的政策过程解释性框架，它仍然需要进行理论和经验的发展。

### 3. 多源流框架的主要争论

学者们除了对多源流框架持肯定评价，也提出了一系列批评意见。金登（2004）在多源流框架的第二版中，对围绕着多源流框架的一些争论进行了讨论，他将争论和批评总结为结构因素、突然的巨变、源流的独立性和制度的重要性等四个方面，并对这些问题进行了回应，从而进一步论证了多源流框架的立场和主张。尼古拉斯·扎哈里尔迪（Zahariadis, 2014）则认为多源流框架存在着三个方面的争论：多源流真的是相互独立的吗？多源流框架通过产生一些可以被实证检验的假设吗？企业家，还是企业家精神？接下来，将围绕着结构因素、变迁模式、源流的独立性、制度的重要性、可检验的假设和企业家及企业家精神等六个方面讨论围绕着多源流框架的争论。

在结构因素方面，一些批评者认为多源流框架中描绘的问题源流、政策源流和政治源流具有高度的流动性，政策结果是随机的，参与者能够利用机会，但是对于结果却无能为力，整个过程没有结构。对此，金登认为，这些过程其实有结构性，不同源流自身存在结构，不同源流之间汇合也存在结构，这些结构构成了对政策制定系统的约束。目前的复杂系统理论与垃圾桶决策模型具有相似的结果，认为在随机中存在结构性因素，金登（2004：281-282）将这些相似性总结为："第一，它们都在一些非常复杂、流动并且似乎不可预测的现象中发现了模式和结构。……第二，当人们尽其所能地识别了结构之后，仍然还会留下一种剩余的随机性，以致会给人以惊奇和不可预测的感觉。……第三，这些模型具有历史的偶然性。一个时间发生的事件取决于先前发生的事件。……除了随机性外，进化过程意味着主体在相互适应的时候对变化的环境所不断进行的调整和不断进行的预测，进而会导致不断的惊奇。"可以说"有组织的无序"构成了多源流框架的最大结构，也是多源流框架理解"结构"和"随机"的主要思想来源。

在突然的巨变方面，一些研究者认为多源流框架过于关注缓慢的进化过程，没有重视或忽略了突然的巨变。在金登看来，政策建议是一个自然进化过程，类似于生物的自然选择，各种思想"漂浮"起来，转变成政策建议，并且在各种论坛上得到讨论、修改，然后再次"漂浮"起来。突然的巨变可能更适应于议程的建立过程，它是一个"不时被打断的平衡"，议程会更多地出现巨变，但是政策建议更多遵循渐进主义过程，它是一个缓慢变化和修正的过程。因此，对于政策过程的变迁模式，金登主张区分政策过程的不同阶段，认为不同阶段包含着不同变迁模式和逻辑。渐进和巨变，都可以解释政策过程的不同阶段和环节，都有其适应范围。

在不同源流独立性假设方面，多源流框架认为每一种源流都有其独特的生命，每一种源流都有自己的法则和运行规律，这是争议最大，也是批评最多的假设。很多人认为不同的源流之间存在有机联系，如"问题解决"就包含着"问题源流"和"政策源流"，问题与解决方案之间不能截然分开。因此，他们认为多源流之间最好应该认为是相互联系的，一个源流的变化会触发另一个源流的变化，这使得不同源流之间联系更具有目的性和结构性。萨巴蒂尔（Sabtier，2007：332）甚至认为，不同源流之间的关系问题，应该是一个需要经验证实的情景性问题。罗宾逊和埃勒（Robinson & Eller，2010）则提出一个用检测的命题，讨论政策制定过程中参与是由"不同源流"的参与者构成，还是由一些利益集团和政策专家所主导。他们的研究显示，政策制定过程呈现统一性而非分开性，大量证据显示政策过程是由一些有组织的精英集团所主导，这对多源流框架中各源流的独立性提出了挑战。不过，金登认为，他仍然坚持认为"这些溪流主要都是独立地向前流动的，它们各自都是按照与其他溪流没有太多关系的动态特性向前流动的"（金登，2004：286），这样可以为研究与分析提供一个好的出发点。因此，问题的关键不是各个源流之间是否是独立的，而是不同源流之间是如何结合的。问题源流与政策源流之间存在联系，这主要是由于参与者试图解决问题，而且政策建议的产生及其内容是由参与者对问题的严重性和类型的认知来驱动的。就政策源流与政治源流之间的联系，政治家会关注思想，政策专家也会注重与政治家一道推进所期待的方案。这些不同源流之间汇合，主要是由于政策之窗开启，促进了问题源流、政策源流和政治源流之间的聚合。

　　在制度的重要性方面，"新制度主义"强调"行动者与结构"之间互动，认为结构会影响行动者，行动者也会影响结果，制度构成了最重要的结构之一。正如政治、经济和社会系统会对制度、宪法、程序、政府结构及其政府官员有影响一样，制度、宪法、程序、政府结构以及政府官员本身也对政治、经济和社会系统产生影响（金登，2004：287）。对此，金登认为多源流框架已经将制度问题纳入每一个具体源流的讨论中，如政策源流中对于方案的可行性研究就考虑到制度对于方案选择的影响，政治源流中的国民情绪会对观念可接受性产生影响。不过，一些研究者认为多源流框架没有讨论制度对多源流的影响，没有考虑到制度在政策选择中的作用。尼古拉斯·扎哈里尔迪斯（Zahariadis，2016b）则专门阐述了制度、模糊性与多源流框架之间关系，他认为目前研究者主要通过三种途径将制度引入多源流框架之中，即制度模糊性、舞台和政策窗口的可持续性。阿克瑞尔和肯尔（Ackrill & Kay，2011）通过将制度模糊性引入多源流框架，发展出制度的外溢效应促进理论，他们认为由于制度边界之间存在重叠和交叉问题，会产生外在化溢出效应（exogenous spillover）和内在化溢出效应（endogenous spillover）。外在化溢出效应指一个领域的政策会扩散到其他政策领域，如航空领域的放松管制会扩散到铁路领域，使铁路领域也采取放松管制的做法。内在化溢出效应是指一个机构的成功会影响与该机构有联系的其他机构的行为，该机构的行为成为与之合作机构学习和模仿的对象，这些其实是政策创新与扩散框架（policy innovation and diffusion framework，PIDF）。阿克瑞尔和肯尔（Ackrill & Kay, 2011：73）以糖政策（sugar policy）改革为例，认为该议题涉及农业、发展和贸易政策，由于很多机构都参与了糖政策的改革，糖政策改革会影响这些机构对其他政策的改革。制度与多源流框架联系起来的第二种方式是将制度作为一个舞台，它会影响谁有权力参与公共政策，最小获胜联盟是什么，以及所允许的替代性公共政策特征。这些舞台构成了公共政策的环境，不同公共政策制定面临着不同制度环境。例如，一个公共政策的通过面临着否决数量多少的限制，当否决数量越多时，就需要更多的政策窗口持续时间来推进不同群体之间达成共识。尼古拉斯·扎哈里尔迪斯（Zahariadis, 2015）则提出了制度与多源流框架连接的第三种方式，即制度会影响政策窗口的持续时间，而政策窗口的持续时间会影响政治斗争、民主参与和政策变化模式。在制度与政策窗口之间联系方面，他提出了反复出现的截止日和偶发性的截止日（recurrent and episodic deadlines），前者强调政策窗口嵌入制度的暂时议程，如国民选举和预算协商，后者强调是由内外偶发事件产生，它会起到促进或阻碍作用。内生政策之窗会促进政治冲突，外生政策之窗则会使政策发生较大偏离。

在可检验的假设方面，研究者对于多源流框架的主要批评是其目前更多是描述性研究，而不是预测性研究，更多使用定性研究而非定量研究。与其他框架相比，多源流框架还没有形成明确的可以检验的假设和命题，更多的是提供了对政策过程的理解，属于事实描述和解释。与这一特征相结合，很多研究都是基于案例研究，对具体政策领域进行描述，讨论政策过程中的问题源流、政策源流和政策源流，以及政策企业家在政策之窗开启时，通过利用自身资源促进多源流整合，促进政策变革。通过这些描述，他们认为政策过程符合多源流框架的基本特征，可以使用多源流框架来理解。批评者认为多源流框架并没有真正对政策过程进行解释，它是一种事后合理性分析，而不是事前预测性分析。没有预测功能，理论的价值性和有效性减弱。目前一些研究尝试发展一些可以用于预测的命题,以使多源流框架更具有生命力。塞奇和里埃勒(Sager & Rielle, 2013)利用定性比较分析(qualitative comparative analysis, QCA)解释了瑞士州的新酒精政策采纳过程,他们分析了权威集中和较强官僚机构有利于酒精政策的采纳,而分散的权威和低协调机制不利于酒精政策的采纳。

在企业家或企业家精神方面,研究者也对多源流框架对企业家的强调存在分歧。多源流框架认为在政策制定过程中,企业家发挥着关键作用,他们是在政策之窗打开时,促进多源流合一的重要推动者。政策企业家起着掮客(broker)的作用,他们促进多源流的"融合"(Coupling)。很多研究者认为金登只是将政策企业家看作"兜售"观点给决策者,促进决策过程中多源流融合,从而推动政策变革的产生。阿克瑞尔和肯恩(Ackrill & Kay, 2011: 78)则认为,多源流的融合过程并非单单政策企业家推动,他们认为可以将政策制定机制划分为两种类型:"向政策制定者兜售观点和政策制定者选择观点",前者政策制定者和政策企业家属于不同类型的人员,这也是金登原初的观点;后者政策制定者承担着政策企业家作用,这是政策企业家发挥作用的另一种方式。因此,他们认为,因为区分企业家个人和企业家精神,将政策企业家精神看作一种活动,促进多源流融合会更具有包容性。

### 4. 多源流框架的展望

怀布尔和施拉格尔(Weible & Schlager, 2016: 8)在多源流框架专题研讨的导言中指出:"多源流框架正处于发展中的经验与理论转折点(crossroads)。"过去的经验研究被质疑,这些研究没有系统性地应用多源流框架,很少有研究对三个源流、政策之窗和政策企业家进行全面关注。多源流框架的未来发展之路,取决于能否克服其固有的缺陷,寻找新的研究道路、方向和关注点。根据怀布尔和施拉格尔(Weible & Schlager, 2016)、保罗·凯尔内和迈克尔·琼斯(Cairney & Jones, 2016)、尼古拉斯·扎哈里尔迪斯(Zahariadis, 2014)、迈克尔·琼斯等(Jones et al., 2016)学者的观点,结合上面的研究与分析,对于多源流框架的未来之路,可以从如下几方面着手:

应用"框架—理论"的区分来促进多源流框架的发展(Weible & Schlager, 2016: 9)。埃莉诺·奥斯特罗姆(Ostrom, 2007; 2011)区分了框架、理论与模型，她认为框架是对一般性要素，以及要素之间可能关系的考虑，理论的发展有利于明确框架中特定要素与相关问题的关系，而模型则是对有限变量和参数之间进行精确估计。对于多源流框架而言，也需要对其框架与理论进行区分，框架是对核心构成要素及其结构进行明确阐述，以管理多源流框架的复杂性，理论是在框架之下讨论具体要素之间的因果关系。怀布尔和施拉格尔（Weible & Schlager, 2016: 9-10）认为，这一区分至少有四个方面的好处：框架会有利于稳定性，它可以向研究者和学习者传递一些基本构成要素，这些要素不会随着时间变化而变化；框架通过形成一般性概念及其定义的共同语言，有利于学者和研究者之间沟通和交流；框架可以为理论实验、探索与发展，以及共同模型和方法的创立提供一些基础和支撑；框架可以提供清晰和秩序，避免框架内不同理论和方法发展可能导致的混乱和模糊。此外，多源流框架的发展，可以进一步促进围绕着该框架形成一个研究项目（Research program），聚集更多的学者来发展多源流框架，从而支持政策过程的知识研究的深化。

发展理论和共同的方法（Weible & Schlager, 2016: 10）。厘清多源流框架的构成要素只是第一步，以这些要素为基础发展理论和共同方法才是最为关键的问题。对于理论和方法的发展，这是多源流框架目前比较缺乏的，也是未来需要加强的。因此，对于多源流框架而言，这一研究项目需要应用一致的方法和工具发展基于理论驱动的研究。一方面，基于理论驱动的研究，意味着多源流框架首先需要形成一些可以供假设检验的理论，随后才是收集经验材料对理论进行论证。与其他分析框架相比，多源流框架还没有形成明确的可以被检验的命题。这是下一步研究的重点，通过对多源流框架的深入研究，发展一系列基于多源流框架要素的基本理论。另一方面，多源流框架还需要建立一些收集和分析案例数据的共同方法，以方便不同学者开始合作研究，这既可以收集更多的案例和数据以方便进行大样本和定量研究，也可以为比较研究设计提供可能性，从而进一步检验多源流框架在不同领域（policy sector）和不同地域（policy areas）的适用性。有研究者（Ingold & Varone, 2012）认为，经验研究的研究设计应该对同一个国家的两个不同政策部门进行比较，或者不同国家的同样政策部门进行比较，前者属于同样的制度环境而行动者构成不一样，后者则属于相同的行动者构成但是不同的制度环境。通过比较研究设计，可以对多源流框架的外部有效性进行检验。在研究方面，除了进行数据收集方法的整合，还需要进行定量研究，使用统计分析工具对多源流框架的命题和假设进行检验，以发展出可用于预测的理论。

对多源流框架的构成要素进行深入研究，形成整体理论与局部理论的平衡与协调。在发展理论驱动的研究时，研究者面临着一个重大平衡和协调，即是将多源流框架的所有要素都进行研究而发展一个整体理论，还是基于多源流框架的部分要素而发展局部理论？在金登提出多源流框架时，他认为可以从"行动者和过程"的视角来理解议程、备选方案与公共政策，目前很多研究者都将他提出的行动者忽略，重视问题源流、政策源流、政治源流、政策之窗和政策企业家等五个构成要素的作用。尽管目前，很多应用性研究都是使用分析框架中一个要素或多个要素进行深入研究，对于所有五个要素进行全面研究的不多，这也是未来研究需要加强的方面。尽管如此，研究者还是需要对多源流框架的一些关键要素和概念进行深入研究，为理解多源流框架的运行逻辑奠定坚实的微观基础。在这些关键词中，政策企业家和政策之窗是很多研究者认为应该继续给予深入关注的主题，他们认为这两个关键要素十分重要（Rawat & Morris, 2016: 626）。这是因为政策企业家在政策之窗开启时，通过融合问题源流、政策源流和政治源流才能够促进政策变迁。

加强与其他分析框架的交流与对话，保持框架自身的开放性和包容性。在讨论多源流框架的贡献时，已经阐述过多源流框架对于其他政策过程理论的贡献。在多源流框架的未来发展中，除了继续为其他政策过程理论框架贡献理论和思想智慧，还需要借鉴其他框架的有益成分来优化和发展自身的框架。如倡导联盟框架中"政策掮客"的内容可以用于"政策企业家"理论的发展，倡导联盟框架中政策学习、政策信念和政策信仰、政策创新与扩散框架以及演化公共政策可以用于"政策源流"理论的发展。通过借鉴这些理论框架的研究成果，可以深化多源流框架中不同要素的认知和研究，使得多源流框架成为更为一致、可检验和系统的理论。

## 小　　结

多源流框架是从决策视角理解政策过程的一种重要理论，它是垃圾桶模型与政策过程相结合的产物。模糊性是多源流框架的理论基础，垃圾桶模型是其主要理论来源。事实上，垃圾桶模型也是建立在模糊性理论基础之上的，模糊性理论强调事实、意义和因果关系的模糊性，它是对启蒙以来有关人类理性思考的挑战，它认为现实中存在多重身份和多重理解，这些不同身份和理解使得现实、因果关系和意义具有模糊性。模糊性是冲突产生的基础，也为不同的意义解释提供了空间。垃圾桶模型正是基于模糊性，提出了一种不同于"目的秩序"的"暂时秩序"，突出时间在决策中的作用。该模型认为，在面临有问题的偏好、不清晰的技术和流动的参与时，决策更多是在一个时间紧迫条件之下形成的"暂时秩序"。正是因为在恰当时间，恰当的问题找到了合适的解决方案，面临着合适的参与者，在合适的机会之下，决策得以产生。

金登在提出多源流框架时，保留了垃圾桶模型的主体思想，结合政策过程自身的特征，对其进行了改造。一方面，他将政策过程划分为"前决策"和"决策"两个阶段，认为议程和备选方案属于"前决策"过程，而公共政策选择属于"决策"过程。另一方面，他提出从问题源流、政策源流和政治源流来理解政策过程，注重政策企业家利用"政策之窗"的机会来促进三流融合，从而推动政策变迁。因此，在多源流框架看来，政策变迁过程也是多源流融合过程，政策企业家在这一融合中发挥着关键而重要的作用。

扎哈里尔迪斯是继金登之后，又一位推动多源流框架发展的重要学者。他将多源流框架与模糊性理论联系在一起，认为多源流框架的核心是讨论政策企业家在模糊性情景之下通过政治操纵逻辑来实现政策变迁。在他看来，多源流框架的核心构成要素有五个，即问题源流、政策源流、政治源流、政策企业家和政策之窗，并且重点对多源流框架中政策企业家和政策之窗进行了发展，重点讨论了政策企业家推动多源流融合的策略，以及制度在多源流框架中角色和作用。与此同时，扎哈里尔迪斯也是将多源流框架引入对欧盟政策过程进行分析的重要学者，他讨论了多源流框架对于欧盟决策过程的适用性，并且通过对欧盟实践分析，发展了多源流框架。我们认为，多源流框架缺乏对"前决策"和"决策"的关注，提出将"决策过程"引入框架结构中，将多源流框架的构成要素进一步划分为八个，即问题源流、政策源流、政治源流、政策企业家、政策之窗、议程建立、备选方案阐明和决策系统，并且试图探讨多源流与"前决策"和"决策"之间的关系。这一思路，也是恢复金登提出多源流框架时的传统，讨论多源流与政策过程的三个核心阶段之间的关系。

多源流框架在提出之后，被不同政策领域、层次和地域广泛使用。从迈克尔·琼斯等学者（Jones et al., 2016）所做的宏观评估看，多源流框架已经取得了较大影响力，它成为政策过程中有竞争力的理论框架之一。很多学者都对多源流框架给出了正面评价，指出其理论所包含的一般性要素，以及认为该理论推进了我们对政策过程的认知。当然，对于多源流框架也存在广泛争论，这些争论主要围绕着多源流的独立性、政策家精神、假设的可检验性、制度的作用等问题展开。多源流框架在未来是否能够具有持续性的生命力，一个重要的因素是该理论通过进行适应性调整，主动与一些成熟的理论进行对话，尽早发现具有普适性的理论命题，为共同研究和知识积累创造条件。可以预想，多源流框架会仍然是政策过程理论中最重要的理论之一。多源流框架与中国情景的结合，如何发展基于中国情景的多源流理论，将中国情景更好地融入多源流框架之中，这仍然是中国学者在应用多源流框架进行案例研究时面临的主要挑战。

# 第三章

# 间断—均衡理论

间断—均衡理论（Punctuated Equilibrium Theory，PET）是由弗兰克·鲍姆加特纳（Frank R. Baumgartner）和布赖恩·琼斯（Bryan D. Jones）于20世纪90年代提出的，他们试图从议程设定理论出发，结合政策图景（policy images）和政策场所（policy venues）的互动，同时解释政策过程中稳定和变迁问题："（1）特权利益集团对重要政策领域的支配和政治结果的长期稳定性；（2）特定经济利益集团在政治斗争上的失败和政治结果的快速变迁。"（鲍姆加特纳和琼斯，2011：3；Baumgartner & Jones, 1993/2009：3）此后，他们进一步将间断—均衡理论发展为一般性间断假设（the general punctuation hypothesis），认为间断—均衡广泛地存在于政治过程之中，讨论注意力分配（attention）、框架效应（frame）、信息处理（information processing）和政策扩散（policy diffusion）中蕴含的间断—均衡现象，并发展了基于"不成比例信息处理"模型（disproportionate information-processing）的注意力政治学和信息政治学，这为议程变化和政策变迁建立了更为微观的理论基础（Baumgartner & Jones, 2005a；Baumgartner & Jones, 2015；Eissler, Russell, Jones, 2016）。"不成比例信息处理"模型强调由于有限理性和情感的限制，人类在信息处理过程中并不会针对环境外部的信息成比例处理，相反会高估或低估信息，导致信息处理"偏差"（bias），这一"偏差"正是一般性间断理论得以产生的机制（Baumgartner & Jones, 2005a：50-51）。为了使间断—均衡理论建立在坚实的定量和经验研究基础之上，鲍姆加特纳和琼斯开发了政策议程项目数据库（the Policy Agenda Projects, http://www.policyagendas.org/.），其目的是产生高质量的数据库跟踪美国自第二次世界大战以来政策领域的变化过程，并对间断—均衡理论进行实证检验。

间断—均衡理论被越来越多的政治学者和政策过程理论研究者所接受，并且发展间断—均衡理论的比较研究，拓展间断—均衡理论的应用范围。目前，《政策研究杂志》①（Policy Studies Journal）、《比较政治研究》②（Comparative Political Studies）和《欧洲公共政策杂志》③（Journal of European Public Policy）等都先后发表了间断—均衡理论的专题研讨（special issues）。在这些专题研究的组织中，间断—均衡理论的创立者鲍姆加特纳和琼斯都发挥了关键且重要的作用，他们分别撰写了专题的综述性论文，这有利于间断—均衡理论的扩散（Baumgartner & Jones, 2012; Baumgartner, Jones, & Wilkerson, 2011; Baumgartner, Green-Pedersen, Jones, 2006）。间断—均衡理论在政治科学、政策过程、预算研究等领域，都有广泛而深远的影响，鲍姆加特纳和琼斯（Baumgartner & Jones, 2015）发展的信息政治学正是希望更一般性讨论政府信息处理逻辑及其意蕴。正是由于将信息、注意力分配、框架等放到政治研究和政策过程研究的中心位

---

① 《政策研究杂志》于2012年第1期发表了间断—均衡理论的专题研讨，一共由九篇论文组成。琼斯和鲍姆加特纳（Baumgartner & Jones, 2012）发表了对间断—均衡理论演进过程回顾的论文，认为间断—均衡理论经历了三个阶段，即间断—均衡理论、一般性间断主题（general punctuation thesis）和政府信息处理理论（a theory of government information processing）。其他八篇论文分别讨论了间断—均衡理论在演化生物学和政治科学中不同使用（Prindle, 2012）、预算过程中间断—均衡理论的结果分析（Breunig & Koski, 2012）、欧洲理事会中议程设置变迁及其间断—均衡理论的适应性（Alexandrova, Carammia, & Timmermans, 2012）、对间断政策变迁的类型进行区分并用英国立法议程来证明间断类型与政治变迁之间关系（John & Bevan, 2012）、媒体在政策过程中负反馈和促进政策稳定的作用（Wolfe, 2012）、间断—均衡理论与政策创新扩散之间关系（Boushey, 2012）、总统注意力分配是否遵守间断—均衡理论（Larsen-Price, 2012）、政策子系统对于政策稳定的作用（Worsham & Stores, 2012）。

② 《比较政治研究》杂志于2011年第8期发表了"比较视角下的政策变迁动态演化"（the dynamics of policy change in comparative perspective），由六篇论文组成，这是尝试将间断—均衡理论进行比较研究的有益尝试，通过使用共同的政策内容分类系统，建立11个国家的法律、议案、国会问题和首相讲话数据库，跟踪议程变化过程，对公共政策、制度和结果进行新的比较研究，挑战政策变迁的政党理论和选举理论，提出政策变迁的间断—均衡理论（Baumgartner, Jones, & Wilkerson, 2011）。

③ 《欧洲公共政策杂志》于2006年第7期对"政策议程的比较研究"（comparative studies of policy agenda）进行了专题研究，它代表了间断—均衡理论首次进行在规模比较研究的探索，该专题由11篇文章构成，通过分别建立"政策议程项目数据库"，对美国、加拿大和欧洲等不同国家的议程设置进行比较研究，认为间断—均衡理论不仅适应美国情景，而且适应其他政治体系（Baumgartner, Green-Pedersen, Jones, 2006）。

置，以这些理论为基础发展的间断—均衡理论的重要性和显著性也逐渐被学术界所重视和接受。间断—均衡理论不仅是一个重要的政策过程理论，也更是一种重要的政治理论，这也是一般性间断假设所努力的方向。

接下来内容安排如下：首先讨论间断—均衡理论对几种有影响的政治和政策过程的挑战，它试图提出一个更为综合性替代理论来解释政策过程中的稳定与变迁现象；其次，系统阐述间断—均衡理论的理论基础，它们构成了其素材，也是理论发展的源泉和基石；随后，对间断—均衡理论的发展和演进过程进行回顾，从历史视角把握理论发展，描述理论的动态演化过程；再次，对间断—均衡理论的主要内容进行总结，论述其研究问题、构成要素、理论模型和基本假设，勾画其内在逻辑和核心设想；接着，对间断—均衡理论的经典案例进行分析，这是其解释力的具体展现；最后，对间断—均衡理论的应用、成就和问题等进行评价，并进一步展望未来的研究方向。

## 一　挑战政策过程中的渐进模型和偏好模型

对于间断—均衡理论的提出，鲍姆加特纳和琼斯认为主要是对于传统政策过程理论的不满。他们指出："间断—均衡理论产生于我们对政策过程模型的不高兴，该模型强调稳定、规则、渐进调整和僵局（grid lock），相反，我们经常看到政策变迁是脱节的（disjoint）、片断的（episodic）和并不总是可预测的。"（Baumgartner & Jones，2012：1）。这些政策过程模型的典型代表是渐进主义模型，强调渐进、子系统的长期存在和政治秩序的稳定，认为政策是对现状的渐进调整，其代表性人物是主张党派之间相互调整的林德布洛姆（Lindblom，1959）和参与者之间相互调整的阿伦·威尔达夫斯基（Wildavsky，1964），后者更是将渐进主义模型应用于预算过程中，认为预算制定过程也遵循渐进主义逻辑。在预算过程中，参与者为什么会采取渐进主义的决策规则？对此，鲍姆加特纳和琼斯（Baumgartner & Jones，2005a：119）给出了三个理由，他们认为："第一个理由涉及当他们使用渐进变化而不是剧烈变化时，纠正错误更加容易一些。第二个理由涉及参与者有在复杂和不确定环境中建立稳定预期的期望。第三个理由涉及美国政治中交叉管辖、冲突和互动等制度特征，这些制度特征会推动参与者妥协。"

这意味着，渐进主义模型认为每一个政策调整都是将以前行动作为替代方案选择的基础，以前行动为替代方案提供了一个大致的选择空间，替代方案是对以前行动的修修补补（Jones, True & Baumgartner, 1997）。间断—均衡理论的研究者琼斯等（Eissler, Russell & Jones, 2016）认为渐进主义模型存在对"现状偏见"(the status quo bias)，他们认为："现状偏见相信绝大部分依旧没有变化，小的调整能够通过改变规范或规则来实现，或者通过参与者同意的党派之间相互调整来实现。"渐进主义模型提出之后，逐渐成为 20 世纪 50 年代之后主导人们看待政策过程的主导理论。很多学者进一步总结渐进主义模型的主要特征、阐述其原因和描述后果，它也是解释政策过程变迁的一个有竞争力的模型。

稳定框架并不是政策过程理论的专利，其他经济理论和政治理论也强调均衡和平衡。均衡理论是经济学的核心思想，它强调一种状态之下双方都没有改变现状的激励和动力。均衡思想被广泛应用于对经济现象的解释之中，如市场均衡、博弈均衡和竞争均衡等。政治科学中理性选择理论就应用于经济学中均衡思想对政治均衡的解释，如中间选票定理就是对一种政治均衡的解释。利益集团理论也强调某种程度的均衡，它认为参与者会对自身偏好进行调整而形成一种均衡。对此，鲍姆加特纳和琼斯（2011）最初提出间断—均衡理论时，就认为："政治科学中承认均衡存在的有两大理论源头：第一个是社会选择理论，第二个是集团和多元主义理论。社会选择理论认为个体的偏好是固定，并在此前提下考察人们的偏好如何聚合形成集体选择。"

渐进主义模型认识到政策过程中的稳定性和现状偏好，这也符合政治和政策过程中的大部分现实。不过，间断—均衡理论的两位鼻祖鲍姆加特纳和琼斯（Baumgartner & Jones, 2012）坚持认为，渐进主义模型或许对政策过程中大部分故事是正确的，但是他们也忽略了重要的不可忽略的内容。他们认为，政策过程中稳定和均衡重要，不稳定和动态变迁同等重要。对此，鲍姆加特纳和琼斯有非常精辟的阐述，他们指出："我们将政策制定过程看作是一个平衡与均衡力量、不稳定和蔓延之间持续斗争的过程，前者由负反馈主导，后者由正反馈主导。"(Baumgartner & Jones, 2012) 为此，政策过程中稳定与变迁，是需要同样进行解释的现象。

对于政策过程中的变迁，美国政治有一种标准模型（the standard

model）进行解释，它是建立在选择基础之上，可以称为偏好模型或选举模型（Baumgartner & Jones, 2012: 5）。标准模型认为政策变迁是由于政策制定者的政策偏好发生变化而产生，而在选举过程中，政策制定者发生变化时，他们的偏好也会发生改变。这一标准模型也被认为是民主政治的基础，通过选举使政策制定者向选民负责。这一模型又被称为比较静力学（comparative statics），"因为这一途径将变化完全看作是一种外部现象，它具备比较静力学特征，通过对一种静态状态（选举前）与另一种状态（选举后）进行比较得出结论"（Baumgartner & Jones, 2012: 5）。很显然，标准模型是以偏好为基础，主张选举会改变政策制定者的构成，不同政策制定者有不同的偏好，政策制定者改变过程也是偏好改变过程，偏好改变会有利于政策变迁。因此，这一模型又被称为偏好模型，由选举导致的偏好变化决定政策变迁（Eissler, Russell & Jones, 2016: 98）。尽管这一模型有吸引力，但是它仍然面临着解释困境，这主要由三个方面原因造成：(1) 大部分政策变迁发生在没有选举变迁的情况之下；(2) 该模型没有考虑政策议题优先性问题；(3) 不同的政治偏好主张者会进行一些相反的政策变迁，如保守主义者会扩张政府职责，自由主义者会缩减政府职责（Baumgartner & Jones, 2012: 5-6）。

鲍姆加特纳和琼斯认为，政策过程中稳定与变迁是同一现象的两种不同表现形式，并不能够完全割裂，有必要纳入一个统一框架来进行解释。正是基于对渐进主义模型和选举模型对政策过程解释的不满，他们就提出了基于议程设置视角，重视信息在政策过程中的作用，来重新解释政策过程中的稳定与变迁现象。于是，议程设置视角认为对于政策选择的研究，应该首先考虑哪些议题纳入政策选择的范畴，只有确定了政策议题之后，才是寻找解决方案的过程。在政策议题的选择中，信息发挥着关键作用，因此需要重视信息在政策过程中的角色。信息处理过程是政策过程的关键，可以通过对信息处理过程的研究来促进对政策变迁的研究，这构成了间断—均衡理论的核心主张。在阐述间断—均衡理论的演进过程之前，有必要对其主要理论基础进行简要回顾。

## 二　间断—均衡理论的理论基础

间断—均衡理论是从议程设置的角度理解政策过程中的稳定与变迁，

它试图将政策稳定和政策变迁的逻辑纳入统一的分析框架，用同一种逻辑来对两种现象给出解释。这使得该理论的来源是多方面，既有解释政策稳定的理论，也有解释政策变迁的理论。对于间断—均衡理论而言，重要的理论基础主要有：议程设置理论（agenda setting）、有限理性理论（boundary rationality）、人工科学理论（the science of artificial）、政策子系统理论（policy subsystems）、生物演化理论（evolutionary of biology）、政治制度理论（political institutions）和反馈理论（feedback theory）。通过对这些不同理论的有机整合，间断—均衡理论形成了其对政策过程认知的独特解释逻辑。

议程设置理论构成了间断—均衡理论理解政策过程的主要途径，它强调从议程视角理解政策稳定与政策变迁。这意味着，要推动政策变迁，首先需要将政策问题纳入议程，而纳入议程则需要对问题进行界定，于是问题界定（issue definition）和议程设置构成了间断—均衡理论讨论政策过程的两个主要环节（Baumgartner, Jones & Mortensen, 2014：60）。间断—均衡理论的核心主张是打开"决策黑箱"可以从议程开始，议程构成了"前决策"的过程，议程变迁是政策变迁的前提和基础。议程设置理论主要有两大基础，即政治学中对权力的两面性讨论，主张否定性权力和不决策权力（non-decision making）的重要性，这些权力就是一种议程设置权力，它构成了议程设置的政治学基础（Bachrach & Baratz, 1962）；组织理论中对注意力分配问题的讨论，认为决策者的时间资源比较稀缺，不可能在同一时间讨论所有话题，组织层面的注意力分配就是议程设置问题，它构成了议程设置的决策学基础（March & Simon, 1958；Baumgartner & Jones, 2005a）。罗杰·W. 科布和查尔斯·D. 埃尔德（Cobb & Elder, 1971）首先意识到了议程设置中包含的政治性，并提出了议程设置政治学（the politics of agenda-building），认为对于民主政治进行观察的一个重要视角是考虑一个议题或需求是怎么成为或者没有成为政治关注和感兴趣的内容，他们将这些"不决策"的问题称为议程问题，认为政治学有必要对公共政策中议题是如何来的给予关注。为此，他们提出了议程设定的两种类型，即机构议程（institutional agenda）和系统议程（systematic agenda），并且认为"存在一个一般性假设：两种议程之间差距越大，政治系统中冲突的集中度和频率越大"（Cobb & Elder, 1971：906）。随后，罗杰·W. 科布（Cobb, Ross & Ross, 1976）继续发展了议程设置理论，认为所有政治系统都需要考虑议程设置问题，议程设置可以作为一个比较政治过程。为此，他们进一步将此前的两种议程界定为公众议程（public agenda）和正式议程（formal agenda），认为："公众议程包含着一些公众兴趣和可见度比较高的议题；正式议程是决策者正式接受认为应该认真考虑的一系列项目。"（Cobb，Ross & Ross，1976：126）此外，他们提出了议程设置的过程，并且提出了议程设置的三种模型。对于议程设置的过程，他们认为所有议题大致上需要经历四个主要阶段：启动（initiation）、详述（specification）、扩展（expansion）和进入（entrance）。对议程设置的模型，他们认为包含外部启动模型（outside initiative model）、动员模型（mobilization model）和内部启动模型（inside initiative model）。外部启动模型强调议题首先在非政府组织中产生，随后扩散到公众议程，最后到正式议程。动员模型强调议题首先在政府机构中产生，并且自动纳入正式议程，由于执行需要外部公众的支持，这使得该议题需要从正式议程扩散到公众议程中。内部启动模型强调议题在政府内部产生，但是它并不希望议题扩散到公众议程中，通过一些手段和措施让议题讨论限制在正式议程内部。对于议程的研究，为政策过程理论研究打开了新的视角。间断—均衡理论正是以此基础来研究政策过程中稳定与变迁，并开发了公共政策议程项目，推动了公共政策的实证和定量研究。

　　有限理性理论构成了间断—均衡理论这一大厦的微观基石，它强调有限理性是注意力政治学和信息政治学的基础，也是政策稳定与变迁的微观机制（Baumgartner & Jones，2005a；Baumgartner & Jones，2015）。有限理性理论主要是来源于西蒙的贡献，他认为人类理性不是遵循主观期望效用模型（subjective expected utility，SEU），而是符合有限理性的行为模型（the behavior model of bounded rationality）和直觉模型（intuitive rationality），强调了有限理性的认知和社会基础，认为有限理性符合人类实际决策情景，并进一步分析了有限理性的机制、效应和后果（Simon，1983；1985）。有限理性模型的核心思想是人们在进行决策时总是意图理性，但不可能完全理性，目标可能并不清晰、方案选择有限、对方案后果可能并不清晰、遵循满意而非最优决策规则，这些使得决策更符合有限理性的行为模型。对于有限理性研究而，一个主要途径是对有限理性的机制进行深入研究，这些机制包括：注意力分配机制、替代方案产生机制、事实获取和推理机制（Simon，1983：20-22）。正是因为有限理性，才使个人或组织面临着注意力分配问题，一个人或一个组织不能同时处理所有问题，即便组织可以通过分工或专业化来应对注意力分配难题，但是整个组织仍然面临着注意力分配难题。对于间断—均衡理论而言，它吸收了有限理性中有关注意力分配和信息处理的研究成果，强调这些有限理性机制的"政策后果"，即有限理性对于政策过程的影响。鲍姆加特纳和琼斯（Baumgartner & Jones, 2009: XXIII）在《美国政治中的议程与不稳定性》第二版导论中明确指出"本书中我们工作的基础是对政治决策的理解，而对政治决策的理解是建立在有限理性的基础之上"，有限理性构成了整个间断—均衡理论的基础。间断—均衡理论非常重视信息处理过程及对政策过程的影响，而信息处理过程遵循有限理性原则。

间断—均衡理论也受到了西蒙提出的"人工科学理论"的影响，尤其是他有关人工世界的特征及其构成要素的思考（Simon, 1996）。西蒙认为，那些被称为"人工界"（artificial）的现象具备一些核心特征："他们之所以成为他们在于系统因为目标或目的而被塑造于他们生活的环境之中。"（Simon, 1996: xi）。对于"人工"而言，西蒙进一步指出我们称为人工物的那些东西并不脱离自然，它们并没有得到无视或违背自然法则的许可，同时他们又要适应人的目标或目的，他提出了人工物的四个判断标准："1. 人工物是经由人综合而成的（虽然并不总是或通常不是周密计划的产物）。2. 人工物可以模仿自然物的外表而不具备被模仿自然物的某一方面或许多方面的本质特征。3. 人工物可以通过功能、目标、适应性三方面来表征。4. 在讨论人工物，尤其是设计人工物时，人们经常不仅着眼于描述性，也着眼于规范性。"（Simon, 1996: 5; 司马贺, 2004: 5）通过以上分析，西蒙对人工物的基本特征进行了详细概括，他指出："人工物可以看成是'内部'环境（人工物自身的物质和组织）和'外部'环境（人工物的工作环境）的接合点——用如今的术语来说就叫'界面'。"（Simon, 1996: 6; 司马贺, 2004: 6）这说明，理解人工物，可以从目的和功能、界面、内部"环境"和外部"环境"等四个要素出发，将任何人工物或人工系统都看作一个实现某种目的或目标的界面，需要考虑其内部特征，也需要考虑其与环境之间的适应性。一旦当"政策过程"看作一个"人工物"，就需要考虑政策系统的目的和功能、界面、内部"环境"和外部"环境"。鲍姆加特纳和琼斯非常重视作为界面的"政策过程"中内部"环境"和外部"环境"的研究，对于内部"环境",他们开发了"不成比例信息处理"模型,对于外部"环境",他们强调"信息"和"反馈"的作用。

政策子系统构成了间断—均衡理论理解"均衡"最重要的理论基础之一。政策子系统主要是围绕政策议题、领域范围和行动者而建立起来的,它强调一些行动者在一定范围内对某一感兴趣的政策议题进行相互影响而形成结构化制度安排。政策子系统是从团体或网络视角(group/network)理解公共政策的重要途径之一,它将公共政策看作不同主体之间互动的结果,在这些互动中团体发挥着重要作用,网络是一种互动的结构化形式(John,2012)。对此,彼特·约翰(John,2012:57)有清晰阐述,他指出:"与制度相比,团体不仅在倡导政策而且在阻止政策变化方面都显得很重要。这主要是因为不仅仅是内阁、总统或国会做出决策。即便最后的权威来源于选举的政治家,政策常常是来自团体和协会的压力和影响,这要么是通过直接游说或幕后协议来实现。这些团体可能是个人或组织的集合,他们在正式游说或非正式协议中集体行动。他们可能是专业协会、公民团体、贸易商会、商业团体或者政府部门内部以及其他层次政府中的公共部门组织。"由此可见,团体或网络视角非常重视关系(association)在政策过程中的作用,认为政策变迁是政府组织和团体之间互动的产物,不同关系之间网络结构对于政策变迁具有重要的解释力。将团体/网络视角应用于政策过程研究,形成了很多不同词汇,如"铁三角"(iron triangles)、"功能性权力岛屿"(islands of functional power)、"有限参与系统"(systems of limited participation)、"权力精英"(power elites)、"政策漩涡"(policy whirlpools)、"次级系统政治"(subsystem politics)(Redford,1969)、"议题网络"(issue network)(Heclo,1978)、"政策子系统"和"政策网络"(policy network)(Jordan,1990)等。其中,"政策子系统"和"政策网络"是团体理论应用于政策过程研究中比较有影响力的理论,倡导联盟理论直接以"政策子系统"作为分析对象,讨论在政策子系统内部不同联盟之间互动对政策学习和政策变迁的影响。对于间断—均衡理论而言,政策子系统发挥着政策垄断(policy monopoly)的作用,"政策垄断的参与通常经由两种方式得以结构化:(1)正式和非正式的切入规则使'局外人'的参与受挫;(2)对政策垄断的普遍理解基本上都是正面的,这种正面的理解唤起支持或使冷漠者转身事外(从而确保冷漠者持续不过问此事)"(Baumgartner & Jones,2011:7)。

生物演化理论是间断—均衡理论获得理论灵感的一个重要来源，它直接将生物演化理论的研究成果借鉴到对政策过程的理解之中。戴维·普林德尔（Prindle，2012）就以间断—均衡为例，讨论了政治科学如何将生物学概念引入其研究，并讨论了这一理论模型对政治科学做了什么，政治科学是如何应对这一理论模型，以及这一理论模型是如何被引入的。普林德尔指出间断—均衡理论是对有机体演化的达尔文解释的一种替代性理论，达尔文理论（Darwinist theory）也是一种生物演化的主导理论。对于达尔文理论，其内涵如下："在一般意义上，达尔文理论对地球上生物体的涌现归结于因为自然环境而使一个物种的适应性多样性的保存和大量不适应多样性的消亡的结果，这导致了变化的累积，并最终实现了通过深度时间来促进特种渐进转变。达尔文将这一'被自然因素挑选'（culling-by-environment-factor）的机制称为'自然选择'（natural selection）。"（Prindle，2012：23）在达尔文看来，生物演化在无限时空中遵循"无限的小的继承的变化"，他预测科学家会发现小的持续变化的趋势。但是，典型的化石证据却显示物种是突然产生，然后在没有太大变化的情况之下持续很少或很长一段时间，最后又突然消失。在1972年，古生物学家艾尔德里奇（Niles Eldredge）与古尔德（Stephen Jay Gould）挑战了达尔文生物演化的正统理论，提出了生物演化变迁的新理论，认为生物演化经过三个阶段：所有或大部分特种突然出现、相当长时期的不变化的持续和一定时间的灭亡，快速演化会间断静态历史，他们将这一新理论或模型称为"间断—均衡"（Punctuated Equlibria）（Eldredge & Gould，1972；Gould，2007）。间断—均衡理论一被提出，便引起了广泛争论，很多思想家认为间断—均衡理论提供了一个描述复杂系统的稳定与变迁的一般理论，这使它被广泛应用于描述"人类学习、组织变迁、技术发展、分形几何、混沌理论、非线性变迁、复杂理论、经济学和其他领域"（Prindle，2012：25）。当然，普林德尔（Prindle，2012：25-27）通过引用古尔德对间断—均衡理论扩展到其他领域的危害，指出需要区分比喻（metaphor）和经验性应用之间的差别，比喻可以促进思考，科学需要经验研究，间断—均衡理论的扩展性使用也不例外，它需要回应隐喻如何与所在学科有效结合，避免机械性结合。

政治制度理论是间断—均衡理论的另一重要理论来源，它构成了解释间断—均衡现象的结构基础。鲍姆加特纳和琼斯（Baumgartner & Jones，

1993/2009）认为美国分立制度、交叉管辖和动员的相对开放性创造了政策子系统和国会与总统宏观政治之间的有效互动，这使美国政治呈现较长时期的稳定与偶尔的变化。因此，制度是均衡的基础，也是打破均衡的手段（Shepsle，1979）。对于制度的定义，他们引用了赖特（Riker，1980）的论述，认为："制度只是规则而已，而规则本身是社会决策产生的结果……在特殊规则之下的那些政策受损者会尝试（通常会成功地）去改变制度，以便在新的制度下产生另外一种决策……因此，制度和价值的唯一差异在于：相对于与偏好上的不均衡而言，制度的不均衡可能是一个更为长期的过程。"（Baumgartner & Jones，2009：14）这说明，制度会对公共政策产生影响。在对整本书的观点进行总结中，鲍姆加特纳和琼斯（2011：222）重申了政治制度对于间断—均衡理论的意义，他们指出："我们的主要理论是：美国政治制度建立的初衷在于设立一个保守的宪政基础，以便限制激进的行动。然而事实上这一制度却不断地被政策变化所席卷，这些变化在渐进的缓流和现存制度安排快速改变之间交替。……正是间断均衡，而不是稳定和墨守成规，刻画了美国政治制度的特征。"这意味着，间断—均衡理论重新将"制度"找回，试图建立政策过程的制度基础，很好地将制度理论与政策过程理论进行有机结合，这是从经验角度分析制度与政策过程之间关系的有益尝试。对于政治制度的研究和关注，也使得间断—均衡理论重视比较政策议程设置和比较政策变迁，强调不同政治制度情景之下议程设置和政策变迁模式，制度理论构成了比较研究的基础，他们的结论是间断—均衡理论可以适应于除美国之外更广泛的政治制度情景之中（Baumgartner，Jones，& Wilkerson，2011）。当然，制度理论，尤其是政治制度仅仅是间断—均衡理论的众多理论来源之一。

反馈理论是间断—均衡理论的又一较为重要的理论来源，它提供了解释政策过程中稳定与变迁的机制理论。反馈理论是系统论和控制论的重要组成部分之一，其原初含义是结果对系统输入的影响，它对于人工系统具有重要意义。通过反馈原理，控制论实现了人类设计的目标。以空调为例，空调有一个控制系统，通过反馈来实现恒温。每个人根据自身偏好设定一个温度目标，空调系统通过对房间空气温度感知与设定温度目标之间差距发出制冷或制热指令，对房间空气质量实施降温或升温，这些结果通过与目标之间比对进一步形成新的指令，直到实现恒温。间断—均衡理论在使用反馈理论时，进一步将反馈区分为正反馈和负反馈，强调反馈的"设计含义"，认为不同的政策制定系统遵循不同的反馈原理，形成了不同的政策制定过程。无论是正反馈，还是负反馈，它都强调系统的"产出"与"预期"之间的差距。当系统的"产出"与"预期"不一致时，就会打击人们进一步投入时间和精力去改变现状，这时会形成"负反馈"。当系统的"产出"与"预期"一致时，就会鼓励人们进一步投入时间和精力去改变现状，这时会形成"正反馈"。负反馈和正反馈广泛存在于人类社会复杂系统之中，金融市场中股票价格上涨和下跌所导致的过度上涨和过度下跌就是反馈原理的具体体现。格雷姆·鲍诗依（Boushey，2013：138-139）对间断—均衡理论中所包含的政策反馈理论进行了清晰界定，他指出："作为一个政策过程理论，间断—均衡理论证明宏观政治注意力的变化如何同时导致政策制定过程中负反馈和正反馈循环。负反馈循环（negative feedback cycles）产生于日常性政策制定权委托给政策次级政府（policy subgovernments），这些次级政府作为一个核心的制度行动者团体通过对政策作出边际性调整对主导政策形象进行回应。正反馈循环（positive feedback cycles）产生于广泛政治注意力对一个政策问题新的维度的系统性关注。"负反馈循环与政策稳定联系在一起，正反馈循环与政策突变联系在一起，正负反馈环境可以同时解释政策过程中间断—均衡。

## 三 间断—均衡理论的演进：起源、发展与最新进展

与其他政策过程理论相比，间断—均衡理论的一个最重要的特点是在保持内核不变的同时，一直在演进和发展过程之中。其理论内核认为政策过程中遵循较长时期的稳定和突然的变迁，这些变迁采取非连续（disjoint）和剧烈变化方式（dramatic shifts），借鉴演化生物学理论将这一模式称为"间断—均衡"，这也是对政策变迁过程和规律的描述，为理解政策过程提供了一个新的视角。"间断—均衡"更多是对结果的描述，告诉我们事实上是什么，但还需要解释为什么会同时发生稳定与变迁。正是因为对间断—均衡背后因果关系的探究，使该理论一直处于演进过程之中。通过借鉴其他学科更为成熟的理论，非常重视理论的微观基础和宏观模式，注重理论的内部有效性和外部有效性，间断—均衡理论尝试发展更

为完善性的、一般性的和具有普遍适应性的系统理论。随着一般性间断假设的提出，以及复杂系统中随机模型（stochastic processes and complex systems）的使用，一个更为成熟的间断—均衡理论图景正在呈现。

经过近20多年发展，间断—均衡理论日益成熟。对于间断—均衡理论的演进过程，琼斯和鲍姆加特纳（Baumgartner & Jones，2012）在一篇回顾性论文中，将其概括为三个阶段：间断—均衡、一般间断主题和政府信息处理理论。事实上，这三个阶段其实分别对应于他们从1993年以来合作的三部著作，即《美国政治中议程与不稳定性》（Baumgartner & Jones，1993/2009）、《注意力政治学：政府是如何对问题优先性排序的?》（Baumgartner & Jones，2005a）和《信息政治学：问题界定和美国公共政策过程》（Baumgartner & Jones，2015）。在另外一篇回顾性论文中，琼斯等（Eissler，Russell，Jones，2016）将其划分为五个阶段，即前篇（a Prequel to PET）、起源：议程设定（PET origin：agenda setting）、间断—均衡演进：注意力和框架（punctuated equilibrium：attention and framing）、PET进一步演进：信息处理（PET further evolves：information processing）、PET展望：跨制度扩散（PET moving forward：diffusion across institution）。考虑到对于间断—均衡的理论基础已经进行了深入讨论，而扩散问题也只是信息处理模型的一个应用领域，对于间断—均衡理论的演进过程将重点以两位开创者的三部研究著作为基础，讨论间断—均衡、一般性间断假设和政府信息处理三个阶段。除了这三位著作者，琼斯和鲍姆加特纳还于2002年共同主编过一本《政策变迁》（Baumgartner & Jones，2002）的著作，鲍姆加特纳与其他作者（Baumgartner et al.，2008；2009）一起出版过《死刑的下降和无辜者的发现》和《游说和公共政策：谁赢？谁输？为什么?》两本著作，另一位作者琼斯（Jones，1994；2001）个人还出版过《再思民主政治中决策：注意力、选择和公共政策》和《政治和决策的结构：有限理性与治理》两本讨论决策问题的著作，这些著作为间断—均衡理论提供了决策基础，这也使间断—均衡理论是从决策视角理解政策过程的一种重要理论。

间断—均衡理论起源于鲍姆加特纳和琼斯于1991年发表的《议程动态性和政策子系统》一文，成熟于他们于1993年出版的《美国政治中议程与不稳定性》一书（Baumgartner & Jones，1991；1993）。在1991年的论文中，鲍姆加特纳和琼斯已经观察到了："从历史视角看，很多政策会经历长时期的稳定和短时期的剧烈反转。"并试图用同一过程对这一现象给出解释,他们将这一过程定义为"有关某一特定政策的信念和价值与现存政治制度互动的产物,前者被称为政策图景,后者被称为政策行动的场所",并以美国民用核电政策为例进行了证明(Baumgartner & Jones, 1991: 1044-1045)。而在 1993 年的著作中,他们的重要贡献是将政策过程中稳定和变迁概括为"间断—均衡",并用间断—均衡理论(PET)来指称这一新的政策过程理论(Baumgartner & Jones, 1993)。在这一著作中,他们应用了更多的政策领域(民用核电、杀虫剂、吸烟、酒精、毒品、城市事务、儿童虐待),进行跨领域比较研究、历时纵向研究和比较案例研究等新型研究设计,结合媒体报道、国会听证数据和政府部门规章制定等数据库,进一步论证了三个核心问题:"(1)随着议题进入或退出公共议程,政策制定会经历跳跃和维持一定的稳定;(2)美国政治制度会强化间断—均衡的趋势;(3)政策图景会在扩大议题摆脱专家和特殊利益集团控制方面发挥关键作用,这一控制通常被称为政策垄断。"(Baumgartner, Jones & Mortensen, 2014: 61)间断—均衡理论通过对议程变迁的关注来解决政策过程中稳定与变迁,并且突出政策图景和政策场所的解释力,认为政策企业家需要推动政策变迁就需要通过改变政策形象,进行场所推销(venues shopping)来扩大政策冲突,形成正反馈或负反馈,最终维持现有政策方程,或者促进政策议程变化从而改变政策。这意味着,间断—均衡理论的雏形基本形成,它为理解政策过程提供了一个替代性理论模型。

  间断—均衡理论第二步的重要跨越是发展"一般性间断假设",讨论影响议程变迁的框架和注意力分配,并且为间断—均衡理论建立更为坚实的微观基础(Baumgartner & Jones, 2005a; Baumgartner et al., 2008; 2009)。"一般性间断假设"的提出,它强调不仅议程设置和政策变迁遵循"间断—均衡"的逻辑,而且"框架和注意力分配"也遵循"间断—均衡"的模式,这进一步讨论了"政策图景"和"议程变迁"的微观基础,即注意力政治学是间断—均衡理论的微观基础。在《注意力政治学:政府是如何对问题优先性排序的?》一书中,琼斯和鲍姆加特纳(Baumgartner & Jones, 2005a)为间断—均衡理论建立了政策选择的行为模型(a behavioral model of policy choice),提出了"不成比例信息处理"模型,这一模型的基础就是"间断—均衡",这也说明"间断—均衡"构成了人类整个信息处理、决策、议程和政策变迁的基本特征。为了论证政策图景和议程变迁的过程,他们发展了注意力政治学,讨论信息、框架是如何通过注意力分配产生影响,并且进一步对议程和政策变迁发挥作用。通过对预算支出变化的分布结果分析和使用仿真技术,他们认为在复杂系统中注意力分配遵循"随机过程",频率分配曲线并不是遵循正态分布,而是尖顶峰分布(leptokurtic)。鲍姆加特纳等研究者(Baumgartner et al.,2008)还以美国的死刑政策为例,讨论无辜者框架(innocence frame)的建立,它所引起的集体注意力分配,以及其对议程和政策变迁的影响。在另外一本书中,鲍姆加特纳等研究者(Baumgartner et al.,2009)进一步讨论了特殊利益集团、框架和注意力分配在政策变迁中的作用。这些研究,进一步深化了议程变迁的微观基础,并且重点讨论了框架和注意力分配对于议程和政策变迁的影响,这使得间断—均衡理论的研究向前进一步推进。在最新的一篇论文中,鲍姆加特纳等研究者(Rose & Baumgartner,2013)讨论了对穷人的框架建构及其政策效应,他们的研究表明对穷人的媒体讨论经历了从正面形象的认可向负面批评的转变,这一转变也使得美国政府对于穷人的支出减少,这说明框架效应在政策过程中发挥着重要作用。

　　间断—均衡理论发展的第三阶段是发展基于信息处理的政府理论,并讨论信息处理对于框架、注意力分配、议程和政策变迁中的作用。对于鲍姆加特纳和琼斯(Baumgartner & Jones,2015)而言,信息处理构成了所有环节都需要考虑的共同要素,因此需要理解个人和组织的信息处理过程。事实上,在提出一般性间断假设时,鲍姆加特纳和琼斯(Baumgartner & Jones,2005a:7)已经讨论了信息处理、框架与注意力之间的关系,他们将信息处理定义为:"收集、分类、解释和优先来自环境的信号",政策制定者需要应对来自不同来源的大量信息并且需要做出决策。很显然,决策者的信息处理会受到人类认知和制度情景的影响,这是有限理性模型的关键内涵。对于人类认知过程而言,由于认知和情感限制,这使人类在信息处理过程中,不可能同等对待所有信息,通常会出现对信息的"过高"或"过低"处理,这使得鲍姆加特纳和琼斯提出了"不成比例信息处理"模型。对于制度情景而言,为了克服人类信息处理"序列处理"的局限性,通过组织内部分工实现"平行处理"替代"序列处理",可以同时应对很多信息难题。这意味着,信息处理是注意力分配的前提，注意力分配是信息处理的结果。因此，信息处理对于组织而言，显得十分重要。为此，这使得间断—均衡理论的倡导者开始研究政府的信息处理过程，并分析搜索、信息处理与政府之间的关系，这是建立一个一般性政府信息处理理论的尝试。他们的研究表明，整个组织仍然面临着"搜索悖论"（paradox of search），即"好的政府要求好的机制来发现问题并对问题优先性排序以方便采取行动。但是随着搜索机制绩效的更好，更有可能针对问题采取更多的公共政策行动。更多的政府行动，这也必然会导致更大和更具有侵略性政府"（Baumgartner & Jones，2015：1）。除了对信息处理进行研究，一些研究者也开始将间断—均衡理论应用于对其他政策过程的理解，如政策扩散的原因（Boushey，2012）。

## 四 间断—均衡理论的框架结构：模型、要素与基本假设

尽管间断—均衡理论正在成为政策过程理论中有竞争力的理论之一，不过，有关间断—均衡理论的概念性框架及其核心构成要素并没有达成一致性的意见，这也可能与间断—均衡理论本身一直处于演进中有很大关系。从间断—均衡理论的创立者鲍姆加特纳和琼斯发表的一系列介绍其理论的文章看，目前并没有形成像其他政策过程理论那样成熟的框架结构图，当然一些核心概念和要素也被不同程度阐述，如有限理性、政策图景、框架、注意力分配、反馈机制、随机过程、不成比例信息处理模型、一般性间断假设等（Baumgartner & Jones，2012；Baumgartner, Jones & Mortensen，2014；Eissler, Russell, Jones，2016）。事实上，这些不同概念基本上围绕着"间断—均衡"的四个问题展开，试图发展间断—均衡的一般理论，即为什么、怎么样、是什么、有什么影响（见图3-1）。

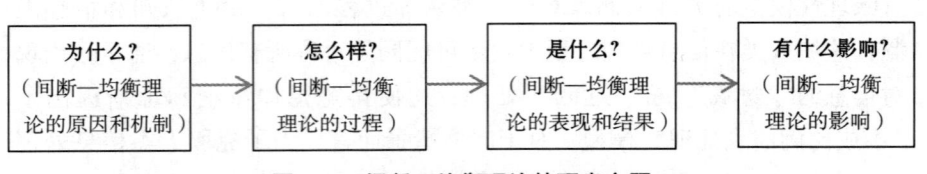

| 为什么？<br>（间断—均衡理论的原因和机制） | → | 怎么样？<br>（间断—均衡理论的过程） | → | 是什么？<br>（间断—均衡理论的表现和结果） | → | 有什么影响？<br>（间断—均衡理论的影响） |

图 3-1 间断—均衡理论的研究主题

间断—均衡理论在 1993 年提出时，它重点关注政策过程中是否存在间断—均衡现象的问题，当然也会对产生间断—均衡的过程给予关注。为此，鲍姆加特纳和琼斯通过民用核电、杀虫剂等典型案例的研究，描述政策领域中呈现的间断—均衡模式，并将这一结果模式归结为政策图景和政策场所的互动。随后，为了进一步论证政策变迁中存在间断—均衡模式，他们进一步开发"政策议程项目"数据库，对长时段和不同政策领域的政策议题进行跟踪，探讨系统层面中存在的模式和规律。与此同时，他们将政府的预算支出及其演变作为一个重要案例，通过对不同领域和不同年度的预算变化进行编码，将预算变化进行聚合，发现了预算领域并不遵循渐进主义逻辑，而是符合间断—均衡规律，这也使间断—均衡理论成为理解预算过程的重要理论之一（Jones，Sulkin & Larsen，2003）。随着研究的深入，鲍姆加特纳和琼斯试图为间断—均衡理论建立更为一般的微观理论，并讨论间断—均衡理论对于政府的影响，于是他们基于有限理性提出了"不成比例信息处理"模型，并且认为间断—均衡不仅适应于议程变迁和政策变迁，也适应于信息处理和注意力分配，于是提出了一般性间断假设。对于间断—均衡理论的影响将在最后一部分中进行阐述，这一部分重点讨论间断—均衡理论的原因、过程和结果。

根据对间断—均衡理论演进过程和主要内容的分析，我们可以结合西蒙（Simon，1996）提出的人工科学的构成要素，将间断—均衡理论的核心要素划分为五部分：政策选择的行为模型、政治制度和政策图景、随机过程、正反馈和负反馈机制、一般间断假设（见图 3-2）。政策选择的行为模型构成了间断—均衡理论的微观机制，其核心是"不成比例信息处理"模型。政治制度和政策图景构成了间断—均衡理论的约束条件和激励机制，一方面政治制度和政策图景会起到"摩擦"（friction）作用，它会阻止议程进入，另一方面它是推动议程设立和政策变迁的激励因素。随机过程是对复杂的注意力分配、议程设置和政策变迁过程的描述，它是"不成比例信息处理"模型在政策过程中的呈现形式。正反馈和负反馈机制分别会强化或弱化政策过程中的稳定与变迁，构成了一个完整的循环系统。一般间断假设是对整体政策过程结果的描述，它是随机过程的产物，上述所有因素所导致的结果就是一般间断。

### 1. 有限理性、政策选择的行为模型和不成比例信息处理模型

间断—均衡理论建立在西蒙提出的有限理性基础之上，它强调个人和

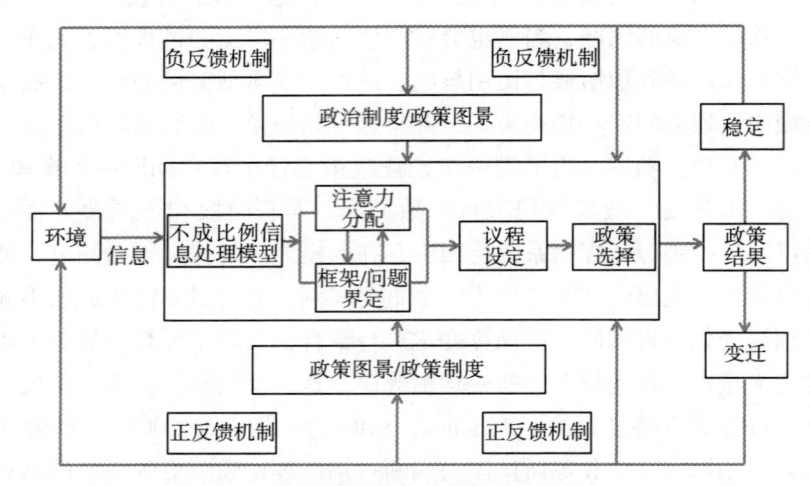

**图 3-2　间断—均衡理论的概念性框架**

组织在选择时会受到认知和情感影响，这使得选择只可能是意图理性而非完全理性。有限理性的思想使鲍姆加特纳和琼斯认为应该为政策选择建立行为模型，于是他们提出了"政策选择的行为模型"的思路，并将这一行为模型作为间断—均衡理论的微观基础。在构造政策选择的行为模型中，他们基于个人决策的行为模型（a behavior model of individual decision making）和组织选择的行为模型（a behavior model of organizational decision making），提出了基于信息的不成比例信息处理模型，这一模型构成了整个间断—均衡理论的微观基石（Baumgartner & Jones, 2005a）。应该说，前面两个模型基本上是对有限理性的重述，而不成比例信息处理模型则体现了他们的理论创新。

对于鲍姆加特纳和琼斯而言，他们之所以认为自己的决策模型是行为模型，关键在于它是直接建立在个人的认知能力基础之上，并且认为"这一行为模型的核心是注意力转移（attention shift）"（Baumgartner & Jones, 2005a：32）。根据一般的决策理论，他们将个人决策的行为模型概述为四个阶段：识别阶段（a recognition stage），决策者识别存在问题；属性阶段（a characterization stage），问题依据一些竞争性属性被理解；替代性方案阶段（a alternative stage），一些合理的替代性方案得以阐述；选择阶段（a choice stage），替代性方案被审视以及做出选择，这些不同阶段的详细内容参见表 3-1。

**表 3-1　　　　　　　个人决策的行为模型的主要内容**

识别阶段
- 注意一些存在潜在问题的决策环境
- 理解被环境呈现的问题
- 对这些问题进行优先性排序
- 决定什么样的问题应该被解决以及哪些问题可以进行安全忽略

属性阶段
- 建构一个"问题空间"来决定第一阶段发现的问题的相关属性
- 决定不同属性的权重——哪些是最相关的属性（权重最高），哪些是相对不相关的属性（权重低），哪些是不相关属性（权重为零）

替代性方案阶段
- 来自上一阶段的给定相关属性列表，对于每一个属性考虑有用的替代性行动方案
- 检验哪些在相同问题中使用的替代性方案
- 搜索新的替代性方案
- 建构包含一些替代方案的问题的"解决方案空间"。每一个属性需要连接一个或多个替代性方案

选择阶段
- 决定哪一个替代方案被选择
- 执行所赞同的替代性方案

资料来源：Baumgartner & Jones，2005a：33-34。

尽管组织决策不同于个人决策，但是它却共享个人决策的四个相同阶段（见图3-3）。与个人决策的四个阶段相比，组织决策的四个阶段分别为：议程设定（agenda setting），它对应于个人层面的注意力分配，它强调组织需要考虑的问题清单；问题界定（problem definition），它是对问题是什么和如何理解问题的建构，不同的个人或组织会对问题进行不同界定；方案和辩论（proposal and debate），一旦问题被定义，就需要寻找解决问题的方案，专家、学者、利益集团等不同组织都会提出问题解决的方案；集体选择（collective choice），它主要决策哪一个方案得以胜出，投票规则、修正程序和委员会机制等会对方案选择产生影响。

在对个人决策和组织决策的讨论基础之上，鲍姆加特纳和琼斯提出了他们自己的基于信息的决策模型，即不成比例信息处理模型。该模型挑战了理性选择模型中"成比例信息处理模型"，该模型认为："系统中将会存在对来自环境的输入进行持续监测。决策也会随着环境变化进行成比例调整。问题将会直接根据他们的严重性成比例界定，解决方案也会根据他们解决问题的效率进行排列。这将是一个完全成比例的过程（a fully proportionate process）：回应中任何变化规模将会与来自环境信号中的任何变化规模成比例。"（Baumgartner & Jones，2005a：43）但是由于个人和组织

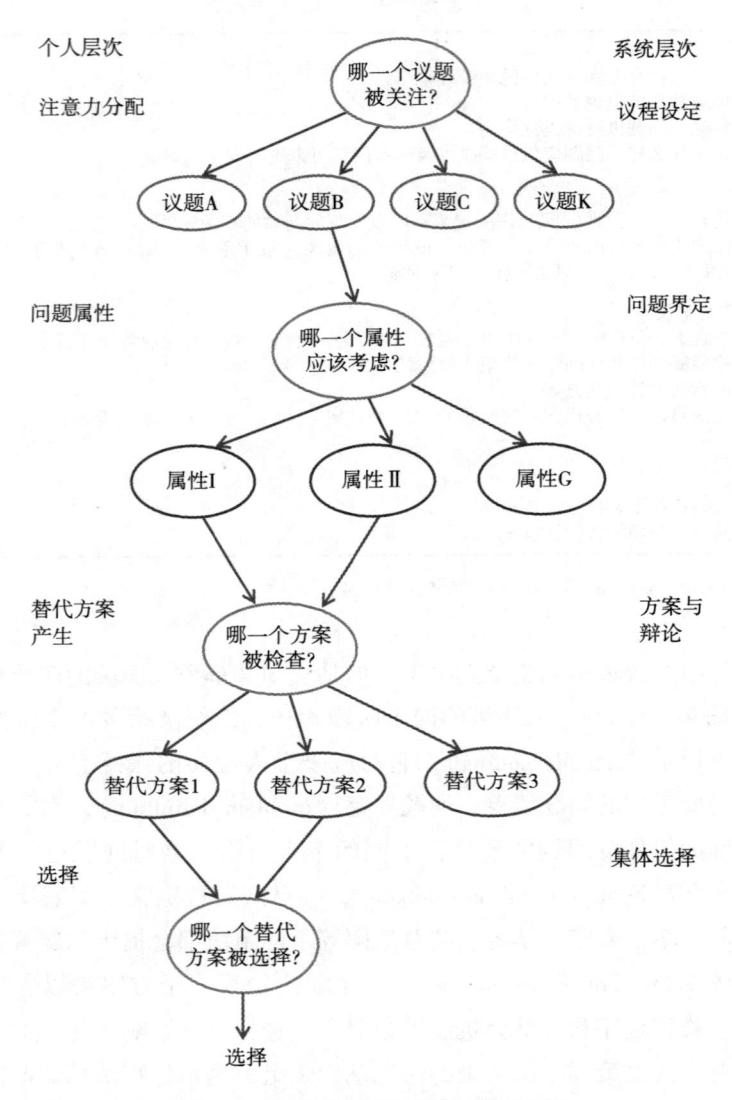

```
个人层次                                          系统层次
注意力分配       哪一个议题被关注?                  议程设定

         议题A   议题B   议题C   议题K

问题属性         哪一个属性应该考虑?                问题界定

         属性I   属性II   属性G

替代方案                                          方案与
产生             哪一个方案被检查?                  辩论

         替代方案1  替代方案2  替代方案3

选择                                              集体选择
                 哪一个替代方案被选择?

                      选择
```

**图 3-3 个人选择和组织选择的逻辑**

资料来源：Baumgartner & Jones，2005a：37。

原因，他们在处理来自环境的信息时通常是遵循"不成比例信息处理"模型，其中注意力分配不成比例最严重，在问题界定和方案提供中也会存在不成比例信息处理现象。

很显然，"不成比例根源于人类的认知结构和宪法规则及制度程序之中"（Baumgartner & Jones，2005a：51）。正是因为不成比例信息处理模型，使决策者在应对问题时会忽视一些问题，也会过多关注一些以前关注过的问题，从而产生了强烈的"维持现状偏见"。对于这些偏见的来源，鲍姆加特纳和琼斯将之总结为："这些偏见来自不同的认知和情感机制，包括注意力配置的摩擦力、不愿意牺牲一个议题的合适属性、对特定解决方案的情感认同、仅仅是因为对某一解决方案熟悉和充满自信。"（Baumgartner & Jones，2005a：53）为了进一步刻画不成比例信息处理模型，讨论这一模型对注意力分配的影响，鲍姆加特纳和琼斯（Baumgartner & Jones，2005a：59）发展了从信息到注意力分配的隐含指数模型（the implicit index model）（见图3-4）。

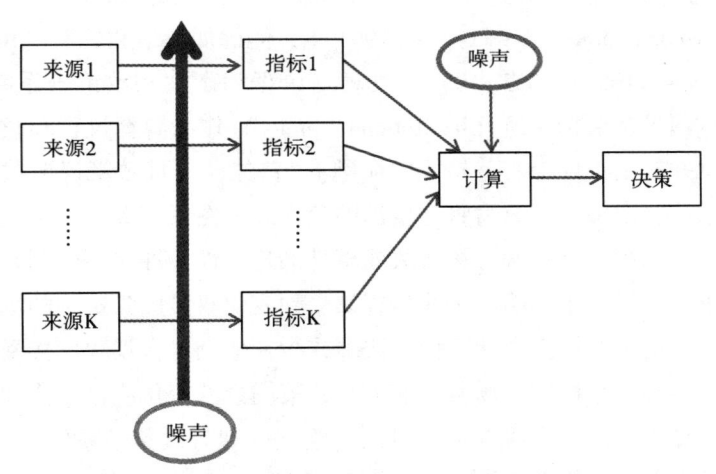

**图3-4 隐含指数模型：从不同来源整合信息**

资料来源：Baumgartner & Jones，2005a：59。

图3-4的左边是不同来源的信息，以及这些信息所产生的不完善指标，右边是决策者收到信息之后对不同来源信息进行整合，然后做出决策。在这一过程中，有两个点可能存在噪声，一个是从信息来源转化为指标的过程，另一个是对不同指标进行整合的过程。隐含指数模型是不成比例信息处理模型的具体化，它进一步阐述了不成比例信息处理模型的具体运行过程，以及导致不成比例信息处理的原因。它认为决策者进行决策时会遵循非线性逻辑，只有当决策者将一些紧急或急迫的新指标带入指数中，才可能推动政策变迁，而一旦一些指标此前已经被知晓则只会进行渐进调整。除了指标类型会导致不成比例信息处理，对于指标的解释也会导

致不成比例信息处理。

## 2. 政治制度和政策图景

发展不成比例信息处理模型代表了鲍姆加特纳和琼斯为间断—均衡理论建立坚实的微观基石的尝试，也是间断—均衡理论的重要理论进展之一。不过，任何行动总是依附一定的结构，间断—均衡理论对于政策过程的理解也不例外。从某种程度上看，间断—均衡理论很好地平衡了"结构—行动者"分析范式，将结构和行动者放到同等重要的位置。政治制度和政策图景就代表了政策过程的结构基础，前者是政策行动的场所，后者是有关政策的价值和信仰，政策变迁是政治制度和政策图景互动的结果（Baumgartner & Jones，1993）。在 1991 年，鲍姆加特纳和琼斯（Baumgartner & Jones，1991：1051-1053）发表《议程动态性和政策子系统》时，就将政策图景和机构场所（institutional venues）作为解释议程和政策变迁的重点，并提出了四个有待检验的命题："首先，一旦政策议题被分配的政策子系统，增加的注意力将与增加的负面政策图景有关。……其次，随着冲突扩大，我们能够假定场所关注事件的连续性。冲突不会同时都对所有机构场所同时产生影响。一些最容易受到变化政策图景影响的场所会最先变化，其他机构场所会随后依次或多或少在他们各自议程中接受这一议题。……再次，我们期望场所的扩大和政策图景的变化应该很快和同时进行。……最后，这三个假设必须对已经建立的现有政策子系统进行破坏。这一过程和创立或构造系统的过程相似但存在区别。"事实上，政治制度和政策图景一直是间断—均衡理论关注的核心概念，他们构成了解释政策变迁的重要变量。

政治制度和政策图景对于政策稳定与变迁同时起着约束与激励作用，它们既是制约政策变迁和维持政策稳定的结构基础，也是打破政策稳定和推动政策变迁的策略手段。对于试图维持政策现状的人员而言，它们一方面通过限制政策行动的参与人员数量，另一方面通过树立政策的"正面形象"来实现"政策垄断"的目的，政策执行人员通过政治制度和政策图景的相互作用建立政策子系统。只要政策子系统一直维持稳定和不被打破，议题和对议题的理解就不会发生变化，现有政策就会维持原状。对于希望改变政策现状和推动政策变迁的人员而言，他们也可以通过向不同政策场所推销自己的议题，或者通过树立不同的政策形象来实现政策变迁。

对此，鲍姆加特纳和琼斯（Baumgartner & Jones，1991：1045）有深刻的认识，他们指出："我们的研究途径将政治行动者看作是能够通过双重策略来实现策略性行动。一方面，他们通过使用修辞、符号和政策分析来控制政策问题的流行图景。另一方面，他们通过寻找最合适其议题的政策场所来改变涉及议题参与者的人员数量。"这说明，政策稳定和政策变迁最终都需要通过对政治制度和政策图景的策略性行动来实现。

政治制度为政策行动提供了"场所"，它由机构和决策规则构成。鲍姆加特纳和琼斯（2011：29）认为，"社会中有一些机构或集团，它们拥有相关议题决策的权威，我们称之为'政策议定场所'。政府议定场所可能是垄断的也可能是分享的，也就是说，同一个议题可能同时归属好几个机构管辖，也可能只归属于众机构中的某一个单一机构领域"。对于政治制度在政策行动中的作用，琼斯等（Jones, Sulkin & Larsen, 2003）有一个清晰定义，他们认为政治制度将一系列输入转化为产出，这些输入包括变化的偏好、新参与者、新信息和对以前信息的突然关注等。由于分工和专业化原因，所有国家基本上存在多样性的"政策场所"，他们是以不同机构名称呈现。以美国为例，包括联邦政府、国会、司法、联邦机构、独立管制机构、地方政府等，正是多样性政策场所存在，使得政策场所具备购买场所的性质，不同政策行动者可以在不同政策场所进行游说。鲍姆加特纳和琼斯（2011）在《美国政治中议程与不稳定性》一书中，就专门讨论了"国会——争夺管辖权的战场"和"作为政策议定场所制度的联邦制度"，并以具体案例为基础阐述了政策场所中的议题之争。对于作为政策场所的政治制度而言，他们通常会对政策行动增加制度成本（institutional costs）和制度摩擦力（institution friction），给政策变迁增加难度（Baumgartner & Jones，2005a）。对于政治制度对政策行动带来的成本，琼斯等（Jones, Sulkin & Larsen, 2003：152）指出："政治制度会对政策行动施加成本，这一成本与政策提议在法律制定过程中的顺序直接成比例。与获得对某一序列中政策行动的关注相比，对政策议题进行讨论更容易一些。与让一个议案去进行投票相比，对一个议案进行听证更容易一些。与让一个议案成为法律相比，议案获得国会中某一个议院通过更容易一些。"对于制度摩擦力的测量，卡拉·弗林克（Flink，2017：105）指出它主要是对决定政策变化的权力或障碍集中度的描述，具体测量指标主要包括"官僚化（bureaucratization）、政策循环中阶段、政治系统、执行主导、单一政党政府、两院制、政府的政党控制、执政党的派系距离等"。这说明，要实现政策变迁，就需要打破政治制度对于政策行动的限制，让政策议题进入议程并实现变革。

政策图景构成了政策行动的"观念结构"，它为政策存在提供了合法性基础，也是对政策存在的理由进行一种观念层面的辩护。对于政策图景，鲍姆加特纳和琼斯给出了一个简单定义，即"一个政策是如何被理解和讨论的"（Baumgartner & Jones, 2009: 25）。政策图景是经验信息（empirical information）和情感呼吁（emotive appeals）的融合，它是基于事实的价值判断。因此，每一个政策图景至少包含两个构成要素：经验性的信息和评价性的呼吁。经验性内容构成了政策图景的基本事实，它涉及政策的描述性内容，评估性内容则构成了政策图景的语调（tones），它是以简单的和符号性词汇来进行概括，涉及政策的规范性内容。由于不同群体和人员会关注公共政策的不同事实维度，并且会对不同事实维度给出不同评价，这使得不同群体对于同一公共政策会有不同的政策图景。即便人们关注公共政策的同样事实维度，也可能会给出完全不同的评价。这意味着，同样一个公共政策可能会存在多个维度的政策图景，政策的赞成者会关注其中一个维度的政策图景，而政策的反对者则关注另外一个维度的政策图景，这些不同政策图景之间存在竞争关系。因此，政策垄断的建立与维护，总是与支持性的政策图景联系在一起，并且这些支持性的政策图景常常也是正面政策图景。一旦政策图景从正面形象向负面形象转变，这使得政策的反对者可能有机会利用负面政策图景对现有政策进行攻击，从而促进议程建立和政策变迁。鲍姆加特纳和琼斯（Baumgartner & Jones, 2009）就曾经民用核电政策图景的变化进行了分析，民用核电从经济进步的政策图景向危险和环境破坏的政策图景转化，这直接导致了美国民用核电政策的变迁。鲍姆加特纳等（Baumgartner et al., 2008）在《死刑的下降和无辜者的发现》一书中，就讨论了美国人关于死刑政策的政策图景变化，这一变化主要是通过"发现无辜者"（the discovery of innocence）导致了公众意见的历史性转变，以及这一转变随之带来了整个国家司法机构对于死刑的减少使用。对于政策图景的形成，通常也称之为框架效应（framing）。罗兹和鲍姆加特纳（Rose & Baumgartner, 2013）就讨论了贫穷的框架建构过程，这使得对于穷人从一种积极和乐观的正面政策图景向一种消极的负面政策图景转变，这些转变使得贫穷的归因转变，也使得美国政府在穷人方面的支出减少。

### 3. 信息处理途径和随机过程模型

从图 3-2 可以看出，间断—均衡理论不仅要论证政策过程中存在稳定与变迁这一模式，还需要寻找导致稳定与变迁的因果机制，打开政策过程中的"决策黑箱"。正是对"决策黑箱"的关注，研究者对间断—均衡理论后期非常关注政策行动者在"政策场所"和"政策图景"之间的互动过程，对"结构—行动"框架中"行动"与"过程"非常重视，政策过程的发生机制成为一个重要研究问题。信息处理途径是间断—均衡理论关注决策过程的主要视角，它认为决策过程是一个信息处理的过程，信息在决策过程中发挥着关键而重要的作用。琼斯等（Workman, Jones, & Jochim, 2009）甚至认为间断—均衡理论只是一般性政府信息处理理论的一个特例和表现形式，提出了政策变迁的信息处理理论（an information processing theory of policy dynamics）。信息的优先性（prioritization of information）和信息供给（supply of information）是政府信息处理理论的两个核心构成要素，前者涉及对信息的注意力分配，后者涉及信息来源。这两者存在紧密联系，信息供给会涉及信息的优先性问题，对于信息的优先性问题的考虑来源于信息供给，都在政策过程中发挥重要作用，他们会对议程设定、问题界定和政策变迁产生影响。传统政策过程理论对于信息流动没有给予足够重视，并不认为决策系统会对信息进行反应，或者仅仅假设决策系统会对信息进行成比例反应。正是在挑战传统信息处理模型的基础之上，间断—均衡理论提出了不成比例信息处理模型，这也构成其核心假设，它认为个人或组织在收集、整理、解释和优化来自环境的信号时，并不是成比例对所有信息同等关注，它要么过度关注一些信息，要么过度忽略一些信息。以不成比例信息处理模型为基础，间断—均衡理论发展了政策过程的随机模型，来对"决策黑箱"进行解剖。

通过区分"系统与环境"，间断—均衡理论尤其重视系统内部结构在政策过程中的作用，认为信息输入（input）、系统内部动态逻辑（internal dynamics）和政策产出（output）三者互动成为理解"决策黑箱"的关键变量。对此，鲍姆加特纳和琼斯有清晰的阐述，他们指出："政策变迁的信息处理途径强调政策制定过程中内部因素和来自政治与经济环境中外部事件的互动。渐进主义模型的错误在于它忽略了外部事件对组织过程的反射，这些组织过程是政策选择赖以存在的基础。那些关注外部力量对政策变迁影响的研究则忽略了内部动态机制在应对外部事件反应中作用。"（Baumgartner & Jones，2005a：127）。正是从这个意义上看，间断—均衡理论受到了西蒙的人工科学的影响，将系统的内部环境、系统的外部环境、系统的目标和功能等有机联系在一起，讨论这些不同构成要素之间的互动及其结果。从人工科学的角度看，作为界面的政策过程同时受到政策过程的内部运行动态机制和外部环境的影响，政策产出是内外因素相互作用的结果。对于间断—均衡理论而言，它的一个重要理论贡献就是从信息处理途径对政策制定的内部动态过程进行深入分析，并以此为基础解释政策过程中稳定与变迁的因果机制，认为不成比例信息处理会导致注意力分配存在偏差，这会推动议程设置的动态演化，进而对政策选择产生影响。

为了论证不同信息处理模型所导致的政策选择结果，尤其是对不同理论假设进行检验，间断—均衡理论首先需要对政策变迁这一结果变量进行测量。在对政策变迁进行测量时，间断—均衡理论主要是从时间序列（time series）或者变迁分布（change distribution）来描述变迁模式（patterns of change）。时间序列简单跟踪某一感兴趣的变量随着时间变化图，如国防支出的时间序列图。变迁分布则是将一个时间到另一个时间变化（period-to-period）找出来，将其放在一个变化比率和频次的分布图中。这样，就可以从直观上观察，有哪些大的变化？有哪些小的变化？哪些是处于稳定，哪些是处于变迁？对于政策变迁分布，可以直接计算结果之间的差异，也可以计算比率差异。以政府预算为例，直接计算结果差异意味着本年度与上一年度之间在预算方面的差值，而计算比率差异则是本年度与上一年度之间差值占上一年度预算的比率，正值代表增长率，负值代表减少率。

从信息处理途径来理解政策过程，解开"决策黑箱"，就需要将政策结果变迁与决策过程联系起来，间断—均衡理论提出了三种有竞争力的理论模型来描述决策过程与政策变迁结果之间的类在联系。第一种理论模型是传统的渐进主义模型，决策者通过对现有政策的渐进调整来实施政策变迁，最具有代表的应用领域是预算分配，该模型主张决策在面临复杂性和不确定性环境之下，基于有限理性，按照标准操作程序（standard operational procedure，SOP）进行决策，这些决策规则也是渐进的。对于这种模型之下的政策变迁模式，鲍姆加特纳和琼斯（Baumgartner & Jones，2005a：123）指出："理解的关键点是渐进过程将会不可避免地导致结果变迁呈现正态分布。同样，反过来：任何政策变迁的正态分布必须是由渐进过程所产生。"第二种理论模型是作为渐进模型的更新版的成比例信息处理模型（proportionate information-processing as updating in the incremental Model），与渐进模型忽略环境不一样，它强调系统通过针对环境信号进行成比例反应，即信息处理与问题严重程度成正比。一旦决策者能够根据经济和社会环境变化对现状进行更新，渐进模型和成比例信息处理模型两者之间没有显著性差异。于是，鲍姆加特纳和琼斯（Baumgartner & Jones，2005a：132）得出了如下推论："通过对来自环境信号成比例应对来对渐进决策进行更新，这最终会导致政策变迁呈现正态分布。"第三种理论模型是鲍姆加特纳和琼斯提出的不成比例信息处理模型，他们认为人们在面对信号时会过度警觉（alarmed discovery）或过度恐慌（panic），这使得政策变迁结果分布不会呈现正态分布。对此，鲍姆加特纳和琼斯（Baumgartner & Jones，2005a：135）指出："它们会呈现尖峰态分布。政策选择中的尖峰态分布是选择过程中不成比例的主要指标。"最后一个理论模型所描述的政策过程，又被称为随机过程，该过程重视随机性和不确定性发挥的重要作用，并且从系统层面讨论政策变迁结果的分布。

对于随机过程模型而言，它非常重视三种自我强化过程（self-reinforcing processes），即瀑布效应（cascades）、筛效应（sieves）和摩擦效应（friction）。瀑布过程是指一种正反馈发挥主导作用的过程，它强调每一个变化会产生更大变化。筛过程是指决策者对决策过程实施更为严格限制的过程，增加限制会排除一些限制的可能性，而一旦调整发生，就会产生离现状更大的变迁。摩擦过程是指制度阻碍变迁，但是一旦这些阻碍被克服，就会产生较大"跳跃"式改变。所有这三个过程，最终都会产生尖峰态分布。随机过程是复杂性的表现形式，复杂性意味着系统中不同要素之间存在较大相互依赖性，复杂性结果不会以正态分布方式展现，而是一个厚尾性分布（fat-tailed distribution），这主要是因为事件之间不是相互独立的，而是具有较强的相互依赖性。这三个过程构成了随机过程处理复杂性的三种机制，这三种机制可能同时出现，也可能不同时出现，但是它们可以解释复杂性情景之下的政策变迁。

于是，间断—均衡理论提出了其核心观点，认为政策过程遵循不成比例信息处理模型，用随机过程来描述政策变迁的结果，政策变迁成果呈现尖峰态分布。为了在理论模型和结果之间建立更为清晰的联系，间断—均衡理论将上一部分讨论的政治制度和政策图景纳入分析范畴，并从不成比例信息处理模型和政治制度对注意力分配的影响，为政策稳定与变迁给出了一个认知和制度的双重影响的解释模型。通过引入制度因素，间断—均衡理论可以实现制度理论与政策过程理论的有机结合，进一步提升对政策选择的解释力。在鲍姆加特纳和琼斯（Baumgartner & Jones, 2005a: 151）看来，认知因素本身就会导致不成比例信息处理，他们认为："即便没有制度安排的摩擦力，政策也会不成比例产生。将制度因素加入，这一不成比例会被放大。我们所使用的随机途径的优势就在于即便我们不知道在某一特定情景之下不成比例的这两种来源是如何混合的，仍然能够从理论上对两种来源进行审视。"对于间断—均衡理论，鲍姆加特纳和琼斯（Baumgartner & Jones, 2005a: 137）认为存在两种政体（two regimes），即"我们的注意力改变模型（attention-shifting model）在注意力发生改变时期和针对某一个固定议题进行程序化关注时期存在不同操作模式"。为此，他们提出了一个不成比例信息处理模式和正式政治制度结构对决策结果分布影响的一般模型，并且进一步分别从"认知结构"（cognitive architectures）和"制度成本"（institutional costs）的角度对这一一般模型进行了定量分析。鲍姆加特纳和琼斯（Baumgartner & Jones, 2005a: 151）指出："为了对变化的环境进行反应，决策系统在制定决策时需要承担四种成本：决策成本（decision costs）、交易成本（transaction costs）、信息成本（information costs）和认知成本（cognitive costs）。"决策成本是达成协议而产生的成本，交易成本是协议达成之后执行协议的成本，信息成本是获取与决策有关的信息而导致的搜寻成本，认知成本是由于人类信息处理有限性而导致的成本。在这些成本中，信息成本和认知成本是所有决策系统都需要面临的问题，而决策成本和交易成本受到决策规则和程序的影响，它们又被称为"制度成本"。制度成本类似于物理学中的"摩擦力"，它会使政策过程产生稳定与变迁。

## 4. 多样性的研究方法

在论证作为随机过程的政策过程和这一过程所产生的稳定与变迁结果时，间断—均衡理论使用了案例（case studies）、定量（quantitative methods)、仿真（simulations）和类比（analogy）等多种研究方法，这也是政策过程研究中少有的方法论创新（见表3-2）。研究方法是研究结论的合理性和有效性的重要保障，研究的科学性主要是通过方法的科学性来得以体现。间断—均衡理论通过将政策选择区分为"过程和结果"两个部分，分别对政策选择的过程和结果进行深入研究，让我们更好地理解政策选择的间断—均衡模式，以及这一模式产生的原因。与其他政策过程理论相比，间断—均衡理论在研究方法中有较多创新。除了使用较为常用的案例研究方法，间断—均衡理论在应用定量方法和仿真等前沿方法方面有较多创新。

案例研究既是间断—均衡理论早期论证其研究结论的一个重要方法，也是其一直非常重视的研究方法之一。早在1991年，鲍姆加特纳和琼斯（Baumgartner & Jones，1991）发表《议程、变迁与政策子系统》的论文时，他们就以美国民用核电为例，讨论民用核电的"政策图景"在美国的变迁过程，以及这一变迁对政策变迁的影响。而他们最有影响力的著作《美国政治中议程与不稳定性》也基本上是以案例研究为主，讨论了吸烟、城市事务和汽车安全等事项的演变过程。此后，鲍姆加特纳（Baumgartner, Boef & Boydstun, 2008; Rose & Baumgartner, 2013）非常重视政策图景的作用，并以美国的死刑政策和贫困政策为例，讨论了美国人对这两个问题的"政策图景"变迁过程，以及这一变迁过程的政策意蕴。在从事案例研究时，鲍姆加特纳和琼斯也非常重视使用定量分析来进行案例研究，他们开发了政策议程项目数据库，对美国27个领域的政策议题进行长时间的跟踪研究，这为纵向历时研究和横向比较研究奠定了基础。

表 3-2　　　　　　　　间断—均衡理论的多样性研究方法

| 研究方法 \ 研究问题 | 过　程<br>（信息处理、不成比例信息处理和随机过程） | 结　果<br>（稳定与变迁，间断—均衡模式） |
| --- | --- | --- |
| 案例研究 | 议程动态变迁（Baumgartner & Jones, 1993/2009） | 美国民用核电（Baumgartner & Jones, 1991），死刑政策（Baumgartner, Boef & Boydstun, 2008） |
| 定量研究 | 注意力分配（Baumgartner & Jones, 2005a） | 预算变迁的结果分布（Jones, Baumgartner & True, 1998），美国政治制度的间断研究（Jones, Baumgartner & Talbert, 1993; Jones, Sulkin & Larsen, 2003） |

续表

| 研究方法 \ 研究问题 | 过程<br>（信息处理、不成比例信息处理和随机过程） | 结果<br>（稳定与变迁，间断—均衡模式） |
|---|---|---|
| 仿真研究 | 不成比例信息处理的仿真制度摩擦力的动态仿真（Baumgartner & Jones, 2005a） | 尖峰态分布的仿真（Baumgartner & Jones, 2005a） |
| 类比研究 | 生物学演化过程（Eldredge & Gould, 1972）地震（earthquakes）和沙堆（sandpiles）的形成过程 | 生物学演化结果（Eldredge & Gould, 1972）地震和沙堆 |

定量研究是间断—均衡理论采用的另外一种重要方法，它主要应用于对美国预算问题和美国政治制度的研究，强调预算领域和政治制度中呈现间断—均衡的特征。其中，对于美国国会预算变迁的研究，研究者们开创一种基于间断—均衡理论的新预算理论（Jones, Baumgartner & True, 1998; Breunig & Jones, 2010）。鲍姆加特纳和琼斯（Baumgartner & Jones, 2005a：92）认为预算理论之所以没有生产出来主要是因为它不能够产生，其主要理由是："预算过程是整个政策过程的一部分，没有一个政策过程理论就不可能产生一个真正的预算理论。"通过引入年度预算变化比率的概念，鲍姆加特纳、琼斯和楚尔（Baumgartner, Jones & True, 1998; Baumgartner & Jones, 2005a）分别从宏观和领域的角度讨论了美国预算年度变化的中位数和平均数，他们发现在宏观层面存在政策间断（macro-punctuations），而在各个领域也存在间断现象，当把所有领域的预算变化比率放在同一个表格时，就会呈现尖峰分布的状态。此外，美国政治制度也存在间断—均衡现象，也符合尖峰分布状态（Jones, Sulkin & Larsen, 2003）。

仿真是间断—均衡理论尝试使用的最前沿研究方法之一，它主要是利用人工智能通过仿真的途径来对政策过程和结果进行模拟。琼斯和鲍姆加特纳（Baumgartner & Jones, 2005a）分别对成比例信息处理模型、不成比例信息处理模型、一般成本结构模型和制度摩擦力的动态变迁过程等进行了仿真，从而再现了基于间断—均衡理论的政策选择模型，证明了认知结构和制度成本是不成比例信息处理模型和随机过程的原因，他们的综合影响会导致政策变迁结果呈现尖峰分布状态，不同于正态分布状态。琼斯和鲍姆加特纳（Baumgartner & Jones, 2005b：333-335）对成比例信息处理模型和不成比例信息处理模型进行了一个简单的仿真，他们构造了五个变量的 10000 个随机数字样本，然后对这五个变量进行不同程度的转换，随后对这五个变量进行加总处理，并且讨论这五个变量总和之后形成的一个变量的频数分布情况。根据成比例信息处理模型，在加总这五个变量时，赋予同样权重。根据不成比例信息处理模型，在加总这五个变量时，对于一个变量赋予 0.8 的权重，对其他四个变量分别赋予 0.05 权重。这样通过仿真，可以分别获得图 3-5 和图 3-6 的分布图，图 3-5 符合正态分布的特征，图 3-6 符合尖峰分布的特征，这论证了不成比例信息处理模型的假设。通过加入制度摩擦力因素，这会进一步放大不成比例信息处理的力度，从图 3-7 可以看出，加入制度摩擦力之后，尖峰分布特征更加显著，K 值（Kurtosis，峰值）分别达到了 36.3 和 977.74，而正态分布的标准值为 2.998，很显然尖峰分布态势更明显。

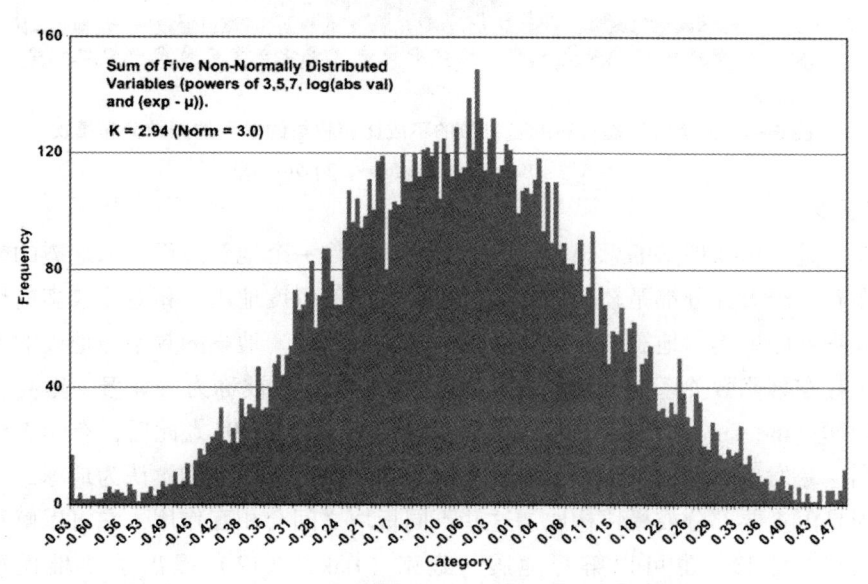

**图 3-5 五个非正态分布的随机数成比例权重的总和的频数分布情况**

资料来源：Baumgartner & Jones，2005b：333。

类比是间断—均衡理论经常使用的又一种重要研究方法，通过将生物科学和地理科学的发现应用于政策过程，让政策过程中政策变迁模式更易于理解。类比意味着将一个领域的知识移植到另一个领域，其前提是这两个领域具有较强的相似性。在对间断—均衡理论的理论基础的讨论中，就指出过间断—均衡理论中"间断—均衡"一词是对生物演化学的借鉴（Eldredge & Gould，1972）。间断—均衡理论还借鉴了自然科学的思想，

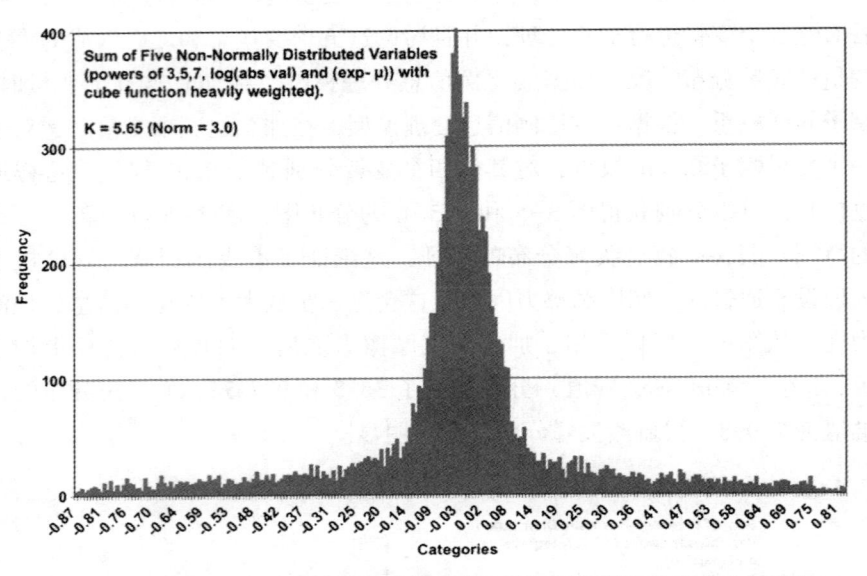

图 3-6　五个非正态分布的随机数的不成比例权重的总和的频数分布情况

资料来源：Baumgartner & Jones，2005b：335。

尤其是地球物理学的思想，将间断—均衡看作一个地震过程。从地震的分布看，绝大部分都是较小的地震，很少的中等程度地震，相对比较多的较大程度的地震，地震的分布状态也呈现尖峰分布。地震的频率与地震的大小存在幂函数关系（power function），这一发现又被称为古登堡—里克特定律（the Gutenberg-Richter Law）（Jones et al., 2009）。此后，有学者根据这一发现，给出了解释，形成了板块结构法。板块结构学认为地球的外壳是由主要部分或板块构成，这些不同板块之间会相互作用，它可以解释地球的漂移，也可以解释地震。鲍克（Bak, 2013）提出了沙堆模型（sandpile model），该模型强调如果我们有一堆沙在平直表面，对沙堆持续沙滴，一次一粒，持续观察沙堆对沙滴的反应，沙堆并不会对每一粒沙进行反应，但是山崩仍然会发生。沙堆模型也符合间断—均衡原理，一粒沙并不能够改变什么，持续的沙滴最终会导致系统破坏发生雪崩现象。

### 5. 正反馈和负反馈机制

正反馈机制和负反馈机制是间断—均衡理论的重要组成部分之一，它们分别对应政策选择的稳定与变迁，起到对稳定与变迁的强化作用，也是

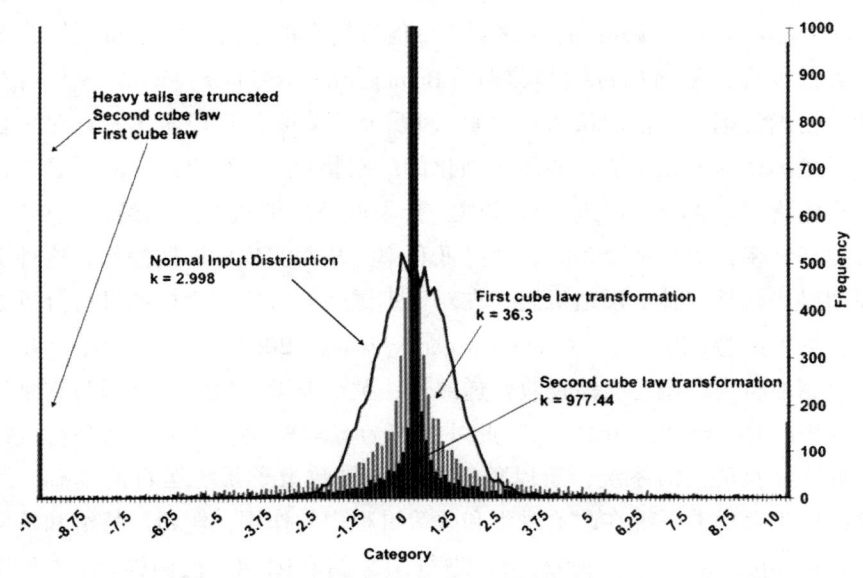

图 3-7　经过两次三次方转换后的正态信息分布输入的值的分布状态

资料来源：Baumgartner & Jones，2005b：343。

解释稳定与变迁的重要机制。鲍姆加特纳和琼斯（Baumgartner & Jones，2002）在编辑《政策动态》（*Policy Dynamics*）一书时，就在第一章中专门阐述了正反馈机制和负反馈机制在政治科学和政策过程中的角色和作用，他们将反馈机制与很多理论模型联系在一起，并且讨论了不同理论模型背后所包含的反馈机制。对此，他们指出："总体而言，政治系统共享负反馈和正反馈过程的一些共同特点，尽管这两个过程不同可能同时对同一议题发挥作用。"（Baumgartner & Jones，2002：7）这意味着，政策过程同时包含着稳定与变迁的双重特点：一方面政策过程有时候抵制变迁，遵循标准操作程序，按照共识原则，很少引起公共注意，将政策制定过程局限于政策子系统；另一方面政策过程有时候会快速变化，新问题进入议程，政府采取新的政策，公众也会对这一议题给予足够关注，政策制定过程从政策子系统进入宏观政治领域。从图 3-2 可以看出，正反馈机制和负反馈机制将政策过程划分为两个子系统，负反馈机制与政策稳定联系在一起，它是政策稳定的形成机制，正反馈机制与政策变迁联系在一起，它是政策变迁的形成机制，不同机制与不同政策结果之间具有相互强化的作用。

负反馈系统包含着自我平衡系统（homeostatic）或自我纠正机制（self-correcting mechanism），它是一种促进均衡的系统。对于负反馈系统的关键内容，鲍姆加特纳和琼斯（Baumgartner & Jones, 2002: 9）有过十分精确的阐述，他们认为："负反馈系统的关键要素很简单，它对来自于环境的任何变化采取抵消而非强化的应对措施。"例如，任何国家央行在实施货币政策对经济进行调控时，会采取负反馈机制，当经济过热时，会提高利率；当经济萧条时，会降低利率，从而实现反周期操作，这种反周期操作就是一种负反馈机制。在对很多国会和官僚行为模型进行分析之后，鲍姆加特纳和琼斯（Baumgartner & Jones, 2002: 12）指出："几乎所有制度行为模型总会涉及收益递减这一关键要素，这主要是因为它是均衡分析的必要组成部分之一。"此外，因为有限理性、渐进主义和行政行为都会涉及负反馈系统，所以负反馈系统是政策子系统运行的基础。因此，对于负反馈系统在政治过程和政策过程中的作用，鲍姆加特纳和琼斯（Baumgartner & Jones, 2002: 6）进行了总结和归纳，他们强调："负反馈系统作为一种机制，它可以发挥如下作用：诱发公共政策的稳定与渐进主义模式；它们是大部分官僚行为模型、政策子系统运行、利益集团多元主义概念、民主僵局模型和其他政策过程突出观点的基础。"一旦政策反馈系统和政治制度、政策图景有机结合，这会使一项公共政策能够持续几十年维持不变。杰夫·沃沙玛和豪恩·斯托尔（Worsham & Stores, 2012）就讨论了美国农业政策子系统如何通过负反馈系统来抵制政策变迁，不让民众维度影响农业政策的制定过程。

正反馈系统包含着自我增加机制，它是强化而非抵消一种趋势。与负反馈过程相比，正反馈过程是变化无常的、易变的和不稳定的状态。马太效应（matthew effect）是正反馈机制的典型案例，"凡有的，还要加给他，叫他多余"，"没有的，连他所有的也要夺走，关进监牢里"，它强调好的愈好、坏的愈坏，多的愈多、少的愈少的一种现象。很显然，这是一种正反馈机制。正反馈系统在经济和金融领域表现突出，它也是泡沫和萧条的作用机制。对此，鲍姆加特纳和琼斯（Baumgartner & Jones, 2002: 18）指出："大量的工作标准，包括铁路轨距、电气插头和其他熟悉项目，都展示了一些共同特征：在技术领域比作出正确决策更重要的是：一个人只想做出其他人也做出类似的选择，这样方便物品能够被更容易地分享。"抵消趋势是负反馈，与趋势同行甚至强化趋势则是正反馈。在政治过程中，有两种机制可以促进正反馈的形成。一种是模仿机制（mimicking models），一个人会观察其他人行动，并且根据其他人行动来采取自己的行动。这意味着，一旦达到某种临界（critical mass）和阈效应（threshold effect），某种行为就会出现自我强化从而成为一种流行或趋势。另一种是序列信息处理（serial information processors），当人们从一种注意力转向另一种注意力时，他们会迅速改变自身的行为。这意味着，一旦人们开始关注某一议题，或者同一议题的不同维度，这个时候会出现自我强调现象，从而导致更多人关注，推动政策变迁。

### 6. 一般间断假设

鲍姆加特纳和琼斯对于间断—均衡理论的一个重要发展是从间断—均衡假设发展到一般间断假设（general punctuation hypothesis），将间断—均衡理论扩展到对整个政治过程的分析，而不是局限于政策子系统的分析，这也使得间断—均衡理论成为重要的政治理论之一。尽管如此，一般间断假设与间断—均衡假设共享基本分析逻辑和框架，将认知模型和制度规则作为解释间断—均衡的主要变量，从注意力分配的视角出发，关注他们对整个政策过程和政治过程的影响，并且通过对适应范围进行扩大，以增加理论的外部有效性（external validity）。

在《注意力政治学：政府是如何对问题优先性排序的?》一书中，琼斯和鲍姆加特纳（Baumgartner & Jones，2005a: 19-20）提出了他们所倡导的一般间断假设的三个基本命题，即人类决策的间断性、正式规则导致的间断性以及决策和正式规则相互作用导致间断性的程度存在不同差异。对于这三个基本命题的具体内容，他们指出："整本书中我们将详细阐述三个基本论断。第一，涉及人类决策的所有分布都会展现稳定和间断的模式。第二，治理政策制定过程的正式规则的运行也会导致间断，这些正式规则是美国民主所具有的制约和均衡特征。第三，决策的认知属性和正式规则与程序的互动会使我们能够对间断的严重性进行排序，从最少的间断性（正式规则不是限制性的，否决群体没有被赋予权力）到最多的间断性（正式程序会放大间断性）。"

很显然，琼斯和鲍姆加特纳所讨论的这三个基本命题都包含着因果关系，它们分别阐述了间断—均衡的表现及其原因。从图3-2的间断—均衡理论的框架结构看，这三个基本命题分别讨论了认知、制度和两者之间相互关系对间断—均衡的影响。如果将前面对不成比例信息处理模型、随机过程、政治制度等变量的考虑，将结果呈现的间断—均衡与导致这一结果的原因区分，将认知层面与制度层面进行区分，就可以将上面三个命题形成六个基本命题，这些命题构成了一般间断假设的主要内容（见表3-3）。

表 3-3　　　　　　　　　　一般间断假设的基本命题

|  | 结　　果 | 过　　程 |
| --- | --- | --- |
| 认知 | H1：人类决策分布命题 | H2：不成比例信息处理命题 |
| 制度 | H3：制度产出分布命题 | H4：随机过程模型 |
| 认知/制度交互影响 | H5：间断差异性分布命题 | H6：制度差异性命题 |

H1（人类决策分布命题）：人类决策的结果分布（Distribution）会呈现间断—均衡模式，并且会以尖峰分布形式展现。

间断—均衡理论尝试将其理论建立在坚实的微观基础之上，这使它对人类的认知和决策模式很感兴趣。因此，对人类决策结果分布的考察构成了间断—均衡理论首先需要面对的问题，即人类决策结果是否符合间断—均衡模式？目前，对于该问题的研究，他们通过仿真研究方法，以及借鉴认知科学的最新成果，发现人类在进行决策时，决策结果确实呈现间断—均衡模式，并会以尖峰分布状态显现，并不符合正态分布状态。

H2（不成比例信息处理命题）：由于人类在信息处理过程中会采取不成比例信息处理模型，这使人类决策结果和产出以间断—均衡模式展现，并呈现尖峰分布状态。

命题2是对命题1的解释，它是对导致结果的因果机制的总结，并给出一个人类信息处理模型。有限理性构成了人类决策呈现间断—均衡模式的理论基础，而不成比例信息处理模式正是基于有限理性发展的解释模型。由于人类在决策时会呈现不成比例信息处理特征，这会使他们忽略大部分信息，只关注少量信息，对于大部分信息的忽略会使大部分决策采取遵循惯例、习惯和程序进行，只有少数被格外关注的信息才可能使人们重新建构问题及其属性，并发展出新的解决方法。

H3（制度产出分布命题）：处理复杂问题的人类决策机构（制度）的产出变化分布会呈现正向尖峰（Positive Kurtosis）分布状态。

这个命题是间断—均衡理论最早试图提出的命题，并且主要是应用于政策制定过程（policy making Process），认为政策变迁结果呈现间断—均衡模式。早在 1993 年，鲍姆加特纳和琼斯（Baumgartner & Jones, 1993）发表《美国政治中的议程与不稳定性》时，他们就用民用核电、杀虫剂等一系列案例证明政策制定过程中存在稳定与间断，并从政策子系统和宏观政治的角度给出了解释。而对于决策机构的产出呈现尖峰分布状态的最好证明则是对美国预算过程的考察，鲍姆加特纳和琼斯通过对所有年份和所有领域预算变化比例分布图的总结，将预算结果分布图与正态分布假设和尖峰分布假设进行对照，最后得出预算变化符合尖峰分布的特征（Jones, Baumgartner & True, 1998; Breunig & Jones, 2010）。随后，他们将这一结论扩展到更广泛的范围，认为市场、选举、官僚机构、国会、法律制定、媒体报道、听证等都会呈现间断—均衡模式（Baumgartner & Jones, 2005b）。

H4（随机过程模型）：由于制度成本的摩擦力作用，政策制定过程和政治过程会展现随机过程的特点，这种随机过程是间断—均衡理论的基础。

除了对个人层面决策模型的关注，间断—均衡理论的一个重要突破是用复杂性理论和随机过程来描述组织层面和系统层面的决策过程。对此，他们从注意力分配转向了议程设定、问题界定、方案提出和政策选择等问题的关注，认为决策机构也遵循认知层面的不成比例信息处理逻辑，这一逻辑在组织和系统层面会以随机过程的特点体现。在这些研究中，他们非常重视制度成本会以摩擦力的方式对决策过程产生影响，这使得很多决策因为决策成本和交易成本等因素根本不被讨论，很多原有的注意力不会改变。要改变组织的决策惯例，就需要克服制度成本，改变注意力分配，实现注意力转移（attention shift）。一旦制度成本得以克服，重大的政策变迁就会产生。

H5（间断差异性分布命题）：决策的认知属性和正式规则与程序的互动会使不同机构的间断性存在差异性，从最少的间断性到最多的间断性存在不同等级序列。

制度不仅存在间断性的特征，而且在间断性的程度方面存在差异性。有些制度所体现的间断性较为剧烈，体现为尖峰的 K 值比较大。有些制度所体现的间断性较为轻微，体现为尖峰的 K 值也比较小。为了论证机构存在间断性差异的假设，鲍姆加特纳和琼斯（Baumgartner & Jones, 2005a）通过将机构的分布划分为三类群体，即直接进行最后结果承诺

（output commitments）的机构（预算分布）、直接参与政策过程以及独立于政策过程的结构（输入分布），其中政策过程分布包括法令（statues）、行政命令（executive orders）、CQ故事、国会听证（House and Senate Hearings）和国会议案，输入分布包括《纽约时报》报道、国会选举、总统选举和道琼斯指数等，然后根据一系列原始数据分别计算各类机构的间断性K值（见表3-4）。从表3-4可以看出，机构之间在K值方面有显著的差异性。

表3-4　　　　　　　　　　　不同机构的尖峰K值分布

| 分布（Distribution） | 峰值（Kurtosis） | 标准差（SE） |
| --- | --- | --- |
| 预算系列 | | |
| 预算主管当局（Budget Authority） | 85.29 | 0.100 |
| 预算开支（Budget Outlays） | 59.55 | 0.342 |
| 政策过程系列 | | |
| 法令（Statues） | 23.81 | 0.159 |
| 行政命令（Executive Orders） | 9.75 | 0.151 |
| CQ故事 | 23.54 | 0.165 |
| 众议院听证（House Hearings） | 29.28 | 0.154 |
| 参议院听证（Senate Hearings） | 28.42 | 0.154 |
| 众议院法案（House Bills） | 29.09 | 0.0015 |
| 参议院法院（Senate Bills） | 15.97 | 0.024 |
| 政策输入系列 | | |
| 《纽约时报》故事 | 10.18 | 0.162 |
| 众议院选举 | 3.67 | 0.035 |
| 参议院选举 | 4.52 | 0.137 |
| 总统选举 | 5.85 | 0.00022 |
| 道琼斯指数 | 7.63 | 0.00087 |
| 平均值 | | |
| 预算（2） | 77.42 | |

续表

| 分布（Distribution） | 峰值（Kurtosis） | 标准差（SE） |
|---|---|---|
| 政策过程（7） | 22.84 | |
| 输入系列（5） | 6.37 | |

资料来源：Baumgartner & Jones，2005a：182。

H6（制度差异性命题）：制度施加更多的摩擦力，它的产出分布会呈现更大的尖峰分布状态。

基于命题 5 的间断性差异分布，一般性间断假设提出了命题 6，强调这种差异性是由于制度本身的差异性产生的。而导致这种制度差异性的最根本原因是每一类型制度的摩擦力不同，这使得行动者在克服不同制度时面临的阻力不同，不同的制度存在不同的约束力。约束力越强的制度，要实施变革越困难，而一旦能够实施变革则是较大变革。约束力较弱的制度，由于实施变革较为容易，这使得它能够随时针对环境输入进行应对，此时其变革也是缓慢和渐进进行的，不发生产生较大程度的间断性。很显然，在公众中讨论比进入议程更容易，进入议程比出台法案更容易，出台法案比预算分配资金更容易，这种剃度差异性就使不同类型制度在摩擦力和阻力方面存在差异，结果就造成了不同制度的间断性的差异。

命题 6 在琼斯等学者（Jones et al., 2009）对预算变化的国际比较中得到进一步证实，他们甚至提出了"公共预算的一般性经验法则"（a general empirical law of public budgets）的命题。通过对 6 个国家 9 个预算数据库的分析，他们得出所有西方民主国家的预算变化分布都符合一般间断假设，都遵循间断—均衡的逻辑。无论是国会制还是总统制度，无论是哪一层级政府，预算变化分布模式都遵循同样的逻辑。不同国家在间断性方面存在差异，其中预算增加和中央政府会有更多的间断性，这些差异可以通过不同国家的制度差异得以解释。

## 五 间断—均衡理论的案例研究

间断—均衡理论的案例研究主要涉及对预算变化、政策子系统和框架在政策过程中作用等问题的探讨，它们也构成了间断—均衡理论进行经验研究的主要内容。在早期进行间断—均衡理论的案例研究中，他们非常重视一些具体政策领域（如民用核电、杀虫剂等政策议题）的政策垄断形成、打破和新政策变迁生产进行过程描述。为此，本案例研究也将分别讨论间断—均衡理论的两个具体案例研究。对于间断—均衡理论的总体应用情况，将在下一部分中进行详细阐述。

卡拉·弗林克（Flink，2017）从公共行政的视角（a public administration approach）对预算变化进行研究，将公共政策和公共行政理论有机结合，试图重新反思间断—均衡理论，推进间断—均衡理论中"制度摩擦力"的研究，考察组织特征（organizational feature）作为一种"制度摩擦力"对政策变迁的影响。对于组织特征，弗林克（Flink，2017：107）指出："公共行政文献对间断—均衡理论有关预算变化的推理提供了一个新的维度，这一维度通过引入组织环境、不确定性、人事、客户和任务难度等作为政策系统中摩擦力的代理指标。"为此，弗林克研究了组织特征的两个方面内容对预算变化的影响，一个是作为政策反馈的组织绩效（policy feedback as organizational performance），另一个是作为内在组织变化的人事不稳定（endogenous organizational change as personnel instability）。政策反馈是指给定政策的成功或失败，它可以通过组织绩效来进行测量。内在组织变化是指组织中内在变化对于政策变化的启示。于是，从这两个组织特征出发，弗林克提出了政策反馈和内在组织变化的两个假设：

假设1：低绩效会使渐进预算变化的期望比例降低，从而增加中等和间断预算变化的期望比例。

假设2：高人事流动会使渐进预算变化的期望比例降低，从而增加中等和间断预算变化的期望比例。（Flink，2017：109-110）

随后，弗林克以德克萨斯学区为例，讨论不同学校的预算、绩效、人事和行政信息，证明了学校预算变化的模式及其解释逻辑。通过使用多项Logit模型（multinomial logit model），弗林克将学校预算变化这一结果变量划分为五种类型，即负间断、中等负变化、渐进变化、中等正变化和正间断，将标准测试通过率作为组织绩效指标，将教师流动率作为不稳定指标,控制了集中度、组织规模、组织增长和组织历史,收集了所有学校信息。通过对数据结果分析,作者针对政策反馈得出:组织绩效与所有类型的预算变化呈负相关,并且存在统计显著性。这表明,随着测试绩效在学区中水平提升,组织不可能实施非渐进的预算变化,组织更可能维持现状实施渐进预算变革。很显然,这些研究发现证实了假设1。针对教师流动性,作者发现:教师流动性与负面预算变化成正比,并且具有统计显著性,而对于正面预算变化则不具有统计显著性。这说明,假设2只是部分得到了证明。

马克斯·罗斯和弗兰克·鲍姆加特纳(Rose & Baumgartner, 2013)讨论了对穷人的框架建构及其对公共政策的影响,研究发现在控制经济增长和贫困深度(depth of poverty)之后,媒体对贫困问题报道的语调是政府有关贫困支出的一个重要预测指标。从1960年到2008年,媒体对贫困问题的讨论从关注贫困的结构性原因或拥有大量贫困人口的社会成本,转向将穷人看成欺骗者和骗子以及认为社会福利项目有害无益的讨论,实现了穷人框架建构的动态演进。20世纪60年代,在伟大社会运动和向贫困宣战中,美国穷人被看作缺乏教育和技能、身体不好、房子缺乏、期望水平低、精神受挫程度高的人,这种对穷人形象的正面建构使得政府的反应是积极的,加大了政府对贫困的开支,这使得政府对穷人很慷慨(generous)。从20世纪70年代开始,美国对穷人的讨论开始实行转向,认为穷人不应该受到政府如此慷慨的资助,很多福利项目导致了穷人堕落、懒散以及依赖,要结束我们所知道的福利(end welfare as we know it),这种对穷人形象的负面建构使得政府的反应是消极的,减少了政府对贫困的开支,这使得政府对穷人很吝啬(stingy)。

罗斯和鲍姆加特纳对《纽约时报》560多篇论文进行了分析,他们将这些报道有关贫困的争论划分为一些更大的主题,并且总结成五个不同的框架。框架代表了"政策图景",形成了人们对于穷人的理解。这些不同的框架包括:"(1)苦难和忽略,穷人构成了一个单独的社会,他们居住在城市的贫民窟和农村地区;(2)社会失序,穷人在街道中犯罪或从事暴力活动,这引起政策制定者关注他们不解决穷人需求可能面临的风险;(3)经济和物理障碍,穷人因为暂时的经济社会状态、残疾和老年而导致没有钱;(4)懒惰和功能不良,穷人不愿意工作,他们希望待在家里和拥有小孩;(5)欺骗,穷人利用福利系统来致富,并且获得他们不应该获得的利润。"(Rose & Baumgartner, 2013: 29) 对于穷人的"苦难和忽略"以及"经济和物理障碍"的框架建构会导致更多的涉及扩张性政府项目的替代性方案的考虑,这些框架建构也称为"慷慨框架"(generous frames)。而"懒惰和功能不良"以及"欺骗"的框架建构会导致更为严格的替代性方案的考虑,这些框架建构也被称为"吝啬框架"(stingy frames)。对于"社会失序"的框架建构则更复杂一些,一些学者在讨论暴力和抗议是增加还是缩小了福利国家。

通过建立"政府慷慨指数"(index of government generosity),以方便理解框架建构对政策的影响。"政府慷慨指数"是由"贫困差距"(poverty gap)与政府非医疗支出占政府支出的比例相除而生成,它描述了政府对于贫困支出的慷慨程度。根据美国统计年鉴数据计数,美国的"政府慷慨指数"从20世纪60年代的100左右上升到1978年267的峰值,随后逐步下降,到2008年为108,仅比20世纪60年代多8%。一旦将"净慷慨框架"(net generous frame)和"慷慨指数"两个数据放在一起,两者之间回归系数为0.305,可以解释82%比例的现象,这说明两者之间具有较强的相关性。

## 六  间断—均衡理论的应用、评价与展望

多源流理论、社会建构构架和倡导联盟框架等政策过程理论都有宏观评估的论文,通过内容分析对这些政策过程理论研究的进展情况进行系统回顾、评价与展望。目前,间断—均衡理论还缺乏宏观评估评论对这一研究领域的演进和进展,尤其是对其案例和经验研究进行系统回顾与展望。很显然,这限制了这一理论的累积性传播与发展。当然,与其学术重要性和影响力相比,这也显得很不正常。目前,间断—均衡理论亟须对其经验研究进行系统性评估,以回顾理论的应用情况,总结取得的成绩,分析存在的不足,展望下一步的研究进展。

间断—均衡理论经过20多年发展,大量研究显示了将间断—均衡作为政策变迁特征的稳健性,这一稳健性体现为间断—均衡理论在不同政策领域、政治制度和比较领域中的适用(Workman, Jones, & Jochim, 2009: 77)。根据鲍姆加特纳、琼斯和莫滕森(Baumgartner, Jones &

Mortensen，2014）的总结，从1991年到2014年，一共有303篇相关的发表。在这些论文中，有16篇综述论文，31篇纯理论论文，以及256篇经验研究论文。从发表的期刊来源看，大约有75种期刊发表了间断—均衡理论的论文，而且这些期刊包括了公共政策、公共行政和比较政治等主流期刊。这些论文中，间断—均衡理论的创立者鲍姆加特纳和琼斯发表的论文只占到10%左右，这说明间断—均衡理论得到广泛的接受。

间断—均衡理论在不同政策领域得到广泛应用（Baumgartner & Jones，2002）。间断—均衡理论应用最多和最成功的一个领域是预算，它主要取得了三个方面的重要成就：（1）发展了基于议程和注意力分配的预算模型；（2）提出了有关预算变化分布模式、形状及其原因的假设；（3）通过使用不同国家、不同部门、不同领域、不同层次的预算数据对假设进行了实证和经验检验（Jones，Baumgartner & True，1998）。环境领域是间断—均衡理论得到较多应用和检验的另一个领域，罗伯特·雷佩托（Repetto，2006）编辑出版了《间断—均衡与美国环境政策变迁》一书，将间断—均衡理论应用到水、渔业、森林、温室效应、土地、能源消耗等环境领域。此外，间断—均衡理论也被应用到死刑、教育、农业、贫困、通信、移民、医疗保障和国家安全等领域。

间断—均衡理论在不同政治制度中得到有效检验（Jones, Sulkin, & Larsen，2003）。这是间断—均衡理论迈向一般间断假设的重要一步，它强调从议程设置和注意力分配视角出发去讨论政治系统，认为政治制度中行动者的互动与反应也符合间断—均衡模型。间断—均衡理论在选举结果、政党议程、官僚机构、国会委员会、国会听证、国会立法等政治制度中都具有适用性，并且制度差异性会导致制度摩擦力的不同从而导致间断—均衡的峰度也不同。其中，越是处于政治系统中后端的政治制度，其间断—均衡模式也越明显。鲍姆加特纳等研究者（Baumgartner et al.，2009a）就专门撰写了《游说与政策变迁：谁赢，谁输，为什么》一书，讨论倡导组织对政策议题的影响，他们非常关注不同政治制度中议程设置和政策变迁的问题。

间断—均衡理论在比较领域中得到较大发展，并且正在试图发展成更为一般性的法则和定律（Baumgartner et al.，2009b）。这一研究随着比较政策议程数据库的建立而得以加强，从2006年开始，比较研究成为间断—均衡理论的又一重要特色。这些比较研究使得：一方面，间断—均衡理论被应用到美国以外的地方，这客观上有利于增加理论的外部效度；另一方面，对不同国家和不同政策领域的比较研究成为间断—均衡理论研究的一个新增长点（Green - Pedersen & Walgrave，2014）。琼斯等学者（Jones et al.，2009）基于美国、法国、德国、英国、比利时、丹麦、加拿大等国家的预算变化数据，提出了"公共预算的一般性经验法则"的设想，并试图对这一一般原理进行解释。

应该说，间断—均衡理论在很多方面都取得了较好的成绩。一方面，该理论观察到很多政策议题中存在较长时期的稳定和较短时期的重大间断，它发现了政策过程中存在"间断—均衡"模式，这是对"渐进主义"模式的一种替代性选择。为了论证政策过程中存在"间断—均衡"模式，间断—均衡理论的倡导者及其他研究者进行了案例研究、仿真研究、定量研究和比较研究，试图从实证角度证明"间断—均衡"模式的客观存在。戴维·普林德尔（Prindle，2012）认为间断—均衡理论提供了一种不同于教育目的隐喻（"pedagogical" metaphor）、理论建构隐喻（"theory constitutive" metaphor）、操作性科学概念隐喻（operationalized "scientific concept" metaphor）的第四种隐喻使用类型，即证据导向隐喻（"evidentiary" metaphor）。隐喻是指用一种事物来与另一种事物进行类比，间断—均衡理论就是用生物演化规律来类比政策变迁的规律。教育目的隐喻是帮助向外部人员解释理论，或者提供一个现象的可能解释，如用分层蛋糕来比喻联邦制。理论建构隐喻是指隐喻是科学理论不可或缺的组成部分之一，如反馈（Feedback）是信息处理理论的组成部分之一。可操作性科学概念隐喻将其他概念看作一个公认的科学概念，假设它能够被操作化，其实这一概念本身没有被操作化。证据导向隐喻是指它提供了一个寻找所需要数据的类型，以及如何对数据进行分析的启示。

另一方面，该理论在对结果变量的证明取得较大进展之后，开始尝试对政策结果进行解释，提出导致政策变迁的因果逻辑。正是这一研究，使得间断—均衡理论实现了"制度研究"与"决策研究"的有机结合，通过提出不成比例信息处理模型，讨论制度与微观模型的相互影响，解释间断—均衡模式的认知和制度基础。这些研究在理论模型、案例分析、定量研究和比较研究等领域，都扩展了政策过程理论研究的新进展，并提供了新的视角，具有较大的理论和方法创新。目前，间断—均衡理论的最新进展试图发展更为一般的基于信息处理的政策过程理论，以及基于行为的政策过程理论，这也使得政策过程理论迈向科学化走出了坚实的一步（Workman, Jones & Jochim, 2009; Baumgartner & Jones, 2005b; Jones, 2003; 2017）。

间断—均衡理论也面临着很多挑战与批评。由于间断—均衡理论一直处于演进和发展过程之中，这使得间断—均衡理论的研究者对于该理论的核心构成要素并没有形成共识，不同研究者关注其理论的不同层面。在早期的研究中，鲍姆加特纳和琼斯非常重视政策图景和政策场所之间的互动，而随着理论的进一步发展则重视从信息处理过程视角来研究政策过程，后期则呈现关注微观、关注中观和关注宏观的不同路径。鲍姆加特纳重视政策图景的作用，讨论框架对政策变迁的影响，琼斯则重视间断—均衡理论的微观基础，发展对行为理论的政策研究（Baumgartner et al., 2008; 2009; Jones, 2003; 2017）。此外，对于因果机制的探讨方面，间断—均衡理论存在一定的缺陷。戴维·普林德尔（Prindle, 2012: 36）对此有深刻的评论，他指出："鲍姆加特纳、琼斯及其合作者并没有一个关于他们发现的民主国家政策历史呈现模式如何产生的清晰解释机制。他们之所以没有提供这一解释，主要是因为他们没有能够在作为类比的非人格化、机械力量的过程与作为主体的个人选择之间建立联系。"很显然，对于因果机制的探讨，将是间断—均衡理论未来研究的重点之一。

总体而言，在过去20多年，间断—均衡理论像其他政策过程理论框架一样，激发了很多思想和研究，对政策过程进行了大胆的假设，对政策变迁提出了很多有洞见的命题，它也是非常有影响力的理论框架之一。对于间断—均衡理论的未来发展，一个最重要的挑战是发展一个统一的分析框架，它需要在框架的构成要素、要素之间的逻辑关系、发展的命题方面进行更为清晰的阐述。这些统一的框架可以为不同研究者之间的交流提供基础，也有利于间断—均衡理论的知识发展。在这一点上，间断—均衡理论需要向制度分析与发展框架（IAD）、倡导联盟框架（ACF）和社会建构框架（SC）等较为成熟的框架学习。正如上面所言，间断—均衡理论的两位创始者鲍姆加特纳和琼斯本身在间断—均衡理论的未来发展之路上存在分歧，琼斯更注重间断—均衡理论的微观基础，尤其是希望将其建立在行为理论基础之上，而鲍姆加特纳则像间断—均衡理论早期的设想一样，比较重视框架（Frame）和政策场所（Venue）在政策变迁中的作用。如何将这两个视角进行有机结合，并且与政策过程进行协调，仍然是间断—均衡理论未来发展需要重视的问题。间断—均衡理论更加重视"制度""微观模型"和"结果",对于打开政策变迁的"过程黑箱"还是重视不够。从目前的研究看,间断—均衡理论将决策过程设想为"随机过程模型",但是如何从经验和实证角度对这一"随机过程"进行观察,仍然是需要进行重点研究的内容。传统上,间断—均衡理论以"公众议程"和"决策议程"作为过程观察的切入点,以此讨论议程变迁对政策变迁的影响。对于两种议程采取了简单的线性类比,认为议程设置会经历从"公众议程"向"决策议程"的转移,因此,比较关注媒体报道和政策图景,并且假设媒体报道对于"决策议程"的影响。事实上,议程之间的复杂关系,还需要进行更为细致的经验研究,这仍然任重道远。

## 小 结

间断—均衡理论是从决策视角对政策过程进行研究的重要理论之一,它试图同时探究政策过程中的稳定与变迁,并且认为这两种现象可以纳入同一解释框架。应该说,间断—均衡理论起源于对渐进主义模型的不满,认为渐进逻辑并不能够完全描述政策变迁的现实,政策变迁同时存在较长时期的稳定和突然的巨大变化。鲍姆加特纳和琼斯借鉴生物演化中的"间断—均衡"来描述政策变迁过程,并且以"间断—均衡"理论来指称他们所倡导的政策过程理论。

对于"间断—均衡"理论而言,它首先是一个描述性理论,即观察到政策过程中同时存在较长时期的稳定与巨大的突变。这意味着,"间断—均衡"理论首先需要证明存在"间断—均衡"现象,这是解释的前提和基础。为此,"间断—均衡"理论开发了"政策议程项目"数据库,收集了从政策输入、政策过程和政策产出的一系列数据,以论证政策过程中存在"间断—均衡"现象。在这些研究中,预算变化的研究是最成功和最有影响力的研究,提出了基于间断—均衡的公共预算的一般性经验法则(Jones et al., 2009)。该项研究甚至对正统的预算理论进行了挑战,提出了基于间断—均衡模型的预算变化理论。在间断—均衡理论应用于预算变化的研究时,鲍姆加特纳和琼斯通过收集不同国家、不同层级、不同领域的预算变化数据,论证所有预算项目变化的平均值在长期的历史演变中会围绕均值0上下波动，其中大部分时期波动幅度不大，只有少数时期出现较大程度的波动。与此同时，他们还将所有预算变化比率放在同一个坐标系中，提出了预算变化的尖峰分布，不同于预算变化的正态分布，进一步论证了预算变化遵循间断—均衡逻辑而不是渐进逻辑。除了通过预算变化分布以定量方式论证间断—均衡现象，鲍姆加特纳和琼斯也通过使用案例研究来证明他们的发现，这也是他们早期的做法，也是他们的一个重要特色（Baumgartner & Jones，1993/2009）。

对于研究者而言，不仅要发现现象中存在描述性模式，还需要对这一模式给出解释。与间断—均衡理论中描述理论得到较多认可相比，解释性理论存在较大分歧。对于间断—均衡理论而言，他们对于间断—均衡现象的解释基本上围绕着认知和制度两条路径（Baumgartner & Jones，2005a）。对于认知的关注，使得间断—均衡理论非常重视有限理性理论，并且发展了他们独具特色的不成比例信息处理模型，信息在政策过程中的重要作用得到了突出强调。对于制度的关注，使间断—均衡理论系统阐述不同制度所包含的决策规则、程序和惯例作用，认为这些因素会形成"制度摩擦"，维持较长时期政策稳定，一旦这些摩擦得到克服，就会出现较大幅度的政策变迁。通过引入认知和制度变量，使间断—均衡理论正在向一般间断假设和基于信息处理的政策变迁模型迈进。为了论证认知和制度对于政策过程的影响，鲍姆加特纳和琼斯引入了仿真技术，通过仿真技术模拟认知和制度对于决策过程的影响，进而产生了间断—均衡现象。在这些研究中，鲍姆加特纳和琼斯先后提出了注意力政治学和信息政治学（Baumgartner & Jones，2005a；Baumgartner & Jones，2015）。尽管如此，对于导致间断—均衡现象的因果机制，仍然是该理论争论较多的内容之一，也是未来需要继续探索的领域，更是知识的可能增长点。

# 第四章

# 制度分析与发展框架

制度正成为社会科学研究的中心和焦点,围绕制度研究形成的新制度主义也逐渐成为一种时髦理论。一般认为,新制度主义主要由理性选择制度主义、历史制度主义和社会学制度主义三大流派组成,这些理论可以对政治、经济、社会和文化等不同场域的问题进行解释(斯科特,2010)。不过,在每一种理论流派内部,以及每一个研究领域内部,也都会形成不同的子流派和子流域。以这三大流派中最有影响力的理性选择制度主义为例,理性选择制度主义又可以根据研究视角和思路划分为不同派别,其中有影响力的研究路径包括博弈论(青木昌彦,2001;肖特,2003)、制度经济学(埃格特森,2004)、演化论(Herrmann-Pillath,2013)、宪法经济学(Buchanan,1991)、分析性叙事(诺思等,2013)等。与此同时,理性选择制度主义也广泛应用于政治学、经济学、社会学等领域,对不同研究领域采取同样的解释逻辑。

制度也是公共政策研究的一种重要途径,其重要性正在被越来越多公共政策研究者所认识(John,2012;Cairney,2012;Peters & Zittoun,2016)。一些学者也开始尝试在制度与公共政策研究之间建立联系,试图理解公共政策的制度逻辑(Peters,2016;Araral & Amri,2016)。不过,制度与政策过程本身之间的逻辑关系还有待进一步挖掘,尤其是将一般性制度理论与政策过程进行有机结合。从制度视角理解政策过程,这意味着需要回答一系列与制度有关的政策过程问题:制度如何在政策过程中发挥作用?制度影响政策过程的途径和机制是什么?制度与政策过程中每一个阶段和环节之间关系如何?制度对公共政策选择发挥什么作用?制度如何推动公共政策变迁?

制度分析与发展框架(Institutional Analysis and Development,IAD)是目前政策过程理论中从制度视角研究公共政策比较有竞争力的理论之一，也是对政策过程影响最大的制度理论。例如，政策过程中的倡导联盟理论（advocacy coalition framework，ACF）就是受到制度分析与发展框架的影响，而逐步发展成研究政策过程的最成熟的理论之一。因此，在萨巴蒂尔主编的《政策过程理论》一书中，制度分析与发展框架都是政策过程理论中最具有竞争性的理论选项之一。IAD 框架主要由埃莉诺·奥斯特罗姆（Elinor Ostrom）和文森特·奥斯特罗姆（Vincent Ostrom）以及他们的同事共同创立，她本人也成为理性制度选择理论（rational institutional choice）的重要代表人物之一，对制度理论的研究与发展作出了突出贡献（Ostrom，2010a；2010b；李文钊，2011；李文钊，2016）。越来越多的学者已经认识到埃莉诺的研究推进了制度理论的研究进展，并且开始发表专门著作探讨其制度理论（Aligica，2014）。与此同时，很多杂志针对埃莉诺的理论推出专刊（special issues），从不同角度和侧面讨论其理论贡献。

　　本章通过对 IAD 框架的思想传统、发展过程、主要内容、内在逻辑及其在公共政策研究中的应用和挑战进行分析，试图通过对制度的研究加深我们对政策过程的认知，以及政策过程中制度重要性的理解。安排如下：首先对 IAD 框架的主要思想传统进行简要介绍，体现其制度理论贡献的基础；其次对 IAD 框架的发展过程进行简要回顾，并对框架、理论与模型进行区分；再次对 IAD 框架进行简要描述，探讨制度多样性、博弈论与 IAD 框架之间的关系；接着对其制度理论的重要构成要件进行详细和深入阐述，主要包括制度语法学、制度类型学、制度层次学、制度演化学、制度设计学等内容；随后对她最新发展的社会生态系统理论（Social Ecology Systems，SES）进行简要介绍；最后对 IAD 框架应用于公共政策研究的进展、成绩以及面临的挑战进行分析。

## 一　IAD 框架的思想传统：从托克维尔、霍布斯到联邦党人

　　IAD 框架的思想传统主要有三个：一是托克维尔在《论美国的民主》所开创的探索民主社会新政治科学的传统；二是霍布斯在《利维坦》所开创的方法论个人主义和政治算术的传统；三是汉密尔顿、麦迪逊和杰伊

在《联邦党人文集》所开创的立宪选择和理性推理的传统。正是这些思想传统，使得 IAD 框架具有坚强的生命力。

### 1. 托克维尔新政治科学的思想传统

托克维尔对 IAD 框架的形成产生了深远影响。托克维尔在考察美国民主时，认为"文明人已在试建基础全新的社会，并首次应用当时人们尚不知道或认为行不通的理论去使世界呈现出过去的历史没有现出过的壮观"（托克维尔，1997：29），于是他认为"一个全新的社会，需要有一门新的政治科学"（托克维尔，1997：8），而他对美国民主的分析正是建构这种全新的政治科学的尝试。

民主意味着什么？民主何以可能？这是困扰托克维尔的两大核心问题。托克维尔对美国民主的分析，最重要的一个贡献是，提出了一个民主问题的分析框架，即有助于维护民主共和制度的主要原因。托克维尔认为：

> 我一直认为，有助于美国维护民主共和制度的原因，可以归结为下列三项：第一，上帝为美国人安排的独特的、幸运的地理环境；第二，法制；第三，生活习惯和民情。（托克维尔，1997：320）

而在这三者中，托克维尔认为，民情最重要，法制次之，地理环境再次之。由此可见，托克维尔是最早的制度主义者，他强调了美国民主稳定的三大制度基础，即联邦制、乡镇制度和司法制度。托克维尔也是最早的社会资本和信任研究者，认为宗教、教育、习惯、民情等对民主的重要影响超过法制。当然，托克维尔也是地缘政治论的最早倡导者之一，他认识到地理环境对于民主稳定的影响。埃莉诺后来开发的两个重要分析框架，即制度分析与发展框架（IAD）和社会生态系统分析（SES），无不深受托克维尔的影响，托克维尔所强调的地理环境、法制和民情构成了 IAD 框架中影响行动舞台的三个外部变量。不同的是，她使托克维尔的分析框架更加现代化、精致化和实证化（Ostrom，2005；2007）。事实上，构成埃莉诺研究的关键词，如制度、社会资本、自主治理、集体行动等，都可以在托克维尔的论著中找到"影子"。

## 2. 霍布斯方法论个人主义和政治算术的思想传统

霍布斯开创了政治科学研究中的方法论个人主义传统。与其他学者相比，霍布斯对政治秩序的讨论首先是从人的讨论开始的，包括人类的感觉、想象、语言、推理、学术、激情、欲望和美德等。他认为，人类激情和欲望中存在的竞争、猜疑和荣誉等是导致人与人之间竞争的人类本性，以此为基础，讨论自然状态的人类如何通过概念和计算逻辑结束他所描述的人类苦难状态，即：

> 这种战争是每一个人对每个人的战争。……最糟糕的是人们不断处于暴力死亡的恐惧和危险中，人的生活孤独、贫困、卑污、残忍而短寿。（霍布斯，1997：94-95）

霍布斯的方法论个人主义对 IAD 框架中有关人的假设的形成产生了较大影响。埃莉诺多次试图开发一个基于人类行为的集体行动理论（Ostrom，1998），并且将发展一个更一般性的人类行为理论作为她最新的前沿进展之一（Ostrom，2010a）。人类能够通过概念工具和计算逻辑走出他们所面临的困境，从而实现社会的良性治理，这是霍布斯在《利维坦》中表达的另外一个重要思想。而概念和计算工具就是签订契约和自然法，如他对第一和第二自然法的论述：

> 于是，以下的话成了理性的戒条或一般法则：每一个人只要有获得和平的希望时，就应当力求和平；在不能得到和平时，他就可以寻求并利用战争的一切有利条件和助力。……这里又引申出以下的第二自然律：在别人也愿意这样做的条件下，当一个人为了和平与自卫的目的认为必要时，会自愿放弃这种对一切事业的条件；而在对他人的自然权方面满足于相当于自己让他人对自己所具有的自由权利。……也就是那条一切人的准则，"己所不欲，勿施于人"。（霍布斯，1997：98）

于是，所谓权力相互转让的契约，在本质上都是"人造的"（man-made）和"人工制品"（artisanship and artifact），甚至包括正义本身，也只是签订契约之后的产物（Ostrom，2000）。此后，霍布斯还讨论了其他自然法。霍布斯最后的结论是，如果没有国家和主权，一切法律都是一纸空文，因此，他十分强调"剑"对于法律的重要性。

霍布斯所进行的政治推理和政治计算对于埃莉诺发展 IAD 框架产生了重要影响。法律和制度不可能自我执行、自我实施和自我完成，埃莉诺认识到惩罚和监督对于制度的重要性，而制度本身应该是具有可执行性的，属于行动中的制度和规则（rules-in-use）。因此，她在此后对公共池塘资源的研究中除了重视制度的重要性之后，在她讨论集体行动理论时遇到的三个核心问题，其中之一就是十分重视一群委托人是如何促进制度的执行的（Ostrom，1990）。

### 3. 联邦党人的立宪分析传统

汉密尔顿、麦迪逊和杰伊的《联邦党人文集》成为 IAD 框架的第三个获取智慧美玉和思想资源的场所。而汉密尔顿在《联邦党人文集》开篇中提出了至今仍然值得人们深思的问题：

> 人类社会是否真正能够通过深思熟虑和自由选择来建立一个良好的政府，还是他们永远注定要靠机遇和强力来决定他们的政治组织。（汉密尔顿、麦迪逊和杰伊，1980）

正是对这一问题的关切，以及对人类是否有能力来实现自主治理的探究，使得埃莉诺开始了自主治理的经验研究。她通过对公共池塘资源的经验研究，证明了一群委托人能够解决他们自身面临的公地悲剧。

《联邦党人文集》对于 IAD 框架的影响是多方面的。一方面，埃莉诺从该书获得了讨论"设计原则"的灵感，即不是直接探讨能够促进集体行动的制度的共同特征，而是讨论不同制度背后的设计原则。另一方面，埃莉诺从《联邦党人文集》中获得了立宪层次分析的思路，即宪法不同于法律，法律是政府可以制定和修改的，宪法是政府不可以制定和修改的。立宪层次的分析开创了多层次的分析传统，如詹姆斯·布坎南所倡导的规则之下的选择和规则本身的选择的区分。受这一传统影响，埃莉诺十分重视多层次的分析，她至少进行了三个层次的分析，即宪法层次分析、集体选择层次分析和操作层次分析（Ostrom，2005）。通过多层次的分析，使得她对很多问题有了更深入的挖掘，也使很多悲观的预测得以在另一个层次解决。

## 二 IAD 框架的起源、演进与最新进展

IAD 框架最早可以追溯到 20 世纪 70 年代文森特和埃莉诺试图发展一个系统研究制度安排的方式（Ostrom & Ostrom，1971；Ostrom，Cox，& Schlager，2014）。1971 年，文森特和埃莉诺因不满于公共行政研究中官僚制路径，提出了公共行政研究中的公共选择路径。在建构公共选择路径时，他们提出了四个基本要素，这些要素最终构成了 IAD 框架的基础。这些基础性构成要素是：人的模型、事件的世界（the world of events）、决策安排和评价标准。事件的世界涉及不同物品的生产和消费，尤其是产生外部效应的公共物品和服务，这些物品和服务会产生"搭便车"或"隐瞒"行为以获得更多利益。传统理论将官僚制作为解决搭便车的唯一手段，他们利用立宪选择的逻辑，挑战了官僚制作为提供物品和服务的唯一选择的主张，认为官僚制只是配置决策权威的制度安排之一，决策规则应该和情景相匹配。而理解不同情景之下不同制度安排的优势与劣势，则是公共行政理论的主要任务。在随后十多年间，奥斯特罗姆夫妇开始了有关大城市地区公共服务提供的经验研究，讨论不同制度安排的绩效，这些研究支持了分析框架的进一步发展。

1977 年，文森特和埃莉诺（Ostrom & Ostrom，1977）夫妇在一本著作中发表了《公共物品与公共选择》一文，他们根据物品的非排他性和非竞争性，将物品划分为四种类型，即私人物品、俱乐部物品、公共池塘资源和公共物品，然后讨论公共组织、私人组织、公民和消费者在不同类型物品的提供、生产与消费中面临的挑战和问题。这四种物品类型后来被 IAD 框架用来描述"事件的世界"，其中"公共池塘资源"成为埃莉诺关注的核心问题，并成为其获得诺贝尔经济学奖的基础。

1982 年，凯泽和埃莉诺（Kiser & Ostrom，1982）发表了"行动中的三个世界：制度路径的元理论综合"，它代表了发展一个更为一般性框架来理解制度对于人类行为、互动及其结果影响的最初尝试，这有利于政治学家、人类学家、经济学家、社会学家、地理学家、社会心理学家和法律

家等对制度感兴趣的研究者进行跨学科整合研究。IAD 框架的主要概念和变量类型都已经展现，它代表了向 IAD 框架迈进的一个巨大跨越，其主要贡献包括：发展了决策情景的概念，后来被称为行动情景；将制度安排定义为规则系统，并且发展了规则的分类体系；探讨了行动的三个世界，操作层次、集体选择层次和立宪选择层次。当然，埃莉诺在发展这一框架时，她试图为政治科学的研究奠定理论基础，为发展理论提供更为一般化的分析框架，探讨不同假设形成的不同理论解释。

1986 年，埃莉诺发表了《一个制度研究的议程》，它代表了 IAD 框架中的又一次重大跨越。该文也是埃莉诺作为公共选择学会主席发表的主席演讲，她将制度研究与公共选择理论进行对话，指出公共选择理论其实隐含了关于制度的讨论。她在将制度界定为规则的基础之上，进一步指出规则系统的概念，并指出规则系统主要由七类规则构成，即位置规则、边界规则、范围规则、权威规则、聚合规则、信息规则和报酬规则等。并且进一步提出了行动舞台的概念，将行动舞台描述为行动情景和行动者，而行动舞台的结构则由规则、物理环境和共同属性构成。这些要素的提出，基本上构成了 IAD 框架的主要内容。

随后，IAD 框架不断演进，新的内容和观点不断加入，逐步发展成一个比较成熟的制度分析框架。2005 年，埃莉诺（Ostrom, 2005）出版了《理解制度多样性》一书，首次全面系统地介绍了 IAD 框架，并且分析了 IAD 框架在公共池塘资源治理中的作用。这本书的出版，标志着 IAD 框架成熟化、理论化和系统化，也是埃莉诺思想史上的一个里程碑事件。在某种程度上，它有利于更多的人知晓、传播和使用 IAD 框架。

从 2004 年开始，埃莉诺与其合作者（Anderies, Janssen & Ostrom, 2004）开始将 IAD 框架应用于分析生态系统的可持续性问题，讨论社会系统与生态系统之间的互动问题。2007 年以来，埃莉诺（Ostrom, 2007; 2009）尝试进一步突出"事件的世界"的重要性，开发了社会生态系统（Social-ecology Systems）的分析框架，以加强与生物学家、地理学家等学者的对话，实现人类自身的可持续发展。在其最后的研究生涯中，埃莉诺（Ostrom and Basurto, 2010; Ostrom, 2014）开始重新讨论制度演化问题，这也使她开始与演化经济学进行对话，发展基于演化的制度变迁理论。由此可见，IAD 框架本身是一个演化、发展和完善的过程。

与其他政策过程理论不一样，IAD 框架明确区分了框架、理论和模型这三者之间的关系。对于框架，埃莉诺（Ostrom，2009：25）指出："一个一般框架的发展和使用可以帮助研究者去发现在进行制度分析时需要考虑的要素，以及这些要素之间可能的关系。框架可以帮助进行诊断和规范研究。他们提供了更为一般的变量，用于分析所有的制度安排。"对于理论，埃莉诺（Ostrom，2009：25）认为"理论的发展和使用能够帮助分析者明确框架中要素与特定问题的相关性，以及关于这些要素的一般性工作假设。因此，理论主要关注框架的构成要素，并且为分析者提供有关诊断现象、解释过程和预测结果的特殊假设"。对于模型，埃莉诺（Ostrom，2009：26）指出："模型的发展和使用主要是为了在有限的参数和变量之间作出精确的假设。逻辑、数学、博弈论、实验、仿真和其他工具等被用来系统地探究这些假设在有限结果中的后果。"IAD框架为研究者提供了分析工具用于诊断、分析和建议，它有利于经验研究的积累，以及对过去改革成果进行评价。没有一般性框架进行系统的诊断、分析与研究，任何有关改革和转型的建议很可能建立在比较虚浮的假设基础之下，而不是建立在坚实的绩效分析基础之上。

接下来，我们首先对IAD框架的基本内容进行简要介绍。在对框架的主要构成要素进行阐述之后，将重点围绕制度，讨论IAD框架有关制度的五个主要观点，即制度语法学、制度类型学、制度层次学、制度演化学、制度设计学。其次对她最新提出的分析框架SES进行简要介绍。最后分析IAD框架对于政策过程理论研究的意蕴。

## 三 制度多样性、博弈论与IAD框架

多样性（diversity）既是埃莉诺思考人类公共事务治理的出发点，也是其探讨制度理论的前提和基础（Ostrom，2005a；2005b）。在其具有划时代意义的名著《理解制度多样性》（*Understanding Institutional Diversity*）一书中，她提出，多样性是人类理解制度面临的最大挑战之一，制度存在于多种多样的人类情景之中，以不同的形式展现，制度多样性（institutional diversity）构成了人类最基本的事实。无论我们是在家庭领域，工作领域，市场领域，宗教领域，以及政治领域，还是在私人组织、公共组织和非营利性组织等不同组织场域中，当我们从事生产、交易、管

理、合作等各种活动时，都会面临我们对其他人遵守制度的期待，以及他们也期待我们同样能够遵守制度的期待等复杂的制度问题。不同情景、不同场域、不同活动，存在不同的制度。很显然，制度是人类实现合作的一种重要手段。

那么，我们是否可以以一套一般性共同构成要件或概念性框架来理解制度的多样性呢（an underlying set of universal building blocks）？埃莉诺通过近四十年多年的研究和探索，对这一问题给出了肯定性回答。她认为："理解制度，一个人需要知道它们是什么？它们是怎样的以及为什么被创立和维持（crafted and sustained）？以及它们在多样性情景中产生了什么样的结果？"（Ostrom，2005b：3）简言之，是什么，怎么样，为什么，有什么结果等构成了制度研究最基本的问题。任何一项制度，都可以从这些问题去进行研究，即通过寻找一般性概念框架来研究制度，为不同学科、不同学者、不同领域、不同层次的制度研究提供沟通桥梁，实现制度研究的知识积累。

埃莉诺提出可以将行动舞台（action arena）作为分析焦点，这一行动舞台主要由行动情景（action situation）和行动者（participants）构成，行动者在行动情景之下进行互动，产生结果，这一结果可能与行动者的预期一致，也可能与行动者的预期不一致，行动者根据他们的评价标准对结果进行评价。而制度通过对行动舞台的型构（frame）从而对行动和结果产生影响，它本身是一个间接的过程，需要进行转换，对此，在下面有关制度认知学的讨论中还会深入分析。一般的研究者都是假定制度是外生的，强调制度之下的行为分析。埃莉诺认为，可以进一步深挖，讨论制度本身的变迁与演进，对此在制度的层次分析与演化分析中还会进行详细阐述。由此可见，制度分析与发展（IAD）的框架是一个相互嵌套的复杂系统，由外部变量、行动情景、行动者、互动、结果及其评价判断等构成，学者可以根据不同的需求进行多层次分析（见图4-1）。

### 1. 行动舞台中的行动情景

通过图4-1可以看出，行动舞台由行动情景与行动者构成，它是制度分析的单位。一个人需要进行解释、诊断与预测行动与结果，就需要对行动舞台进行分析，厘清所有构成行动舞台的变量。不理解行动舞台，就不可能理解互动和结果的模式。

第四章 制度分析与发展框架

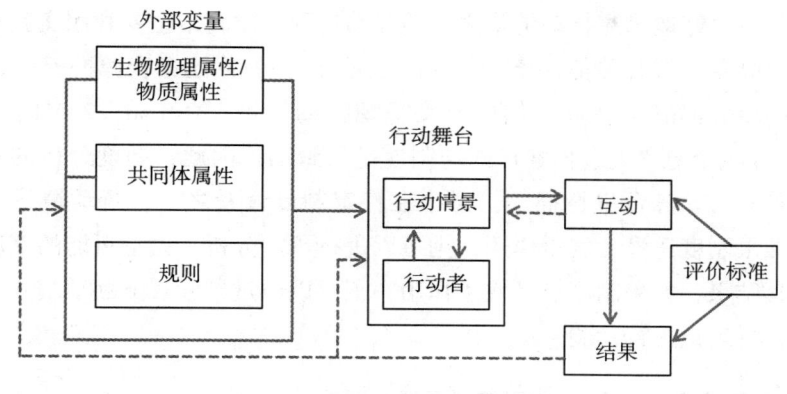

**图 4-1 制度分析与发展的框架**
资料来源：Ostrom, 2005b: 15。

行动情景是制度分析与发展框架关注的焦点。对于行动情景，不同的学者有不同的称谓，如结构（structure）、模式（patterns）、情景逻辑（logic of situation）、框架（frames）等。如何刻画行动情景对于学者而言，是一个巨大挑战。埃莉诺受博弈论学者的影响，认为可以借鉴博弈论的形式化语言来对行动情景进行描述（克雷普斯，2006），甚至有学者直接使用博弈形式（game forms）来描述制度（Hurwicz，1996；2008）。

不过，埃莉诺对传统博弈论的参与者、策略和报酬三要素进行了扩展，将行动情景概括为七个构成要素：

（1）行动者数量：谁和有多少人从资源系统中获取资源单位（鱼、水、树木）？

（2）职位：什么样的职位存在（如灌溉协会成员、监督员、主席）？

（3）允许的行动：什么样的收割技术被允许（是否开放或封闭季节；渔民捕捉的小鱼是否应该重新放回河流中）？

（4）潜在结果：什么样的区域和事件会受到行动者影响？从行动到结果的链条是什么？

（5）对选择的控制：资源获取者在采取上述行动时，可以单独行动？还是需要其他人员的同意？

（6）可获取的信息：资源获取者对于资源本身、其他资源获取者以及行动与结果之间的联系有什么样的信息？

（7）对于行动和结果所分配的报酬：行动的成本是什么？结果对于

参与者的收益是什么?

为了更好地描述行动情景之下的互动过程,埃莉诺主要利用实验经济学在实验室从事有关信任博弈(trust game)和公共池塘资源博弈(common-pool resources game)的研究来呈现行动情景(Ostrom,2005b:69-98)。在这个意义上,博弈形式与制度是一致的。因此,制度分析的首要任务是对行动舞台进行描述,讨论在特定制度背景之下,行动情景是什么?如果制度还没有发生作用,则可以进行预测分析,讨论可能的互动模式及其结果;如果制度已经发生作用,则可以通过经验观测互动模式及其结果,对理论进行检验。

### 2. 行动舞台中行动者假设

行动者假设是行动舞台的第二个构成要素,它是有关人的模型和理论。人类行为假设到底应该包括哪些要素?正如完全接受理性选择理论是一个不理智的选择一样,同样,完全拒绝理性选择理论也不是一个理智的选择。对此,埃莉诺(Ostrom,1998;2005)通过以理性选择理论所蕴含的假设为基础,借鉴了西蒙(Simon,1955)基于行为途径的理性选择理论,抽象和概括出人类行为理论假设所包含的一般要素,提出了用于分析集体行动中制度理论的人类行为假设。她将理性选择理论的结构要素,概括为有关完全信息的假设、有关追求物质利益偏好的假设和有关最大化选择模式的假设。以此为基础,她认为可以从信息和人类心智模型(mental model)、过程和结果的评价模型、选择模型三个方面来对人类行为理论假设进行思考。与此同时,她还倡导开发"第二代理性选择理论",试图将理性选择理论与制度、社会资本、规范等因素结合起来考虑。这样,使得有关人类行为的假设,可以融合理性、制度、文化、传统、信任、规范和社会资本的要素,这些要素就涉及对人类认知的影响过程问题。

这样,有关人类行为的信息假设构成了人类对制度认知的基础,心智模型是理解制度影响个人知识的重要工具。埃莉诺在借鉴登查和诺斯(Denzau & North,2000)提出的心智模型基础上,讨论了行动情景对个人心智的影响(见图4-2)。通过图4-2可以看出,心智模型通过对情景的认知而进行一个决策的过程,制度本身通过对情景的影响来对心智模型发挥作用。当然,文化本身也会对心智模型发挥作用。这也是后期诺斯(North,2005)主要讨论意识形态和制度理论之间关系问题的原因所在,他要回答人类心智模型对经济和政治变迁的影响,从而为制度变迁理论奠定更为微观的基础。

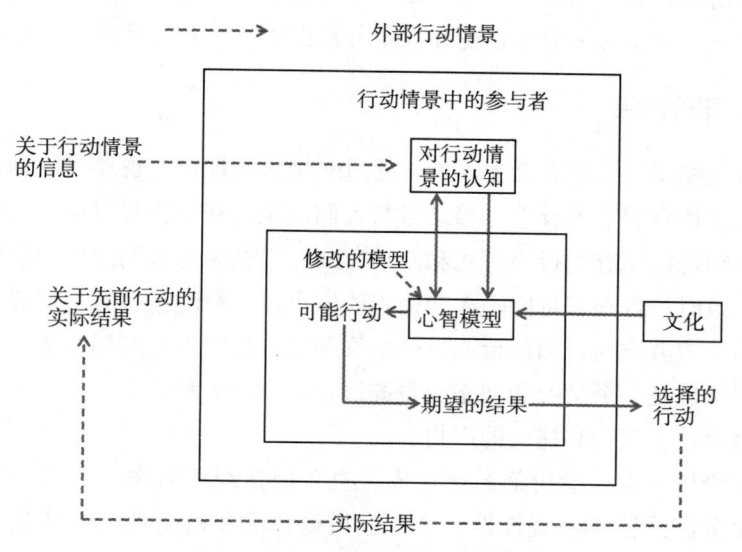

**图 4-2 制度影响个人的心智模型**

资料来源:Ostrom,2005b:105。

### 3. 在行动舞台中预测结果

依靠行动情景的分析性结构和行动者的假设,研究者就能够对结果做出或强或弱的预测。在有些情景之下,行动和结果的模式是可预测的。在开放的、不受限制的公共资源情景之下,每个行动者过度使用最终会导致公地悲剧,这些预测不断地被实验室实验和实地实验所验证。在多数选举规则之下,政党通常会选择符合中间选民偏好的政策,这是唐斯的中间选民定理。IAD 框架可以与很多理论、模型进行兼容,一些理论模型预测的结果可以用 IAD 框架对其背后的基本假设进行再现。例如,埃莉诺(Ostrom,1986)在公共选择学会主席演讲中,从制度理论的视角对一些公共选择的议题进行了分析,如选举模型、官僚模型、委员会模型、多数规则模型等,并且指出这些模型背后隐含的规则假设。

在另外一些情境之下,由于行动者嵌入社会网络之中,他们会受到规范、习俗和信念等影响。在这些情境之下,并不存在十分简单的分析。与此同时,他们也会从过去的策略中进行学习,这使得对行动者策略预测更加困难。解释、诊断和预测的过程是通过对行动情景分析和假设修正来理解互动和结果模式（Patterns）的过程，没有一种理论模型可以适用所有情景和模式，需要根据不同情景选择不同框架、理论和模型。IAD框架的优势之一，就是为一般性理论和模型分析提供了一套元理论。

### 4. 评价结果

对于结果，人们总会去评价，通过对结果的评价实现对行动舞台甚至影响行动舞台因素的反馈。当结果与人们的预期和价值观点相一致时，人们会继续遵循原有的行为模式和互动方式。当结果与人们的预期和价值观点不一致时，行动者可能陷入悲剧不能够自拔，行动者也有可能修正自身的行为，或者推动行动舞台本身的结构变迁，以实现更好的结果。反馈过程，本身也是一个学习和动态调整的过程。在很大程度上，人类结果是人类自身设计、互动和建构的产物。

评价标准由一套价值系统构成，主要包括经济效率、财政平衡式公平、再分配式公平、责任性、更一般道德标准和适应性。经济效率是由资源配置效率决定的，它考虑投资的净收益问题，是成本与收益的比较。在成本一定的情况之下，强调收益最大化；在收益一定的情况之下，强调成本最小化；在成本与收益都变动的情况之下，强调比率最大化。财政平衡强调个人的收益与付出要成比例，它是交换经济应用于公共领域的产物。对于不同层级政府而言，强调不同层级政府的收益与付出要成比例。再分配强调资源对于社会弱势群体的配置，为所需要的人群提供设施和服务，即罗尔斯所提出的"分配正义"原则。公平的原则可能与效率原则发生冲突，按照效率配置资源，社会最弱势群体可能不会被配置资源。责任意味着官员需要在公共设施提供、公共服务供给、自然资源治理等方面向民众负责，责任原则并不一定与公平原则和效率原则发生冲突。除了责任，对于结果的评价还需要考虑一般性的道德原则，如信任、诚实和遵守诺言等。适应性是强调一个制度安排对于环境挑战的应对，实现资源和投资可持续性的可能性。如果一个制度安排本身不具有灵活性，不能进行适应性调整，很可能它不能应对环境对其挑战，无法实现可持续发展。

在根据结果对制度安排进行选择时，尤其是根据不同制度安排的绩效进行选择时，要考虑不同因素的权衡取舍（trade off）。经济效率与公平公正之间就存在很艰难的选择，有些制度安排能够实现经济效率，但是，不能够保证公平公正；反之亦然。同样，在不同制度安排之间进行选择时，也需要考虑不同标准之间的权衡问题。

## 四 IAD框架中外部影响变量

IAD框架不仅通过将行动舞台作为分析单位，通过行动情景和行动者来对结果进行解释和预测，而且还考虑行动舞台本身的影响因素。一旦考虑行动舞台的影响因素时，行动舞台就是被解释变量，它是由外部变量所影响。通过图4-1的IAD框架可以看出，行动舞台的外部影响变量主要有三个：生物物理属性/物质属性、共同体属性和规则。一些研究者可能并不对这些变量感兴趣，只是考虑结构之下的情景，以及这些情景对于行为的影响。例如，博弈论研究者通常只会考虑行动情景和行动者进而对结果进行预测。一些制度分析者和政治学家可能会更关注制度对于行动舞台的结构化影响，而社会学家可能会对共同体属性感兴趣，环境学家则对生物物理属性/物质属性更感兴趣。但是，这三者会共同构成行动舞台的结构，进而对行动、互动和结果产生影响。

制度是影响行动舞台的重要变量之一。不过，对于制度的研究和从事制度分析面临着巨大挑战，埃莉诺（Ostrom，2007：22）曾经列举了六个主要挑战，即制度含义本身的多样性；制度是不可见的；需要一个统一框架来整合多学科的研究；需要一个统一框架来整合多学科的语言，实现累积性发展；制度本身存在多个层次分析，一个层次的制度会受到另外层次的制度的影响；在任何一个具体的分析中，制度与世界属性和共同体属性共同对人的行为产生影响。对于制度，埃莉诺（Ostrom，2007：36）采纳了从语言的视角进行定义，她指出："制度是其所涉及群体的共同理解，它是对有关什么行动（或世界状态）被要求、禁止或允许的可实施规范的指称。"所有的制度都是为了通过创立可预测性来实现秩序，而实现秩序的方式就是规定什么样的人要求、禁止或允许做一些什么。由于制度是IAD框架核心关注的变量，我们将在下一部分进行全面讨论，这一部分将重点讨论生物物理属性/物质属性和共同体属性。

生物物理属性/物质属性是影响行动舞台的另外一个变量。除了规则系统对行动舞台产生影响,行动舞台本身也会受到物理世界的影响。除了少数行动情景,如棋局等,大多数行动情景都会受到物理世界的影响。物理世界本身会限制行动舞台中的行动、结果、行动—结果联系、信息等,同样的制度在不同情境之下会产生完全不同的结果,因为制度存在一个与行动情景进行匹配的过程。行动者在不同物理世界面临着不同的激励,公共问题正是行动者面临的最大挑战之一。对于物质世界的研究,埃莉诺和文森特通过采纳"使用可分割性"(subtractability of use)和"排他性"(excludability)两个特征,将所有的物品划分为四类:私人物品(private goods)、收费物品(toll goods)、公共物品(public goods)和公共池塘资源(common pool resources)(见表4–1)。与其他研究相比,埃莉诺强调使用"高"和"低"来描绘不同物品特征,而不是使用"有"和"无"来阐述,这意味着不同的物品类型之间存在不同谱系。

表 4–1　　　　　　　　　　物品的四种类型

| | | 使用的可分割性 | |
|---|---|---|---|
| | | 高 | 低 |
| 排他性 | 高 | 公共池塘资源<br>(地下水、湖泊、灌溉、森林、渔业等) | 公共物品<br>(社群和平与安全、国防、知识、防火、天气预报等) |
| | 低 | 私人物品<br>(服装、衣服、汽车等) | 收费物品<br>(剧院、私人俱乐部、照料中心等) |

资料来源:Ostrom,2005b:24。

除了上述两个特征,物理世界的一些其他特征也会对行动情景产生影响,它们与规则共同决定互动过程及其结果。在公共池塘领域,资源是流动的还是固定的,是可再生的还是不可再生的,资源系统的规模等,都会对参与者激励产生影响,进而影响整个资源系统的配置效率。这些资源的不同特性会影响不同制度安排发挥作用的方式,不可能按照同一规则去适应所有情景,需要根据不同情景对规则进行修改。考虑到物质属性对于治理的重要性,埃莉诺后期在 IAD 基础之上,进一步突出物质属性的作用,系统性开发了社会生态系统框架(Social-Ecology Systems,SES)。对于 SES 框架,我们将会在本章第六部分进行介绍。

第三组影响行动舞台结构的变量与社群有关。社群属性在构造行动舞台的结构方面发挥关键作用,它们包括社群中成员普遍接受的行为规范、潜在参与者关于行动舞台结构的共同理解水平、社群中成员偏好同质性水平,以及社群成员中资源分配情况。文化的词汇特别适合对社群属性的概括。对于普遍行为规范的接受,意味着共同体成员在对行动和行动结果的评价方面存在一定共识,没有这些共识不可能对制度安排本身达成共识。成员之间共同理解对相互依赖的行动舞台而言十分重要,没有共同理解,社群之间会成为一盘散沙,这些共同理解可能来源于共同的实践、共同的词汇或者共同的期望。社群成员的同质性或异质性本身也会影响决策过程,影响制度安排本身发挥效率的程度。社群成员中资源的不平等分布或平等分布会对行动舞台的互动和行为结果产生影响,也会对制度安排本身的产生与变迁产生影响。

## 五 IAD 框架的制度理论

很显然,制度分析的核心是在考虑物品属性、共同体属性的同时,强调制度的作用,即制度如何对行动舞台的结构进行构造,从而对个人的激励、行为、集体行动、互动和结果产生影响(Aligica & Sabetti, 2014)。本节接下来部分将主要聚焦于埃莉诺对于制度理论的研究,讨论其发展的一个更为一般性的制度理论的主要构成要件。埃莉诺所发展的 IAD 框架,其更为一般性的制度理论主要包括:对制度内涵的厘清,即制度语法学;对制度系统的分类,即制度分类学;对多层次制度分析的强调,即制度层次学;对制度变迁过程和原因的解释,即制度演化学;对制度本身的形构,即制度设计学。

### 1. 制度语法学:一种解剖制度的工具

埃莉诺认为,可以从语法的角度来对制度进行界定,提出了制度语法学的理论模型(A Grammar of Institutions),这使得界定制度更清晰,以及区分不同类型的制度表述(institutional statements)成为可能。1995 年,苏珊·克劳福德和埃莉诺(Crawford & Ostrom, 1995)发表了《制度语法学》一文,他们认为,任何制度都可以按照两种逻辑陈述来陈述,一种是生成式形态(a generative form),如建立职位或组织实体的制度;另一种是管制式形态（a regulatory form），它是康芒斯对制度的阐述，将制度定义为要求什么（required）、禁止什么（prohibited）、允许什么（permitted）。

埃莉诺和其合作者制度语法学对制度的界定主要是对管制式形态的分析，他们认为，所有制度都可以包含五个构成要素，即制度的语法为ADICO。A 代表属性（attributes），它是制度适用的对象，既可以是个体层次，也可以是组织层次，如果是个人层次，它通过与一些社会生物属性联系，如有些国家规定购买酒需要年龄满 18 周岁，中国规定义务教育学生入学年龄等。D 代表限定词（deontic），它是制度允许、必须和禁止的行为，如北京市有关小汽车限行的规定和公共场所禁止吸烟就是一种"禁止"行为，公民纳税义务是一种"必须"行为，北京市没有住房的公民可以申请自住型商品房则是一种"允许"行为。I 代表目标（aim），它是制度要求的行为或者达到的一种结果状态，如限行是对行为的规定，接种率则是一种结果规定。C 代表条件（conditions），它是制度规定行为或结果发生的条件，如北京市规定工作日每天两个尾号限行，工作日和两个尾号属于限制条件。O 代表否则（or else），它是制度对于不遵守行为的一种惩罚措施，如在北京实施单双号限行期间，违反这一制度的行驶人就会面临 100 元的罚款。借用制度语法学的 ADICO 构成要素，我们就可以清晰和明确地区分共享策略（shared strategies）、规范（norms）和规则（rules）等制度的三种常用表示形态。共享策略包含 AIC 三个要素，规范包含 ADIC 四个要素，规则则包含所有 ADICO 五个要素。表 4-2 根据制度语法学，结合道路交通领域的案例对规则、规范和策略进行了简述。

表 4-2　　　　　　　　　　制度语法学的案例

| 制度的形式<br>（types of institutions） | 制度的语法构成<br>（a grammar of institutions） | 举例<br>（cases） |
| --- | --- | --- |
| 规则（rules） | ADICO | 饮酒、服用国家管制的精神药品或者麻醉药品，或者患有妨碍安全驾驶机动车的疾病，或者过度疲劳影响安全驾驶的（C），[驾驶人]（A）不得（D）驾驶机动车（I）。饮酒后驾驶机动车的，处暂扣六个月机动车驾驶证，并处一千元以上二千元以下罚款（O） |

续表

| 制度的形式<br>（types of institutions） | 制度的语法构成<br>（a grammar of institutions） | 举例<br>（cases） |
| --- | --- | --- |
| 规范（norms） | ADIC | 驾驶人（A）驾驶机动车上道路行驶前（C），应当（D）对机动车的安全技术性能进行认真检查（I） |
| 策略（strategies） | AIC | 爆胎的时候（C）［驾驶人］（A）不要刹车（I） |

## 2. 制度类型学：一种分析制度分类的工具

埃莉诺认为，仅仅使用制度语法学还不能达到对制度多样性和复杂性的清晰描述和认知，也不能对现实有更好的描述、解释和设计，还需要对制度系统进行横向分类，厘清复杂的制度谱系，为多样性现实提供合适的概念性框架。埃莉诺很早就认识到制度要对行动产生影响主要是通过对行动情景的结构性型构而产生，这些结构性框架构成了激励和约束的基础，行动在这一局限之下产生，各种行动者之间互动形成模式化结果（patterns of outcome）。受这一思想启发，她提出可以借鉴制度语法学中"目标"（"AIM"）要素，结合行动情景的七个构成要素（components），将"规则结构"划分为七组规则，即边界规则（boundary rules）、位置规则（positions rules）、选择规则（choice rules）、信息规则（information rules）、聚合规则（Aggregation Rules）、报酬规则（payoff rules）、范围规则（scope rules）（见图4-3）。

这意味着每一项规则都有明确的目标和指向，他们分别对行动情景中单一构成要素产生影响。位置规则是对行动情景中角色的规定，它是连接行动者与行为的基础，有些行动情景中只有一个角色，如没有任何其他角色的"委员会"就只有一个"委员"的角色，有些行动情景中则可能有多个角色，如"委员会"中主席、组长和委员等。边界规则是对行动情景中行动者的规定，通常又被称为进入或退出规则，它通常界定谁能够担任某一角色的职务，担任角色职务的具体过程，以及如何退出角色职务。中国户籍制度就是一种"边界规则"，它规定谁属于城市户籍，谁属于农村户籍，边界规则与公共服务、权利、福利等联系在一起。目前比较流行的限行政策、限购政策等都属于边界规则的范畴。选择规则是对行动情景中角色行为选择的规定，它是行动者可以做什么、不能够做行为、禁止做

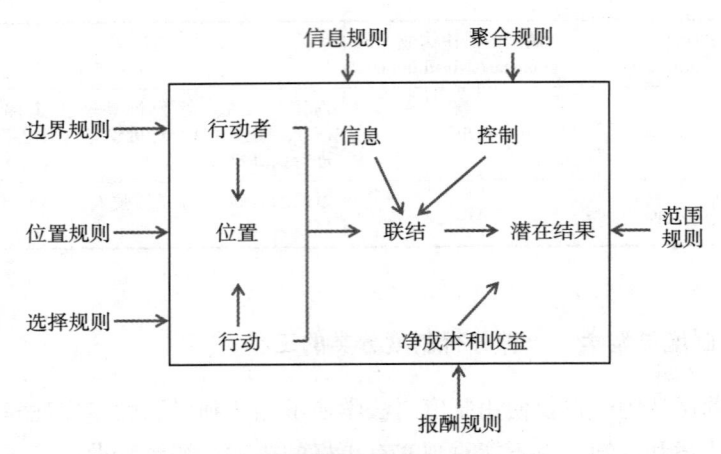

```
                    信息规则    聚合规则
                       ↓         ↓
        ┌─────────────────────────────────────┐
边界规则→│  行动者    信息    控制              │
        │    ↓         ↘    ↙                │
位置规则→│   位置   →  联结  →  潜在结果   │←范围规则
        │    ↑                ↗              │
选择规则→│   行动          净成本和收益        │
        └─────────────────────────────────────┘
                              ↑
                           报酬规则
```

**图 4-3　影响行动情景的规则结构**

资料来源：Ostrom，2005b：189。

什么的规定，对这些行动的规定通常与一定的条件或属性联系在一起。例如，拥有北京户籍，名下没有小汽车，且拥有驾照的市民可以选择参与小汽车摇号，那么具有这些"条件"的市民可以选择参加摇号，也可以选择不参加摇号。聚合规则是对行动情景中控制的规定，它涉及谁能够控制从行动到结果的链条，尤其是当一个重大决策的选择权被分配给很多人时，这就需要聚合规则来对结果进行规定。例如，英国采取由苏格兰人自己决定是否脱离英联邦，其中多数规则就属于聚合规则。信息规则是对行动情景中信息的规定，它涉及行动情景中所有行动参与者的信息沟通渠道建立，沟通是信息流动的基础，渠道是信息流动的保障，沟通语言、内容、频率和准确性等内容都会影响信息传递，他们共同提供了有关行动情景的信息。例如，现在政府要求将预算向社会公开，这是信息规则对信息披露的要求，它可以使公民对政府运作有更好的了解。报酬规则是对行动情景中有关净成本和收益的规定，它涉及对特定行为或特定结果的外在奖励或惩罚，它也是对人的行为的最大激励。最低工资制和每小时最低工资制就是分别对劳动报酬的规定，对于工作岗位的报酬规定也属于报酬规则范畴。范围规则是对行动情景中结果的规定，它涉及结果变量的范围，以及每一个结果变量的范围。城市中对出租车汽车总量的控制就属于结果变量控制，而对拒载行为的规定则属于行动变量范畴。

## 3. 制度层次学：一种分析制度选择的工具

除了对制度进行语法分析和类型分析，埃莉诺对制度理论的另外一个重要贡献是讨论制度的多次分析问题（multi-level），她认为，应该对制度进行"深挖"（dig deeper），将制度本身看作一个内生变量，讨论其变迁的影响因素，这些构成了其制度层次学的核心思想。正是因为有制度层次学，我们也能够更好地理解制度演化和制度设计的逻辑，这些内容将在下面两部分论述。埃莉诺在继承布坎南和图洛克（2014）有关选择层次区分的思想基础之上，提出了多层次制度分析理论，提出了操作层次选择（operational level）、集体层次选择（collective choice level）、立宪层次选择（constitutional choice level）和元立宪层次选择（meta-constitutional situations）等多层次制度分析框架，每一次层次的选择都受制度的影响，而制度本身的变迁则需要到更上一层次的选择情景中进行分析，这样我们也可以更好理解制度作为中介变量是如何将不同选择情景有机联系起来的（见图4-4）。

操作层次选择是在操作层次规则（operational rules-in-Use）之下进行选择，它直接对物理世界产生影响，制度经济学中分析制度对经济绩效的影响、博弈论中分析行动者策略对行动结果的影响等都属于操作层次分析。例如，在一定水价规则之下，用户的用水行为以及总体用水问题的分析就属于操作层次选择。而集体层次选择和立宪层次选择都属于公共选择的范畴，也是布坎南所说的"规则之下的选择"和"规则的选择"两个层面的问题。对操作层次规则的选择属于集体层次选择范畴，这一般是公共选择讨论的话题，不同政策和法律的选择等都属于对操作层次规则的选择，这些规则的选择会直接对物理世界产生影响。例如，在城市用水规则中，通过使用阶梯水价规则替代固定水价规则就属于集体选择范畴，这一选择的结果是在操作领域中规则会发生改变。对集体选择规则的选择则属于立宪层次选择范畴，它是布坎南所谓宪法政治经济学讨论的内容，其核心是确定谁有权利参与这个集体选择？集体选择如何选择？它是对集体选择本身的选择，如在集体选择中是采取一人制、多数决策制还是一致同意的规则就是立宪选择的内容。例如，在城市水价规则的选择中，决策规则是采取委员制多数投票选择、全体公民多数投票选择，还是官僚机构选择。当然，立宪选择会涉及无限回归的问题，即立宪选择的选择规则是如何选择的，元立宪选择的选择规则是如何选择的。一般而言，通常会假定立宪层次的选择规则是"一致同意"规则，在"一致同意"的基础之上进行立宪选择，从而选择出进行集体选择的规则。因此，对于制度多层次分析而言，四个层次分析就足够了。

```
┌─────────────────────────────────────────────────┐
│ 个人采取的行动，这一行动能够直接对物理世界产生影响 │
│                                                 │
│ 操作情景（operational situations）              │
│ （提供、生产、分配、提取、配置、消费）          │
└─────────────────────────────────────────────────┘
        ↑              ↑              ↑
   物理生物世界      操作性规则        社群

┌─────────────────────────────────────────────────┐
│ 个人采取的行动，这一行动直接会对操作情景中的规则产生影响 │
│                                                 │
│ 集体选择情景（collective-choice situations）    │
│ （限制、调用、监测、适用、实施）                │
└─────────────────────────────────────────────────┘
        ↑              ↑              ↑
   物理生物世界      集体选择规则      社群

┌─────────────────────────────────────────────────┐
│ 个人采取的行动，这一行动直接对集体选择情景中的规则产生影响 │
│                                                 │
│ 立宪选择情景（constitutional situations）       │
│ （限制、调用、监测、适用、实施）                │
└─────────────────────────────────────────────────┘
        ↑              ↑              ↑
   物理生物世界       立宪规则         社群

┌─────────────────────────────────────────────────┐
│ 个人采取的行动，这一行动直接对立宪情景中的规则产生影响 │
│                                                 │
│ 元立宪情景（meta-constitutional situations）    │
│ （限制、调用、监测、适用、实施）                │
└─────────────────────────────────────────────────┘
        ↑                             ↑
   物理生物世界                        社群
```

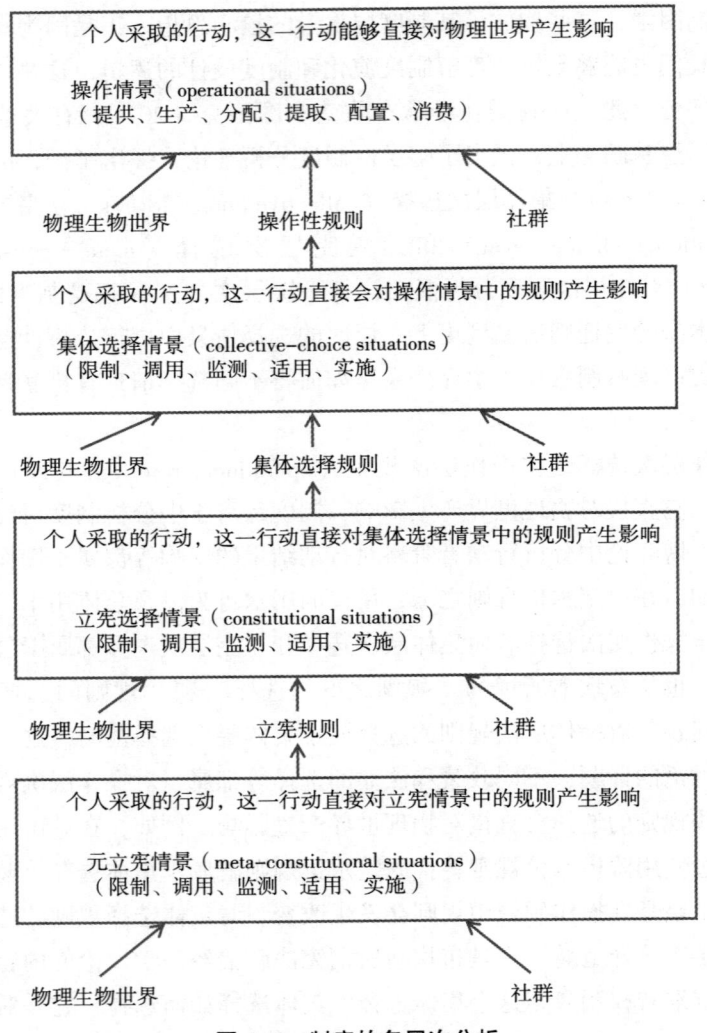

图 4-4　制度的多层次分析

资料来源：Ostrom，2005b：59。

## 4. 制度演化学：一种分析制度变迁的工具

自从达尔文提出进化论的思想以来，社会科学家也一直在尝试理解人类复杂系统的动态演进过程。不过，人类的演进过程似乎比自然世界的演进过程更复杂，面对的挑战更多，也使得探究难度更大。正如埃莉诺（Ostrom and Basurto, 2010）所言，达尔文可以见证生物世界的变化过程，他需要努力解释在这一变化过程中隐藏变迁逻辑，而对于社会科学而言，学者不仅需要理解制度变迁背后的过程，还需要记录制度变迁过程本身的变化过程，这意味着对于"制度变迁中是什么和为什么"的问题都需要同等关注。

埃莉诺结合 IAD 理论，尤其是她提出的制度语法学和制度类型学等相关理论，将制度变迁作为一个演化过程，提出一个诊断制度变迁的分析工具，来描述制度变迁是如何发生的，并试图发展一个更为一般的制度变迁理论。早在 1990 年，埃莉诺（Ostrom, 2000；2012）发表其名著《公共事务的治理之道：集体行动制度的演进》时，就关注过制度变迁问题，并将制度与集体行动有机结合起来。在其后期的学术研究中，埃莉诺（Ostrom and Basurto, 2010；Ostrom, 2014）连续发表了两篇有关制度变迁和制度演进的学术论文，其最后一篇学术论文的题目是《集体行动的制度会演化吗?》，本身就是对其 1990 年名著的回应和扩展，理论发展也是一个演进过程。在构造一个描述制度变迁的分析框架中，她借鉴霍布斯的"自然状态"理论，在其制度类型学的基础之上，提出一个没有制度时的"缺省状态"(default condition)（见表 4-3），强调这是制度生成和制度变迁之前的状态，可以称之为 T1 时刻，制度生成和制度变迁则发生在 T1 时刻之后，制度变迁的过程是对这些不同状态的刻画。

表 4-3　　　　　　　　缺省状态（default conditions）

| | |
|---|---|
| 位置缺省状态 | 只有一个位置存在 |
| 边界缺省状态 | 任何人都可以占有这一位置 |
| 选择缺省状态 | 每一个参与者能够采取物理上任何行动 |
| 聚合缺省状态 | 行动者独立行动 |
| 信息缺省状态 | 每一个行动者可以通过任何渠道与任何人进行交流 |
| 报酬缺省状态 | 每一个行动者能够保留任何在物理状态中获得的结果 |

续表

| 范围缺省状态 | 每一个行动者能够影响任何在物理状态中存在的世界状态 |

资料来源:Ostrom, 2005b: 211。

为了更好地让读者理解经验情景中的制度变迁过程,埃莉诺结合早期有关尼泊尔灌溉制度(irrigation systems in Nepal)的研究,以边界规则、位置规则、选择规则、信息规则、聚合规则、报酬规则、范围规则等组成的制度结构(rule configurations)为基础,首先找出这些规则系统中每一个规则最常使用的三种规则表现形式(见表4-4),然后如何从制度缺省状态T1逐渐演进到T2、T3、T4、T5的时刻情景,分析了规范和制度演进过程(见表4-5)。在表格4-5中,S代表"应该"(should),它是规范的指称,R代表"要求"(required),P代表"允许"(permitted),F代表"禁止"(forbidden)。表4-5的第一行是时间1,它代表埃莉诺所讲的"缺省状态"或霍布斯的"自然状态",没有任何形式的规范或规则。表4-5第二行是时间2,它表示规范的产生。埃莉诺是以一个简单的灌溉制度的例子说明了这种情况,如果14个农户居住在一个水渠附近,他们需要就水资源使用形成一些规范,这些规范主要包括:(1)仅仅这14个农户拥有灌溉权利,即边界规则B1;(2)他们应该按照一个固定顺序在白天轮流抽取水,即选择规则C3;(3)每个农户都需要维护自己农田前面的水渠,如果出现整个水渠需要维修的情况,则需要贡献劳动,即报酬规则Y3。虽然规范在一定时间内可能会起作用,但是,有可能发生冲突,这时需要通过集体选择舞台来产生新的规则。表4-5的第三行是时间3,此时这14个农户可能成立一个用水协会,他们可能在保留两个规范的情况之下,重新建立四个规则:(1)设立一个监督者职业,每个农户轮流成为监督者,即位置规则P1;(2)将轮流取水从一个规范上升到规则,即选择规则C3;(3)创立一个新规则,当取水从一个农户向另一个农户转变时,所有农户都需要在场,即聚合规则A1;(4)对于违反上述三个规则的农户,需要给予惩罚,即报酬规则Y1。在T3时期,用水者协会设计了新的规则,此时,一个新来的农户很有权力和财富,此时,用水的选择规则可能因为他发生改变,这样就从T3情景转变为T4情景。随着时间推移,用水者协会会员发现越来越多的新来者,原有的规范不发生作用,并且水资源越来越稀少,此时进入T5情景,有可能对边界规则和范围规则进行改变。这样,埃莉诺通过以制度类型学为基础,为我们描述了一个描述和测量规则结构系统变迁的概念性框架和分析工具。

**表 4-4　灌溉系统实地研究中经常使用的规范或规则**

边界规则
　B1 土地:在一个特定区域拥有土地或租用土地
　B2 份额:拥有或租用可转换份额的水,这些水的份额独立于土地但是与水流量成比例
　B3 成员:为了获得水而成为某个群体成员

位置规则
　P1 轮流:水使用者轮流成为监督者
　P2 外部监督者:从水使用协会雇用外部监督者
　P3 本地监督者:从水使用协会雇用本地监督者

选择(或分配)规则
　C1 固定比例:获取水量根据土地拥有量或固定公式而获得固定比例的水量
　C2 固定时段:每一个使用者被分配一个固定时段,在这一时段内可以抽水
　C3 固定顺序:农户根据水坝位置按照固定顺序获取水

信息规则
　I1 规则违反者公开公布:通过公开方式对规则违反者公布
　I2 测量:违反的规模公开测量
　I3 报告:书记的备忘录或财务报表向所有人公开

聚合规则
　A1 邻里协议:在发生变化时刻,所有农户都出现并达到一致
　A2 社群投票:界定分配规则变化时间
　A3 监督者决定:如果农户不能够达成一致,监督者决定

报酬规则
　Y1 罚金:农户因为违反规则需要贡献金钱、劳动或其他资源
　Y2 水税:农户需要支付年度水税
　Y3 义务劳动:农户需要根据赞同的公式,贡献固定的维护或应急维修劳动

范围规则
　S1 地理领域:界定可以获得水资源的地理领域
　S2 水使用:界定可以从中获取水的限度
　S3 庄稼:界定可以用水资源灌溉的庄稼类型

资料来源:Ostrom,2014:16。

**表 4-5　规则或规范结构清单**

| 潜在规范与规则 | 边界 | | | 位置 | | | 选择(配置) | | | 聚合 | | | 信息 | | | 报酬 | | | 范围 | | |
|---|---|---|---|---|---|---|---|---|---|---|---|---|---|---|---|---|---|---|---|---|---|
| | B1 | B2 | B3 | P1 | P2 | P3 | C1 | C2 | C3 | A1 | A2 | A3 | I1 | I2 | I3 | Y1 | Y2 | Y3 | S1 | S2 | S3 |
| 结构 T1 | 0 | 0 | 0 | 0 | 0 | 0 | 0 | 0 | 0 | 0 | 0 | 0 | 0 | 0 | 0 | 0 | 0 | 0 | 0 | 0 | 0 |
| 结构 T2 | S | 0 | 0 | 0 | 0 | 0 | 0 | 0 | 0 | S | 0 | 0 | 0 | 0 | 0 | 0 | 0 | S | 0 | 0 | 0 |
| 结构 T3 | S | 0 | 0 | R | 0 | 0 | 0 | 0 | R | 0 | 0 | 0 | 0 | 0 | 0 | R | 0 | S | 0 | 0 | 0 |
| 结构 T4 | S | 0 | 0 | R | 0 | 0 | P | 0 | 0 | R | 0 | 0 | 0 | 0 | 0 | R | 0 | S | 0 | 0 | 0 |
| 结构 T5 | R | 0 | 0 | R | 0 | 0 | P | 0 | 0 | R | 0 | 0 | 0 | 0 | 0 | R | 0 | S | 0 | 0 | F |

资料来源:Ostrom,2014:18。

描述制度变迁的过程,最终是服务于解释制度变迁的过程。埃莉诺提出了制度变迁不可能完成设计的原理,这意味着任何制度变迁者都不可能思考所有制度结构组合,制度结构变迁类似于生物变迁过程。在生物系统中,存在基因(genotype)和原型(phenotype)的区分,基因结构展现了DNA中的指令,它们是产生生物原型的基础,原型结构是基因的表现形式,它描述了一个生物的具体构造结构。规则结构系统像基因一样,它是构造行动情景的规则系统,这些规则系统传递信息,而具体的行动情景则是规则结构系统的表现形式。制度演化也需要遵循生物演化的过程,它需要有新规则系统的产生,在新旧规则系统之间进行选择,以及特定环境中成功规则系统的保留。不过,制度演化和文化演化一样,它本质上与生物演化存在一定差异,它既包括一个无意识演化过程(unconscious mechanism),也包括有意识演化过程(self-conscious mechanism)。对于有意识深化过程主要包括模仿(imitation)、外部干预、竞争压力、冲突、学习等,而无意识深化过程主要包括遗忘、社会文化上位效应(sociocultural epistasis)、语言的模糊性等。

埃莉诺指出,制度演化过程并不意味着一定向绩效高的方向演进,也有可能向低绩效演化,探讨有利于制度变迁向良性方向发展的条件应该成为制度演化学者的重要研究方向之一。通过对灌溉系统的深入研究,埃莉诺提出一些有利于高绩效和相互学习的制度演化的条件:(1)大部分受制度变迁影响的行动者应该能够发现声音,并且参与制度变迁过程;(2)系统大部分行动者因为自身利益影响巨大而有动力投入时间和精力去发现、辩论和学习更好的选择;(3)利益受到影响最大的群体其利益需要与系统利益相一致;(4)不同系统的内部过程应该能够产生差异化的规则系统,这些规则系统与不同生产力、绩效和可持续性相联系;(5)行动者能够向其他行动者学习成功或失败经验;(6)参与者能够定期评估他们的经验,修改他们自身的规则和程序,记录制度变迁的历史;(7)系统在一个鼓励自治同时又能够对寻租和腐败进行监督的环境之中;(8)生物物理环境经常发生变革使得参与者能够很快适应,而不是偶尔发生而不知所措。但是,现实中制度演化过程并不是有利于制度向高绩效方向演进,上面提到有利于制度演进的条件也很少得到满足,外部主体强加给当地群体一个制度,这不仅会导致制度失败,而且常常会使制度演化发生路径锁定(lock in)的现象。埃莉诺认为,导致这些现象的原因主要是制度变迁者采取了制度单一化（institutional monocropping）的思维方式，没有遵循制度多样性（institutional diversity）的思维方式，制度演化需要避免这种思维惯性，给予多样性更多的空间。

### 5. 制度设计学：一种型构制度的工具

所有的研究最终都需要对实践和政策产生影响。在对制度演化学的讨论中，埃莉诺已经明确指出与生物世界的演化相比，人类社会的演化既包括无意识的演化过程，也包括有意识的演化过程。而这种有意识的演化过程就是人类进行制度设计的过程，通过制度变革改善人类的处境，提升自身的福祉。不过，大范围的变革并不总是带来预期的结果，有时制度变革可能正好与预期相反。因此，对于制度设计问题的讨论，尤其是如何推动成功的制度设计，使得制度设计有利于人类可持续发展而不是对人类社会自身构成破坏，这些问题构成了埃莉诺制度理论研究的重要内容，这也是理论研究与实践变革之间的桥梁。

埃莉诺十分重视人类通过制度设计（rule design）来解决自身问题的能力，她的制度设计理论主要建立在人工技艺（artisanship）和作为实验的改革（reforms as experiment）等两个假设的基础之上，遵循不可能定理（impossible）。埃莉诺在认识论上吸收了文森特（Ostrom, 1980）有关人工技艺和人工制品的思想，强调人类社会是自身设计的产物，因此，要理解社会和制度，必须理解其背后的理念和思想。为此，她挑战了有关普通个人不能够通过制度设计来解决自身问题、制度设计是十分简单的活动以及组织本身需要中心指导（central direction）等常见的假设，强调制度设计本身是一个人类自身的创造性活动，对人类尤其是普通人能够自主治理解决自身问题充满信心（Herzberg, 2015）。埃莉诺在对人类充满信心的同时，她也认知到人类自身的局限性，提出了"完全制度设计不可能定理"。在进行制度设计过程中，由于情景本身的复杂性和制度的多样性，这使得制度和情景组合超过了人类自身的计算能力，不可能考虑所有情形，并将所有可能的制度组合进行设计并预测其效果。这种"不可能定理"已经分别被不同学者在不同领域发现，如哈耶克不可能定理，其核心是强调人类大脑不可能理解和解释自身的运行（Hayek, 1952）；阿罗不可能定理，其核心是强调个人偏好不可能通过集体选择机制得以充分表达；维特根斯坦不可能定理，其核心是提出不可能存在"私人语言"，任何语言都是公开的。正是基于"完全制度设计不可能定理",埃莉诺借鉴了心理学家坎贝尔作为实验的改革这一认识论传统(Campbell,1969),强调制度设计本身是一个实验过程,需要经过试错(trial-and-error)和不断地调适才能够找到合适的制度,任何预设都需要经过实践检验才能够判断设计是否真正能够实现预期效果。

正是因为有了这些有关制度设计的哲学层面思考,埃莉诺提出了"设计原则"的思想,为制度设计提出了新的研究思路和视角。在对公共池塘资源问题进行经验研究时,她发现有些公共池塘资源并没有产生"公地悲剧"问题,并且一直治理得很好。于是,她提出了研究问题:一群相互依赖的委托人如何才能把自己组织起来,进行自主治理,从而能够在所有人都面对搭便车、规避责任或者其他机会主义诱惑的情况下,取得持久的共同收益?最初,她试图找出这些成功案例背后的"共同规则",由于规则的多样性和差异性,结果是徒劳的,并没有发现"共同规则"。后来,她改变思维,放弃寻找"共同规则",而是去寻找规则背后的"设计原则",是什么样的设计原则使这些公共池塘资源能够得到很好的自主治理?基于实地经验研究,她提出了自主治理的八项"设计原则"(见表4-6),认为这些原则可以用来区分成功的自主治理实践和失败的自主治理实践之间的差别,越是与八项"设计原则"相吻合,越是有可能成功;相反,越是与八项"设计原则"相背离,越是可能面临脆弱性挑战和失败的风险。当然,这些"设计原则"本身并不是"设计蓝图"(design blueprint),很有可能符合这些"设计原则",但是并没有取得成功。

**表 4-6　　长期存续的公共池塘资源制度中所阐述的设计原则**

| |
|---|
| 1. 清晰界定边界<br>　　公共池塘资源本身的边界必须予以明确规定,有权从公共池塘资源中提取一定资源单位的个人或家庭也必须予以明确规定 |
| 2. 使占用和供应规则与当地条件保持一致<br>　　规定占用的时间、地点、技术和(或)资源单位数量的占用规则,要与当地条件及所需劳动、物资和(或)资金的供应规则相一致 |
| 3. 集体选择的安排<br>　　绝大多数受操作规则影响的个人应该能够参与对操作规则的修改 |
| 4. 监督<br>　　积极检查公共池塘资源状况和占有者行为的监督者,或是对占有者负有责任的人,或是占用者本人 |

续表

5. 分级制裁
  违反操作规则的占用者很可能要受到其他占用者、有关官员或他们两者的分级制裁（制裁的程度取决于违规的内容和严重性）

6. 冲突解决机制
  占用者和他们的官员能够迅速通过成本低廉的地方公共论坛来解决占用者之间或者占用者和官员之间的冲突

7. 对组织权的最低限度的认可
  占用者设计制度的权利不受外部政府权威的挑战

8. 分权制企业（Nested enterprise）
  在一个多层次的分权制企业中，对占用、供应、监督、强制执行、冲突解决和治理活动加以组织

资料来源：Ostrom，2012：108。

  这八项原则与其提出的制度类型学存在紧密联系，它为构造规则系统提供了设计基础。"清晰界定边界"的设计原则与"边界规则"存在紧密联系，只有建立边界规则才能够清晰界定边界，当然对于如何界定边界本身存在多样性的规则体系。"使占用和供应规则与当地条件保持一致"的设计原则与"选择规则"存在紧密联系，通过选择规则来实现经济学的成本收益对称原则和奥尔森的财政平衡原则（Olson，1969），这样才能够保证资源的可持续性。"集体选择的安排"、"冲突解决机制"、"对组织权的最低限度的认可"和"分级制企业"则与"聚合规则"和"信息规则"存在紧密联系，它们都是解决集体层次的选择问题，通过这些选择活动能够实现规则变迁。"监督"的设计原则与"位置规则"存在紧密联系，通过位置规则来行使监督职能。"分级制裁"的设计原则则与"报酬规则"存在紧密联系，制裁目的是对违反规则者的惩罚。在提出这些设计原则之后，她邀请学者们对这些原则进行检验。此后的经验研究表明，这八项"设计原则"有很强的生命力，它与成功的公共池塘资源治理实践相一致。当前，有很多学者试图扩展这八项"设计原则"的使用范围，探讨这些"设计原则"是否适合其他行动情景。

## 六 从 IAD 框架到 SES 框架

埃莉诺与自然科学家的广泛对话，促使她将 IAD 框架中生物物理属性/物质属性提到更为重要的位置，并且扩展了制度本身的内涵，直接讨论生物物理属性与包含制度的社会系统之间的互动关系。埃莉诺于 2007 年开始，尝试利用生物学、医学和信息科学中的本体论框架（Ontological Framework）对嵌套的复杂系统进行分析，开发了分析社会与生态之间互动的社会生态系统。

埃莉诺（Ostrom，2007；2009）在发展社会生态系统框架时，主要是基于三个方面考虑。一是现有的有关社会生态系统的研究，都是在不同学科中展开，使用了不同框架、理论和模型进行分析，尤其是社会科学和生物科学分别在进行各自研究，并没有实现有效的对话。没有统一的分析框架，不利于将不同发现进行整合，也不利于知识的积累。二是现有的很多有关社会生态系统研究都是使用简单理论和模型进行预测，试图使用一种模式适用于所有情境，为社会生态系统治理寻找万能药。这些预测可能在有些情境之下是适合的，但是并不能够适合于所有情境，也没有考虑到自组织和自主治理的可能性。三是在对复杂的社会生态系统进行诊断，找出成功和失败的原因时，缺乏一套系统的概念工具来对复杂系统进行描述。对于复杂的社会生态系统进行诊断，需要发展多层次的、嵌套性的概念框架。

于是，埃莉诺在借鉴西蒙对复杂系统的可分解性特征[①]的阐述的基础之上，提出一个研究、分析、诊断和规范复杂社会生态系统的概念框架。这一概念框架由资源系统（RS）、资源单位（RU）、治理系统（GS）、使用者（U）、社会系统（S）、生态系统（ECO）组成，其中，资源系统、资源单位、治理系统、使用者是四个核心的子系统，而社会、经济和政治设置，以及相关的生态环境为外部变量。在每一个子系统中，它又包含着

---

① 埃莉诺（Ostrom，2007：15182）指出可分的复杂系统所具有的三个基本特征：一是概念上可分，即可由不同概念、子概念等来进行概括；二是存在相互之间具有一定独立性的子系统能够实现各自功能，但是其绩效本身又受到其他子系统的影响；三是复杂系统比子构成要素的简单相加要大，即系统大于各个构成要素之和。

复杂的次级变量，从而提供一个诊断社会生态系统的分析框架。以一个公园的社会生态系统为例，四个子系统的内容如下：（1）资源系统：包含着特定区域的被保护的公园就是一个资源系统，这一公园由森林、野生动物、水资源系统组成；（2）资源单位：包含着公园里的树木、植物、野生动物等就是资源单位；（3）治理系统：管理公园的政府组织和非组织，以及治理规则和规则是如何制定的都属于治理系统的范畴；（4）使用者：为了娱乐、商业目的和可持续而使用公司的人员，就是使用者范畴。社会生态系统（SES）的主要内容如图4-5所示。

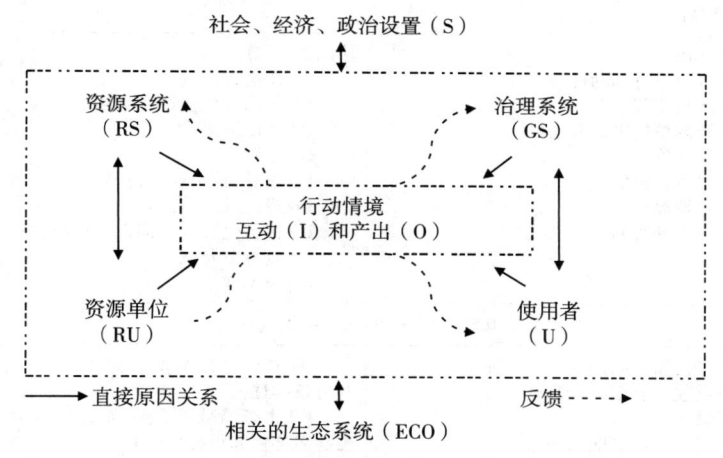

**图 4-5　社会—生态系统的分析框架**

资料来源：E. Ostrom，2007：15182。

对于社会生态系统的诊断框架，埃莉诺将上面提到的资源系统、资源单位、治理系统、使用者、互动、产出、社会、经济和政治设置、相关的生态系统称为框架的"第一层"，随后她将一些理论上重要的概念与这些构成要素联系起来，她称之为框架的"第二层"（见表4-7）。研究者甚至可以根据研究需要，进一步开发第三层或第四层变量。

这些多层级的概念系统，使得对社会生态系统的诊断成为可能，研究者在具体问题分析时，可以回溯性地分析具体案例，将具体案例与分析框架相结合，使用分析框架中的变量去发现问题，寻找模式，指出解决方案。埃莉诺在首次提出SES框架时，就指出该框架至少可以回答三类问题：

**表 4-7　社会生态系统框架中第一层核心子系统（S，RS，GS，RU，I，O，和 ECO）中第二层变量**

| 社会、经济和政治设置（S） ||
|---|---|
| S1 经济发展；S2 人口趋势；S3 政治稳定；S4 政府资源政策；S5 市场激励；S6 媒体组织 ||
| 资源系统（RS） | 治理系统（GS） |
| RS1 部门（水、森林、草原、渔业） | GS1 政府组织 |
| RS2 系统边界的清晰性 | GS2 非政府组织 |
| RS3 资源系统的规模 | GS3 网络结构 |
| RS4 人为建造设施 | GS4 产权系统 |
| RS5 系统的生产力 | GS5 操作规则 |
| RS6 平衡特征 | GS6 集体选择规则 |
| RS7 系统变迁的可预测性 | GS7 立宪规则 |
| RS8 储藏特点 | GS8 监督和惩罚过程 |
| RS9 位置 | |
| 资源单位（RU） | 使用者（U） |
| RU1 资源单位移动性 | U1 使用者数量 |
| RU2 增长或替换率 | U2 使用者社会经济属性 |
| RU3 资源单位之间互动 | U3 使用历史 |
| RU4 经济价值 | U4 位置 |
| RU5 单位数量 | U5 领导力/企业力精神 |
| RU6 独特纹理 | U6 规范/社会资本 |
| RU7 空间和时间分布 | U7 社会生态系统知识/心智模型 |
| | U8 资源重要性 |
| | U9 技术使用 |
| 互动（I）───→结果（O） ||
| I1 不同使用者收割水平 | O1 社会绩效测量（如效率、公平、责任和可持续性） |
| I2 不同使用者信息分享 | O2 生态绩效测量（如过度收割，弹性，生物多样性和可持续性） |
| I3 审慎过程 | O3 对其他社会生态系统的外部性 |
| I4 不同使用者之间的冲突 | |
| I5 投资活动 | |
| I6 游说活动 | |
| I7 自组织活动 | |
| I8 网络活动 | |
| 相关生态系统（ECO） ||
| ECO1 气候模式；ECO2 污染模式；ECO3 流入或流出社会生态系统的要素 ||

资料来源：Ostrom，2009：421。

1. 什么样的互动模式和结果是由使用特定规则产生？这些互动模式和结果表现为过度使用、冲突、坍塌、稳定和回报增加。这些特定规则主要在技术、社会经济和政治环境之下，对资源系统和资源单位的治理、拥有和使用的规定。

2. 在拥有或没有外部财政激励或强加规则的情况之下，不同治理安排、使用模式和结果的内生发展的可能性？

3. 在内部或外部扰乱的情况之下，特定使用者、资源系统、资

源单位和治理系统的构造具有怎样的稳健性和可持续性？（Ostrom，2007：15182）

此外，埃莉诺（Ostrom，2007：15183）还以哈丁的公地悲剧为例，使用 SES 框架指出该模型所隐含的五个基本假设。这些假设包括：（1）资源系统是草原；（2）没有治理系统存在；（3）移动的资源使用单位能够被发现，而且可以被拥有者用于交易；（4）在一定资源系统之下，数量足够多的使用者会对资源长期可持续产生负面影响；（5）资源使用者会独立地做出自己的决策，并且会最大化他们自身的利益。在这样的假设之下，所预测的互动过程一定是草原本身的过度使用，以及导致的结果是生态系统的退化。

这项研究仅仅是一个开始，它的进展必然会推动人类对社会生态复杂系统中集体行动和公共池塘资源治理的理解。一方面，使用 SES 的分析框架，可以对单一社会生态系统进行研究，如中国的湿地保护。另一方面，使用 SES 的分析框架，可以对同一类的社会生态系统在不同时间、空间之间的差异性进行比较研究，尤其是也可以比较不同类型的社会生态系统。如对中国的森林社会生态系统进行研究，比较各个不同森林资源的治理模式及其差异性。

## 七 IAD 框架的应用、成就与挑战

IAD 框架从制度的角度提供一套一般性语言来讨论规则、物品属性和共同体属性对行动舞台结构、个人面对激励和结果的影响。任何分析框架的提出，都是为了增进人类对于自身的理解，为了解决人类自身面临的问题。IAD 框架也不例外，它需要通过应用情况来检验其本身的效度。

IAD 框架的第一个应用领域是对大城市地区的警察服务（police service in metropolitan areas）的经验研究。这一研究由埃莉诺和其同事于 20 世纪 70 年代和 80 年代展开，持续了 15 年左右。当时 IAD 框架还处于发展过程中，不过它的一些核心构成要素和主张已经在形成之中。使用 IAD 框架时，面临的首要困难是合适的分析单位和分析层次，即应该以什么作为分析单位，使用哪一个层次分析。埃莉诺（Ostrom et al.,

1978）在从事警察服务的经验研究时，并没有将警察局作为分析单位，而是将警察服务本身作为分析单位，警察局只是警察服务这一分析单位的构成要素之一，还包括其他单位，如公民、官员、街头官僚，等等。这样，她们认为存在多样性的警察服务情景，如及时反应服务、谋杀调查、实验室分析、培训和沟通服务等，在每一种服务中，都存在不同的行动者。为了理解警察服务的制度安排，需要从单一层次分析向多层次分析转换，考虑不同组织间的制度安排。她们的研究发现，在大城市地区，小规模和中等规模的反应部门与大规模的调查、实验室和沟通部门相结合，才能够提供更高层次的警察服务。在这项研究中，她们基于IAD框架，发展了公共服务产业理论、地方公共经济理论和合作生产理论，这些理论重构了地方政府的组织逻辑和组织模式，大大提升了我们对于公共服务供给和组织模式的理解，也为推进大城市改革提供了坚实的经验基础和理论基础。

IAD框架的第二个主要应用领域是对公共池塘资源的研究。从20世纪80年代中期开始，埃莉诺和其同事开始重返公共池塘资源领域对公地产权（common property）进行深入研究。正是为了对不同研究案例进行比较，沟通和借鉴不同学科、不同学者和不同领域的研究成果，他们提出了分析框架来整合公共池塘资源研究，这一框架最初只包括四个构成要素，即物理属性、决策安排、互动与结果（Oakerson，1992）。这些尝试将发展一个统一分析框架提上日程，也直接促进了更为完善的IAD框架的产生。埃莉诺和其同事成功地将IAD框架用于分析公共池塘资源，挑战了哈丁的公地悲剧理论，发展了基于自主治理的公共池塘资源理论。他们认为，有限理性的个人可能通过使用一些"可测量的反应"等启发法来将他们在实际场景中达成的协议稳定化，解决他们自身面临的公共池塘资源难题，而在这一过程中没有外部参与者来强制实施规则（Ostrom, Gardner & Walker, 1994）。

IAD框架在对公共池塘资源和多样性产权制度的研究中发展了三个主要数据库。第一个数据库主要是为国家研究委员会（National Research Council，NRC）收集的案例，以及一些来自历史学家、社会学家、政治学家等写作的有关公共流塘资源的案例，这些案例主要有两类，一类是内海渔业，另一类是灌溉系统。埃莉诺（Ostrom，1990）正是基于这些案例的研究，写作了她最有名的著作《公共事务的治理之道》。在该书中，她提出了发展强壮的、可持续的自主治理的公共池塘资源规则的设计原则，并初步提出了制度变迁理论。第二个数据库主要是关注尼泊尔的灌溉系统，目前已经编辑了超过175个灌溉系统的数据，这些数据库对一些传统的理论假设进行了检验，研究发现在农业生产力方面，农民管理的灌溉系统的绩效比机构管理的灌溉系统的绩效高（Lam，1998）。第三个数据库是一个有关森林的合作研究，这一研究主要是用于解决在制度如何影响森林资源使用者的激励从而导致森林资源退化的问题。这些有关森林的研究，初步发现一些森林资源管理比较好的地区的共同特征是当地民众在制度的生产、监督和执行中发挥重要作用。因此让国家重新管理森林，并且委托外部第三方监督者并非最好的策略（Gibson，McKean & Ostrom，2000）。

目前，IAD框架已经被应用到一些更广泛的研究范围，正在被世界各国越来越多学者接受（Ostrom，2007b）。这些研究领域包括社会选择模型、发展中国家基础设施、私有化过程、发展过程、美国联邦制宪法变迁、社会生态系统、生物多样性、合作、渔业政策、公共机构伙伴关系、国际援助等。自从埃莉诺于2012年去世之后，《公共选择》等很多杂志都出版了纪念他们研究的专刊，在很多研究讨论中，IAD框架都是研究者不可能回避的一个讨论话题。很显然，IAD框架的影响力和生命力仍然很强大。

不过，在IAD框架如何与公共政策研究进行结合，尤其是利用IAD框架来促进我们对政策过程本身的理解，这仍然是需要进一步推进的工作，也是IAD框架本身面临的最大挑战之一。而这本身也是检验能否建立一个基于制度理论的政策过程理论的关键，它需要我们重新在"制度与政策过程"之间建立有机联系。

当然，一些研究者已经开始尝试将IAD框架与政策过程理论进行结合的尝试。例如，一些公共政策研究者已经将制度语法学作为政策描述（policy description）、政策设计（policy design）和管制服从（regulatory compliance）的工具，并认为制度语法学有可能提供一种思考政策过程的新理论（Basurto，Kingsley，McQueen，Smith，Weible，2009；Siddiki，Weible，Basurto，Calanni，2011；Siddiki，Basurto，Weible，2012）。

爱德华多·阿勒尔和穆尔亚·阿玛瑞（Araral & Amri，2016）则提出开发基于IAD的政策过程理论，他们称之为IAD 2.0版本。在回顾IAD

框架之后,他们认为可以将 IAD 框架中制度理论与政策过程进行有机结合。于是,结合政策过程的具体阶段,他们提出一系列用 IAD 框架进行政策过程研究的问题(见表 4-8)。

表 4-8　　　　　　　　　　制度和政策过程 2.0

| 政策过程阶段 | IAD 框架下的研究问题 |
| --- | --- |
| 议程设定 | 议程设定的过程和结果会因为政治制度的类型而有差异吗?<br>如果有差异,怎样和为什么? |
| 政策子系统 | 政策子系统的形成、变迁和绩效会因为政治制度的类型而有差异吗?<br>如果有差异,怎样和为什么? |
| 政策工具 | 政策工具的效率会因为政治制度的类型而有差异吗?<br>如果有差异,怎样和为什么? |
| 政策执行 | 政策执行会因为政治制度而有差异吗?<br>如果有差异,怎样和为什么? |
| 法律传统 | 政策制定、政策设计、工具选择和政策执行的过程会因为法律传统而有差异吗?<br>我们能够在大陆法系国家(德国、法国、中国和俄罗斯)和普通法系国家(澳大利亚、英国、加拿大、印度、南非)观察到这种差异吗? |
| 政策学习、同形化和政策转移 | 政策学习、同化和政策转移会因素制度环境而有差异吗?<br>如果有差异,怎样和为什么? |
| 观念、语言和推理 | 我们也能够将政治概念化为结社的艺术和科学而不是向传统那样定义为权力和冲突的配置。<br>如果是这样,那么观念、语言和推理在这一过程中角色是什么? |
| 多中心和公共企业家 | 负外部性应该如何处理?<br>在多中心与非多中心治理体制之下,对于负外部性的政策工具选择意味着什么? |
| 情景分析的诊断工具 | 比较制度分析、关键案例研究、托克维尔式分析、多层次分析、实验室实验和实地实验、分析性叙事、历史和演化制度分析、主体基础模型、博弈理论模型、制度计量经济分析、神经网络分析、地理信息系统 |
| 从效率到民主治理 | 学者的关注点需要从效率、公平、效益和政治可行性向规范性交流价值转变,如合法性、公正、责任、自主治理和公民精神等。 |

资料来源:根据 Araral & Amri(2016)进行整理所得。

# 小　　结

对制度多样性的理解是埃莉诺一生的学术追求,在其长达半个多世纪的探索中产生了丰硕的果实,也构成了她最重要的学术贡献之一。为了促进不同学者之间在制度上交流、理解和合作研究,她开发了制度分析与发展（IAD）的分析框架，作为组织制度研究的元语言。她认识到制度并不能够直接对行为产生影响，于是在 IAD 框架中提出了行动情景的概念，认为制度通过影响行动情景而对互动和结果产生影响。为了更好地描述行动情景的概念，她引入了博弈论的分析框架，并将博弈论的要素进行扩展，认为行动情景包含行动者、位置、选择、信息、控制、结果和报酬等七个要素。与此同时，行动情景要转化为行动就需要有行动者，于是行动者成为制度分析的核心和关键，这也是方法论个人主义的重要传统。考虑到制度是一个十分模糊的词汇，她提出了用制度语法学来对策略、规范和规则进行区分，让人们更好地理解制度。在现实中，她还认识到行动情景并不是由单一制度所构造，而是由制度系统构造。结合行动情景，她提出了由边界规则、位置规则、选择规则、信息规则、聚合规则、范围规则和报酬规则等组成的规则系统，这些思想是制度类型学的核心。人类总是在不同行动情景中转换，为了连接不同行动情景，她提出了制度层次学，认为可以将制度分析至少区分为三个层次，即操作层次分析、集体选择层次分析和立宪层次分析。制度并不总是静态的，理解制度变迁构成了更大的挑战。为了理解制度变迁，她尝试提出了制度演化学，通过制度类型学来描述制度变迁过程，通过引入演化论中变异—选择—遗传来理解制度变迁的原因。与其他学者相比，她对人类解决自身面临的问题和进行改革充满兴趣，这也是她关注制度设计学的重要原因。为此，她创造性地提出从"设计原则"的角度来理解制度设计和制度改革，避免出现制度单一性问题。

与其他理性选择的制度主义学者相比，多学科、多元研究方法和经验研究等构成了埃莉诺对制度研究的鲜明特色。对此，其多年合作者詹姆斯·华尔克（Walker，2015）有详细的阐述，在一篇回顾埃莉诺研究的论文中，他直接将论文题目界定为"布鲁明顿学派：多元研究方法、多学科研究与集体行动"，这正是对这些特色的最好概括。在经验研究方面，与其他政治经济学家对议会、官僚、选举等宏大政治议题关注相比，她着重对公共池塘资源这一微观议题进行深入研究，涉及灌溉、渔业、森林等各种可再生资源，而随着可持续发展成为重大焦点，她的研究从小众话题成为热点话题。在多学科研究方面，埃莉诺尝试与政治学、经济学、行政学、社会学、人类学、心理学、生态学、计算机学科等不同学科对话、合作与共同研究，实现了对制度的跨学科研究。在多元研究方法中，埃莉诺先后使用案例分析、宏观分析、实地研究、实验室实验、实地实验、仿真模拟等多种方法来探究公共池塘资源中的制度、集体行动和治理问题。通过制度作为连接纽带，多学科、多元研究方法和经验研究实现了有机结合和完美融合，开创了一种新的研究范式。而埃莉诺的制度理论如何进一步拓展研究情景，检验制度理论在公共池塘资源之外的适应性；如何进一步对中国的公共池塘资源、中国政府改革和实践等进行分析，检验制度理论在中国的适应性和开发与中国情景相适应的新理论，仍然任重道远。

# 第五章

# 行动者中心制度主义

政策研究中的行动者中心制度主义（actor-centered institutionalism in policy research）由德国学者弗里茨·沙普夫（Fritz W. Scharpf）和雷娜特·迈因茨（Renate Mayntz）率先提出，并由弗里茨·沙普夫系统阐述而发展成为政策过程中决策途径的重要理论之一（Scharpf & Mayntz, 1975; Scharpf, 1990, 1991, 1994a, 1997）。弗里茨·沙普夫通过《真实行动者博弈：政策研究中的行动者中心制度主义》一书，对行动者中心制度主义这一框架的构成要素、核心内容和主要观点进行了介绍，他认为博弈论思想和制度分析方法对政策过程研究具有重要贡献和价值（Scharpf, 1997）。对于行动者中心制度主义的核心主张，沙普夫将之概括为："这一路径来自这一假设，社会现实可以解释为有目的行动者互动的结果，这些行动者包括个人、集体和公司行动者，他们之间的互动在一个结构化环境中展开，互动结果由他们所处的制度设置（institutional settings）所塑造。"（Scharpf, 1997：1）于是，行动者，行动者集群（actor constellations）、互动模式（modes of interaction）和制度（institutions）成为这一框架的核心要素。由此可见，行动者中心制度主义利用博弈论理论，将行动者互动作为分析中心，试图打开政策过程的"黑箱"，为政策结果提供一个更清晰的解释。

本章安排如下：首先，指出行动者中心制度主义在挑战政策过程中的问题取向研究范式（problem-oriented research）和实证研究范式的基础之上，提出了政策过程研究的互动范式和实证与规范相结合范式；其次，讨论行动者中心制度主义的理论基础，它试图对博弈论、制度理论和合法性理论三种理论进行整合；再次，对行动者中心制度主义框架的假设、构成要素和核心内容进行阐述；随后，分别按照分析框架的要素对行动者、行动者集群、互动模式等进行深入探讨；复次，对行动者中心制度主义的核心贡献进行阐述；接着，对该理论进行评价，讨论其在理论发展脉络中的位置；最后，对行动者中心制度主义对推进中国政策和治理过程启示与借鉴意义进行分析。

## 一 挑战政策过程中的问题取向研究范式和实证研究范式

弗里茨·沙普夫提出行动者中心制度主义框架主要是基于其对政治和政策现实的认识，以及政治和政策学科定位的思想，他力争理论与实践的有机统一。在开篇中，沙普夫就指出："政治关涉很多事情。但是在现代民主政体中，最重要的事情是选择和合法化公共政策的功能，这一功能需要使用集体权力来实现，仅仅依赖个人或市场交易难以实现目标并解决问题。政治科学和政治社会学是关于很多事情的学科。但是，在他们最重要的关注应该是能够贡献帮助理解和提升政治产生有效和合法的方案去解决问题的学科。"（Scharpf, 1997: 1）公共政策对于人类福祉意义重大，政策选择的成败对于国家的繁荣与稳定至关重要。在现实中，并非所有的政治体制都能够生产良好的公共政策，我们如何才能够让高质量的公共政策得以涌现？因此，在政策研究中，政治科学和政治社会学的核心贡献应该是理解和提升（understand and improvement）政治得以产生有效和合法（effective and legitimate）公共政策的条件。简言之，政治能否以及如何产生有效和合法的公共政策，构成了他所设想的公共政策的"根本性问题"（fundamental problems）[1]。公共政策的有效性和合法性，以及保证有效性和合法性的公共政策得以产生政策过程成为沙普夫政策研究的主要议程。

在沙普夫看来，现有的政策研究范式主要是问题取向研究范式和实证研究范式，这些范式并不能够满足其对政策研究"根本性问题"的设定，于是提出了以"互动范式"来替换问题取向研究范式和实证研究范式，

---

[1] "根本性问题"是一个学科或理论关注的核心问题和关键问题，它也是一种重要的研究和思考方式。例如，孔飞力在《中国现代国家的起源》一书中开宗明义地提出，他所要讨论的是关于中国现代国家形成的"constitutional question"以及相关的"constitutional agenda"。孔飞力对此的定义是："所谓'根本性'问题，指的是当时人们关于为公共生活带来合法性秩序的种种考虑；所谓'议程'，指的是人们在行动中把握这些考虑的意愿。"

重新将政策过程作为政策研究的核心。自拉斯韦尔倡导政策取向研究以来，问题取向研究一直是公共政策的重要研究范式，它强调通过科学方法来解决公共问题，并且逐步发展成政策分析研究取向，以探究政策过程中的知识（Lasswell，1970；李文钊，2019）。对于问题取向研究，沙普夫将其总结为："问题取向研究关注政策问题的原因、潜在政策解决方案、对最初问题和更广泛政策环境的可能效果。"（Scharpf，1997：11）很显然，问题取向研究涉及实质性政策分析，它需要利用其他学科知识来帮助解决实现问题。很多公共政策研究的教科书，都是按照问题取向研究来组织的，问题分析与解决方案分析成为政策分析最重要的两部分内容，政策分析是一个发现问题和寻找解决方案的过程（Weimer & Vining，2017）。问题取向研究最重要的假设是"仁慈独裁者视角"，强调唯一的决策者能够分析问题和提出解决方案。但是，在很多时候，良好的政策方案并不一定能够被选择，这也使沙普夫提出可以从互动范式出发来对政策过程进行研究，重新将政策过程作为政策研究中心，讨论不同行动者通过什么样的互动模式实现了现有的政策结果。这意味着，沙普夫试图平衡政策过程中的知识和政策过程的知识，从而实现通过知识改善公共政策质量的历史使命。

除了对问题取向研究范式进行挑战，沙普夫还对实证研究范式不满，认为政策研究是实证与规范互动的产物，规范性研究在政策研究中发挥重要作用。事实上，拉斯韦尔在倡导政策科学范式时，也非常重视价值在政策科学中的重要性，提出了民主的政策科学家的构想（Farr，Hacker & Kazee，2006）。正是因为对价值的关注，使得沙普夫认为政策研究也是实证研究和规范研究互动的过程，这也是"互动范式"在研究领域的体现。对此，沙普夫将政策研究与法律研究连接起来，认为两者都需要考虑实证问题和规范问题，他强调："判断一个政策的有效性不仅需要关于政策经验结果的信息，而且还需要关于什么是问题以及什么是好的解决方案的规范假设。……关注公共政策的有效性和合法性（effectiveness and legitimacy），正如我们要收集和解释经验信息一样，我们同样需要涉及发现和解释合适的规范标准。"（Scharpf，1997：13）于是，沙普夫提出了一个有意思的问题，如果一项公共政策的经验效果非常好，但是产生这一公共政策的政策过程不符合民主规范，那么我们应该如何评价和判断该项公共政策？事实上，很多学者都认识到实证研究范式的局限，倡导将公共政策的实证研究范式和规范研究范式结合起来讨论，公共政策研究的"论证转向"就是其中最杰出的代表，而费希尔直接在公共政策评估的研究中讨论了评估标准的多维度问题（Fischer & Forester，1993；Fischer，1995；Fischer & Gottweis，2012）。

由于公共政策涉及有效性和合法性问题，这使得对于公共政策的规范性维度也涉及"好的"公共政策标准（criteria of "good" policy）和政策制定系统的合法性（legitimacy of the policymaking system）（Scharpf，1997：14）。一般而言，对于"好的"公共政策标准，通常会存在公认的标准，即便存在科学和政治对话冲突，也可以通过哈贝马斯的理想沟通和对话来解决。但是，更为棘手的问题是对政策制定系统的合法性讨论。对于政策制定系统的合法性，沙普夫指出："这一议题并不是我们通常所关注的政体合法性（regime legitimacy），而是特定结构和程序的合法性，通过这一结构和程序，公共政策得以产生。……同样，判断标准仍然是'共同善'（common good）。但是，这一标准评判的不是某一项实质性公共政策选择的质量，而是特定政策制定制度产生共同善的公共政策选择的一般能力（general capacity）"（Scharpf，1997：14-15）对于政策制定系统的合法性研究，构成了沙普夫整个政策过程理论的核心，也是他后期一直致力于讨论的"根本性问题"（Scharpf，2010；2019）。

## 二 行动者中心制度主义的基础：博弈论、制度理论和合法性理论

沙普夫的行动者中心制度主义力图将博弈论和制度理论有机结合，从博弈论中策略性互动角度来讨论公共政策选择过程，并且突出制度对于公共政策选择的影响。博弈论是理性选择理论的一个分支，它强调从决策者理性选择假设出发对行为及互动结果进行解释。对此，沙普夫在论述其分析框架时指出："这些研究路径的共同点是行动理论或理性选择和制度主义或结构范式的有机融合，这些路径在'经济学'理论和'社会学'理论相遇时通常被认为是相互排斥的。"（Scharfp，1997：36）很显然，沙普夫提出的行动者中心制度主义试图对经济理论和社会理论进行整合，他们既不像社会学理论那样仅仅强调文化规范或社会规则作用，也不像经济

学理论那样只强调行动者追求无差别的个人利益。行动者中心制度主义认为，政策研究者需要关注个人行动者在偏好和认知的约束之下，如何对外界的威胁、约束和机会等进行反应，其中，个人的偏好和认知受到制度影响。与此同时，公共政策选择除了涉及有效性标准，还涉及合法性标准，即获得公共政策的程序是否合法。对于公共政策合法性的讨论，构成了他后期学术研究的重点。由此可见，沙普夫提出的行动者中心制度主义的理论基础主要有三个，即博弈论、制度理论和合法性理论，其中博弈论又是他突出强调的重点，认为经验性政策研究需要有博弈论思维。

对于沙普夫而言，博弈论是政策研究的重要工具，但是，被博弈论学者和政策研究者所忽略。关于博弈论与公共政策之间的内在关系，他指出："互动过程的博弈论概念化对于模型化我们在政策过程经验研究中发现的集群（constellations）现象是合适的，这通常涉及有限的个人和法人行动者，如政府、内阁、政党、工会、行业协会、商业企业和研究机构等，他们在结果由他们分别决定的条件下从事有目的的活动。"（Scharpf, 1997：5）正是因为对互动过程的关注，使沙普夫的行动者中心制度主义提供了一种不同于问题导向的互动式政策研究范式，该范式并不预设"针对自然的博弈"（game against nature），恰恰相反，它是针对人的博弈（game against actors）。

对于博弈论是否能够应用于政策过程的研究，一个经常性的争论是博弈论对于人的假设过于严格，这使得其不能够与政策过程经验研究相结合。与其他理性选择理论一样，博弈论是从完全理性人假设出发，强调行动者拥有所有的信息、解决方案和计算能力。该假设很显然与现实不相符，这也导致政治学中更多的政治科学家和分析性理论家在使用博弈论，如使用博弈论来分析社会契约的形成。对此，沙普夫认为，事实上经验主义政策研究者只需要借用一些博弈论最基本的设想，就可以大大提升他们对于政策过程的解释性、预测力和设计力，他指出："为了从博弈论理论视角获益，经验主义者既不需要成为数学家，也不需要假设行动者是全知全能的，也不需要假设他们拥有无限的计算能力。我们只需要在解释性假设中将相互依赖的策略性互动和均衡结果等几个基本观点引入就足够了。"（Scharpf, 1997：6-7）

博弈论的核心要素有三个，即行动者、策略和报酬。行动者是参与博弈的个人或组织，他们会对可能的行动做出有意识的选择，策略是行动者所采取的行动。博弈存在的前提是结果由双方行为共同决定，最典型的是囚徒困境和公地悲剧。报酬是对结果的赋值，它是根据行动者偏好对结果的评价。博弈论根据是否达成协议，以及协议是否具有约束力，可以区分为非合作博弈和合作博弈。此外，博弈论可以分为标准型博弈和扩展型博弈，前者是以表格形式来展现博弈参与者的策略及其结果，后者是以树状型来展现不同博弈参与者的策略以及其结果。一般而言，标准型博弈强调同时选择，扩展型博弈强调选择具有时序性。

制度理论是行动者中心制度主义的另一个理论基础，它强调制度环境对于政策过程的影响。传统的博弈论将制度作为外生变量，讨论行动情景之下的博弈及其选择。行动者中心制度主义直接探讨制度设置对于政策过程中互动过程及其模式的作用，进而对政策选择结果产生影响。制度可以有多种维度的解释，如认知、行为与规范，沙普夫则是从规范和规则层面理解制度，强调制度是对人类行为的激励和约束，它是对禁止、强制或允许人类行为的规定（李文钊，2017）。对于制度的定义，沙普夫认为既不能够太过宽泛，将组织和机构纳入，又不能够过窄，只将具有惩罚性规则作为考虑范畴，而应该同时包含规则和社会规范（Scharpf，1997）。从这个意义上说，沙普夫直接将政策过程与制度联系在一起，建构了政策过程的制度路径。

对于制度的强调，这也使得在从事政策过程研究时，需要识别制度设置，并进一步讨论制度对于政策选择的影响。对于沙普夫而言，他特别重视制度的时空性和情景性，认为抽象的制度分类对于研究意义并不大，他指出："即便我们能够根据抽象标准对规则进行分类，关键点仍然是这些规则是高度个性化的，他们仅仅以具体形态呈现才能够产生因果效应。"（Scharpf，1997：38）为此，沙普夫并非将制度作为一个解释变量，只是将其视为一个对解释变量有影响的核心因素的缩写。

合法性理论是行动者中心制度主义的第三个理论基础，这也使得沙普夫关注政策过程的规范基础，倡导规范取向的政策过程研究。事实上，对于合法性的讨论，构成了沙普夫后期学术研究的重心，如何建构一个有效且合法的政策过程成为其核心研究问题（Scharpf，2010）。对于合法性，沙普夫从功能性角度给出了一个定义，他指出：社会共享的合法性信念主要是服务于创造一种规范性义务，它可以确保人们对于治理权威当局非期望规则或决策的服从（Scharpf，2009：173）。正是因为对于合法性的关注，使沙普夫一方面认为政策研究应该重视规范性标准的讨论；另一方面，他拓展了政策研究的内容，认为政策研究需要对政策过程的结构和程序的合法性进行讨论，而不仅仅是对政策过程产出有效性的研究。

在沙普夫看来，西方国家对于合法性的讨论，主要有两种来源，一种是共和传统（republican），另一种是自由传统（liberal）。共和传统起源于亚里士多德，他强调政治先于个人，政治对于个人能力发展很重要，政府权力应该被用于追求公共的善，而关键问题是统治者可以追求私人利益而不是公共利益，这使统治者个人的品质成为重要议题。共和传统的合法性主要是通过代议民主中的公共辩论（public deliberation）和选举责任的机制来实现。自由传统起源于霍布斯，他将个人权利置于比政体更突出和重要的位置，国家存在的目的在于其是否保护个人权利。在国家权威必须存在时，最好通过一致同意或者权力制衡来实现。

## 三　行动者中心制度主义的分析框架

在整合理性选择理论和制度主义理论的基础之上，沙普夫试图提出一个行动者中心制度主义分析框架，来对政策选择过程进行研究。在沙普夫看来，这一框架主要是对政策过程中互动事实的刻画，他认为："在更一般层面，我们需要一个框架来描绘政策过程，这一政策过程是由个人和法团行动者（corporate actors）互动所驱动，这些行动者有一定的能力、特定的认知和规范倾向，并且受到一定的制度环境和外部情境影响。"（Scharpf，1997：37）由于沙普夫主张将实证取向政策过程研究和规范取向政策过程研究有机结合，这使他对行动者中心制度主义的使命和目标有更多期望。关于建立分析框架的主要设想，沙普夫强调："在行动者中心制度主义框架下，互动取向政策研究的主要使命是解释过去的政策选择，生产一些对发展政治可行的政策建议有用的系统知识，或者设计有利于公共利益取向政策形成和执行的制度。"（Scharpf，1997：43）对于这一论述，沙普夫的行动者中心制度主义框架是为了回应他对政策研究两大根本性问题的关注，即生产有效公共政策和政策过程自身的合法性，前者面向问题解决本身，后者面向问题解决的制度和程序。

由于这一框架试图将博弈论和制度主义有机结合，这使得该框架对制度设置非常关注,它强调制度设置对政策过程的影响。不过,与其他制度主义研究者将制度作为解释变量相比,行动者中心制度主义的分析框架更多地是将制度作为一种影响变量,制度通过对其他变量产生影响从而对政策过程发挥作用。对此,沙普夫有非常明确的阐述,他认为:"在我们的框架中,制度设置的概念并不是理论界定意义上的一系列变量,将这些变量的系统化和可操作化来作为经验研究中的解释因素。相反,我们使用制度作为缩写(shorthand)来描述对那些对驱动解释的因素有最重要影响的事项,这些用来解释政策过程的因素包括具有倾向和能力的行动者、行动者荟萃和互动模式。"(Scharpf,1997:39)从博弈论语言看,制度不仅对可能的行动策略产生影响,而且还会建构博弈中的行动者、塑造他们的观点以及对博弈结果的评价。由此可见,行动者中心制度主义框架最核心的要素有五个,即制度设置、行动者、行动者荟萃、互动模式和政策,其中行动者、行动者荟萃和互动模式是主要解释变量,政策是被解释变量,制度是影响变量(见图5-1)。

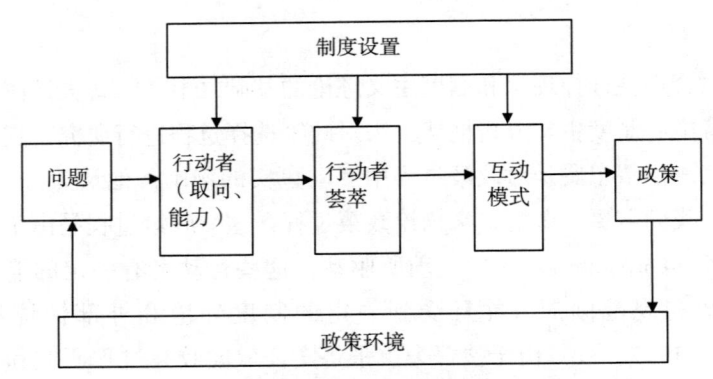

图 5-1　行动者中心制度主义分析框架

资料来源:Scharpf,1997:44。

　　从图5-1可以看出,行动者、行动者荟萃、互动模式、制度设置嵌套在问题—政策之中,实现了政策过程与政策分析的有机统一。简言之,政策分析中的问题建构与解决方案需要在政策过程中被认可、合法化和转化为政策,正是在这个意义上,行动者中心制度主义对问题解决的政策分析路径进行了挑战,提出了互动取向的政策研究路径。行动者是政策过程中的选择主体,他们拥有特别的能力、认识和偏好。行动者中心制度主义在借鉴博弈论来描述行动者的互动过程时,提出一个创新性想法,认为博弈过程不仅是在"非合作博弈"(noncooperative game)情境之下展开,也可能是在"合作博弈"(cooperative game)、"投票博弈"(voting game)、"等级博弈"(hierarchy game)等情境之下进行。

于是,行动者中心制度主义强调博弈过程划分为两个环节,即行动者荟萃和互动模式,前者主要是描述政策过程的主要参与者、策略选择、策略选择的结果、参与者对于结果的偏好,后者则是阐述政策过程中的互动模式下,这些不同参与者博弈的情景。对于互动模式,行动者中心制度主义提出了四种类型,即单边行动(unilateral action)、谈判协议(negotiated agreement)、多数投票(majority vote)和等级命令(hierarchical direction)。对于制度设置,行动者中心制度主义提出了四种类型的制度,即无政府情境和最小制度(anarchic fields and minimal institution)、网络、政体和联合决策系统(networks, regimes, and joint-decision systems)、协会、选区和代表会议(associations, constituencies, and representative assemblies)、等级组织和国家(hierarchical organizations and the state)。行动者中心制度主义认为,互动模式可以发生在任何一种制度设置之下,当然有些互动在一些制度设置之下不可能发生,如等级命令的互动不可能在无政府状态之下产生,多数投票不可能在网络和联合决策中展开,这样就可以形成制度设置和互动模式的矩阵(见表5-1)。因此,行动者中心制度主义的主要解释逻辑是通过对制度设置的分析,以行动者荟萃和互动模式来理解政策选择逻辑。接下来,我们将分别对该框架的核心构成要素行动者、行动者荟萃和互动模式分别展开论述。

表 5-1　　　　　　　　　　　　互动模式

| | 制度设置 | | | |
|---|---|---|---|---|
| | 无政府状态 | 网络 | 协会 | 组织 |
| 单边行动 | × | × | × | × |
| 谈判协议 | (×) | × | × | × |
| 多数投票 | — | — | × | × |
| 等级命令 | — | — | — | × |

资料来源:Scharpf, 1997: 47。

## 四 政策过程中的行动者

由于行动者中心制度主义遵循博弈论和理性选择的传统，但又希望考虑选择中的规范性因素，这使其假设行动者试图兼容理性和规范性。为此，行动者中心制度主义最基本的假设是行动者行动具有目的性（intentional action），目的性成为思考行动的出发点。关于有目的行动与公共政策之间的关系，沙普夫指出："相反，公共政策是在约束条件之下，有目的行动的结果。很显然，目的性是主观现象。他们依赖于个人的认知和偏好。人们不是在客观现实的基础上行动，而是在他们所认知的现实和所设想的认知现实中因果关系运行逻辑基础上行动。与此同时，人们不仅在客观需求基础上行动，而且也在反映他们主观利益、评价和规范信念（normative convictions）的基础上行动，这些规范信念涉及在一定的环境之下，怎样行动是正确的、好的和适宜的。换句话说，有目的性行动不能够在没有行动者有关行动的主观意义的参照之下而获得描述和解释。"（Scharpf，1997：19）

于是，有目的性的行动假设主要受到主流经济学和社会学的影响，理性和社会建构构成了行动假设的两种机制。行动者中心制度主义正是在整合这两种机制基础之上，建立了行动者行动的有限理性（boundary rationality）和社会建构（socially constructed）两种基本假设，这两种假设最终都是建立在演化论基础之上（Scharpf，1997：20）。理性构成了主流经济学、政治学和社会学的一端，他们强调个人基于理性计算来进行行动，这构成了理性行动者路径（rational-actor approach）。从演化论的角度看，理性的个体通过对环境的感知而获得正确的行为，这些行为会增加他们及其后代的生存概率。主流经济学继承了这一传统，他们用个人利益来假设个人行为并对市场均衡做出解释，一些政治学家也将理性传统用于政治分析（Shepsle，2010）。社会建构成为社会科学的另一端，这由于是由人类学家和社会学家所倡导，他们认为环境的复杂性和不确定性，需要通过"现实的社会建构"来实现认知统一，从而帮助人类克服挑战。对于这些学者而言，人类只有通过社会规范和制度对行为进行塑造，才能够在自然竞争中生存下来。尽管这两种假设相互对立，但是任何一个单一的假设都不可能对人类行为进行完整解释。一方面，人类学和社会学者所倡导的社会规范和制度解释，把人类仅仅看作一种"规则遵守"的机器，这忽略了人类行动中的主体性和能动性。另一方面，经济学者所倡导的理性选择解释，把人类想象成万能的计算器，随时随地在进行计算，这忽略了人类行动中的习惯和规则遵循。事实上，每一类假设都试图包容另一种假设，将另一种假设描述的行为作为特例，马奇在对决策理论的探讨中对此进行了富有洞见的评论（March，1991）。正是因为不满于这两种对立的观点，沙普夫在提出对于行动者假设可以同时兼容理性和社会建构性，将有限理性和社会建构作为行动者中心制度主义中对行动者的核心假设。

  行动者中心制度主义强调从行动者出发来解释和分析政策选择，这使得寻找行动者成为政策研究的第一步。与方法论个人主义强调只有个人是行动者相比，行动者中心制度主义对行动者的概念进行了扩展，它既包含个体行动者（individual actors），又包含复合行动者（composite actors）。其中，针对复合行动者，沙普夫认为需要进行两个层面的分析（two-level characters），"从外部看，作为复合行动者，其拥有一定的资源和或多或少调动资源的能力来采取策略性行动；从内部看，作为一种制度结构，内部行动者通过互动来产生行动，并将这些行动归因于复合行动者"（Scharpf，1997：52）。一般而言，方法论个人主义只是将行动者限定在个体层面，而行动者中心制度主义提出超越个体行动者层面的复合行动者概念主要是基于西蒙的复杂性理论（Simon，1996）。对于复合行动者作为解释变量，沙普夫指出："事实上，行动者中心制度主义作为一种经验研究项目的可行性主要依赖于现实世界互动的'复杂性的构造'（architecture of complexity）的关键假设，这一假设可以允许我们将更大单位设想为行动者，这些行动者的行为可以用更大单位层面中的影响因素来解释。"（Scharpf，1997：52）西蒙所谓的"复杂性的构造"，主要是强调复杂系统的两个特征，一个是可分解性，另一个是层次性。可分解性认为复杂系统可以由一系列子系统构造，层次性主张这些不同子系统之间按照层次性来组织关系，这两个特征使得对于更高层次的行为解释可以依据外部环境和影响因素来分析，而可以对其内部结构忽略不计。而这两种特征，也正是沙普夫所主张的超越个人行动者的复合行动者两层次分析。

  对于复合行动者，沙普夫主将其划分为三类，即行动者集合（actor aggregates）、集体行动者（collective actors）和法团行动者（corporate actors)。这三类行动者，沙普夫认为集体行动者和法团行动者对于政策过程的影响更大一些，这也是他重点关注的两类行动者。对于行动者集合而言，它是对人群中具有某类特点的子群体行动的描述，如"农民群体""医生群体""教师群体"等。行动者集合是对群体、阶层等集合概念的指称，它被用来概念化大规模人群的选择，其解释逻辑是个人层面的偏好和情景信息，通常认为这些个体之间具有相似性，相似性导致"集合"行为。行动者集合的一致行为，主要是由从众效应（bandwagon effect）、阈效应（threshold effect）、反馈效应（feedback effect）、自我调整（auto-dynamic coordination）等机制促进，这使得即便个体行动者最初可能没有共同兴趣，也可以采取集合行动。对此，沙普夫指出："由于大数量行动者的相似行动不仅依赖于他们初始特征的一致性，而且还会受到反馈机制的强化，自我动态协调会使行动者行动与仅仅依赖独立个体的相似性而采取的单独性行为所达到效果相比，有更高的一致性、持续性和具有活力的集合行动。"（Scharpf，1997：54）尽管如此，行动者集合仍然是诉诸个体选择，但是，这些行动并非个人选择的目的，而是个人选择的结果。

集体行动者和法团行动者是行动者中心制度主义的超越个体行动者的最重要的复合行动者，他们之间最关键的区别在于前者仍然依赖于个体行动者的偏好，后者则拥有较强的自主性。对于集体行动者，沙普夫提出了两个维度的分析，第一个维度是关键性行动资源要么被个人所掌握，要么被集体化和被集体行动者所控制；第二个维度是集体行动者在进行行为选择时，主要是依据个人偏好还是集体偏好，这样就可以形成联盟（coalition）、运动（movement）、俱乐部（club）和协会（association）四种类型的集体行动者（见表5-2）。联盟是一种半永久性制度安排，它强调行动者追求单独而具有一定兼容性的目的，并且通过使用各自的资源来达到战略行动的目标，例如APEC就是一种联盟。运动也需要依靠成员的自愿行动，但是，与联盟相比，一方面，其成员特别多，这使得通过自愿协调或投票很困难；另一方面，成员之间对于共同目标具有价值承诺。俱乐部与联盟具有一些共同特征，但是，它拥有集体化的行动资源来实现目的，其成员都是自愿参与俱乐部行为，成员需要为俱乐部贡献会费等资源，例如OECD组织就是采取俱乐部制。协会则包括两个维度的集体性内容，关键性行动资源被集体所有，选择主要是根据集体层面的目的来评估和决策，这种协会通常被称为"自下而上"的组织。

表 5-2　　　　　　　　　　　集体行动者的类型

| | | 行动倾向性的参照系（reference of action orientation） ||
|---|---|---|---|
| | | 单独目的（separate purpose） | 集体目的（collective purpose） |
| 行动资源的控制程度 | 单独（separate） | 联盟 | 运动 |
| | 集体（collective） | 俱乐部 | 协会 |

资料来源：Scharpf, 1997：55。

法团行动者是典型的"自上而下"的组织，它由"所有者"控制，或者是一个等级领导体系代表"所有者"来行动。在法团行动者的组织结构中，其成员与组织之间一般是雇佣关系，组织通常不会考虑其成员的利益和偏好，成员进入或退出组织的选择主要是一种契约关系。为此，法团行动者会追求自身的标识、目的和能力，这些一方面会使法团行动者效率提升，另一方面也会导致法团行动者在社会中支配地位的建立，使个人的自由受到限制。对于行动者集合、集体行动者和法团行动者三者之间的异同，可以从行动、目的、资源和决策等几个维度进行总结（见表5-3）。

表 5-3　　　　　行动者集合、集体行动者和法团行动者的总结

| | 行动者集合 | 集体行动者 ||||  法团行动者 |
|---|---|---|---|---|---|---|
| | | 联盟 | 俱乐部 | 运动 | 协会 | |
| 行动 | 个体 | 联合 | 联合 | 联合 | 联合 | 组织 |
| 目的 | 个体 | 个体 | 个体 | 集体 | 集体 | 组织 |
| 资源 | 个体 | 个体 | 集体 | 个体 | 集体 | 组织 |
| 决策 | 个体 | 协议 | 投票 | 一致同意 | 投票 | 等级 |

资料来源：Scharpf, 1997：57。

根据前文的行动者假设，复合行动者要具备策略行动的能力，也在认知和评价方面具有与个体行动者类似的能力。对于复合行动者的认知维度而言，它主要通过人际信息处理和交流来实现。对于复合行动者的评价维度而言，它主要强调偏好的整合性，即偏好能够实现跨时间、跨人际和跨部门的协调。于是，沙普夫指出："我们能够得出如下结论：策略行动的能力，一方面依赖于预先存在的复合行动者中成员间认识和偏好的一致

性,另一方面依赖于集体行动单位中冲突的处理能力。"(Scharpf, 1997：59) 对于政策研究而言,一个重要的挑战就是将个人行动者的行动与复合行动者的行动联系起来,这需要将个人行动与其角色建立联系,寻找行动单位的参照系 (unit of reference)。对此,在政策研究中,就需要处理行动者的多重角色,寻找与其最匹配的位置。事实上,行动者角色的建构是一个制度创造事实的过程,它通过制度化来宣称行动者角色 (Searle, 2005)。为了理解复合行动者的行为,就需要对其认知和偏好维度进行假设,前者会受到其理论和假设影响,后者则可以划分为利益、规范、认同和互动倾向等维度 (Scharpf, 1997：63)。

## 五 政策过程中的行动者荟萃

行动者荟萃是行动者中心制度主义的关键概念,它也是实质性政策分析和互动取向政策研究的汇合点。对此,沙普夫指出:"基本观点是实质性政策研究针对给定政策问题的解决方案必须被多元政策行动者的互动过程所产生,这些行动者会有特定的能力,针对要取得的结果会有特定的认知和偏好。"(Scharpf, 1997：69) 行动者、行动者荟萃和互动模式构成了政策选择的三个解释变量,而行动者荟萃又是连接行动者和互动模式的核心。博弈论是行动者中心制度主义的理论基础,行动者荟萃也是借鉴了博弈论的概念,它强调不同行动者的偏好、策略和报酬。通过引入博弈论,行动者中心制度主义实现了对政策过程中"互动模式"的精确描述和刻画,这为解释、预测和规范奠定了基础。与博弈论只是对非合作博弈的研究相比,行动者中心制度主义通过区分行动者荟萃和互动模式,拓展了博弈论的分析内容,将更多的互动模式引入,这使得模型与现实的联系更加紧密。

实质性政策分析关注政策问题和解决方案,而互动政策过程研究将问题与解决方案嵌入博弈过程中,从而为解决方案的选择提供了解释逻辑。因此,行动者中心制度主义也非常关注政策问题本身,这也是图 5-1 分析框架的起点。对于政策问题,沙普夫通过引入科尔曼的论述,强调:"在最一般意义上,任何个人感觉值得或者不值得的事项都可以称为政策问题,前提是这些问题朝向好的方向变化在原则上是可能的,但是又不可能仅仅依靠单个人来完成，这主要是其他人要么是产生问题的原因，要么是在解决问题上拥有资源。"(Scharpf, 1997: 69) 当然，并不是任何政策问题都可能转化为公共政策，这主要是由决策者注意力分配有限性决定（Baumgartner & Jones, 2015）。对于政策问题的类型，沙普夫通过引入人际互动的视角，将其划分为三类：协调问题（problems of coordination）、外部性和集体物品问题（externalities and collective-goods problems）和再分配问题（redistribution problems）。协调问题产生于个体行动者需要与其他交换对象交换物品获取利益，或者需要与其他主体生产兼容产品，或者需要依靠通过合作来联合产生物品的情形，最典型的例子是道路靠左边或右边行走，只有所有人员协调一致才不会产生交通事故。外部性和集体物品问题产生于个人行动会对其他人产生负面或正面影响，通常这些负面或正面影响不一定会被当事者所认知，最典型的例子是空气污染、公地悲剧、教育、道路等。再分配问题产生于两种情境，一种是一项政策需要以一部分人的代价为基础，如累进个人所得税是以对高收入者更多征收所得税来实现收入再分配，另一种是当前的收入和财产分配结果本身成为一项公共政策问题，如收入差距等收入不平等问题等。尽管这些政策问题本身也可以通过博弈论进行模拟，但是在行动者中心制度主义框架中，政策问题是作为一个变量嵌入互动政策过程之中的。

行动者荟萃是对博弈情景的描述，是一种行动情景逻辑（logic of the situation），它与行动者和互动模式一道构成了政策选择的三个核心解释变量。对于行动者荟萃，沙普夫给出了一个精确解释，他指出："'行动者荟萃'被用来再现我们所知道的一系列行动者，这些行动者涉入特定的政策互动，主要包括他们的能力（或者可以转化为策略），他们的认知和对可能结果（或者报酬）的评价，以及他们的报酬之间是否兼容。"(Scharpf, 1997: 72) 从这一段定义中，行动者荟萃与博弈论的三要素（参与者、策略和报酬）具有内在一致性（Kreps, 1990）。对于行动者荟萃，一般而言可以区分为纯粹冲突博弈（pure conflict）和纯粹协调博弈（pure coordination），前者意味着双方是零和博弈，后者意味着双方是共赢博弈。沙普夫提出，在将博弈论应用于政策研究中，可以使用一些"原型博弈荟萃"（archetypal game constellations）来描述政策场景中的博弈行为，他认为有四种比较常见的博弈，分别是保证博弈（assurance game）、性别战博弈（battle of sexes）、囚徒困境博弈（prison's dilemma）和胆小鬼博弈（chicken game）。

保证博弈是一种协调博弈，它强调双方都采取合作行为会导致双方收益最大化，但是如果有一方选择背叛，则合作方损失较大，而双方都选择背叛时则是一种最坏的结果。性别战博弈也是一种协调博弈的类型，但是在收益方面存在分歧，其核心是男女双方谁的偏好得到满足，如果女方的偏好得到满足则其收益大，相反如果各自采取独立行动而收益受损。囚徒困境则是一种最典型的零和博弈，通常也是一种"社会陷阱"，每一方的"占优策略"都是背叛，最后个体理性导致了集体不理性。该博弈通常被用来形容"公地悲剧""集体行动问题""公共物品生产与供给问题"等"社会困境"，所有这些困境都是个人采取理性行为导致了社会的次优结果。胆小鬼博弈用来描述针锋相对的两个行人谁先做出让步，双方可以通过合作改善彼此的境遇，但是每一方都有可能背叛对方而改善自身利益，如果双方都不做出让步，则有可能导致双方同归于尽，这也是国际关系中"威胁战略"的核心内容。所有这些博弈都有两个基本特征，一个是双方都希望避免最大化的冲突，另一个是双方的偏好具有对称性。

这四种博弈原型与现实有较大差距，这就需要一些机制对现实进行简化，使复杂的现实能够与模型契合，从而利用博弈模型来对政策选择进行解释。沙普夫提出了两种机制，即拆散机制（decoupling）和聚合机制（aggregation）。拆散机制意味着策略性互动中很多相互依赖的事项可以忽略或者当作某种给定环境，这不会影响研究。聚合机制意味着可以将一些行动者组合成为复合行动者或集体行动者来减少复杂性，使复杂性具有可分解性特征。联盟理论就是一种典型的聚合机制，它将很多行动者聚合成两种或多种联盟，随后来分析联盟之间的互动。

沙普夫认为，传统博弈论只从个体行动者的偏好和效用出发来进行分析，它认为行动者荟萃不仅需要考虑个体利益，还需要将对方利益作为自身的效用函数进行考虑，这是互动取向（interaction orientations）的问题，也是社会规范的起源。对于从互动的角度考虑偏好和效用，埃莉诺·奥斯特罗姆有同样的看法和观点，她认为博弈论需要引入社会规范、信息和社会资本的概念，这些社会效用的引入会改变博弈的策略和均衡状态（Crawford & Ostrom，1995）。这样，对于任何一个博弈，就可以形成两种"矩阵"，一种是"给定矩阵"（given matrix），它是博弈论描述的客观状态；另一种是"有效矩阵"（effective matrix），它是行动者在加上自身的主观偏好和价值之后形成的新报酬体系。对此，沙普夫用一个公式来进行描述：$U_x=aX+bY$，其中$U_x$是个人加入主观偏好的效用，X是自身效用，Y是对方效用，a和b是参数。这样，沙普夫认为决策者根据对不同a和b的赋值，可以形成五种决策规则，即个人主义（individualism）、团结（solidarity）、竞争（competition）、利他主义（altruism）和敌意（hostility）（见表5-4）。个人主义是基准点，也是博弈论中讨论最多的理性行动者，个人只考虑自身利益。团结则是个人在博弈中，既考虑个人利益，又考虑他人利益，将双方利益最大化作为行动基础。竞争则是强调"相对利益"，不仅考虑个人收益，而且还考虑个人相对于对方的收益差，强调差值最大化。利他主义则是另一种极端，它完全不考虑个人利益，只将他人利益作为自身利益。敌意则是将对方的不幸作为自身的偏好，对方受损失越大，自身收益越大。

表 5-4　　　　　　　　　　引入社会规范之后的决策规则

| 个人主义（individualism） | $U_x=X$ |
| --- | --- |
| 团结（solidarity） | $U_x=X+Y$ |
| 竞争（competition） | $U_x=X-Y$ |
| 利他主义（altruism） | $U_x=Y$ |
| 敌意（hostility） | $U_x=-Y$ |

资料来源：根据 Scharpf，1997：85-86 整理。

这些决策规则的引入，会改变原有博弈的报酬结果，形成新的行动者荟萃。以性别战博弈和囚徒困境博弈为例，引入团结和竞争的决策规则，就会形成个人主义、团结、竞争三种状态的博弈结构（见图5-2）。图5-2的性别战博弈（个体主义）构成了基准博弈，它是没有引入团结和竞争之下的博弈状态，根据这种博弈状态，其纳什均衡应该是（3，4）或者（4，3），关键取决于谁首先选择。而一旦引入竞争规则，则意味着个体偏好会按照 $U_x=X-Y$ 的规则进行重新构造，这意味着一个人的效用不仅受到其本身效用的影响，而且还会受到别人效用的影响，根据新的效用规则就会形成图5-2中的性别战博弈（竞争）状态，此时，新的纳什均衡将会是（0，0），这对于社会而言并非一种最优状态。同样，如果引入团结规则，则意味着个体偏好会按照 $U_x=X+Y$ 的规则进行重新构造，此时

|   | C | D |
|---|---|---|
| C | (1, 1) | (3, 4) |
| D | (4, 3) | (2, 2) |

(性别战博弈：个体主义)

|   | C | D |
|---|---|---|
| C | (0, 0) | (-1, 1) |
| D | (1, -1) | (0, 0) ★ |

(性别战博弈：竞争)

|   | C | D |
|---|---|---|
| C | (2, 2) | (7, 7) ★ |
| D | (7, 7) ★ | (4, 4) |

(性别战博弈：团结)

|   | C | D |
|---|---|---|
| C | (3, 3) | (1, 4) |
| D | (4, 1) | (2, 2) |

(囚徒困境博弈：个人主义)

|   | C | D |
|---|---|---|
| C | (0, 0) | (-3, 1) |
| D | (1, -3) | (0, 0) ★ |

(囚徒困境博弈：竞争)

|   | C | D |
|---|---|---|
| C | (6, 6) ★ | (5, 5) |
| D | (5, 5) | (4, 4) |

(囚徒困境博弈：团结)

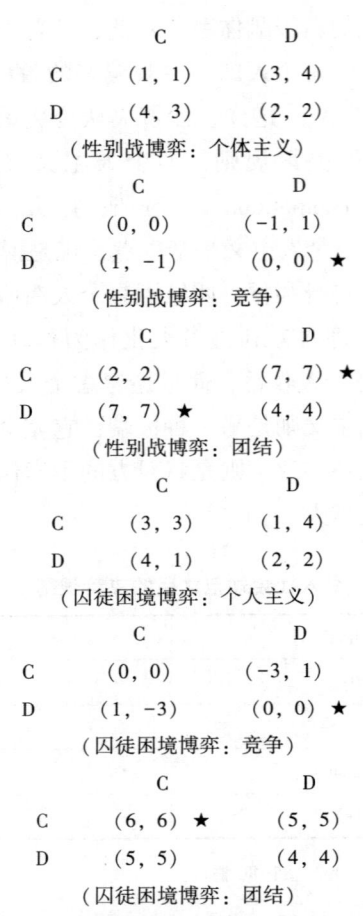

**图 5-2　性别战博弈和囚徒困境博弈的决策规则转化（个人主义、竞争和团结）**

资料来源：Scharpf, 1997: 88。

形成的纳什均衡会是 (7, 7) 或者 (7, 7) 两种状态，与个体主义的基准状态相比，每一方都会考虑对方的偏好，此时不存在竞争只存在合作，这使得共识更容易达成。由此可见，从图 5-2 可以看出，通过引入互动偏好或者说社会偏好的概念，可能使原有的博弈结构发生改变。在性别战博弈中，如果引入竞争的决策规则，就会改变原有的博弈均衡，使双方各自选择自己所偏好的事项，从而使双方收益最大化，而引入团结的决策规则，则不会改变原有的博弈均衡，不过它可能使双方更倾向于通过协商来解决协调问题。在囚徒困境博弈中，如果引入竞争的决策规则，会导致双方都选择背叛的策略，而引入团结的决策规则，则会使双方选择合作的策略。事实上，在现实情景中，人类面临囚徒困境时，当人们具有较强的社会资本时，他们更可能通过合作的方式来解决困境，这与这一理论模型的预测一致。正是通过引入社会规范和规则的概念，埃莉诺·奥斯特罗姆挑战了公共池塘资源中的国家逻辑和市场逻辑，提出了自主治理逻辑（Ostrom，1990）。

沙普夫在提出行动者中心制度主义时，也非常重视合法性和规范性，强调政策研究不可能完全回避价值问题。尽管他试图通过互动博弈来对政策选择的结果进行解释，但他仍然认为应该对互动的结果进行价值评价，从而为我们选择和设计不同的互动模式提供指引。于是，他提出了对于政策选择的结果进行评价的两个标准，一个标准是福利理论的维度（welfare-theoretic dimension），另一个标准是再分配正义的维度（distributive justice）。对于福利理论的维度，这是经济学考虑的主要标准，他们先后使用过效用标准、帕累托标准、卡尔多标准、社会福利函数等来评价政策选择。而再分配正义的标准，这是政治学家和伦理学家评价公共政策的主要标准，他们先后提出过公平（equity）、平等（equality）和需求（needs）等来评价政策选择。

## 六 政策过程中的互动模式

互动模式的提出，这是沙普夫对博弈论的扩展，也是行动者中心制度主义最具有创新性的内容。行动者中心制度主义被称为互动取向的政策研究，其重点是对行动者互动模式的概念化，并且强调博弈论中对非合作博弈的研究只是互动模式的一种类型。对此，沙普夫提出可以从结构维度（structural dimension）和程序维度（procedural dimension）出发，将互动模式嵌入制度框架之中，结构维度是对制度设置的关注，程序维度是对互动过程的关注，形成了研究政策过程中互动模式的概念性框架（见表5-1）。在沙普夫看来，互动模式可以划分为四种比较纯粹和典型的类型，它们是单边行动、谈判协议、多数投票和等级命令，这些互动模式可以在不同制度情景之下展开。

### 1. 无政府领域和最低限度制度之下的单边行动

单边行动构成了博弈论分析问题的起点，是非合作博弈关注的核心问题，通常也被称为互动模式的"缺省状态"（default mode）。单边行动意味着基本上不需要结构性设置，参与博弈的行动者可以从事他们任意可能的行为。对于这种状态，沙普夫称之为"无政府领域"（anarchic field），他指出："从某种意义上看，'无政府领域'描述一种非结构，或者一种没有制度的情景，个体行动者能够在彼此之间缺乏预先关系或者特定义务的前提之下进行互动。他们可以在自己的能力范围内使用各种策略，而他们所受到的唯一限制是物理限制和其他行动者的制约。"（Scharpf，1997：98）即便在无政府领域下，行动者也会通过林德布洛姆和达尔所谓的相互调适（mutual adjustment）和哈耶克所谓的自发秩序来实现生态协调（ecological coordination）。（Dahl & Lindblom, 1953; Hayek, 2013; Schotter, 1981）国际社会中国与国之间的关系，类似于在无政府状态之下的互动，尽管如此，国与国之间仍然会就很多问题达成协议并进行一致行动。而在国内，所有的行动者之间的互动不可能在无政府领域之下展开，它通常会受到某种最低限度制度约束（minimal institutions）。事实上，市场经济理论在讨论市场中行动者之间的互动时，通常也预设了产权保护和法律制度等最低限度制度。

沙普夫指出，在无政府领域和最低限度制度的约束之下，行动者之间既可以发生市场经济中自由交换的互动，还可以发生非合作博弈（non-cooperative game）、相互调适、否定性协调（negative coordination）等其他类型的互动。他指出，对于政策研究者而言，更加关注非合作博弈、相互调适和否定性协调，这些无政府领域中的互动模式为很多政策选择提供了解释性框架。例如，相互调适可以解释政策选择中的渐进主义逻辑，它会对现有政策存在"偏见"（Lindblom，1959）。

（1）非合作博弈和纳什均衡

非合作博弈是无政府领域中最常见的互动模式，不管行动者所面临的结构和模式是什么，他们最终都可以选择单边行动。于是，沙普夫指出："在博弈论中，有一条最根本的准则：所有的互动形式都可以简化为某种类型的非合作博弈。"（Scharpf，1997：99）非合作博弈理论假设行动者在没有可能的联合协议之下行动，他们通常会追求自身的个人利益最大化，并且也会意识到他们的行动与其他行动者的行动会存在相互依赖关系，与此同时，他们也知道其他行动者的策略和报酬。这意味着，博弈参与者对双方的策略、预期可能结果和报酬都有完整的信息，完全信息、全面理性和共同预期构成了非合作博弈的基本假设。在这样的情境之下，会形成一种所谓的"纳什均衡"，正如沙普夫所言："博弈理论对社会科学唯一重要的贡献是'纳什均衡'概念，它被用来界定个人行动策略荟萃，在这样的情境之下，没有参与者可以通过改变自身策略来提升他或她的福利。"（Scharpf, 1997: 100）事实上，图5-2中的四种典型博弈，会分别形成不同的"纳什均衡"，其结果以N表示。

对于"纳什均衡"，沙普夫认为他更多地对结果的稳定性进行了解释，而没有提供为什么和如何得出该结果的算法。正是因为缺乏对过程的描述，使得当同时存在两个纳什均衡时，研究者不知道哪一个纳什均衡会被选择。例如，在性别战博弈中，就存在两个纳什均衡，男性和女性同看一部电影效用最大。于是，对于"纳什均衡"形成过程的考察，使得研究者关注"解决概念"（solution concepts）。对于"解决概念"，博弈论研究者提出了"占优""最大最小""贝叶斯算法"等决策规则。"占优"决策规则强调在对两种策略进行选择时，行动者应该选择那些无论对方选择何种策略，有一种策略都比另一种策略存在优势的策略。在囚徒困境中，无论对方选择什么，一方选择背叛都是"占优"策略，这种"占优"策略导致了纳什均衡。"最大最小"决策规则强调博弈参与者会对每一种策略的报酬进行检验，从而选择那种能够使得低报酬最大化的策略。这种决策规则意味着博弈参与者风险厌恶人士，他会避免最坏结果产生。"最大最小"决策规则有时候可能并不一定导致纳什均衡，如在性别战博弈中，该决策规则会导致次优结果产生。"贝叶斯算法"则是强调利用概率论来应对信息不完全时的博弈，从而计算最优策略。

尽管"纳什均衡"的概念在预测力方面有一定的局限，但是它提供一个对结果稳定性的评价标准。正如沙普夫指出："无论一种结果是通过何种方式达到，如通过生态调整、谈判、投票或者等级命令等来实现，如果这些结果满足纳什均衡的条件，则该结果会更加稳定。"（Scharpf, 1997: 106）简言之，纳什均衡更容易作为一种衡量结果稳定性或脆弱性的评价标准，而不是一种预测结果实现的工具。

（2）相互调适

在无政府领域或最低限度制度之下，非合作博弈并非唯一的互动方式，人与人之间会进行互动。事实上，非合作博弈有关博弈参与者的假设在很多情况下不成立，他们并非拥有完全理性，参与者在有限理性之下进行博弈，这使得博弈呈现"序贯博弈"（sequential games）的特征。有限理性强调参与者在假定别人策略不变的情况之下，至少知道自己的策略选择和结果，能够对结果进行评估，参与者可以通过不断调整策略来改进自身状态。序贯博弈则是强调博弈参与者从一个给定的现状出发，在他们观察到潜在的利益时，就可以采取单边行动，这一单边行动可以一直持续下去。如果存在纳什均衡，博弈参与者可以通过不断调整自身策略达到理想状态。当政策过程中参与者在有限理性下按照序贯博弈进行互动时，沙普夫将这种互动过程称为"相互调适"的过程。

"相互调适"可以作为一种模型用来解释缺乏明确协议或联合决策情况之下稳定结果的达成。该模型认为只要对人的认知有某种最低限度的假设，就可以实现非合作博弈所强调的完全理性和认知能力所实现的结果，并且任何超过最低程度理性的假设都不会改变结果。"相互调适"提供了一种理解社会互动过程的较好模型，它也是哈耶克自发秩序的生成过程，也可以解释技术和制度的"锁定"效应。当然，"互动调适"需要时间，这使得人们在讨论社会经济技术快速变迁时，该模型是否会有作用。因此，沙普夫指出："相互调适需要时间通过持续的作用与反作用来实现均衡结果。如果外部环境持续变化，即便达到了稳定结果，这一过程也不会停止。从这一点看，在所有其他条件不变的情况之下，所有形式的'演化'或'自我动态调整'的社会协调，以及哈耶克的自发秩序，都会变得困难，这主要是由于社会、政治、经济、技术变迁加速。"（Scharpf, 1997：110）此外，"相互调适"可能更适应纯粹协调的政策问题，而当政策问题以"社会陷阱"的方式呈现时，这一模型可能不一定具有吸引力。

（3）最低限度制度下的否定性协调

否定性协调与其他两种协调相比，强调需要有一定的结构性条件。这意味着，行动者互动不是在无政府领域展开，而是在最低限度制度的约束下进行。否定性协调要求行动者在选择其行动策略时，不要对其他行动者利益造成损害，它既可以以单边行动形式呈现，又可以以谈判协议形式实现。从某种程度上看，否定性协调与帕累托原则相一致，它强调任何一种改变现状的策略需要以不给其他人的利益造成损害为前提。

**2. 谈判协议**

谈判协议是互动模式的第二种类型，也是对单边行动的补充。通常单边行动中的福利损失可以在合作博弈（cooperative games）中得到避免，这意味着在合作博弈中行动各方不仅要受到产权制度的保护，而且需要遵循彼此通过谈判达成的协议。谈判协议是科斯定理的核心内容，其核心是在交易成本为零且存在补偿的情况之下，理性行动者的谈判会实现福利最大化（Coase，1960）。谈判协议在提升福利的同时，也面临自身的"谈判困境"（negotiators dilemma），协议达成中的福利创造与福利分配存在冲突，这也导致任何谈判都是高成本的。因此，谈判协议的成功实现，在很大程度上取决于是否能够解决谈判者面临的问题。

（1）谈判者必须解决的问题

任何谈判者试图满足科斯定理的要求进而实现福利最大化，都需要处理两个核心问题，即协议的达成（the problem of reaching agreement）和协议的执行（the problem of faithful implementation）。任何协议如果得不到执行，都会是一纸空文，这使得执行问题成为谈判者关注的重要话题（Ostrom, Walker & Gardner, 1992）。一般而言，协议的执行可以根据是否需要协议签订者贡献力量分为两类：一类是协议签订者获取利益，只取决于对方的贡献，这类协议称为交换型协议（exchange）；另一类是协议签订者需要自身贡献力量才能够获得利益，这类协议称为联合生产型协议（Joint production）。对于交换型协议执行而言，会面临着囚徒困境难题，协议一方给另一方产品或服务之后，对方可能面临着毁约的诱惑。对于联合生产型协议而言，它们通常是自我实现的协议，但是也面临着保证博弈的困境，一方如果贡献力量而对方不贡献力量，这会使贡献力量一方的付出被浪费。

在解决完协议的执行问题之后，协议的达成成为谈判最重要的问题。事实上，谈判者在考虑协议的执行问题之后，也会在协议的谈判中审视这一问题。很显然，协议的达成成为各方共同关注的话题，而协议的达成之所以具有吸引力，其关键在于通过协议可以改善双方的福利，这正是科斯定理的精髓所在。非合作博弈所达成的结果可以看作缺省状态的基准结果，而所有谈判都是对这种结果的改善，所有符合谈判情景的区域被称为"共同吸引区域"（zone of common attraction）。对于协议的达成，协议签订者通常面临着两个维度的问题，第一个维度涉及如何将双方共同福利最大化，这也被称为"生产维度"问题（the production dimension）；第二个维度涉及在给定福利情况之下如何在签订协议双方之间进行分享，这也被称为"分配维度"问题（the distributive dimension）。

协议的达成中面临的生产维度和分配维度问题，产生了"谈判者困境"。对此，沙普夫指出："为了同时解决生产问题和分配问题，谈判各方会面临另一种囚徒困境：成功地寻找更好更全面的解决方案要求创造性、有效沟通和共同信任，与此同时，在分配斗争中获胜则需要依靠策略性甚至机会主义沟通、隐藏信息以及对潜在错误信息的不信任。"（Scharpf, 1997：124）正是在这个意义上，沙普夫认为科斯定理可能忽略分配问题，使得经验意义上的福利最大化不可能实现。

（2）四种类型的谈判

对于谈判协议互动类型，沙普夫认为可以从"谈判者困境"出发，结合不同谈判在生产维度和分配维度显现程度的不同，可以区分四种类型的谈判，即点契约（spot contract）、分配讨价还价（distributive bargaining）、问题解决（problem solving）和正向协调（positive coordination）（见表5-5）。点契约是交易成本经济学中讨论的一种特殊契约，它强调价值的生产或分配都不显著，交换的标的物被清晰界定，分配问题通过市场价格来解决，且承诺和执行问题几乎同时进行。对于交易成本经济学而言，只有非常有限的标准化经济交易才适用于点契约。

表5-5　　　　　　　　　　　四种类型的谈判过程

| | | 分配的显著性 (salience of distribution) | |
|---|---|---|---|
| | | 低 | 高 |
| 生产的显著性 (salience of production) | 低 | 点契约 | 分配讨价还价 |
| | 高 | 问题解决 | 正向协调 |

资料来源：Scharpf, 1997：126。

分配讨价还价是对一种互动模式的描述，它强调不需要考虑项目本身的价值，唯一需要讨论的是分配问题，即谁应该从谈判协议产生的收益中获得多少份额。在分配博弈中，讨价还价会发生在三种情境中：（1）强制性谈判系统中的讨价还价（bargaining in compulsory negotiation systems），每一方都会对项目拥有否决权，这使项目要么需要双方共同贡献，要么每一方都有能力保护自身产权，讨价还价的结果是双方利益都得到满足；（2）自愿性谈判系统中的讨价还价（bargaining in voluntary negotiation systems），每一方都可以单独行动，这使得如何分配收益或损失成为分配博弈的焦点问题；（3）通过议题连接或打包交易的讨价还价（bargaining through issue linkage or package deals），这使得讨价还价通过"议题连接""打包交易"或"互投赞成票"等方式来实现对否决者的补偿或支付。在政策过程中，"议题连接"的讨价还价通常会比较困难，这主要是由于很多政策领域都比较专业化，分别由不同主体参与博弈，这使得需要有某种"高层次"的场域能够对一系列议题进行讨论，跨领域的政策议题决策才可能为讨价还价提供可能性。

正如分配博弈主要关注成本和收益的分配，而问题解决则主要关注价值创造。对于参与问题解决的行动者而言，他们最关心的问题是寻找好的解决方案使福利最大化。沙普夫指出，问题解决的力量主要取决于联合行动的力量，通过联合行动而非单独行动会扩大行动空间，从而增加问题解决机会。为了刻画联合行动所带来的行动空间扩大，沙普夫利用数量模型进行了定量描述，他指出："一般而言，一个由 N 个成员组成的团体，每一个成员有 S 项政策，通过联合行动可以达到 $S^N-1$ 个结果，而每一个成员单独行动的话仅仅只有（S-1）×N 个结果。"（Scharpf，1997：131）因此，在问题解决博弈中，所有行动者不仅需要探索自身的行动选择，还需要彼此进行正确沟通，并且开发这些行动的互动效应。这也使行动者层面需要通过最大限度开放、充分交流和彼此信任来获取良好的解决方案。

正向协调意味着所有的行动者需要同时处理生产问题和分配问题，这意味着他们需要同时进行分配博弈和问题解决博弈。沙普夫在创造"正向协调"这一词时，主要是用来指称由首相创立的跨部际项目小组来处理跨领域政策问题，或者需要通过多个部门的政策工具来联合行动解决问题。对此，沙普夫指出："这些详细的安排被认为可以克服否定性协调和部际讨价还价中固有的现状偏见，通常这些部门只会发展反映他们责任和能力的工具，反对任何违反他们常规仪式的新想法。"（Scharpf，1997：133）对于正向协调而言，只有认识到生产问题和分配问题的同时存在及其合法性，才可能寻找同时解决这两个问题的方法。对此，沙普夫指出："同时清晰处理生产和分配问题是正向协调成功的前提条件，分配博弈有可能会影响行动者之间联合学习，因此，对两种类型的互动进行程序性区分从理论上看是有用的。一方面，对分配维度的清晰关注可以发现分配公正的标准，这将为未来的互动提供指引。另一方面，如果关于成本和收益分配的单独协议事实上能够实现，那它将创造一个寻找共同解决方案的框架，这将与前面的问题解决状态相接近。"（Scharpf，1997：134-135）简言之，通过对生产问题和分配问题的分层，可以使方案探索与讨价还价同时并在，从而促进协议达成。

(3) 谈判的制度情景

行动者中心制度主义除了关注互动模式，另外一个重点是讨论制度设置和制度情景对政策过程的影响。谈判作为一种互动模式，可以发生在各种制度设置之下，但并不是所有的制度设置都可以解决"谈判者困境"。从表5-1看，谈判这种互动模式可以在无政府状态、网络、协会和组织四种制度情景之下发挥作用。对于无政府状态而言，谈判协议只可能在没有执行问题的情况下存在，并且无论是"交易"还是"联合行动"都会受到较大制约。为此，沙普夫重点讨论了谈判在网络（network）、政体（regime）和联合决策系统（joint-decision systems）中的作用。

"网络"是政策过程中的一个重要概念，"政策网络"就在于描述行动者为了影响主要政策行动者而形成的一种资源和相互支持的半永久性网络。对于网络类型，沙普夫指出可以区分为两种形态的网络，一种是退出成本比较低的网络，另一种是大家不得不处理彼此之间关系的网络。对于谈判协议而言，网络可以起到交易成本经济学家所讨论的节省交易成本的目的。对此，沙普夫指出："在这里起作用的是：网络关系可以通过两种机制来减少机会主义行为，一种是更长的'在未来阴影'（shadow of the future）之下的作用机制，另一种是对其他相关行动者而言交易的高可见性。"（Scharpf，1997：137）网络关系对于谈判协议而言，既可以作为一种社会资本来促进谈判，也可以作为一种权力和机会结构来约束谈判。谈判需要彼此信任才能够解决协议的达成和执行问题，而网络关系可以促进社会资本的形成，从而使参与网络的各方建立对彼此的信任。

网络关系中的信任，根据马克·格兰诺维特的分类，可以划分为弱联系和弱信任、强联系和强信任（Granovetter，1973）。弱信任意味着个人认为他人的个人选择和偏好是真的而不是误导的，只要环境不发生变化，承诺是值得信任的。强信任意味着个人期待他人不会选择一些策略性行为，通常这些策略性行为会对他自己产生影响，与此同时，个人也会有信心相信对方在即使损害其利益的情况之下也会提供帮助。很显然，无论是弱信任还是强信任，都会减轻"谈判困境"中的问题和困难。不过，网络中信任的建立并非没有成本,要让别人信任自己,以及自己信任别人都需要投资。这些信任投资也会带来回报,一方面成员可以通过网络获得更多社会资源,有利于增加社会资本;另一方面网络间成员信息可以促进高质量的信息交流。

　　网络除了有利于社会资本形成,还会生产机会结构和权力结构。机会结构强调网络中并不是每个人都会被平等对待,一些成员之间的网络联结会使这些成员之间能够有更多联系。机会结构会导致权力结构,这些权力结构可以根据双方资源拥有情况以及相互之间的关系,区分为单方依赖、双方依赖、双方独立依赖。单方依赖意味着 A 和 B 是一种权力关系,A 对 B 拥有权力是指 B 需要依赖 A 的资源才能够生存。双方依赖意味着 A 和 B 相互需要依靠对方资源而生存,哪一方都不能够离开另一方而单独生存。双独立依赖是指 A 和 B 之间存在相互依赖关系,但是 A 和 B 都可以从其他渠道获取资源。

　　与谈判网络作为一种非正式和自组织的结构相比,谈判政体(negotiation regimes)是一种被创立的有目的的规范性框架,该框架成为谈判发生的场域,不同行动者代表各自立场,也遵循其他行动者立场,他们按照一定的互动程序追求实质性的目标。政府间协议就是一种谈判政体,他们通过签订正式协议来对一系列政策问题达成共识形成规范。谈判结果并不取决于政体本身,而是取决于规则基础之上的互动,共同规则的遵守显得很重要。这也使谈判政体要发挥作用,需要对规则违反者实施惩罚并避免搭便车行为,通常而言,避免搭便车行为更难处理一些,这也是"社会困境"的深层次原因。

　　联合决策系统是对一种行动者荟萃的描述,行动者要么因为物理原因,要么因为法律原因而不能通过单独行动实现自身目的,此时联合行动需要各方的一致同意。联合决策系统可能发生在物理相连的区域,如流域治理,或者因为功能性相互依赖,如科学联合协作系统。联合决策系统也可以称为强制性谈判系统,它本身是一种一致同意或共识下的集体决策,这也是布坎南和图洛克研究公共选择理论的基础。由于联合决策行为需要花费较高的交易成本,这有时会导致"联合决策陷阱"(joint-decision trap)。联合决策陷阱可以通过议程控制、放松决策规定来避免,此时就是布坎南和图洛克所讨论的决策成本和外部成本的平衡问题(Buchanan & Tullock,1962)。

### 3. 多数投票

随着谈判人数的增加，谈判成本也会随之上升，此时较大数量行动者的选择就可以通过多数投票规则或者等级命令来减少协调成本。多数投票规则作为一种集体遵守的决策（collectively binding），它要求所有的行动者能够服从，即使他们不赞同决策结果，或者决策结果会损害他们自身利益。很显然，多数投票作为行动者互动的方式，它是集体决策的生产过程，这使得其合法性和决策方式成为这种互动模式关注的两个重要问题。

（1）集体遵守的决策和合法性

对于单边行动而言，纳什均衡会产生具有内在自我遵守的决策。与此同时，在谈判协议中，双方互动道理的"联合生产"也会自动实施，谈判中的"交易"现象也会因为重复博弈而得以自我实施。而一旦互动模式采取多数投票和等级命令，决策的集体遵守就会成为一个重要问题。要解决多数投票决策的执行问题，一个重要的方式是通过第三方的强制执行来解决，第三方通过实施惩罚或者给予报酬来促进决策执行。一般而言，实施否定性惩罚会比肯定性承诺更有利一些，否定性惩罚作为一种威胁并不一定要实施，只要行动者认识到惩罚的存在就会采取遵守规则的行为，而肯定性承诺则需要付诸实施才能产生信度。尽管如此，实施威胁的权力也会面临风险，其中最重要的是目标群体和行动者的心理反感以及由此导致的不服从和实质性抵抗。

为了避免威胁和惩罚所带来的抵抗行为，就需要使威胁和惩罚本身建立在规则基础之上，这些规则被社会所认可并具有合法性。这意味着，威胁和惩罚要节省交易成本，就必须将其建立在规则之上，明确领域、范围和限度，与此同时，它还需要形成一种社会期望，行动者拥有道义来遵循集体决策，这与赛尔讨论的制度所拥有的道义性权利具有内在一致性（Searle，2005）。对于威胁和惩罚的合法性，沙普夫指出两种合法性的分类，即输入取向的合法性（input-oriented legitimacy）和输出取向的合法性（output-oriented legitimacy）。对此，沙普夫指出："输入取向论断最终通过那些被要求遵循规则的行动者获得合法性，而输出取向的合法性含义则指向善政的实质性标准，其含义是实质性政策只有满足共同善且符合分配正义标准才能够声称其具有合法性。"（Scharpf，1997：153）对于集体遵守的规则而言，输入取向的合法性重视民主程序，但是对于输出取向的合法性而言，民主程序只有工具价值，只有产生公共利益的政策才符合输出取向的合法性标准。很显然，在一致同意规则下，输入取向的合法性标准得以满足，这使行动者能够遵循自己的决定。不过，对于多数投票决策而言，如何获得合法性？简言之，如果追求个人利益在政治上具有合法性，为什么个人利益组成的多数决策需要少数人来遵循？

（2）通过多数投票进行决策

既然多数投票决策不能从输入合法性的角度得到证明，沙普夫则试图从输出取向的合法性角度进行阐述和论证。他认为，理性选择制度主义对多数投票决策的讨论主要是从自利性个人组成的多数出发进行分析，其中不可避免地具有内在局限性，相反，还应该可以从追求公共利益组成的多数出发思考多数投票决策，这使得协商民主（deliberative democracy）成为与竞争性民主相对应的一种选项。此外，沙普夫指出，要解决多数投票决策面临的合法性难题，抗辩民主（adversarial democracy）也是一种替代性选择。

公共选择理论对于多数投票有一个基本假设，参与多数投票的个人，他们都会追求个人利益。在个人利益的假设之下，公共选择理论发现了"中间选民定理"，认为投票者会选择符合中间选民利益的政策，这一政策也会增加社会整体福利（Downs，1957）。不过，多数投票面临着最大的挑战是孔多塞—阿罗悖论，孔多塞最早发现"投票循环"现象，阿罗提出"不可能定理"，该悖论认为不可能将个人偏好按照多数投票规则聚合成一致的社会福利函数，多数投票结果不具有稳定性，它一直处于循环中（Arrow，2012）。当然，多数投票规则在行动者具有单峰偏好时，不一定会导致投票循环和结果不稳定。而为了避免多数投票导致结果的不稳定性，一些研究者发现在一定制度前提条件之下，多数投票会形成稳定的均衡结果，这被谢普斯称为结构诱导下的均衡（structure-induced equilibrium）（Shepsle，1979）。对于制度性限制，主要包括议程控制、上议院和下议院一致同意制度和两党制选举制度等，他们有利于稳定多数形成。

协商民主是一种思路来解决多数投票悖论问题，它强调如果将个人的利益区分为私人利益和公共利益，并且强调公民追求公共利益，则前面讨论的很多问题就会消失。协商民主有不同称呼，如对话民主（discursive democracy）、反思民主（reflexive democracy）等，其核心含义不是通过民主程序将个人利益聚合成社会福利函数，而是通过集体身份（collective identity）的建构来发现有利于公共善的集体行动。因此，集体身份成为协商民主的前提条件，它主张存在或者创造一种集体身份从而实现集体利益的生成，并以此为基础取代个人利益，本质上是一种"我们—身份"（we-identities）的建构，其哲学基础是社会本体论（social ontology）（Tuomela，2013）。这种"我们—身份"的建构需要寻找一些共同品质，如共同血缘、共同地域、语言、文化、宗教、历史等。在集体身份的建构基础之上，很多公共政策的辩论将会围绕共同利益和分配正义展开，而不是关注个人利益，并且可能通过哈贝马斯的共识形成科学逻辑来实现共同利益。

抗辩民主是寻找共识的另一个过程，它通过类似审判过程来实现问题解决。在法院案件审理中，法官和审判员会在各方陈述和批判之下做出自己的独立判断。抗辩民主借鉴法官和审判模式，强调政党之间的争斗并不会导致共识形成，而是通过争斗本身来促进选民做出具有远见的判断。在追求公共利益取向的指引之下，抗辩民主可以作为"公投"等直接民主的一种重要模式，该模式适用于政策讨论充分、政策选择简单和竞争性联盟形成的情境。但是，一旦情境更加复杂，涉及更多的政策议题、复杂的政策选项、差异化的关注和需求，抗辩民主并不一定能够实现预期目标。

### 4. 等级命令

在现代政治系统中，政策议题很少通过选举来决定，选举最多作为一种制度安排来约束等级政府权威。这意味着很多具有集体约束的决策是由等级政府权威来实现的，等级命令成为政策过程中的第四种互动模式。为此，现代社会的一个重要议题就是如何保证等级命令的合法性，正如沙普夫所言："对于国家权威（state authority）合法而言，最重要的是积极行动者如何在政策过程中通过互动形成决策，以及这些互动如何与公众涉入政治互动的过程产生联系。"（Scharpf，1997：171）因此，对于作为互动模式的等级命令的讨论，需要围绕两个话题展开，一是等级命令自身的运行过程，二是如何让等级命令具有合法性。

（1）等级命令的特征和运行

等级命令作为一种互动模式，它强调个人能够决定其他人的选择，或者更详细地说，个人能够对其他人的决策前提产生影响（Simon，1947）。个人之所以对其他人产生影响，可能来源于个人的奖励和惩罚权力，或者来自个人的权威，这些权威有可能来自宗教信仰、个人魅力、传统和正式法律。等级命令创造一种能力来让其他人倾向于服从组织目标，这为整个群体效用最大化提供了可能性，其核心是通过等级协调来提升福利。等级协调主要是通过惩罚和威胁让命令接受者认识到不按照规定进行行动所承担的代价要大于遵守规则的成本，不过，这种非对称性互动也会使行动者产生策略性行动，沙普夫指出："在缺乏强烈的内在化规范倾向之下，等级命令的实施会受到目标群体退出权的限制。"（Scharpf, 1997: 173）这也使得等级命令要实现其预期目标，必须有较强的假设，其中最典型的假设是仁慈君主假设，它强调等级命令的发现者必须将权力应用于最大化福利和分配正义而不是个人私人利益。对于等级命令的有效性，公共选择理论从动机的角度、哈耶克从信息的角度进行了挑战。

等级命令面临的信息问题。如果行动者的决策前提被更高级权威所界定，则意味着低层次行动者的个人偏好会被否决，并且其信息也会被忽略，这导致了等级命令面临着本地信息处理难题。对于本地信息处理难题，制度经济学的交易成本理论比较乐观，而委托代理理论比较悲观，认为委托者因为信息不对称而不能观察代理者的行为或者对其绩效做出客观评价。整体而言，制度经济学对信息处理呈现积极倾向，认为只要设计合理的制度就可以解决信息不对称难题（Williamson, 1985）。而哈耶克经济学则强调地方知识和信息的极端重要性，认为不可能将这种信息转化为中央决策者的决策依据，即便能够传递给中央决策者，也不可能得到有效处理（Hayek, 1945）。等级协调的信息可行性取决于两个条件：一是更低层次的决策前提被高层次等级命令所取代的可能性；二是地方性信息的可变性和多样性，以及这些特征对于最优决策的意义。很显然，哈耶克认为地方知识不可能获得，地方决策的信息基础也不可能被等级命令取代，是否能够充分利用地方信息成为衡量制度优越性的标准。对于本地信息多样性的难题，交易成本理论主要是通过"选择性控制标准"来应对信息不足或者信息负担过重的问题，即上级只能对有限问题给予关注并且下达命令，其他事项由下层来完成。由于复杂社会符合西蒙所谓的"可分解性"原理，这使等级组织协调可以根据分层处理来解决各自问题实现纵向协调，使很多相互依赖的问题在同一个组织单位内解决，而组织单位之间按照等级进行协调（Simon, 1996）。尽管如此，在实际政策过程中，等级协调仍然面临很多问题，在很多情况之下需要通过"对话模型"取代等级命令来寻找最优公共政策，这就需要在"横向对话"和"纵向对话"上下功夫。

等级命令面临的激励问题。除了面临信息处理难题，它还强调行动者是"仁慈"君主，这使激励问题成为等级协调的另一个重要问题。激励问题是委托代理理论关注的重要话题，它强调如何让自利的代理人能够按照委托人的目标行事，这就是所谓的"激励兼容机制"设计问题。公共部门的激励问题比市场领域更复杂，它不仅涉及选民和代表之间的委托代理，还涉及国会与政府之间的关系。在公共部门中，委托人对于代理人的控制，主要是通过"警察巡逻"（police patrol）和"火警预报"（fire alarm）实现的，前者主要是委托人直接对代理人进行监督，后者则是通过对受决策影响人的抱怨来进行监督。因此，对国家权力的控制和限制成为后霍布斯时代的主题，这也是规范和实证公共选择理论关注的核心内容。由于找不到很好的机制来处理委托人和代理人之间的关系，这使得公共选择理论对于所有权威都持怀疑态度。不过，沙普夫指出，公共选择理论的核心假设是个人私利，他认为："我们所说的偏好至少有三个维度，即个人和制度的个人利益、规范以及个人和公司身份的考虑。"（Scharpf, 1997: 180）偏好的多样性，为制度设计提供了可能性，这意味着官员和政治家的行为如果是规范取向，对其限制会阻碍解决集体问题的能力，问题的关键是如何强化官员的规范取向倾向和避免机会主义行为，从而提升他们解决公共问题的能力。事实上，各个国家在不断实验中发展了一系列既控制公共权力滥用，又让行动者能够通过实施等级权威来促进公共利益而非私人利益的制度安排，主要包括：专业领域的职业自我控制机制，如独立央行设置、独立管制委员会设置、独立的法院审判等；建立法治，让公共权力的运行在规则约束之下，如法律规则建立、基本权利保护和独立司法完善、媒体监督等。

(2) 政治责任

政治责任需要建立统治者向被统治者负责的制度安排，选举机制之下，最为重要的是政治与行政之间的关系，即如何让等级性行政权威向政治机构和民众负责。沙普夫指出，对于如何将选举行为转化为政策行动者激励，存在不同的制度安排，总体而言，至少有竞争型民主和合作型民主两种类型及其混合模式。

竞争型民主通常又被称为"威斯敏斯特模型"，主张执政党和反对党之间的竞争可以对等级政府权威进行有效控制。通常而言，投票者的控制能力在理想的两党制威斯敏斯特模型之下控制能力能够实现最大化，这一体制强调只有两个党，每一个获胜政党能够赢得所有权力，并且每一个政党也是按照高度集权化的体制运行。尽管执政党的领导者会追求一系列目标，有些目标是特定群体的利益，有些目标是政党意识形态，还有一些目标是私人利益。与此同时，反对党会对政府行为进行认真监视，并且随时将相关信息向媒体公开发布，从而试图获得对政府的控制权。简言之，政府和反对党之间是一种非对称性的零和博弈，这使得政府在"预期反映思想"（doctrine of anticipated reactions）的强化之下通过追求公共利益来保证继续拥有权力。当然，威斯敏斯特模型的前提假设是存在"摇摆选民"追求公共利益的倾向，而一旦存在多样性的子群体，并且不同群体有自己独立的身份认同，追求公共利益的假设就难以实现了。

合作型民主则是另一种对等级权威进行控制的方式，它主张通过科斯定理中的谈判逻辑来建立集体遵循规则的合法性。这种合作型民主主要是以瑞士、奥地利和荷兰的实践为基础，强调主要政党通过组织联合政府来进行执政。合作型民主中的谈判主要是在各自政党的领导之间进行，最大的问题是多边讨价还价所带来的高交易成本和不可能通过强调机制来实现成本分配。由于合作型民主需要经过两阶段博弈，第一阶段是团体内部博弈形成政策主张，第二阶段是团体之间博弈形成有利于各自团体的公共政策，这两阶段博弈使合作型民主难以实现输出性合法性并达到福利最大化和分配正义目标。

事实上，现实中的政治体制是竞争型民主和合作型民主的混合模式，它强调政策过程中既包含竞争，也包含独立行动者之间的谈判。谈判的形式会以各种不同方式呈现，主要包括：党内谈判（intraparty negotiations），它强调即便在一个政党内部，也会存在对很多实质性政策选择的分歧，需要通过谈判来达成共识；联盟内谈判（intracoalition negotiations），它强调联合政府内部的政党之间也会存在分歧，这使得政党之间需要在面临反对者的同时来形成一致性政策；分治的政府（divided government），它强调不同政府机构同时对其支持者负责，例如美国的三权分立，此时就是一种"联合决策系统"，不同政府机构之间需要通过谈判来达成共识，这种情况有可能会使得政府效率受损。

## 七　迈向谈判国家：行动者中心制度主义对政策过程理论的贡献

在对行动者中心制度主义构成要件进行分析之后，如何将这些要素进行集成来讨论政策过程问题，这成为检验理论有效性的关键。为此，沙普夫提出了一个问题的两个方面：如何解释政策成功？如何解释政策失败？他认为，尽管政策过程中可能存在单边行动、谈判协议、多数投票、等级命令四种互动模式，但是这些互动模式发生在国家这一制度场景中，"等级阴影"（the shadow of hierarchy）成为理解政策过程的重要概念。于是，沙普夫提出："对于等级模式而言，它意味着需要将等级权威结构和等级命令的实际使用进行区分，后者的目的是直接改变其他行动者偏好。"（Scharpf，1997：197）在等级权威结构之下，既可以使用等级命令的互动模式，也可以使用谈判和单边行为互动模式。于是，国家阴影下的政策制定（policymaking in the shadow of the state）和谈判型国家（negotiating state）是沙普夫对政策互动模式描述之后得出的结论，他认为这与实际政策过程更相符。国家阴影下的政策制定突出政策发生的制度背景是等级权威结构，由于等级权威结构中注意力分配的有限性，这导致不可能将所有的冲突和纠纷都通过部长和总理来解决，这样会使政策生产过程停滞。国家阴影下的政策制定对于国家在政策制定中的作用提出了较高要求，国家既可以不参与谈判，也可以直接参与谈判，这样形成了不同的政策制定模式。

当国家不参与谈判时，政策制定过程是在"等级阴影"下通过自我协调来实现的。在实际中，政策议案的产生是通过等级谈判网络来实现的，在这一网络中既有来自同一部委内部的部门，又有来自其他部委的部门，还有利益集团等外部行动者。在等级谈判中，政策行动者进行一种"纵向对话"（vertical dialogue）来解决冲突，正如沙普夫指出的："重要的是在横向自我协调的过程中每一个参与单元都会涉及某种'纵向对话'，在这一对话中，首相或总理办公室的政治关注会'向下'传递，而与此同时，与技术可行性和选择方案的适用性相关的议题会'向上'沟通。"（Scharpf，1997：198）等级谈判所引发的"纵向对话"会使得不同行动者拥有一个政策方案选择的"空间域",每一方都有可能诉诸更高层级的领导者来解决冲突,这种选择的压力会促使各方达到彼此满意的妥协方案。国家不参与谈判,也有可能促使行动者通过"自组织"来促进政策实施。在这样的情境之下,国家通过对制度设施的管制来促进不同行动者出台能够自我遵守的规则和政策。所有这些问题的解决,都会具备两个基本特征:一是被政策问题影响的利益相关者高度组织化;二是存在一种在有组织的利益相关者之间达成谈判协议来解决问题的可能性。

当国家参与谈判时,政策制定过程是政府与相关协会直接谈判达成共识,其目的是政府希望通过谈判促进协会自我管制,自我管制是一种法令管制的替代物。这意味着,当自我管制不发挥作用时,国家会通过法令管制来直接对相关方实施惩罚,国家相当于行使一种"威胁"权力来促进协会与政府积极合作。这意味着自我管制的有效性关键取决于行动者对于政府是否有能力来出台和实施法令的认知,而这种认知本身也会受到政府自身的制度结构和过往管制绩效的影响。当然,嵌套的谈判系统政策产生效果既取决于等级权威结构的有效性,又取决于自我管制能力的有效性,它是等级权威结构和自我组织相互促进的产物。由此可见,在不同类型的自我组织和谈判型国家中,有效政策生产不是通过标准的等级国家权力和多数投票来实现的,而是通过不同行动者在自我组织的市民社会中产生。

谈判国家不仅在一国内部成为一种政策互动模式,而且正在成为国与国之间进行政策互动的主要方式。究其原因,这既是民族国家在问题处理方面能力大大减弱的原因,又是国与国之间相互依赖的必然结果。随着全球化时代的到来,人类通过贸易改善彼此境况,与此同时也面临着更多相互依赖的问题,如国际移民问题、国际犯罪问题、国际环境问题、国际气候变化问题、国际公共卫生问题等,这些问题都对国家治理能力构成了挑战。无论是经济效率的提升,还是国际问题的产生,都离不开国际行动者,都需要处理国家权威与这些行动者之间的关系,从本质上看是国家边界控制权的动态调整。让国际行动者拥有更多权力进入和退出不同国家,此时国家边界控制权就会降低,反之,则国家的控制权会增大。例如,跨国公司资本拥有者促进资本在全球流动时,资本的选择权力更大,国家的边界控制权会降低,而国家恐怖主义增多,这会使得国家增加对边界的控制,对进入一个国家境内的行动者进行更多的审查。不同国家通过税收、金融、管制政策来竞争国际资本和跨国公司,同时避免承担更多的国际责任,这使得国际社会呈现典型的"囚徒困境"现象。

为了避免国际社会中的"零和博弈",不同国家都希望通过超国家治理(supranational governance)来应对全球治理难题。为此,很多国家都希望发展国际合作、国际政体、国际和超国际组织来解决国际社会中的治理难题,以适应经济、社会、环境互动范围超越一个国家活动领域的现实。然而,在缺乏超级权力的情形之下,国际社会治理只能够通过单边行动或谈判协议来实现,不可能通过多数投票或等级权威来治理,这使国际治理体制的问题解决能力大大受到限制。由此可见,国际社会治理要取得有效性,还需要回到谈判国家范式,通过谈判政体和联合决策系统来应对治理挑战。尽管欧盟、联合国机制、国际组织等取得了一定成效,与理想蓝图相比还有较大空间,但仍然需要通过发展谈判政体和联合决策系统来提升治理效能。

## 八 行动者中心制度主义理论的评价与展望

与政策过程理论相比,行动者中心制度主义在政策过程理论中的影响并不大,并没有成为政策过程研究中的"主流"理论。究其原因,这既有可能是由于该理论使用博弈论作为分析框架,这使得理论的被接受程度受到一定影响,也与该理论并没有明确提出具体政策研究假设有关。事实上,行动者中心制度主义是一种真正的"分析框架",它提供了一种看待政策过程的视角,而要得出具体研究结论则需要研究者将分析框架与具体情景相结合。

20多年之后,行动者中心制度主义仍然会有生命力吗?一般而言,理论的生命力可以在两种情境之下展开,一种是在理论发展脉络中讨论理论的价值,另一种是在应用场景中讨论理论的价值。对于应用场景的讨论,我们将在下一部分进行详细阐述,提出其对理解中国政策过程的启示与借鉴。为此,我们首先从理论发展脉络中对行动者中心制度主义理论进行评价,思考其优势和可能的局限性。

在对行动者中心制度主义理论的理论基础的讨论中,我们指出该理论主要以博弈论、制度理论和合法性理论为基础,其中博弈论和制度理论又是其最关键的两个基础理论,它试图将行动分析和制度分析进行有机统一。事实上，将行动者和制度进行整合，与吉登斯的结构二重性有内在紧密联系。对于结构二重性理论，吉登斯指出："结构二重性原理是结构化理念的关键，前者的逻辑在上文中已有所体现。行动者和结构两者的构成过程并不是彼此独立的两个既定现象系列，即某种二元论，而是体现一种二重性。从结构二重性的观点来看，社会系统的结构性特征对于它们反复组织起来的实践来说，既是后者的中介，又是它的结果。相对个人而言，结构并不是什么'外在之物'：从某种特定的意义上说，结构作为记忆痕迹，具体体现在各种社会实践中，'内在于'人的活动，而不像涂尔干所说的是'外在'的。不应将结构等同于制约。相反，结构总是同时具有制约性与使动性。"（吉登斯，1998：89-90）简言之，行动者的行动既维持着结构，又改变着结构。吉登斯的结构二重性理论试图调和社会学中的结构主义与方法论个人主义之间的分歧，使结构与行动在同一个框架之下展开。这一思想与沙普夫的行动者中心制度主义具有内在契合性，不过，两者之间也存在一定的差距。在沙普夫的行动者中心制度主义框架中，他将"结构"简化为"制度"，很显然吉登斯的结构定义更广泛，除了规则和制度，还包括资源。与此同时，沙普夫的制度概念是作为一种"情境"，它不是自变量，制度不是用来解释政策过程的结果。与其说沙普夫找回了结构，不如说沙普夫找到了一种联系"结构"与"行动"的中间变量，他将这种"中间变量"称为"互动模式"，这也是其独特贡献。

事实上，国内学者认识到连接"结构"与"行动"的重要性，并且尝试开发与之相关的分析框架，并进行了一系列讨论，比较有代表性的理论包括"结构—制度分析范式""过程—事件分析范式""制度与生活""结构—过程分析范式""新结构政治学"等。谢立中对"结构—制度分析范式"和"过程—事件分析范式"两种研究进行了评论，他指出张静所倡导的"结构—制度分析范式"和孙立平所倡导的"过程—事件分析范式"可以说代表了结构理论和行动理论的两种极端，前者强调社会现实可以从结构和制度的视角来解读，后者主张从人们的社会行动所形成的事件与过程之中去把握现实的社会结构与社会过程，他本人则认为从多元话语分析学者的立场来看，这两种研究策略都只不过是我们可以用来建构社会现实的两种不同的话语系统而已（谢立中，2007）。肖瑛针对结构分析的不足，提出了"制度与生活"视角，她认为"制度"指以国家名义制定并支撑国家的各个层级和部门代理人行使其职能的正式制度，"生活"指社会人的日常活动,既包括各种权宜性生产的利益、权力和权利诉求及生活策略和技术,又指涉相对例行化的民情和习惯法(肖瑛,2014)。于是,她通过对于"生活"的引入,使得"制度"研究动态化,通过对制度实践中正式制度代理人与生活主体互动的复杂机制的洞察,可以解释中国正式制度变迁的实际逻辑和方向,并且更好地理解民情变动的机理。吴晓林所倡导的"结构—过程分析范式"则是向前进一步推进结构分析与过程分析的整合,他指出过程负责"适应"或"打破",结构负责"秩序",结构侧重对过程的抽象,过程侧重解释结构的触发机制,过程与结构互相依赖,并尝试性地提出了概念框架图(吴晓林,2017)。新结构政治学作为一种新的分析框架,则代表了整合结构与行动的新尝试,他认为系统、过程、动力与行动者是这一分析框架的四个要素,并以此为基础来理解治理和政策过程(高奇琦、张鹏,2019)。

应该说,这些新分析范式的不断提出,既代表了学者的理论自觉,也说明现实对理论提出了新要求。不过,这些不同分析范式的最大特点仍然是其"思想性"和"观念性",更多是一种倡导,离发展成为精细化的理论,并且成为具有指导意义的分析框架仍然还有很长的路。从这个意义上看,与其试图在全新的基础之上构造新的分析框架,还不如发展已经具备一定基础的分析框架,使之更完善,形成累积性发展。正是在这个意义上,行动者中心制度主义分析框架有必要"再发现"和"再应用","再发现"是指结合现有理论对话来重新发展这一理论,"再应用"是指将其应用到新的政策过程和治理过程中。我们认为,这两种方向都会有广阔的前景。

## 九　行动者中心制度主义对于中国政策和治理研究的启示和借鉴

任何分析框架的建立,最终目的都是描述现实,解释事实,诊断问题和提出建议。分析框架的生命力在于其应用广度和深度,在于依据该框架所形成的富有生命力的理论,更在于该框架大多程度上能够改善人类自身的福祉。中国的情景对于政策过程理论而言,至少可以发挥两个方面作用:一是检验框架和理论的有效性,这是提升框架和理论外部效度的体现；二是对框架和理论进一步发展，形成基于中国情景的新认知，这是对框架和理论创新的体现。在理论创新方面，既可以对框架本身进行修正，如增加新的要素以使框架和理论更具有解释力，也可以提出新的理论，如提出有待检验的新假设，这是对框架和理论更具有原创性的贡献。

由于沙普夫提出行动者中心制度主义时，主要是基于博弈论、制度理论和合法性理论来构造一个关于互动过程的整合行动者和制度情境的政策研究框架，其框架中所包含的一般性要素是适应中国场景的保证。我们认为，行动者中心制度主义不仅适用于中国政策过程，也适用于中国治理过程，在某种程度上它提供了一个整合政策和治理过程研究的统一框架。而在分析框架的适用性方面，又可以区分出框架适用和要素适用，前者是指用整个框架来分析一个具体的政策案例，后者是用框架中的要素来分析政策案例，当然两者之间并非截然分开。为此，我们可以依据框架和理论的适用范围和层次，提出一个行动者中心制度主义推进中国政策过程和治理过程的分类逻辑（见表5-6）。

表5-6　　　　　　　　行动者中心制度主义的中国应用

| 应用层次 | | 应用场景 | |
|---|---|---|---|
| | | 政策过程 | 治理过程 |
| | 框架层次 | 环境政策、卫生政策 | 国家治理、城市治理 |
| | 要素层次 | 联合决策模型、谈判模型 | 联合决策模型、等级治理、治理类型 |

行动者中心制度主义作为一个整体框架，可以应用于中国政策过程和治理过程分析，并以该框架为基础发展能够刻画中国特色的政策过程和互动过程的概念和理论。事实上，沙普夫本人就将该理论应用于欧盟治理的分析，讨论欧盟治理的合法性、有效性、多层次治理和互动模式（Scharpf, 1999; 2010）。在沙普夫看来，欧盟治理主要呈现三种互动模式，即超国家等级模式（supranational hierarchy mode）、联合决策模式（joint-decision mode）和政府间关系模式（inter-government mode），这些模式可能在回应治理的有效性和合法性方面都存在缺陷，欧盟治理需要改革，他提出可以通过更多的合作和更加开放的协商来促进、解决治理难题。在中国的政策和治理过程中，我们如何将各级政府之间的互动模式、国家与社会之间的互动模式概念化，这是对中国学者的挑战。在沙普夫提出的单边行动、谈判协议、多数投票、等级命令四种类型之下，我们可以

思考这四种类型在中国情景中的具体体现，也可以进一步思考中国还有哪些互动模式还没有被这些模式所概括，这正是理论发展的前提和土壤。而要对中国情景进行概念化，首先需要了解事实，从现实场景中观察互动模式，并进行理论化，这样才可能形成具有中国特色的原创理论。事实上，中国学者已经在沙普夫所讨论的四种互动模式之下，进行了一系列的中国化探索。沙普夫所说的"单边行动"与中国的"锦标赛"模型具有内在一致性，它强调在财政分权的制度设置之下，各个地方政府的单独行动及其竞争可以解释中国的增长奇迹（周黎安，2007）。事实上，地方政府的自主创新和实验，都可以看作在"等级阴影"之下的单边行动。而"谈判协议"则发生在中国上级政府和下级政府之间，以及下级政府之间，存在着广泛的实践，中国很多政策制定和执行都是上下级政府间讨价还价的过程，很多学者用来刻画中国政府的上下谈判模型（周雪光、练宏，2011）。多数投票在中国场景之下则与民主集中、协商民主等联系在一起，它是一种聚集和形成民意的过程。等级命令则在中国场景之下具有更广泛的适应性，围绕着中央与地方、国家与社会之间的等级关系，形成了一系列的理论模型，有代表性的包括控制权模型（周雪光、练宏，2012）、项目制模型（渠敬东，2012）等。由此可见，行动者中心制度主义既可以作为一种发展理论的概念性工具，还可以作为一种整合理论和进行元理论分析的概念性工具。

　　行动者中心制度主义中的很多要素也可以应用于中国政策过程和治理过程分析，这样会加深对要素本身的理解和认知。以行动者中心制度主义的一个重要要素"联合决策模型"为例，它需要多方在互动过程中来协调彼此策略以达成共识。沙普夫的主要贡献是提出联合决策是一种重要的互动模式，这使他在后期投入更多的时间和精力对该模型进行扩展（Scharpf，2006）。联合决策模型也得到其他研究者认可，很多学者将之用于欧盟的比较政策研究，并将论文编辑出版，这是该模型得到认可的重要体现（Falkler，2011）。"联合决策模型"在中国场景中具有很强的内在契合性，这一要素可以在实证中得到更深入的分析。例如，在中国横向政府部门之间需要通过联合决策来出台政策，甚至在中国纵向政府间也存在"联合决策"现象。而沙普夫提出的国家阴影下的政策制定和谈判型国家的概念，也可以应用于中国场景分析。国家阴影下的政策制定突出政策发生的制度背景是等级权威结构，由于等级权威结构中注意力分配的有限性，这导致不可能将所有的冲突和纠纷都通过部长和总理来解决，否则会使政策生产过程停滞。国家阴影下的政策制定对于国家在政策制定中的作用提出了较高要求，国家既可以不参与谈判，也可以直接参与谈判，这样形成了不同的政策制定模式。

由此可见，行动者中心制度主义框架不仅是具有很强的内在价值的一种理论，而且是一个具有很好的应用前景的框架。管理学者开始重新讨论制度理论中行动者和制度之间的关系，试图将制度和行动者有机结合，而这正是行动者中心制度主义理论的核心内涵，遗憾的是管理学者似乎并没有对沙普夫的开创性贡献给予足够重视（Bitektine, Haack, Bothello & Mair, 2020; Voronov & Weber, 2020; Meyer & Vaara, 2020; Patriotta, 2020）。可以预期，将行动者和制度有机结合，未来将会是制度理论的前沿方向。而中国政策过程和治理过程将会为该理论的应用、检验和拓展提供更广阔的空间，在这一过程中我们也会形成理论发展的自觉。

# 第六章

# 倡导联盟框架

倡导联盟框架（Advocacy Coalition Framework，ACF）由保罗·A.萨巴蒂尔（Paul A. Sabatier）于 1987 年率先提出，随后和汉克·C.简金斯—史密斯（Hank C. Jenkis-Smith）共同发展，经过 35 年的发展日益成熟，成为政策过程理论中最具有代表性的理论之一（Sabatier, 1987; Jenkins-Smith, Clair& Woods, 1991; Sabatier & Jenkins-Smith, 1993）。而萨巴蒂尔不仅在倡导联盟框架的发展中做出了突出贡献，而且在推动政策过程研究的理论自觉和探寻更好的政策过程理论中发挥了关键作用，正是他的持续努力使政策过程成为一个研究领域（Sabatier, 1991）。政策子系统（policy subsystems）是倡导联盟框架的分析单位，而联盟及其权力博弈则是其分析视角，政策取向学习则是其重点关注的要素，联盟之间通过权力博弈和政策学习来实现政策稳定与变迁的动态演化。从这个意义上说，倡导联盟框架核心是从政治途径对政策过程进行研究，但是其本身也融入了话语途径的要素，讨论权力结盟和政策学习对于政策变迁的作用。为此，联盟理论、政策学习理论和政策变迁理论构成了倡导联盟框架的三个主要研究兴趣。

为了更好地理解倡导联盟框架的内涵、构成要素和主要假设，我们有必要对该框架产生的背景、理论基础和演进过程进行系统梳理，通过回顾历史和展望未来实现对倡导联盟框架的全景式把握。接下来安排如下：首先提出倡导联盟框架产生的理论背景，即寻找更好的政策过程理论；其次对倡导联盟框架的思想基础进行回顾，主要包括政策学习理论、政策子系统理论、议题网络理论、精英信仰系统结构理论、政策执行理论、有限理性理论、期望理论等；再次对倡导联盟框架的演进过程进行分析，重点讨论从起源到成熟定型的过程，其标志是概念框架图的固定；复次对倡导联盟框架的基本假设、构成要素和主要内容进行分析，重点讨论政策变迁、倡导联盟和政策取向学习三个理论问题；随后结合倡导联盟框架的应用，对两个典型案例进行分析；最后对倡导联盟框架进行展望和评价，指出其优势、不足和未来发展方向。

## 一 寻找更好的政策过程理论

倡导联盟框架起源于萨巴蒂尔对政策过程研究的阶段启示法（stage heuristics）的不满，认为"阶段启示法的积极作用有限，有必要寻求更好的理论性框架取而代之"（萨巴蒂尔，2007：10）。从20世纪80年代开始，萨巴蒂尔就在思考如何建构更好的政策过程理论，从长期与埃莉诺·奥斯特罗姆和文森特·奥斯特罗姆的持续讨论，到1987年正式提出倡导联盟框架，都体现了这一努力。应该说，萨巴蒂尔1991年发表的《寻找更好的政策过程理论》一文则体现了一种理论自觉，他指出："被琼斯、安德森和彼得斯称为阶段启示法的政策过程的主导范式已经失去了有用性，必须被取代，最为根本的原因是他们不是因果理论。"（Sabatier, 1991：147）对于阶段启示法的缺陷和不足，萨巴蒂尔将其总结为四个方面：(1) 阶段启示法并不是真正意义的因果关系理论，因为它从来没有确定一套控制各个阶段内部和各个阶段之间进程的系列因果因素；(2) 阶段启示法所推崇的阶段顺序，常常在描述上不准确；(3) 阶段启示法存在一个合法和自上而下的偏见，它关注的焦点通常是某项重要法律的通过和实施，而不是在既定的政策领域内众多细小的法规——它们都不显著——的实施和评估之间的相互作用；(4) 阶段启示法假设仅关注某项重大法律的单一的政策循环圈，该假设过于简化了涉及各层级政府众多政策建议和法令条例的多元与互动的循环圈（萨巴蒂尔，2007：9-10）。

对于政策过程研究的理论自觉，使萨巴蒂尔试图从学术组织的角度来推动学术共同体更好地发展更好的政策过程理论，编辑出版《政策过程理论》一书就是这一尝试的体现，目前已经出版四个版本（Sabatier, 1999, 2007; Sabatier & Weible, 2014; Weible & Sabatier, 2017）。《政策过程理论》一书既起到了鉴别作用，又起到了汇集作用。一方面，萨巴蒂尔通过明确好理论的标准，为鉴别现有政策过程理论提供了参照系；另一方面，他通过对符合评价标准的理论进行汇集，可以使不同政策过程理论之间相互学习和借鉴，共同推动政策过程理论的发展。对于好理论的标准，萨巴蒂尔提出了科学性、概念发展、实证检验、解释力和影响因素等要素，并且认为理论最为重要的是对因果关系的关注。有了这些衡量标准，理论发展就需要向这些标准看齐，而与标准的契合度也是理论成熟的标志。我们从《政策过程理论》的四个不同版本看出，有些理论在一些版本中得到保留，在另一些版本中没有得到体现，而其他一些前沿理论则没有纳入著作中。此后，不同学者也开始出版类似著作来讨论政策过程理论，有关政策过程理论的交叠共识正在形成（Peters & Zittoun, 2016）。

　　萨巴蒂尔在发展倡导联盟框架时，非常重视将政治学理论和公共政策学者的研究关注点结合起来。对此，他认为："发展这些理论需要将政治学家有关政治制度和行为的知识与政策学者对政策共同体和实质性政策信息的关注融合起来。"（Sabatier，1991：147）对于政治学而言，研究者重点关注某一类政治制度和机构，如立法机构、行政机制、司法机构等，或者对某一类外在于政治机构的政治行为比较重视，如公共舆论、投票等。相反，公共政策很多时候是跨越这些领域的，这就要求既关注政治机构和政治行为，又要对政策领域中的特定要素给予关注。对于政策学者关注而政治科学家所忽略的领域，萨巴蒂尔将其总结为五个方面："（1）政策共同体、网络和子系统的重要性，他们通常由许多私人或公共机构组成，并且涉及多层次政府机构；（2）实质性公共政策信息的重要性；（3）与一般公众相比，政策精英发挥着关键作用；（4）十年或以上的长期研究特别重要；（5）不同的政策类型拥有不同的政治行为。"（Sabatier，1991：147）这意味着，萨巴蒂尔试图将政治学家有关于行动者的偏好、利益和资源的解释，规则的解释，以及社会经济背景的解释与政策研究者对上述议题的关注结合起来，从而形成一个综合性的解释框架，倡导联盟框架代表了这种努力的结果。接下来，我们首先将对倡导联盟框架的思想基础进行讨论。

## 二　倡导联盟框架的思想基础

　　对于倡导联盟框架的思想来源和基础，最早可以追溯到萨巴蒂尔于1981年至1982年在德国比靳菲尔德为期一年的学习和访问。在访问期间，萨巴蒂尔接触到了制度分析与发展框架（IAD）、政策执行的自下而上的途径、学习的重要性等理论资源（Sabatier, 1999）。在 2014 年，倡导联盟框架的创始人萨巴蒂尔和简金斯—史密斯，以及两位重要代表人物克里斯多佛·M. 怀布尔（Christopher M. Weible）和丹尼尔·诺尔斯泰特（Daniel Nohrstedt）共同对其思想基础进行了总结，形成了 10 个主要思想来源（见表 6-1）（Sabatier & Weible, 2014）。从后面倡导联盟框架的构成要素看，这些思想来源与框架结构存在密切联系。事实上，正是这些思想基础，使得倡导联盟框架具有生命力。

表 6-1　　　　　　　　　　倡导联盟框架的主要思想根基

| 思想基础 | 对倡导联盟框架的影响 |
| --- | --- |
| Pressman and Wildavsky（1973）；Majone（1989） | 强调公共政策中因果理论和信仰系统的重要性 |
| Heclo（1974） | 为政策取向学习以及系统和行动者取向理论集成提供灵感 |
| Heclo（1974）；Hofferbert（1974）；Kiser and Ostrom（1982） | 帮助区分政策子系统的限制与机会的相对稳定参数和外部事件 |
| Heclo（1978） | 介绍议题网络作为"铁三角"的替代概念 |
| Putnam（1976）；Peffley and Hurwitz（1985）；Hurwitz and Peffley（1987）；Lakatos（1979） | 帮助澄清精英信仰系统的层级结构 |
| Weiss（1977） | 介绍了启蒙功能和学习的概念 |
| Meltsner（1976）；Mazur（1981） | 阐述了科技分析师和政策分析师在政策辩论中的关键作用 |
| Hjern, Hanf, and Porter（1978）；Hjern and Porter（1981） | 提供了政策执行的自下而上的途径，以及政策子系统中包含众多政府政策和项目 |
| Simon（1957, 1985）；Lord, Ross, and Lepper（1979） | 提供了基于有限信息处理能力和基于事先设定态度歪曲信息的个人模型 |
| Tversky, Kahneman, and Slovic（1982） | 为人们会更多记得损失而不是获得提供了理论论证，这为魔鬼转换提供了可能 |

资料来源：Jenkins-Smith, H. C., Nohrstedt, D., Weible, C. M., & Sabatier, P. A., 2014：209。

政策取向学习、信仰系统、期望理论等是倡导联盟框架得以建立的基础，这些理论使倡导联盟框架非常重视思想在政策变迁中的作用。从这个意义上看，倡导联盟框架也可以算作话语途径的理论。休·赫克洛（Hugh Heclo）提出了作为学习的政治学范式（politics as learning），他认为："我们对社会政策发展的回顾表明通过学习概念看待政治将产生丰硕的成果。很多政治互动包含着社会学习的过程，它们以政策的方式呈现。"（Heclo，1974：306）赫克洛认为，学习通常意味着行为改变，这种改变可能是因为体验，也可能因为激励变化。一般而言，学习发生在个体层面，但是社会学习或团体学习并非意味着社会或团体是一个有机体，而是说社会学习或团体学习通过个人来实现，这些个人或者单独，或者通过互动来改变集体行动。赫克洛将作为学习的政治学引入社会政策讨论，这直接影响了萨巴蒂尔建构倡导联盟框架时对政策取向学习的重视，政策取向学习也成为倡导联盟框架讨论的重要理论话题。科学哲学家伊·拉卡托斯（Imre Laktos）在对证实主义和证伪主义的讨论中，提出了研究纲领中"硬核"（hard core）和"保护带"（protective belt）的观点，前者属于"否定启示法"（negative heuristic），它们构成了任何研究纲领的内核，不允许有反驳；后者属于"肯定启示法"（positive heuristic），它们构成了任何研究纲领的保护地带，可以根据现实进行调整，以包容更多的事实从而使理论具有适用性（Laktos，1970）。萨巴蒂尔将这一观点应用到对政策信仰系统的分析，强调政策信仰系统也可以区分"内核"和"保护带"，前者属于根本性竞争，后者可以根据政策发展进行调整。丹尼尔·卡尼曼（Daniel Kahneman）和阿莫斯·特沃斯基（Amos Tversky）提出了期望理论（prospect theory），强调人们对损失的认知比获得的认知更强烈，这使得在面临获得决策时会有风险厌恶行为，而面临损失的决策时则会有风险担当行为（Kahneman & Tversky，1979）。卡尼曼和特沃斯的研究为倡导联盟框架中的"魔鬼转换"提供了理论基础，也为个人模型提供了替代选择。

政策执行研究、议题网络等为倡导联盟框架提出政策子系统分析单位提供了理论支撑，这也使倡导联盟更加关注官方行动者和非官方行动者之间的复杂互动。在提出倡导联盟框架之前，萨巴蒂尔一直从事政策执行的研究，他和丹尼尔·A.马兹曼尼安（Daniel Mazmanian）建构了政策执行的研究框架，将影响政策执行的因素划分为三类：（1）问题的易处理性，这一类因素包括有效技术和技术理论的可获得性、目标群体行为的多样性、目标群体占整个群体的比例、行为变化所要求的限度等；（2）法令结构化政策执行的能力，这一类因素包括引入充足的因果理论、清晰的政策目标、财政资源、执行制度之间等级融合、执行机构的决策规则、执行人员的招募、外来者的正式进入等；(3) 影响执行的非法令变量，这一类因素包括社会经济状态和技术、媒体对问题的关注、公众支持、构成群体的态度和资源、来自统治者支持、执行官员的承诺和领导技能等（Sabatier & Mazmanian, 1980）。萨巴蒂尔的政策执行研究被称为自上而下的途径，这一途径受到了耶恩和波特等人提出的自下而上的政策执行途径的挑战，他们认为政策执行呈现一种网络状态，需要根据政策问题出发寻找影响政策执行的网络结构，并且认为街头官僚和基层人员在政策执行中发挥更大作用，他们有时甚至重新定义政策的目标和选择政策执行的途径（Hjern & Porter, 1981）。正是在回应政策执行的自下而上途径的挑战中，萨巴蒂尔尝试将政策执行的自上而下和自下而上两种途径进行融合，提出政策执行的替代性理论，他随后将这种整合的理论称为"倡导联盟框架"，并且从对政策执行问题的研究改变为对政策变迁问题的研究，极大扩展和丰富了政策过程理论（Sabatier, 1986; 2005）。休·赫克洛在对美国政治与行政关系讨论的基础之上，提出了用"议题网络"替代"铁三角"概念，以包容更多行动者对决策的影响，这一研究也为萨巴蒂尔应用政策子系统作为倡导联盟框架的分析单位奠定了理论基础（Heclo, 1978）。

西蒙等人提出的有限理性和人的行为理论构成了萨巴蒂尔倡导联盟理论的另一个来源，这使倡导联盟理论很好地平衡了结构和行动者之间的张力（Simon, 1957）。萨巴蒂尔在将政策子系统作为分析单位，讨论不同联盟围绕政策问题进行辩论、学习、竞争和冲突，但仍然强调联盟的基础是方法论个人主义，联盟是集体行动的过程，这也使得基于方法论个人主义的联盟形成理论成为其关注的重点（Schlager, 1995）。倡导联盟框架借鉴了西蒙的有限理性理论，强调人的信息处理能力具有有限性，从环境获取信息也是选择性吸收，这使得人可能很难对政策偏好和态度发生改变（Simon, 1955, 1956）。从某种程度上看，萨巴蒂尔将环境变量区分为相对稳定的参数和可变参数，也应该是受到西蒙对环境结构认知的理解，这意味着人只会对相对可变的环境参数进行感知，而相对稳定的环境参数则是作为背景对人的行为产生影响。与此同时，萨巴蒂尔也借鉴了查尔斯·洛德（Charles G. Lord）等人有关偏见信息吸收和极化态度形成的研究，强调个人在获取信息和进行判断时会受到先前观念与认知的影响，很多时候存在"证实性偏见"和"非证实偏见"。基于人的模型，这使倡导联盟框架有可能发展成兼具微观和宏观视角的整合框架，建构更具有包容性的政策过程理论。

## 三 倡导联盟框架的演进过程

倡导联盟框架的建构并非一蹴而就，它经历了一个从起源、发展到完善的过程，当前已经基本成熟定型（见表6-2）。表6-2对倡导联盟框架的一些具有标志性事件的论文、著作和章节进行了梳理，讨论他们在倡导联盟框架思想演进史中的位置。我们将1987年萨巴蒂尔正式发表的倡导联盟框架理论、1993年汉克·C. 简金斯—史密斯和萨巴蒂尔出版的《政策变迁与学习：一种倡导联盟框架途径》和1999年出版的《政策过程理论》一书中的倡导联盟框架章节作为该框架演进过程中的标志性事件，将这一框架演进划分为起源、发展和完善三个阶段，强调起源阶段的核心任务是提出倡导联盟框架，发展阶段的核心任务是让倡导联盟框架更加精致，完善阶段的核心任务是促进倡导联盟框架的传播、使用、检验和修订，朝向成熟定型的政策过程理论迈进。

表6-2 倡导联盟框架的演进过程

| 重要论文/著作 | 核心贡献 |
| --- | --- |
| 第一阶段：起源 | |
| Sabatier, P. A. (1986) | 从整合自上而下的政策执行和自下而上的政策执行角度提出了倡导联盟框架，并对框架要素进行简要介绍 |
| Sabatier, P. A. (1987) | 倡导联盟框架的正式提出，核心要素得到系统阐述 |
| Sabatier, P., Hunter, S., & McLaughlin, S. (1987) | 基于行为科学，提出了"魔鬼转换"的概念，为后来的政策变迁的策略发展奠定了基础 |
| Sabatier, P. A. (1988) | 倡导联盟框架在《政策科学》杂志刊出，框架结构进一步修订，并开始得到政策研究共同体认可 |
| Sabatier, P. A. (1991) | 将倡导联盟框架纳入政策过程理论范式中讨论，并在理论竞争中发展倡导联盟框架 |
| 第二阶段：发展 | |

续表

| 重要论文/著作 | 核心贡献 |
| --- | --- |
| Sabatier, Paul and Jenkins-Smith, Hank (eds) (1993) | 汉克·C. 简金斯—史密斯全面加入倡导联盟框架开发，编辑出版《政策变迁与学习：一种倡导联盟框架途径》，标志着倡导联盟框架迈向新发展阶段 |
| Jenkins-Smith, H. C., & Sabatier, P. A. (1994) | 通过理论评估来进一步发展理论，完成要素和假设 |
| Sabatier, P. A. (1998) | 进一步对倡导联盟框架进行修正，并应用于欧洲场景 |
| 第三阶段：完善 | |
| Jenkins-Smith, H. C., & Sabatier, P. A. (1999) | 萨巴蒂尔正式主编出版《政策过程理论》一书，倡导联盟框架作为政策过程理论中具有竞争力的理论之一进一步得到系统阐述，并且初步成熟定型 |
| Sabatier, P. A., & Weible, C. M. (2007). | 萨巴蒂尔主编《政策过程理论》一书的第二版，倡导联盟框架得到修订 |
| Weible, C. M., Sabatier, P. A., Jenkins-Smith, H. C., Nohrstedt, D., Henry, A. D., & DeLeon, P. (2011) | 在《政策研究杂志》出版专刊，讨论过去25年倡导联盟框架的发展，并对未来发展提出建议 |
| Jenkins-Smith, H. C., Nohrstedt, D., Weible, C. M., & Sabatier, P. A. (2014) | 萨巴蒂尔和怀布尔主编《政策过程理论》一书的第三版，倡导联盟框架的基础、演进和当前进展得到讨论 |
| Jenkins-Smith, H. C., Nohrstedt, D., Weible, C. M., & Ingold, K. (2017) | 怀布尔和萨巴蒂尔主编《政策过程理论》一书的第四版，倡导联盟框架得到部分修订 |
| Pierce, J. J., Peterson, H. L., & Hicks, K. C. (2020) | 倡导联盟框架对于政策变迁的意蕴得到系统讨论 |
| Li, W., & Weible, C. M. (2021) | 倡导联盟框架在中国情景中应用得到讨论 |

倡导联盟框架起源于萨巴蒂尔1986年对政策执行的自上而下和自下而上两种途径整合的尝试，并将研究对象从政策执行转身政策变迁，开启了该框架的建构过程（Sabatier，1986）。倡导联盟框架得到系统阐述，而正式成为阶段论的替代性范式则始于1987萨巴蒂尔发表的《知识、政策取向学习和政策变迁：一个倡导联盟框架》一文，它也预示着一个新的分析框架正式诞生（Sabatier，1987）。事实上，萨巴蒂尔在提出倡导联盟框架时，更多是在政策分析如何在政策过程中发挥作用的角度进行思考，试图将政策信仰系统作为研究重点，讨论政策学习、倡导联盟和政策变迁这三者进行融合，认为政策分析会通过政策学习来对政策信仰系统产生影响并进而引发政策变迁，思考政策学习和政治权力对政策变迁的影响。对此，萨巴蒂尔在建构倡导联盟框架时指出："这一框架试图认真考虑如下理论论证和经验发现：（1）政策分析通常以一种倡导方式被使用，它被

用来论证组织立场和利益；（2）它们通常会通过对政策制定者有关因果关系和世界状态认知（例如信仰系统）的长期和扩散影响而发挥效果；（3）非认知因素（制度安排、政治资源和组织利益等）都会对政策变迁产生关键影响。"（Sabatier，1987：650）在提出倡导联盟框架时，萨巴蒂尔通过图形方式对其结构进行了刻画，形成了最初的框架结构图，尽管此后有一些微调，但主体框架结构并没有太多改变，核心思路一直得到延续（见图6-1）。此后，萨巴蒂尔又将这一框架在《政策科学》杂志上发表，并结合行为科学的最新进展提出了行动者会进行"魔鬼转换"，使倡导联盟框架日益完善（Sabatier，1988；Sabatier, Hunter & McLaughlin, 1987）。

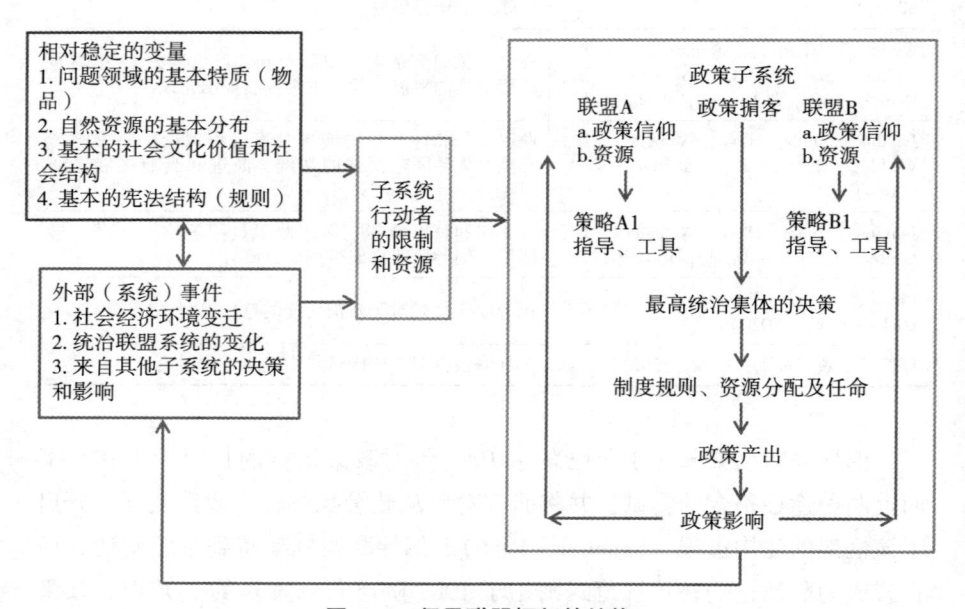

**图6-1 倡导联盟框架的结构**

资料来源：Sabatier，1986：653。

萨巴蒂尔和简金斯—史密斯于1993年编辑出版《政策变迁与学习：一种倡导联盟框架途径》，将理论框架和案例应用进行集中呈现，这标志着倡导联盟框架迈向新发展阶段（Sabatier & Jenkins-Smith，1993）。在《政策变迁与学习》一书中，萨巴蒂尔和简金斯—史密斯分别收集了使用和验证倡导联盟框架的定性案例和定量研究，前者对加拿大教育政策、放松航空管制、加利福尼亚的水利政策、联邦通讯政策等进行了分析，后者对海上能源政策和塔霍湖的环境政策进行了讨论，并根据这些定性和定量研究对倡导联盟框架进一步修正。事实上，简金斯—史密斯和萨巴蒂尔首次利用这些典型应用案例对倡导联盟框架进行了评估，他们认为倡导联盟框架比阶段启发法更具有优势，尤其是在因果理论的发展方面具有较大进步，符合因果理论的所有要求："（1）政策倡导联盟包含了因果变迁的两大主要因素：联盟成员的价值和子系统外生冲击；（2）具有可验证性，事实上很多假设因为案例研究得到修正；（3）相当节俭和丰硕，它产生了大量相当有趣的假设和预测；（4）它能够产生非常惊奇的结果；（5）它能够帮助政策行动者理解复杂政策互动过程从而建构美好社会具有知识贡献，并且可以促进人们了解获得坚实信息的行动者在不同时期是如何发生变化的。"（Jenkins-Smith & Sabatier，1994：197）在倡导联盟框架的发展阶段，萨巴蒂尔除了通过对框架的应用和总结进行梳理与评估，他们还尝试发展新的研究假设，并且将之用于不同于美国的欧洲场景中，以扩大理论的外部效度。在理论发展方面，萨巴蒂尔对1993年以来的研究进行了总结，并且认为倡导联盟框架形成清晰的个人模型、对子政策进行描述、对集体行为进行研究和联盟分析等方面进行了探索，使研究假设进一步优化，研究假设从9个扩展到12个（Sabatier，1998）（见表6-3）。应该说，1993年和1998年的发展，奠定了倡导联盟框架的坚实基础，这也意味着该理论基本成熟。

**表 6-3　　　　　倡导联盟框架 1993 年版本的假设**

有关倡导联盟的假设：
　　假设 1：在政策子系统内的重大争议中，当政策核心信仰存在争议时，盟友和反对者的阵容在十年左右的时间内趋于稳定
　　假设 2：倡导联盟内的行动者将在与政策核心有关的问题上表现出实质性的共识，尽管次要方面的共识较少
　　假设 3：行动者（或联盟）在承认政策核心的弱点之前，会放弃其信仰的次要方面
　　假设 10（1993 年新增）：与物质群体的观点相比，目的群体的观点在表达信仰和政策立场方面更受约束
　　假设 11（1993 年新增）：在联盟内，行政机构通常会主张比其利益集团盟友更温和的立场

有关政策变迁的假设：
　　假设 4（1993 年修订）：只要制定该项目的子系统倡导联盟仍在该管辖区内掌权，则特定管辖区内政府项目的政策核心属性不会显著修订，除非该变迁更是由层级上级管辖区实施的
　　假设 5（1997）：子系统外部的重大扰动（例如社会经济条件、舆论、系统层面治理联盟的变化，或来自其他子系统的政策输出）是必要的，但不是政府项目的政策核心属性发生变化的充分原因

续表

有关政策学习，特别是跨联盟学习的假设：
　　假设6：当两个联盟之间存在中等程度的知情冲突时，跨信仰系统的政策导向学习最有可能。这需要：
　　（a）每一方都有参与这种辩论的技术资源；以及
　　（b）一个信仰体系的次要方面与核心之间存在冲突，或者两个信仰体系的重要次要方面之间存在冲突
　　假设7：与数据和理论通常是定性、相当主观或完全缺乏的问题相比，存在公认定量数据和理论的问题更有利于跨信仰系统的政策导向学习
　　假设8：涉及自然系统的问题比单纯社会或政治系统的问题更有利于跨信仰系统的政策导向学习，因为在前者中许多关键变量本身并不是积极的战略家，而且受控实验更可行
　　假设9：当存在以下论坛时，跨信仰系统的政策导向学习最有可能：
　　（a）足以迫使来自不同联盟的专业人士参加，以及
　　（b）由专业规范主导
　　假设12（1993年新增）：即使技术信息的积累不会改变反对联盟的观点，它也可以通过改变政策经纪人的观点对政策产生重要影响，至少在短期内是如此

资料来源：Sabatier，1998：106。

　　萨巴蒂尔于1999年正式主编出版《政策过程理论》一书，倡导联盟框架作为政策过程理论中具有竞争力的理论之一被收入著作中，其框架结构和要素得到系统阐述，经过随后的第二版、第三版和第四版修订，目前初步成熟定型（Jenkins‐Smith & Sabatier，1999；Sabatier & Weible，2007；Jenkins‐Smith，Nohrstedt，Weible，& Sabatier，2014；Jenkins‐Smith，Nohrstedt，Weible & Ingold，2017）。从《政策过程理论》一书四个版本的倡导联盟框架内容看，其核心内容包括三项：（1）对倡导联盟框架的构成要素和主要假设进行分析；（2）对倡导联盟框架的研究进展进行评估；（3）对倡导联盟框架的未来发展进行展望。从这些不同版本的内容看，倡导联盟框架的结构图和基本假设已经成熟定型，其中涉及政策变迁的假设有2个，涉及倡导联盟的假设有5个，涉及政策取向学习的假设有5个。与此同时，不同版本分别对倡导联盟、个人信仰系统结构、子系统、联盟行为、多重的政府间管辖地和影响政策的联盟策略、跨联盟的学习和职业论坛、政策变迁等内容的不同方面进行了补充和完善，这也使该框架的结构、要素和内容更加精致。与此同时，《政策研究杂志》开始对倡导联盟框架进行系统回顾，并于2011年出版专刊，这标志着这一分析框架已经成熟（Weible，Sabatier & McQueen，2009；Weible，Sabatier，Jenkins‐Smith，Nohrstedt，Henry & DeLeon，2011）。此后，每隔一段时间，学者会对该框架的最新进展进行回顾、评价和展望，这也是推进理论发展的一个重要路径（Pierce，Peterson，Jones，Garrard & Vu，

2017)。此外，更多的中国学者将倡导联盟框架用于对中国政策过程的研究，以扩展理解的适应范围，在内部效度和外部效度之间进行有效平衡（Li & Weible，2021）。

## 四　倡导联盟框架的主要内容

自从萨巴蒂尔于 1987 年正式提出倡导联盟框架以来，该框架尽管不断演化，但其核心要素基本上保持稳定，这也符合科学哲学家伊·拉卡托斯有关硬核和保护带的观点。当然，倡导联盟框架也随着研究的不断推进而得到完善。从上一部分的倡导联盟框架思想演进中可以看出，1993 年和 1999 年两个时间点非常重要，目前的框架基本上与 1993 年和 1999 年的版本差距不大。对于倡导联盟框架的演进过程中的特点，汉克·C. 简金斯—史密斯和萨巴蒂尔等研究者在《政策过程理论》一书的第三版，将其总结为四个方面，即修改和增加假设，修改和厘清概念，增加概念，厘清框架和理论关注重点（Jenkins - Smith，Nohrstedt，Weible，& Sabatier，2014：186 - 187）。当前，倡导联盟框架形成了如下的流程图（见图 6-2）。

**1. 构成要素**

从图 6-2 可以看出，倡导联盟框架由相对稳定的参数、子系统外部事件、长期联盟机会结构、子系统行动者的短期约束和资源、政策子系统五个模块构成。从图 6-2 的流程图看，政策子系统是倡导联盟框架关注的重点，而这一子系统受到相对稳定的参数和子系统外部事件影响，它们构成了政策子系统的环境和外部变量。与此同时，作为外部变量的环境参数对于政策子系统的影响主要有两个路径，一个是对联盟的长期机会结构产生影响，另一个是对联盟行动者的短期约束和资源产生影响。对于倡导联盟框架而言，政策子系统是核心构成要素，其他四个模块都是政策子系统的外部环境。

相对稳定的参数是倡导联盟框架的第一组外部变量，他们主要是强调对政策子系统有影响的因素，这些因素在很长一段时间内不会改变。这些稳定的参数包括一些基本的社会、文化、经济、物理和制度结构，通常而

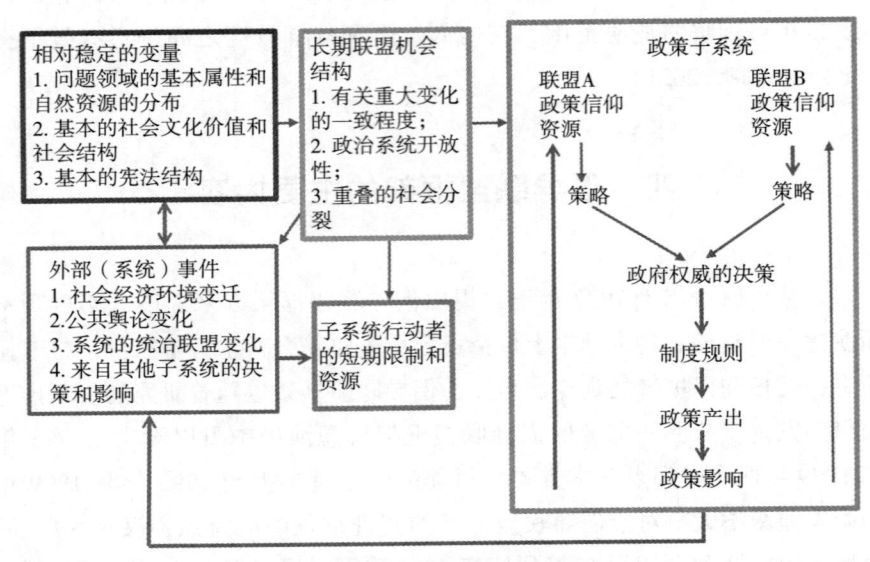

图 6-2 倡导联盟框架流程

资料来源：Jenkins-Smith, Nohrstedt, Weible & Ingold Karin, 2017。

言，政策子系统内嵌于基本结构之中。当前，倡导联盟框架将这些相对稳定的参数划分为三类，它们是：(1) 问题领域的基本属性和自然资源的分布；(2) 基本的社会文化价值和社会结构；(3) 基本的宪法结构。通常而言，宪法结构、政治结构、社会结构和文化价值外在于政策子系统，事实上所有政策子系统都需要受到这些基本结构影响。相反，问题领域的属性和自然资源分布则本身受到政策子系统的影响，不同政策子系统面临不同问题情景，从这个意义上看，问题和资源与政策子系统具有紧密联系。

子系统外部事件则是外在于政策子系统之外，但是有可能经常会发生变化，这些外在冲击会直接对政策子系统产生较大影响。对于这一模块的变量，倡导联盟框架将之总结为社会经济环境变迁、公共舆论变化、系统的统治联盟变化、来自其他子系统的决策和影响等因素，这些因素基本上涵盖了经济、社会、文化、政治等不同方面的影响。与相对稳定的参数相比，子系统外部事件经常发生波动，这些波动有可能推动政策变迁。从某种程度上看，倡导联盟框架的一个核心议题是外部事件何时在何种程度上能够诱发政策变迁。

相对稳定的参数和子系统外部事件对于政策子系统的影响，倡导联盟框架提出了长期联盟机会结构、子系统行动者的短期约束和资源等两组变量，它们构成了外部环境和政策子系统之间交互的中间变量。外部环境并不能够直接对政策子系统产生影响，它们需要通过长期联盟机会结构、子系统行动者的短期约束和资源两个变量来发挥作用。与此同时，相对稳定的参数对长期联盟机会结构影响更大一些，它们会决定推动变革的共识程度、政治系统是否开放、社会分裂的程度。简言之，相对稳定的参数会决定联盟形成的可能性、机会和社会分裂情况，它们对政策子系统中联盟的数量、结构关系、冲突与合作等有较大影响。相反，子系统外部事件则对政策子系统行动者的约束和资源产生短期影响，这些事件可能会增加一部分行动者的资源，也可能对另一部分行动者形成更多约束。从图6-2可以看出，相对稳定的参数会对子系统外部事件产生影响，长期联盟机会结构也会决定短期子系统行动的约束和资源情况。政策子系统的产出和影响也会对其他子系统产生影响，构成其他子系统的外部事件，进而也可能影响相对稳定的参数，这样倡导联盟框架就形成了完整的闭环。

**2. 基本假设**

倡导联盟框架建立在一些假设（assumptions）的基础之上，只有这些假设得到满足，才能够推导出有关联盟、政策取向学习和政策变迁的命题（hypothesis）。对于倡导联盟框架的假设，萨巴蒂尔及其合作者将其明确为七个：（1）政策子系统是理解政策过程的基本分析单元；（2）政策子系统中的行动者包含任何试图影响子系统事务的人员；（3）个人是有限理性的，他们受到信仰系统的激励，并且容易实施"魔鬼转换"；（4）子系统可以简化为一个或者多个联盟；（5）政策或者项目包含着隐藏的理论，这些理论反映了一个或多个联盟的被转化的信仰；（6）科学和技术信息对于理解子系统事物十分重要；（7）研究者应该采取长时间段（10年或者更长时间）的视角来理解政策过程和变迁。

与其他研究相比，倡导联盟框架将政策子系统作为分析单位，它类似于埃莉诺·奥斯特罗姆提出的IAD框架的行动舞台，政策子系统可以称为政策舞台（Ostrom，2005）。政策子系统通常可以使用政策话题、管辖范围和直接以及间接影响子系统的行动者来界定，它成为一个相对独立的与环境可以区分的政策空间。对于政策子系统而言，它通常包括一些特征，如：(1) 政策子系统由一系列的要素构成，这些要素以适当方式互动形成结果；(2) 政策子系统可以区分行动者和非行动者，只有对政策议题产生影响的人员才可以纳入行动者范畴；(3) 政策子系统具有半独立性，并且与其他子系统具有一定的联系；(4) 政策子系统会创造一定的权威或者为权威提供可能性；(5) 政策子系统会经历稳定、渐进变化和主要变化等。基于政策子系统的概念，倡导联盟框架在借鉴"议题网络"概念的基础之上，将所有试图影响政策事务的行动者都纳入分析范畴，超越了"铁三角"的分析局限性，与政策共同体和政策网络具有一定的契合性（Marsh & Rhodes，1992）。

尽管将政策子系统作为分析单位，倡导联盟框架还是尝试将方法论个人主义引入模型中，讨论从个人到联盟形成的路径。为此，他们在使用"联盟信仰""联盟行为"和"联盟学习"时，联盟是以一种拟人化方式被使用，联盟不会行动，只有行动者才会行动。倡导联盟框架在建构个人模型时，主要是借鉴了西蒙的有限理性模型，强调个人受到目标激励，由于处理信息的能力受限导致认知能力有限。与此同时，倡导联盟框架还强调个人对于环境信息的获取会采取简化策略，他们会受到信仰系统影响，这会使获取信息存在偏见。通过借鉴心理学中期望理论的研究，倡导联盟框架提出了"魔鬼转换"的策略，强调行动者会放大权力以及妖魔化对手。在方法论个人主义模型的基础之上，倡导联盟认为政策子系统通常是由一个或者几个联盟组成，他们认为通常会有两个，一般不会超过四个左右的联盟。联盟概念的提出主要是为了解决行动者数量多的问题，通过将很多行动者聚集为几个联盟，可以简化分析的难度。对于倡导联盟而言，他们还从因果理论的角度对公共政策或者项目进行了定义，认为项目或政策是一种政策信仰的表达，背后包含着一套因果逻辑。正是从因果理论的角度理解公共政策或者项目，这使得倡导联盟框架特别重视信仰系统的作用，而不仅仅突出政治操纵逻辑。对于因果理论的强调，也使倡导联盟框架认为科学和技术信息对于政策过程很重要，他们尝试将政策分析和政策过程有机结合，试图回应拉斯韦尔的政策科学之问（Lasswell，1970）。科学和技术信息为因果理论提供基础，这反过来会对信仰系统产生影响，并最终对政策变迁发挥作用。正是对于科学和技术信息在政策过程中作用的重视，使得倡导联盟框架认为对于政策过程的研究需要花费 10 年甚至更长的时间，只有长时间才能够更好认清政策执行及其效果，并且厘清政策变迁背后的逻辑。

### 3. 政策子系统

政策子系统是倡导联盟框架的分析单位，也构成了政策博弈的场域。从图6-2可以看出，政策子系统作为一个整体，其内部则由联盟及其策略，以及政府权威决策、执行、产出和效果等政策过程构成，其中联盟通过影响政府权威决策对政策过程发挥作用。政策子系统可以依据功能和地域划分为不同类型，功能或者实质性政策子系统主要是以实质性政策领域为标准，如能源政策子系统、水政策子系统、交通政策子系统等，地域政策子系统主要是以空间或领地为标准，如区域性政策子系统、全球性政策子系统。当然，这两者之间并非截然分开，在地域性政策子系统中也可以进一步按照功能或实质性政策进行划分，如区域性水政策子系统、区域性创新政策子系统、区域性能源政策子系统等。对于政策子系统的具体案例，萨巴蒂尔和简金斯—史密斯列举了美国空气污染控制政策子系统的例子，认为它们包含如下参与者：（1）环境保护机构；（2）机关的国会委员会；（3）其他相关机构，比如能源部就经常参与到控制污染的政策过程中来；（4）污染性行业的公司，它们的商会组织、工会，有时候消费者委员会也参与进来；（5）污染控制设备的制造商；（6）各个政府层级的环境与公共健康团体；（7）全国及各地方的污染控制机构；（8）对空气污染问题有着浓厚兴趣的研究机构和咨询公司；（9）经常做相关报道的重要记者；（10）在有些议题上，比如在酸雨问题上，还包括其他国家的政策参与者（萨巴蒂尔，简金斯-史密斯，2011：25）。

对于政策子系统的类型，倡导联盟框架进一步根据时间维度划分为成熟的政策子系统和新生的政策子系统。对于成熟的政策子系统，萨巴蒂尔和简金斯—史密斯将其特征界定为："（1）一些参与者认为自己属于一个半自治的社群中，他们在某些政策领域中共享专业知识，他们也在很长一段时间内试图在该领域影响公共政策；（2）机构、利益群体和研究机构会在很长一段时间内对该话题拥有专业知识。"（Sabatier & Weible，2007：192）相反，新生的政策子系统则是由于政治系统的不稳定性以及缺乏专业训练人员而导致边界不断变化，很多行动者不断进入或者流出政策子系统，这也使政策子系统一直处于动态变化中。早期的研究认为，新生的政策子系统通常来源于原有的政策子系统，这意味着一群人员不满意于现有的政策子系统空间时，就会考虑开发新的政策空间，这样会诞生新的政策子系统。此外，新的问题也会诱发新的政策子系统，以及对已有政策的新界定也会产生新的政策子系统。

事实上，由于政策子系统之间存在重叠和嵌套关系，这会使对政策子系统的边界和范围进行清晰界定很困难。对于政策子系统之间的重叠问题，主要是对于同一个政策问题可以进行不同程度的建构。以环境污染问题为例，行动者既可以形成污染控制政策子系统，也可以形成健康政策子系统，还可以形成生态政策子系统等。政策子系统之间也可能存在嵌套关系，一个政策子系统从属于另一个政策子系统，如汽车污染控制政策子系统从属于空气污染政策子系统，高等教育政策子系统从属于教育政策子系统。一旦讨论涉及政府间关系的政策子系统，此时功能性政策子系统和地域性政策子系统之间就会存在复杂互动，对于政策子系统到底是属于哪一种类型的政策子系统，就需要依靠研究者的目的以及个人认知来进行界定，不同认知模型会得出不同结论。

政策子系统构成了行动者互动和政策过程发生的舞台、场域和空间，行动者围绕着联盟形成及变化、政策学习及其互动、政策及其变迁等议题展开的互动都在政策子系统场景中发生，不同力量博弈和行动情景会导致不同的政策结果。政策子系统也通过长期联盟机会结构和长期限制与资源和外部环境进行互动，不同行动者会对外部环境有不同感知，并采取不同策略以实现自身目标。对于倡导联盟框架而言，他们特别重视联盟和政策取向学习在政策过程的作用，围绕着这些议题形成了该框架关注的三大核心理论议题，即倡导联盟议题、政策取向学习议题和政策变迁议题（萨巴蒂尔，简金斯-史密斯，2011：25）。

### 4. 倡导联盟

"倡导联盟"是倡导联盟框架中最具有标识性的概念，它通常被定义为："一些行动者拥有共享的政策核心信仰，他们通过一些重要方式协调行动以影响政策子系统。"（Jenkins-Smith, Nohrstedt, Weible, & Ingold 2017：148）由此可见，倡导联盟的定义主要侧重从信仰系统的角度来界定，强调拥有共同信仰的人员会一致行动。为此，信仰系统、资源和策略构成了倡导联盟的三个主要要素，其基本逻辑是行动者因为共同信仰而团结在一起，通过利用各自资源协调行动，采取对他们有利的策略。

信仰体系是倡导联盟概念的核心构成要素，萨巴蒂尔借鉴了政治学者马克·佩夫利和乔恩·赫维茨有关态度限制的层级模型，提出信仰体系由深层核心信仰、政策核心信仰和次级层面信仰三部分构成，信仰系统是联盟存在的基础（见表4）。深层核心信仰是最广泛层次的信仰，它跨越所有的政策子系统，它是关于人类本性、基本价值的优先性、不同群体福利的优先性、政府与市场的角度以及谁应该参与决策的规范性和本体论假设。事实上，深层核心信仰基本上与意识形态、文化理论和基本价值观联系在一起，一旦形成很难改变。政策核心信仰是第二个层次的内容，它与政策子系统对应，贯穿于整个政策领域或子系统中的联盟的基本行为规范和因果认知，它们包括不同政策相关价值的优先性、谁的福利应该考虑、政府和市场的相对权威、不同行动者的角色（公众、官员、专家等）、政策问题的严重性和原因等。参与政策子系统的行动者会投入时间和精力将深层核心信仰转化为政策核心信仰，尽管深层核心信仰会对政策核心信仰有影响，但这两者之间并非一对一的关系。一般而言，联盟之间会围绕着一些政策议题进行一些不可调和的争论，这些涉及整个政策子系统范围的政策核心信仰又被称为"政策核心政策偏好"（policy core policy preferences），其特点如下：（1）在某一政策领域属于子系统范畴；（2）特别突出；（3）有时是分歧的一个主要根源（Jenkins-Smith & Sabatier, 1999：134）。政策核心政策偏好是联盟的黏合剂，它让不同联盟形成自身的身份和标识意识。次级层面信仰范围相对较窄，主要解决项目层面的规则和预算问题，或者关注某一地区的问题严重性，或者有关公众参与的意见等。

表 6-4　　　　　　　　　　政策精英信仰系统的结构

| | 深层核心信仰 | 政策核心信仰 | 次级层面信仰 |
| --- | --- | --- | --- |
| 特征界定 | 基本的规范和本体性原理 | 关于获得子系统中核心价值的基本策略的根本政策立场 | 工具性的决策和搜寻必要的信息以及实现政策信心价值 |
| 适用范围 | 跨越所有政策子系统 | 贯穿整个子系统 | 通常仅为子系统的一部分 |
| 对变化的敏感性 | 非常困难，类似于宗教信仰的转变 | 尽管困难，但如果现实经验揭示了一些严重的反常现象的话，还是能够发生的 | 简单易行，这是绝大多数行政机关甚至立法机关政策制定的主题 |

续表

|  | 深层核心信仰 | 政策核心信仰 | 次级层面信仰 |
| --- | --- | --- | --- |
| 说明性成分 | 1. 人类的本性：<br>a. 天生性恶还是社会后天影响所致；<br>b. 部分本性还是完全本性？<br>c. 狭隘的利己主义者还是契约主义者<br>2. 各种主要价值的相对优先性：自由、安全、权利、知识、健康、爱情、美、等等<br>3. 分配性正义的基本标准：谁的福利值得？自身相对重要性的考量：主要集团、所有人、下一代、非人类等<br>4. 社会文化认同（如少数民族、宗教信仰、性别、职业） | 基本的规范：<br>1. 基本价值偏好取向<br>2. 那些最关心自己福利的集团或其他实体的认同<br>有实际经验性成分的规范：<br>3. 问题的总体严重性<br>4. 问题的基本原因<br>5. 政府和市场之间权威的合理分配<br>6. 不同层级政府之间权威的合理分配<br>7. 不同政策手段的优先性（如管制、保险、教育、直接付费、税收信用）<br>8. 解决社会问题的能力（如零和竞争与多边和解的潜在性；技术乐观主义与悲观主义）<br>9. 公众、专家以及民选官员的参与<br>10. 政策核心、政策偏好 | 1. 特定情境下具体方面问题的严重性<br>2. 不同背景和长时段中各种因果联系的重要性<br>3. 绝大多数关于行政规则，预算分配，案件处理，法令解释，甚至法令修订等方面的决策<br>4. 关于具体项目或制度的绩效方面的信息 |

资料来源：萨巴蒂尔，2004：179。

资源是联盟的第二个构成要素，它是影响政策过程的前提和基础。倡导联盟框架提出之后，萨巴蒂尔及其研究者重点关注了信仰系统，而对于资源重视不够。为此，萨巴蒂尔和怀布尔提出了六种资源，即制定政策的正式法律权威、公众意见、信息、可动员群体、金融资源和有技能的领导力（Sabatier & Weible，2007：202-203）。制定政策的正式法律权威是联盟的重要资源，这些资源一般只有占据正式权威位置的行动者才可能获得，如行政官员、立法人员和法官等。公众意见也是联盟的一种重要资源，公众越是对联盟支持，联盟越是可以在政策子系统中发挥更大作用。有关问题严重性和原因，以及替代方案的成本和收益的信息是联盟的一种重要资源，它们会被各方用于政策辩论中，这也可以使研究者在政策子系统中发挥更为重要的作用。可动员群体是联盟的另一种资源，这对于缺乏金融资源的联盟而言，更是需要通过动员支持性成员为联盟的主张服务。金融资源是联盟的一种十分重要的资源，它们可以用来购买其他资源。有充足金融资源的联盟可以资助研究、通过媒体动员获得公众支持和进行政策宣传等。有技能的领导力则是联盟的另一种资源，这也是政策企业家研究的讨论的核心话题，领导力对于政策变迁有重要影响。

策略是联盟的第三个构成要素，对于联盟的策略，倡导联盟框架讨论得不多，目前只是提出了"魔鬼转换"策略。这说明，对于联盟通过什么策略去影响政策过程，这是该框架未来需要关注的内容。基于上述讨论，倡导联盟框架围绕着联盟的形成和稳定性、成员对于政策核心信仰和次级信仰的态度、行政机构的态度、目的群体和物质群体的态度等形成了如下五个有关联盟的假设：

*联盟假设1*：在政策子系统内的重大争议中，当政策核心信仰存在争议时，盟友和反对者的阵容在十年左右的时间内趋于稳定。

*联盟假设2*：倡导联盟内的行动者将在与政策核心有关的问题上表现出实质性的共识，尽管次要方面的共识较少。

*联盟假设3*：行动者（或联盟）在承认政策核心的弱点之前，会放弃其信仰的次要方面。

*联盟假设4*：在联盟内，行政机构通常会主张比其利益集团盟友更温和的立场。

*联盟假设5*：与物质群体的观点相比，目的群体的观点在表达信仰和政策立场方面更受约束。

尽管提出了这些假设，目前除了第1个假设得到验证，其他假设都还没有得到验证。针对联盟的概念，后来的研究者认为需要对联盟是如何克服集体行动的困境、不同政策子系统中联盟的类型、联盟中行动者参与的程度、联盟资源、策略和行动等进行深入研究，建立更具有经验基础的联盟理论。联盟假设首先需要回答联盟何以可能？这意味着，联盟的产生理论是联盟持续性理论，它们也是联盟内行动者态度和行为理论的基础。对此，倡导联盟框架的创立者萨巴蒂尔及其支持者给出了三种可能的解释，即：（1）他们认为由于拥有共同信仰，这会使参与联盟的交易成本比较低，有利于更公平实现成本分摊；（2）通过实现"魔鬼转换"，参与联盟的收益被放大；（3）联盟的合作既可以有强合作，也可以有弱合作，对于弱合作而言成本比较低，很多时间弱合作就可以促使联盟行为（Sabatier & Weible，2007：197）。

对于倡导联盟这一概念，怀布尔和简金斯—史密斯等研究者在2020年的一篇最新论文中专门对倡导联盟概念的定义和测量进行了讨论，试图厘清这一概念的内在含义（Weible, Ingold, Nohrstedt, Henry & Jenkins-

Smith，2020）。他们认为倡导联盟这一概念是倡导联盟框架的基石，可以包含五个基本要素，即政策行动者、共享信仰、协调、资源和稳定性。很显然，他们对于倡导联盟概念属性的分析中，增加了协调和稳定性两个要素，前者强调不同行动者以何种方式集体行动，后者则讨论联盟是否在一定时间内保持稳定。基于这五个要素是否能够同时发现，他们进一步区分了理想类型的倡导联盟和子倡导联盟，前者意味着包含上述五个要素，后者则至少包含行动者和共享信仰，他们包括潜在联盟（potential coalitions）、短暂联盟（ephemeral coalitions）、主导联盟（dominant coalitions）、少数联盟（minority coalitions）、合作联盟（cooperative coalitions）和竞争联盟（adversary coalitions）等。此外，他们还提出，未来从事倡导联盟本身的研究，可以有如下步骤：（1）开始描述联盟和识别他们的特征；（2）将倡导联盟与情景相连接；（3）拓展审视行动者信仰系统及其影响因素的理论范围；（4）进行比较研究；（5）不要没有联盟的政策子系统强求进行研究。应该说，对于倡导联盟的拓展研究和概念界定，为下一步完善理论和框架提供了基础。

### 5. 政策取向学习

政策取向学习在倡导联盟框架中发挥着重要作用，它是连接联盟和政策变迁的重要桥梁。一方面，政策学习是政策变迁的重要解释变量；另一方面，政策学习也在联盟的信仰变化和成员认可方面发挥重要作用。对于倡导联盟框架而言，政策取向学习被界定为："思想或行为倾向的持续改变，这些思想或行为倾向来自于经验，并且主要关注个人或者集体的信仰系统中规范的达成或者修正。"（Sabatier & Jenkins-Smith 1993：42）政策学习的过程，本身是政策信仰、态度和观念变化的过程，也是政策变迁的重要诱因之一。对于倡导联盟框架而言，它们主要关注如下问题：（1）通过学习，信仰系统中的什么构成要素发生变化，什么构成要素保持稳定？（2）什么样的情境之下会促进联盟成员学习？（3）学习是如何在联盟或者反对者中进行扩散？（4）如果能够发挥作用，政策掮客是如何促进反对者之间进行学习的？这意味着，对于倡导联盟框架而言，它们主要还是关注政策取向学习在什么层面展开，以及哪些因素影响了政策取向学习。

为了回答上述问题，倡导联盟框架提出了影响政策取向学习的四类因素，即论坛属性、冲突层次、刺激属性和行动者属性。论坛是联盟之间互动、辩论和协商的场域，论坛的属性和制度安排会影响联盟及其反对者之间的学习。冲突层次也会影响联盟及其反对者之间的学习，一般而言冲突层次过低或者过高都不会有学习发生，原因很简单，冲突层次过低就没有必要学习，而冲突层次过高则可能影响政策核心信仰。刺激属性主要是指学习的对象和内容，即什么内容来被学习，问题越复杂学习的可能性越低。行动者属性主要是指他们的信仰、资源、策略和网络联结，不同行动者所拥有的信仰会影响他们的学习程度，以及发挥作用的方式。这四个属性对政策取向学习的影响，形成了倡导联盟框架提出的五项学习假设：

*学习假设1*：当两个联盟之间存在中等程度的知情冲突时，跨信仰系统的政策取向学习最有可能。这需要：

（a）每一方都有参与这种辩论的技术资源；以及

（b）一个信仰体系的次要方面与核心之间存在冲突，或者两个信仰体系的重要次要方面之间存在冲突。

*学习假设2*：当存在以下论坛时，跨信仰系统的政策取向学习最有可能：

（a）足以迫使来自不同联盟的专业人士参加，以及

（b）由专业规范主导。

*学习假设3*：与数据和理论通常是定性、相当主观或完全缺乏的问题相比，存在公认定量数据和理论的问题更有利于跨信仰系统的政策导向学习。

*学习假设4*：涉及自然系统的问题比单纯社会或政治系统的问题更有利于跨信仰系统的政策导向学习，因为在前者中许多关键变量本身并不是积极的战略家，而且受控实验更可行。

*学习假设5*：即使技术信息的积累不会改变反对联盟的观点，它也可以通过改变政策经纪人的观点对政策产生重要影响，至少在短期内是如此。

与联盟假设相比，政策取向学习假设在倡导联盟框架是得到不同检验，很多假设都被证实，当然有一些假设得到一些相关冲突的结论。例如第三个假设，一些研究者发现定性和主观数据确实不利于学习，但是他们也发现定量数据有时对学习的作用也有限。当然，研究者也确实发现当冲突处于中等水平、问题可以掌握以及科学技术信息具有可获得性时，政策

取向学习确实更容易发生。对于职业论坛是否可以促进学习，研究者发现论坛要对政策取向学习发挥作用需要非常苛刻的条件，如论坛能够针对一些棘手难题达成一致意见，而且这些意见能够被各方接受等。通过研究发现，政策取向学习的概念和可操作化仍然是下一步研究的重点，并且要关注联盟之内的学习和联盟之间学习，寻找学习的最佳实践并进行理论化。

### 6. 政策变迁

政策变迁是倡导联盟框架试图主要关注的研究议题，它尝试理解政策稳定和变迁背后的逻辑。在讨论政策变迁的路径之前，倡导联盟框架提出了根据信仰系统的层级变化区分主要政策变迁（major policy change）和微小政策变迁（minor policy change），进一步将政策变迁层级化。"主要政策变迁"主要是信仰系统中政策核心层面变化，它意味着子系统的目标或方向发生重大转向，而"微小政策变迁"则强调信仰系统中次要层面变化，它意味着实现政策目标的手段和方式发生变迁。政策子系统经常会围绕着政策目标和手段发生分歧，这些不同要素的变化会导致不同层级的政策变迁。由于信仰系统中的政策核心信仰和次级信仰所接受改变的程度不一样，这使得"微小政策变迁"的难度小于"主要政策变迁"。

对于政策变迁的路径，倡导联盟框架早期只提供了两种路径，即外部冲击（external perturbations or shocks）和政策取向学习。外部冲击来自政策子系统外部，它们主要是指稳定参数和外部变化事件，包括社会经济条件变化、政体变化、灾难和其他政策子系统变迁等。通常而言，这些外部冲击会改变政策议程、吸引公众注意力和改变决策者注意力分配，它们会对政策信仰发生改变，并导致项目和政策本身的变化。对于政策取向学习而言，尝试核心信仰和政策核心信仰由于属于规范性价值，它们通常很难改变，而次级信仰则相对容易变化。后来，倡导联盟框架又增加了"主要政策变迁"的两种路径，即内部冲击（internal shocks）和通过谈判实现政策变迁（negotiated agreements）。内部冲击主要是指政策子系统内部的事件变化，这些变化发生在政策子系统内部，它们会对行动者产生影响，这一观点主要是受到"焦点事件"研究的影响。无论是外部冲击，还是内部冲击，它们都会重新分配关键政治资源，从而对政策子系统内部的联盟权力结构产生影响，进而对政策变迁产生影响。此外，内部冲击也会起到对政策子系统中处于弱势地位联盟的政策核心信仰的强化，从而增加政策子系统内部人员对主导联盟的质疑。通过谈判实现政策变迁是倡导联盟框架提出的第四种路径，它强调在一些情境之下，不同联盟之间斗争几十年，有可能通过谈判来改变现状。对此，萨巴蒂尔和怀布尔提出了九种有可能促进通过谈判实现政策变迁的条件，它们是：有害的僵局、广泛的代表性、领导力、一致同意决策规则、资助、行动者的承诺、经验议题的重要性、信任、缺乏替代性场所（Sabatier & Weible，2007：205-206）。基于上面四种路径，倡导联盟框架形成了政策变迁的两个假设，一个假设讨论政策变迁发生的必要非充分条件，另一个假设讨论政策稳定的条件，它们之间具有内在关联性：

*政策变迁假设1*：子系统外部的重大扰动，政策子系统的内部重大扰动，政策取向学习，通过谈判达成共识，或者它们之间结合，是政府项目的政策核心属性发生变化的必要但不充分的原因。

*政策变迁假设2*：只要制定该项目的子系统倡导联盟仍在该管辖区内掌权，则特定管辖区内政府项目的政策核心属性不会显著修订，除非该变迁更是由层级上级管辖区实施的。

倡导联盟框架的研究者发现，当前政策变迁的第一个假设得到强有力的证实，很多研究至少支持四种路径中的一种路径。当然，这一假设所面临的挑战是政策如何变迁的具体过程，即联盟是如何利用机会实现或者没有实现政策变迁的。对于第二个假设则只是得到部分强有力证实，它需要未来进一步通过案例进行检验。事实上，对于发展一个成熟的政策变迁理论，研究者总是需要对如下问题进行探究：是否发生了政策变迁？发生了什么类型的政策变迁？导致政策变迁的重要影响因素是什么？政策变迁是如何发生的？政策变迁的发生机制是什么？应该说，倡导联盟框架在很大程度上推进了政策变迁的研究，为我们理解政策变迁的类型、过程、影响因素和机制提供了经验支撑。

乔纳森·J.皮尔斯等研究者对利用倡导联盟框架进行政策变迁的文章进行了宏观分析，重点讨论政策变迁理论是如何被研究的（Pierce, Peterson & Hicks，2020）。他们对2007—2014年的论文进行了收集，从中找到了67篇论文，这些论文讨论了148个政策过程。他们的研究发现，148个政策过程研究中有131个讨论政策变迁，17个讨论政策稳定。对于131个讨论政策变迁的政策过程研究中，52个案例只有一种主要变迁路径，71个案例有一个以上的变迁路径。在这些变迁路径中，最经常使用的单独主要变迁路径是外部事件（20）和学习（16）。对于71个混合政策变迁路径的研究，外部事件经常和其他路径一起发挥作用，学习是第二个经常被发现的路径，外部事件和学习常常一起发挥作用推动政策变迁。在这些案例研究中，环境和能源是倡导联盟理论应用最多的领域。

## 五　倡导联盟框架的案例研究

丹尼尔·诺尔斯特德（Daniel Nohrstedt）在《公共管理研究和理论杂志》上发表了《倡导联盟重要吗？危机与瑞典核能政策的变迁》一文，该研究将倡导联盟框架应用于20世纪70年代和80年代瑞典核能政策的发展。这项研究进一步评估了倡导联盟框架在美国以外的适用性，它通过使用瑞典核能政策的案例研究来检验其假设的效用。研究结论显示，瑞典政策变迁也可以使用倡导联盟框架来解释，该框架具有较强的外部效度。这一研究重点讨论了倡导联盟框架的两个基本假设，即联盟稳定性假设和政策变迁假设，前者分析联盟是否长时间保持稳定，后者对政策变迁的动因进行研究。对于倡导联盟框架而言，联盟稳定假设是一个重要假设，它认为联盟是由信仰和行动结合而成，只要核心信仰没有发生变迁，联盟会在较长时间内存在。一般而言，联盟会在核心信仰方面具有较多共识，而在次级信仰方面不一定有较多共识。政策变迁假设是倡导联盟框架的核心，它认为没有外部冲击的情况之下，政策的核心要素很难发生较大变化。简言之，该研究探讨了有关倡导联盟稳定的假设，并考察了1979年三里岛事故和1986年切尔诺贝利灾难后瑞典核能政策变迁的动机，试图厘清政策变迁背后的动因。

诺尔斯特德认为尽管倡导联盟框架尝试提升政策变迁的解释力，但是该框架所设定的识别因果变量和机制的目标仍然没有实现。诺尔斯特德在讨论瑞典核能政策变迁时，他从倡导联盟框架的整体思路突出，研究外部冲击、政策学习与政策变迁三者之间的关系，重点讨论政策是否变迁的条件和机制。他认为外部冲击构成了政策变迁的"机会之窗"，决策者会围绕危机进行学习，这些政策学习有可能推动政策变迁。由于政策变迁的过程是倡导联盟力量重新平衡和调整的过程，处于弱势地位的倡导联盟要实现政策变迁，就需要充分调动各方资源来实现自身利益最大化，它们需要通过使用资源、应用决策场所和进行框架建构在政策博弈中取得优势地位，从而实现政策变迁。通过利用不同的数据来源，该研究证实了联盟稳定的模式，并表明利益和政治学习在解释这种情况下的政策变迁方面很重要。这项研究得出的理论启示呼吁进一步规范 ACF 的基本概念（外部扰动、主导联盟和巧妙利用），并将政治冲突和战略行动的强度和广度视为有助于解释有争议的政策领域政策变迁的关键因素。

## 六　倡导联盟框架的评价与展望

当前，越来越多的学者开始使用宏观分析对一个理论进行回顾与评价，其核心是根据选择标准寻找合适的论文，然后对论文进行编码分析，以洞察该理论的进展情况，思考未来的发展方向。对于倡导联盟框架而言，当前至少有两篇论文对研究进展进行了回顾，一篇是怀布尔等研究者在 2009 年对过去 20 年（1987—2006）的 80 篇框架应用论文进行了回顾，另一篇是皮尔斯等研究者在 2017 年对 2007—2014 年的 161 篇框架应用论文进行了回顾（Weible, Sabatier & McQueen, 2009; Pierce, Peterson, Jones, Garrard & Vu, 2017）。接下来，我们将对皮尔斯的研究发现进行介绍，结合倡导联盟框架提出者自身的理论反思，进一步展望倡导联盟框架下一步的发展方向。

乔纳森·J. 皮尔斯及其合作者从宽度和深度两个方面对倡导联盟框架的应用情况进行了回顾（Pierce, Peterson, Jones, Garrard & Vu, 2017）。从宽度方面看，2007 年以来，倡导联盟框架越来越流行，在 161 篇论文中，有超过 138 个不同的第一作者，他们分别来自 122 个大学或研究机构，25 个不同国家和 4 个不同的州。其中，最多的国家还是美国、英国、瑞士、加拿大和瑞典。倡导联盟框架的应用研究发表在 98 种杂志上，其中最多的是《政策研究杂志》(Policy studies journal)，有 16 篇，其次是《公共行政研究与理论杂志》(Journal of public administration research and theory)，有 6 篇。倡导联盟框架的主要研究领域有 9 个，它们分别是环境和能源、公共卫生、教育、科学和技术、社会福利、外交和国防、经济和财政、城市规划和交通、其他，其中最多的还是环境和能源，达到 70 篇。在治理层级方面，倡导联盟框架应用的范围包括国家政府层面、跨国家政府层面、地方政府层面、州政府层面、区域政府层面，其中应用最多的还是国家政府层面，达到了 86 篇论文。在研究方法方面，倡导联盟框架使用了定性方法、定量方法和混合方法，当然混合方法和定性方法还是主流，达到 146 篇。在理论要素层面，倡导联盟框架所关注的联盟理论、政策取向学习理论和政策变迁理论都有涉及，重点还是政策取向学习理论和政策变迁理论。事实上，乔纳森·J. 皮尔斯及其合作者还对倡导联盟框架如何应用于政策变迁研究进行了专门回顾，得出了很多有意思的结论（Pierce，Peterson & Hicks，2020）。

在回顾倡导联盟框架的应用情况之后，乔纳森·J. 皮尔斯及其合作者借鉴保罗·凯尔内等研究者的评价，对倡导联盟框架提出了新的评价（见表 6-5）（Cairney & Heikkila，2014）。从表 6-5 可以看出，倡导联盟框架在四个维度方面都有较大进展，应该说显示了理论的生命力。从 2007 年到 2014 年，有超过 161 篇的同行评审论文发表，并且每年开始达到 20 多篇，这说明该理论得到了很多学者认可。与此同时，倡导联盟框架的应用场景和方法得到了较大程度的拓展，这是外部有效性提升的证明。在共享概念和方法方面，除了方法，倡导联盟框架的联盟理论、政策取向学习理论和政策变迁理论得到越来越多学者认可，这是理论成熟的标志。倡导联盟框架的理论本身也随着时间演进，不断地得到深化，很多新的概念、要素和命题被加入。

对于倡导联盟框架的未来研究议题，怀布尔和简金斯—史密斯等重要理论创立者和贡献者提出了 11 个方面的关注重点，它们是：（1）重新思考倡导联盟框架的信仰系统；（2）推进学习的理论与测量；（3）改善联盟结构和协调理论；（4）发展联盟资源层级；（5）研究政策子系统中的场域和论坛；（6）使用倡导联盟框架来进行比较公共政策研究；（7）关注行动者的类型，包括辅助和主要联盟行动者、政策掮客、政策企业家；（8）关注新产生和成熟的政策子系统；（9）拓展我们对政策过程中科学和政策分析的理解；（10）建立共同的方法来收集信息和应用框架，识别使用不同方法的利弊权衡，以及促进基于情景的理论创新；（11）通过将研究应用于非传统场景中实现理论改善（Jenkins–Smith，Nohrstedt，Weible & Karin，2017：154-159）。应该说，这些议题确实代表了倡导联盟框架需要重点关注的方向，也是该理论进一步完善需要解决的主要问题。

表 6-5　　　　　　　　　　对倡导联盟框架研究项目的评价

| 研究项目有多活跃？ | 保罗·凯尔内和谭雅·海基拉（Cairney & Heikkila, 2014） | 更新的评价 |
| --- | --- | --- |
| 分析性应用和结果发表 | 大量应用；从 1987 年到 2013 年有 224 篇论文 | 核心著作有超过 1000 篇引用；从 2007 年到 2014 年有 161 篇杂志发表 |
| 在多种情景和使用多种方法进行验证 | 在多个国家和场景得到应用，但是存在着美国应用和环境政策应用的偏见，并且方法是混合的 | 更多应用和更多作者来自欧洲，这有力地克服了美国偏见；主要的应用仍然是环境和能源领域；更多的应用是在国家层面；更多的方法是使用访谈和文本等定性方法 |
| 包括共同概念和方法的共享研究进程 | 编码形式和调查经常能够获得；很多倡导联盟框架的问题得到重复，但是所使用的代码并不具有一致性 | 倡导联盟：大多研究至少发现了 1 个联盟并且主要关注信仰，也有少数关注协调；政策变迁：大多研究至少发现了四种变迁路径的一种；学习：至少有 1/3 的研究在使用学习角色时会有很大的差异性应用；方法：主要使用案例方法，这使得它的一般性和可复制性受到影响 |
| 框架随着时间的发展 | 理论的内核得到保留，其中 1993 年、1998 年和 2007 年得到较大修订 | 理论内核依旧；新的修订主要是为了适用于欧洲场景和使用新的政策变迁路径（谈判与内部冲击） |

资料来源：Pierce, Peterson, Jones, Garrard & Vu, 2017：20。

对于中国公共政策研究者而言，加入倡导联盟框架研究，至少可以发挥三个方面的作用。一方面，中国情景构成了检验倡导联盟框架新的场域，中国经验不仅仅是倡导联盟框架外部有效性的新证据，而且更应该成为发展倡导联盟框架的新要素。这也意味着，理论发展仍然应该是中国学者在从事倡导联盟框架中的一个重要使命，通过理论发展讲好中国公共政策故事。另一方面，中国学者在利用倡导联盟框架开展中国政策过程研究时，还需要有较强的政策现实关怀，回应拉斯韦尔提出政策科学时最初的目标，即通过政策科学来实现人类尊严。从这个角度看，对于倡导联盟框架在中国情境下的研究与应用，不仅仅是理论拓展的过程，更应该是通过研究来提升政策过程运行效率，改善公共福祉，这是一个解决问题的过程。更为重要的是，中国公共政策学者在引进、消化和吸收倡导联盟框架的同时，需要借鉴倡导联盟框架的开发过程和演进逻辑，提出具有中国自主的公共政策知识体系。在中国自主的公共政策知识体系中，开发分析框架仍然是一项艰苦而又紧迫的任务。

# 第七章

# 民主的政策设计理论

社会建构和政策设计理论是由美国学者安妮·施奈特（Anne L. Schneider）和海伦·英格拉姆（Helen Ingram）于1993年开始试图发展的一个从社会建构视角理解政策过程的新理论，通常也被称为社会建构框架（social construction framework）。此后，彼得·德利昂（Peter DeLeon）加入这一分析框架的研究与开发之中，与安妮·施奈特和海伦·英格拉姆一起成为社会建构框架的主要创立者，他们将社会建构框架定位为："将目标群体的社会建构作为政策设计的组成部分之一，可以帮助解释为什么对社会具有正面效应的公共政策有时候，并且经常是有意地没有实现其宣称的目的，没有解决重要的公共问题，使不正义永久存续，没有支持民主价值和产生了不平等的公民权。"（Ingram, Schneider & Deleon, 2007: 93）与其他政策过程理论相比，该理论非常关注政策过程中的政治现象和社会建构现象，认为政策过程不仅受到权力影响，而且会受到观点、符号和意义等社会建构的影响，并且将目标群体的社会建构（social construction of target population）作为政策过程的中心来考虑，讨论其对政策过程的影响。此外，该理论认为，应该打开"政策内容"的黑洞，这样才能够真正理解公共政策，他们认为公共政策本身是一个复杂的和值得深入研究的问题，于是提出了分析政策内容的政策设计框架（policy design framework）。因此，该理论的主要特色是从政治和观念双重视角理解政策过程，并且通过引入政策设计来分析政策内容，形成了社会建构、政策设计与民主三者之间复杂的互动关系，从而加深了我们对于政策过程本身的理解。

社会建构框架并没有形成一个统一的名称标识，其分析框架的构成要素也不够精细，这在某种程度上阻碍了该理论的传播和扩散。该理论的提出者分别在不同时期用不同称谓来指称该理论，如："目标群体的社会建构"（Schneider & Ingram，1993）、"为了民主的政策设计"（policy design for democracy）（Schneider & Ingram，1997）、"社会建构和政策设计"（social construction and policy design）（Ingram, Schneider & DeLeon, 2007）和"民主的政策设计：目标群体的社会建构"等（democratic policy design: social construction of target populations）（Schneider, Ingram & DeLeon, 2014）。此外，他们在不同时期使用了不同的构成要素，这也说明这一分析框架处于发展过程之中。不过，在他们构造其理论名称和阐述其分析框架时，理论框架的创立者通常会交替使用社会建构框架、民主的政策设计框架或社会建构与政策设计框架来对分析框架进行指称。不管这一分析框架的名称是什么，该框架内涵的三个关键词一直没有变化，即社会建构、政策设计和民主，这三个关键词也构成其主要理论特色。在本书中，考虑到理论特色，我们将交替使用"民主的政策设计理论"和"社会建构框架"来指称这一分析框架，民主的政策设计是其着重强调的内容，而社会建构则是其分析视角。

接下来，本章将讨论六个部分的内容。首先，是社会建构框架的逻辑起点，即它主要是在挑战和发展多元主义理论等四种传统政策过程理论的基础之上产生，它的形成更多是对原有理论的整合与提升，而非完全替代。其次，讨论社会建构框架的理论基础，重点讨论该框架的三大理论基础，即社会建构主义、政策设计理论和民主的政策理论。随后，对社会建构框架的发展和演进过程进行简要回顾。接着，阐述社会建构框架的主要问题、基本假设、构成要素和基本命题，主要是对三组变量的解释，即社会建构、政策设计和民主，其中政策设计是整个框架的核心，它连接着社会建构与民主，一方面政策设计是因变量，社会建构是解释变量，另一方面政策设计是自变量，民主是因变量。结合上面分析框架的构成要素，对社会建构框架的五个核心命题进行具体论述，即资源配置命题、反馈命题、起源命题、社会建构变迁命题、政策变迁命题。再次，结合社会建构框架的一些经验研究，对一些具体案例进行介绍。随后，对社会建构研究的下一步及未来可能的发展方向进行展望。最后，对本章内容进行一些简要小结。

## 一 挑战政策过程的四种传统理论

民主的政策设计理论虽然引入了社会建构主义的视角,然而其主要对话的理论仍然是政治理论,尤其是多元主义政治理论。多元主义理论及其对政策过程的看法构成了民主的政策设计理论发展其独特理论的基础,这也使民主的政策设计理论具有很强的"政治视角"。安妮·施奈特和海伦·英格拉姆(Schneider & Ingram,1997:13)将多元主义的政治理论总结为:"按照多元主义理论观点,社会中政府的恰当角色是生产公共政策,这一公共政策能够代表选民利益,解决冲突,反映不同竞争性视角的理性融合,确保集体所偏好的经济和文化特性保持稳定。"多元主义并不关注公共政策本身,由于对政策过程的强调,使得该理论认为,一旦政策过程本身具备"民主"或"半民主"的特征,其所生产的公共政策本身就具有合法性,也是"好的"的公共政策。

对于多元主义的核心概念和理论逻辑,安妮·施奈特和海伦·英格拉姆(Schneider & Ingram,1997:14)将之总结为五个主要特征:

(1) 限制政府权力的制度;

(2) 确保政府对公共偏好回应的制度,这一制度不会被简单多数或任何单一利益集团所主导,并且会使制度本身对他们的行动承担责任;

(3) 政策变迁中渐进的"自我纠偏"的过程;

(4) 身份的多种来源和社会成员意识交叠能够减少冲突,并且能够为妥协的达成提供情景;

(5) 公民文化或者公民权的实用主义观点,以及对"公共利益"的抛弃为美国政策制定过程提供了合法性,并且把这一过程称为"民主"。

安妮·施奈特和海伦·英格拉姆认为,多元主义的政策分析和研究传统为讨论政策产出提供了有用的信息,并且该理论关注政策过程中的权力问题,为政策制定研究提供了一系列洞见。同时,多元主义政治理论为政策过程研究提供了一些有意义的研究问题,如:

> 谁有影响力?当选的领导者向谁负责?谁从公共政策中获益和受损?公共政策反映了谁的偏好?政治制度或过程(如竞争性选

举) 会对政府服务的人员利益产生影响吗？社会中权力分配反映了多元主义竞争，或者系统仅仅是精英主义？谁在参与，以及参与增加了其所偏好的公共政策可能性吗？(Schneider & Ingram, 1997: 25)

这些问题具有很强的规范性倾向，这意味着需要进行价值判断。不过，多元主义政治理论却从实证的角度对其进行解读。这使得多元主义缺乏一个外在标准来对政策设计的好与坏进行评判，它没有重视公民在政策过程中的角色和作用，该理论对于政策设计也不够关注，缺乏对民主的规范性的关注。针对多元主义的公共政策理论，很多学者提出了替代性理论构想。安妮·施奈特和海伦·英格拉姆认为，这些理论构想主要有三个，即政策科学（policy sciences）、公共选择（public choice）和批判性理论（critical theory）。

在第一章中，我们已经对政策科学的起源和设想进行了分析。政策科学框架有不同的主题，但是，其核心主张是政策分析应该按照适当的科学标准来生产有用的信息为决策者服务，来帮助问题解决和实现目标，改进决策过程本身的质量。[①] 一般而言，政策科学的核心主张和观点是："帮助决策者决定什么是期望的；找到实现目标的替代性方法；找出每一个替代性方案的可能后果；按照决策者标准对替代性方案进行排序，并且为决策者呈现相关信息；……帮助执行机构发展适合的执行技术和理性决策方法；对政策给社会造成的影响提供可靠和有用的信息。"（Schneider & Ingram, 1997: 31）政策科学框架试图用专业性、科学性和理性来消解政策过程中的政治性和利益性，这也使得科学信息在政策过程中发挥更大作用，说服与说理可能会替代选票、利益集团在政策过程中的作用。不过，政策科学框架由于太重视理性的作用，使它本身受到批评，这一批评主要来自两个方面："一种描述认为：当科学和技术成为特权，代替其他类型的知识和决策过程时，可能给社会带来的危害；另一种更为狭义地关注科学政策分析工具的规范性和实际性局限。"（Schneider & Ingram, 1997: 36）

公共选择理论是替代多元主义政治理论的第二种主要理论视角，其核

---

[①] 这里的政策科学是狭义的政策科学，即关注"政策过程中的知识"，主张使用政策分析方法来为决策者提供信息，帮助提升决策质量。

心是使用经济学分析方法来对政治问题进行研究，它既包含实证性公共选择理论，也包含规范性公共选择理论。公共选择理论框架更多地提供了一个分析政策失败的理论视角，它将现有公共政策失败归结于政府过多干预，并且强调政府行使了很多应该由市场、社会等其他组织行使的职能，这也是政策失败的原因。公共选择理论对美国公共政策提出了一系列批评，这些批评包括："（a）政府提供了很多物品和服务，这些物品和服务能够通过市场更有效率地提供；（b）政府经常并没有按照它更有效率地提供物品的方式组织；（c）由于自私等原因使政府增长和花费超过了公共需求和效率标准，而且这会导致政府预算和官僚持续增长，以及政府对经济活动中过度干预，与此相反，市场中自私导致了公正和效率；（d）政府提供的很多服务导致了依赖性，这主要是因为作为理性的个人一旦接受政府提供的服务便会放弃个人成本转身依靠政府来获得服务。"（Schneider & Ingram，1997：45）为此，公共选择理论对改进公共政策质量的建议使其走向了制度改革的建议，即通过约束政府的集体选择行为而生产更好的公共政策（Buchanan，1990）。对于公共选择理论，批评者主要着眼于两个方面：一是对于其规范性标准（帕累托）充足性的讨论，认为该标准过于严格，不符合社会实际；二是对于个人自私假设及其推理是否符合经验，以及这些结论对于民主的意蕴。很多学者认为，公共选择的假设和结论对于民主社会具有破坏性，不过，公共选择理论的创造人恰恰相反地认为公共选择理论的研究会有利于民主社会本身的发展。

批判性理论是替代多元主义政治理论的第三种理论，也是公共政策研究进行后实证主义转向的重要理论基础，它是政策科学理论有力的竞争者之一。批判理论特别关注发达社会的剥削和主导，强调根本性参与，以及政治、经济和社会互动的非等级化。批判理论的核心主张和观点是：公共政策应该实现理性变革，从技术理性向交往理性（communicative rationality）转变，并不认为科学知识比其他类型知识水平高，重视理想的话语环境，注重对行动本身的改变；民主的批判性理论有时也被称为对话、审慎、交往和参与；行政的批判性理论，以及主张规划、政策分析和社会科学研究的后实证主义方法（Schneider & Ingram，1997：53）。技术理性和交往理性在批判性理论中处于核心位置，需要进行更为深入的讨论。批判性理论与其他理论家一样，对于技术理性有一个操作性定义，即"技术理性行动是指最优手段被用来实现预期目标"，而对于交往理性，则通过借鉴哈贝马斯的观点，主张"实现人们之间共同理解，这些不同人员之间并不是试图控制彼此，而是试图理解彼此"（Schneider & Ingram, 1997: 52-55）。但是，交往并不一定会导致理解和期望的结果，也有可能会通过一种欺骗性交往而实现一种新的控制，如交往常常被权力、控制性意识形态、财富和地位等所主导。哈贝马斯提出了判断交往理性的四项标准，即全面（comprehensive）、真诚（sincere）、正确（right, 伦理、合法）和真实（true）。针对批判性理论也有一些"批评者"，这些批评意见主要集中在：批判性理论是否能够对实际起到指导作用；批判性理论是否对当代社会起到了比较好的作用；交往理性和理想言语环境是否只是用一些人的权力取代另一些人的权力，而并没有真正实现所有人期望的结果；批判性理论需要实现多大程度的根本性变革。尽管如此，安妮·施奈特和海伦·英格拉姆仍然认为批判性理论对政策过程研究提供了较为重要的洞见，她们认为："交往理性和交往伦理应该能够在政策制定过程中发挥中心作用，它将抛弃一些过于强调竞争、自私利益和策略性特征的多元主义，并且用一种修正的制度文化来取代它，这一制度文化中的'博弈规则'会强调合作、集体善，以及针对所有受影响群体的更多的对话、开放和公正。"（Schneider & Ingram, 1997: 65）

安妮·施奈特和海伦·英格拉姆认为多元主义及其替代性理论对于政策过程研究都有贡献和洞见，不过，这些理论之间没有对话，也没有形成一个完整的理解政策过程的复杂理论。而这一复杂的理论需要处理多样性价值，以及价值之间的冲突。多元主义认识到政治权力和政治制度的互动对政策制定过程产生了影响，主张"无形之手"主导系统运行，但是，没有认识到权力的两面性和三面性，没有重视政策科学框架中有关科学和技术知识的重要性，以及公共选择理论对政府失败的研究，同时，也没有认识到批判性理论主张的"现实的社会建构"。当然，政策科学框架、公共选择理论和批判性理论也有自身的局限性。

于是安妮·施奈特和海伦·英格拉姆试图提供一个整合性框架来理解政策过程，他们将其理论称为"民主的政策设计理论"或"社会建构框架"。该理论通过引入"政策设计"的概念，将"政策设计"放入研究中心，重点讨论目标群体的社会建构对于政策设计的影响，以及政策设计对于民主的意蕴。

## 二　社会建构框架的理论基础

安妮·施奈特、海伦·英格拉姆和彼得·德利昂提出的社会建构框架的思想来源（intellectual roots）和理论基础主要有三个：社会建构主义、政策设计和民主的政策科学（Schneider, Ingram& DeLeon, 2014）。而社会建构、政策设计和民主也构成了他们的分析框架的三个核心关键词，所有理论、假设和命题都围绕着这三者关系展开。在讨论社会建构框架的具体演进过程之前，有必要对其理论基础进行简要总结和回顾。

社会建构主义是安妮·施奈特和海伦·英格拉姆所发展的政策过程理论的最大特色之一，这也是很多研究者甚至他们自己将其理论称为社会建构框架的原因所在。对于什么是社会建构主义，社会建构主义的内涵与外延，不同学科和不同学者会有不同的指称。詹姆斯·霍尔斯坦和亚贝尔·古贝瑞姆（Holstein & Gubrium, 2008：4）称之为"建构主义镶嵌"（the constructionist mosaic），指出"建构主义现在属于每一个人，不属于任何人，它自己本身就属于一个高度杂色的镶嵌"。他们认为，建构主义并不是从同一个知识和思想来源进行扩散的过程，而是一个不同研究者使用多样化但有一定共识的理论、研究和方法进行镶嵌而成为一个整体的过程。正是这一原因，亚贝尔·古贝瑞姆和詹姆斯·霍尔斯坦编辑了《建构主义研究手册》一书，讨论了不同学科、不同范围和不同内容的建构主义视角，并且总结了研究建构主义的方法与技术。在他们看来，从一开始建构主义视角就强调社会事实的不同轮廓，以及社会事实被收集以及赋予意义的过程，建构主义本身是一个很平常的观点，他们认为，"主导的观点总是我们所居住的世界和地方对于参与者而言并非简单地在'哪里'。相反，参与者主观建构他们的日常生活世界和其组成要素"（Holstein & Gubrium, 2008：3）。一般认为，彼特·伯杰和托马斯·勒克曼（Berger & Luckmann, 1966）是社会科学中讨论建构主义最早和最有影响力的学者，他们的《事实的社会建构》一书席卷社会科学界，促使人们关注日常生活中习以为常的社会建构过程。对于建构主义的共同特征，詹姆斯·霍尔斯坦和亚贝尔·古贝瑞姆（Holstein & Gubrium, 2008：5）指出："建构主义研究通常会关注什么（what）被建构和建构是如何（how）展开等这些实际工作。建构主义词汇不会轻易处理实证主义研究取向所主导和关注的为什么（why）问题。"

建构主义研究可以从两个层面进行区分，一是研究的对象，二是研究的视角（Gubrium & Holstein, 2008）。对于研究对象而言，大部分研究者都对"如何建构"的问题比较感兴趣，他们关注社会建构是如何发生的过程。对他们而言，他们主要关心人民是如何应用日常生活中方法、规则与策略来对事实进行组织以获取有关事实的意义。事实上，社会建构的素材和事实，与"建构什么"的问题同样重要。当然，也有一些研究者更关注"建构什么"的问题，这些研究者通常会对一些被社会所忽略的经验和社会世界的重要特征进行描述，以启迪人们对一些重要"事实"的再发现。建构主义研究也可以从研究的视角进行区分，即"范围"（scope）、"层次"（level）或"经验记录"（empirical register）。事实的规模或尺度是建构主义研究者的区别之一。有些研究者比较关注小范围的事实，他们比较注重面对面的沟通和交流，对情景互动、本地文化和互动秩序比较感兴趣。有些研究者比较关注社会建构过程的宏观情景（marcoscopic context），这是集体再现（collective representation）和被建构的社会形式（constructed social forms）所关注的问题，如制度、组织、文化等现象，他们比较注重被媒体嵌入的对话和社会建构项目的话语结构，强调使用历史/谱系对话（historical/genealogical discourse）来为调节主观意义和日常生活提供制度环境。

建构主义的哲学基础是批判主义理论（critical theoretical tradition）和解释主义理论（hermeneutical tradition），它是反对哲学中的基础主义（philosophical foundationalism）（Weinberg, 2008）。在温伯格（Weinberg, 2008: 14）看来，"建构主义研究是指那些试图寻找，至少部分试图寻找用更流动、特殊的和社会情景概念来取代固定的、普遍的和社会情景无涉的概念来指称事物。……我将那些试图通过研究证明下列事实是特定社会历史或社会互动产物的研究者称为建构主义：要么特定事实被人认为外在的，那么特定事实不受社会影响。"很显然，建构主义将哲学中的基础主义作为对立物，基础主义的核心主张是试图寻找生产有效知识的科学上和逻辑上无可辩驳的规则，并且试图去发现客观真理，通过客观真理来解释世界运行。相反，建构主义不去探询客观真理的问题，它是试图发现对人类利益有意义的问题，它关注意义本身而不是真理本身。从哲学基础看，建构主义更多受到了批判理论和解释主义理论的影响。批判理论不仅强调要理解和解释社会世界，而且从社会进步的角度对社会世界进行批判。解释主义理论则试图从本体论上区别"社会"和"自然"，并且从其内在含义出发去对社会生活进行发掘。

政策设计理论是社会建构框架的另外一个理论来源。由于政策设计在他们的理论框架中处于重要位置，他们的理论有时也被称为"民主的政策设计理论"，不过他们的政策设计理论具有社会建构主义色彩。对于政策设计的理论来源，安妮·施奈特和海伦·英格拉姆指出："即便对设计进行系统研究对于社会科学而言是新生事物，然而社会关系、政策和制度由人类自身决定，而不是由神或自然法预先注定的观点是自由民主思想的信条，并且根深蒂固地植入美国政治文化之中。"（Schneider & Ingram，1997：68）在他们看来，《联邦党人文集》的开篇之语："人类社会是否真正能够通过深思熟虑和自由选择来建立一个良好的政府，还是他们永远注定要靠机遇和强力来决定他们的政治组织"，就体现了设计的思想。

当代政治经济学家对古典的设计思想进行了重新发掘，并且从不同角度推进了设计理论的研究。文森特（Ostrom，1999）在《复合共和制的政治理论》一书中，对于《联邦党人文集》中的设计思想进行了深入研讨，发现了美国政治制度背后的设计原则。西蒙（Simon，1996）也是一个从多学科角度研究设计的早期探索者，他提出了设计科学（design science）的思想，认为设计是一个创造人工物的过程，需要考虑环境和可能性。埃莉诺（Ostrom，1990）受到文森特和西蒙的影响，在其名著《公共事务的治理之道》中，提出了自主治理的八项设计原则，这是对设计理论的重大贡献之一。莱昂尼德·赫维奇（Hurwicz，2008）因为对"机制设计"（mechanism design）理论的重要贡献而获得诺贝尔经济学奖，他将制度界定为博弈的规则（rules of game）或博弈的形式（forms of game），认为制度要发挥作用需要解决机制设计中信息（information）和执行（implementation）问题。

设计的思想与公共政策相结合，逐渐形成了公共政策研究中政策设计或者政策工具的途径（Margetts & Hood，2016）。安妮·施奈特和海伦·英格拉姆（Schneider & Ingram，1997：69）认为，罗伯特·达尔和查尔斯·林德布罗姆是首次将设计视角引入公共政策的学者，他们于20世纪50年代开始讨论政府为了实现政策目标可能有哪些创新性设计形式组合，并且认为，新政策技术的快速发明是"我们时代最大的政治革命"（Dahl & Lindblom，1953：8）。达尔和林德布洛姆（Dahl & Lindblom，1953）在《政治、经济与福利》一书中，否定一些研究社会的简单思维，如计划经济与市场经济、资本主义与社会主义等两分法，认为应该理解社会计算和控制过程的四种复杂技术，即价格系统（price system）、等级（hierarchy）、多元主义（polyarchy）和讨价还价（bargaining），这些是政策工具思想的最早萌芽。米歇尔·豪利特和劳尔·拉加诺（Howlett & Lejano，2012：358）对政策设计理论的兴起和衰退进行了分析，他们认为："政策设计受困于细微差别和复杂性。正如戴维斯·博布罗（Bobrow，2006）《恰当的词汇》所言，政策设计无处不在、必要和困难，但是非常诧异的是在当代政策研究中很少受到研究和理解。"通过政策设计/政策工具研究史的回顾，他们发现政策设计根植于政策科学的起源之中，繁荣于20世纪80年代，随后由于治理理论和全球化研究的兴起，导致了政策设计研究的衰退，他们呼吁对政策设计的重生，研究者需要对政策设计/政策工具再关注和再发掘。不过，安妮·施奈特和海伦·英格拉姆对政策设计的定义内涵更为丰富，政策工具是政策设计的构成要素之一，但不是唯一要素，在下一部分我们将对此进行深入阐述。

民主的政策科学构成了安妮·施奈特和海伦·英格拉姆所发展的政策过程理论的第三大理论来源，两位作者关注公共政策对于民主意味着什么，民主社会是否能够产生合适的公共政策。从某种程度上看，他们是对政策过程中政治理论的复兴，讨论政治与公共政策之间的关系。由于在西方国家，政治一般是以民主的形式展现，民主政治构成了其主要特色，这也使得他们很重视民主与公共政策之间的关系。这一理论最早起源于拉斯韦尔（Lassewell，1951）关于"民主的政策科学"的阐述，在拉斯韦尔的设想中，政策科学需要服务于民主价值，实现人类尊严。社会建构框架是对"民主的政策科学"的复兴，它让研究者重新关注民主与政策科学之间的关系，并为民主的政策科学研究与分析提供了一个新的分析框架，讨论民主社会中退化的政策制定系统（degenerative policy-making systems）。

对于民主与政策科学之间的关系，彼得·德利昂进行过深入和系统研究。在《民主与政策科学》（*Democracy and the Policy Sciences*）一书中，德利昂研究了民主与政策科学之间的演进过程，分析了政策科学逐渐失去民主传统，背离拉斯韦尔的"民主的政策科学"的设想，追求科学主义范式，以及一些学者重新建构基于民主取向的政策分析尝试，并提出了他所主张的参与式政策分析（Participatory Policy Analysis）设想。

拉斯韦尔在倡导政策科学研究时，他对政策科学服务于民主的价值有很高的期望，"民主的政策科学"代表了这种追求，他希望通过政策科学来改善决策质量，提升民主的价值。对于研究者而言，民主意味着什么本身存在争论，只有弄清楚了民主的内涵和价值，才可能真正分析如何用政策科学来实现民主的价值。德利昂认为民主是美国的传统和梦想，很多改革和政策都直接或间接地与民主理想存在一定关联，民主理想成了一种论证改革和政策合理性的"修辞"。他借鉴卡尔·科恩（Carl Cohen）对民主的定义，认为"民主是一种社群政府（community government）系统，在这一系统中，大体上说社群成员直接或间接地参与能够影响他们全体的决策制定"（DeLeon，1997：14）。根据这一定义，民主主要关注社群中成员参与决策的方式。以此为基础，德利昂将美国民主划分为两种对立的传统：一种是麦迪逊式民主（Madisonian democracy），这种民主是一种间接民主，根植于对公民的不信任，强调通过制衡和代表制实现民主；另一种是托克维尔式民主（De Tocqueville democracy），他从平等的角度看民主，并且注重民主的社会性，注重结社和公民精神的培养，属于直接民主的范畴，参与式民主都可以在托克维尔的思想中找到萌芽。两种民主理论对政策科学提出了不同的规定和要求，麦迪逊式民主会更加偏爱专家在政策过程中的作用，托克维尔式民主则会偏爱公民在政策过程中的作用。

德利昂认为政策科学并没有按照拉斯韦尔的"民主的政策科学"发展，甚至背离了其初衷。究其原因，他认为政策科学的民主传统并没有遵循参与式民主范式，没有将公民纳入政策分析范畴。对于政策科学的民主发展路径，德利昂将之概括为两种：一种是功利主义传统（the utilitarian tradition），另一种是自由理性主义传统（liberal rationalism）。功利主义传统是由边沁的经济学理论用于政治的产物，它强调每一个人能够独立做出决策，不同个人之间的决策集合能够产生均衡的公共政策，这一传统与实证主义紧密联系，寻求应用科学方法来对政策进行分析，将政策问题作为一个技术性问题来讨论，使政策与政治脱钩。这进一步使得决策者对公民产生怀疑，突出了专家在政策分析中的角色和作用。这些传统使政策科学重视经济学方法在政策研究中的应用，如成本收益分析、风险分析、系统分析、技术分析等,而"人的因素,如政治、社会状态,甚至拉斯韦尔的人类的尊严等都不会在计算之中"(DeLeon,1997:53)。自由理性主义传统拒绝功利主义,强调平等原则和对个人权利的保护,但是它仍然不可避免面对统治者与被统治者的难题,也可能产生公民被孤立的境地。

为此,德利昂基于后实证主义和批判理论,提出了将民主与政策科学进行有机结合的参与式政策分析(participatory policy analysis,PPA),这是对拉斯韦尔的民主的政策科学的具体发展。后实证主义是对实证主义的超越,它并不认同实证主义中客观、中立和追求真理的假设,它认为政策科学面临着知识与政治的二律背反(dialectical opposition between knowledge and politics),它主要是由解构理论(deconstructionist theory)、诠释理论(hermeneutics)和其他类似解释主义(interpretivist schools)等不同学派构成。福山的解构理论认为,事实本身是开放的,它会被不断地解释和再解释,这些解释和再解释的过程由时间、环境、职业位置和其他变量产生,并且认为,这些事实是由社会和政治建构的,语言在建构中发挥重要作用。最终,解构主义强调政策分析语言的重要性,这些语言本身隐含着限制、排斥、扭曲和操纵。约翰·德洛尔(John S. Dryzek)将诠释理论与政策分析相结合,提出了诠释政策分析(hermeneutic policy analysis),认为诠释过程是对现状的评价,以及探索替代性方案的过程,这些标准可能来自分析和行动者参考框架之间的交换,实现对更好状态的理解。批判理论则是由法兰克福学派倡导,它与政策科学理论的结合主要归功于哈贝马斯,他认为社会科学研究过多受学科局限,认为同样一个问题存在多种视角和目标,处于一种"危机"之中,它主要是致力于去发掘存在于现代资本主义社会中社会、政治和政治制度中的深层次冲突。对于哈贝马斯而言,他将他的社会哲学聚焦于一种特定的危机之中,他称之为"交往理性",不同于工具理性,并探讨了理想交往情景的四个基本特征,即沟通性(communicative speech acts)、真实性(representative speech acts)、真诚性(regulative speech acts)和一致性(constative speech acts),而避免沟通扭曲是其主要诉求。德利昂在后实证主义和批判理论的基础之上,提出参与式政策分析可以作为一种连接民主与政策科学的替代性途径,这一途径强调将普通公民作为中心,探究以公民为中心的讨论组如何参与政策议题的辩论,从而实现问题的解决。

英格拉姆、德利昂和施奈特(Ingram, DeLeon & Schneider, 2016:

175）于 2016 年撰写了《公共政策理论与民主：在角落中的大象》（Public Policy Theory and Democracy: The Elephant in the Corner）一文，认为"民主既是很多国家治理的中心也处于困难之中，但是公共政策学者（尤其是美国学派）好像没有看到它，或者习惯性将它限制到分析的边缘"。为此，他们对公共政策理论与民主之间关系进行了系统回顾与评述，并分析了公共政策研究对于民主忽视的原因。他们认为现有的主要政策过程理论框架和研究途径对政治和民主的关注不够，如 IAD 框架有民主治理传统，但是，由于它过于关注民主治理的条件，而忽视了对民主价值本身的重视；ACF 框架研究不同联盟对政策过程的影响，注重政策过程中的政治性，但是它仍然强调从科学角度进行客观分析，忽略不同政治体制对政策过程的作用；PET 框架与民主理论存在清晰联系，但由于研究者关注政策变迁问题，这使民主与政策之间的逻辑联系没有受到重视。对于这一现象产生的原因和根源，他们借鉴了洛维（Lowi，1992）对政策科学现状的讨论，将公共政策研究中忽视民主归结为经济分析和经济理论在政策分析中的应用、实证主义主导政策分析和政策分析中不重视情感作用，这也会使公共政策研究本身对民主价值带来损害。最近，他们甚至提出建构以民主为中心的政策分析路径（a democracy-centered approach to policy analysis），将公民作为分析中心，强调公民对政策参与过程（policy engagement），其核心观点是政策辩论中的对话、法律和规则提供、法律执行和政策影响等都包含着谁重要，以及政府应该服务谁和惩罚谁的信息，并且突出公民与政策过程之间的双向互动，尤其是重视政策本身的反馈效应（policy feedback/seed-forward）（见图 7-1）。

## 三　社会建构框架的演进过程

社会建构框架的提出，本身经过了一个演化过程。安妮·施奈特和海伦·英格拉姆首先对框架的政策设计和社会建构等构成要素进行了深入研究，随后将这些不同要素连接为一个整体，逐步形成了从社会建构角度讨论民主社会中政策设计的系统性框架，尤其是对民主社会中政策设计的局限性进行了深入分析，这也是两位作者对公共政策研究探索的结晶。在社会建构框架形成之后，彼得·德利昂也加入了这一分析框架的研究和开发

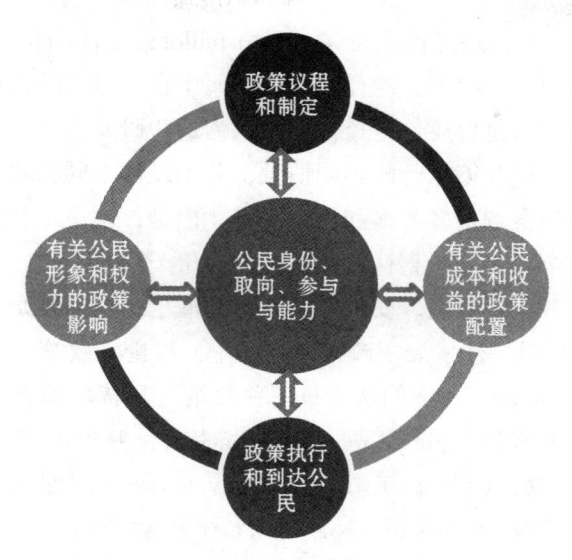

**图 7-1  政策和公民的双向关系**

资料来源：Ingram, DeLeon & Schneider, 2016: 188。

之中，进一步突出了民主在公共政策中的作用，复兴了拉斯韦尔的"民主的政策科学"这一研究设想。

社会建构框架起源于安妮·施奈特和海伦·英格拉姆对政策执行、政策评估、政策工具、政策设计和社会建构的研究。安妮·施奈特和海伦·英格拉姆在对政策执行和政策评估的研究中，指出："政策执行文献和政策评估文献发现很多政策失败可以归于法令或项目理论本身的缺陷。"（Schneider & Ingram, 1988: 78）于是，他们（Schneider & Ingram, 1988）提出将政策设计作为公共政策研究的一个重要内容，并讨论了政策设计的过程、政策设计的共同要素和政策设计的主要模式，尤其是对政策设计共同构成要素的讨论奠定了社会建构框架的基础。对于政策设计的共同构成要素，他们称之为"政策逻辑"（policy logics），并将之总结为目标（goals）、机构（agents）和目标群体（target populations），以及这三个要素的连接（linkages），这些连接包括假设、政策工具和规则等。为此，他们（Ingram & Schneider, 1990）也将政策设计的内容与政策执行研究进行了有机整合，认为现有政策执行文献可以从政策设计的角度根据命令分配（discretion allocation）情况划分为四种类型，即强法令途径（strong statue approach)、威尔逊视角（Wilsonian perspective）、草根途径（grass roots approach）和支持建构途径（support building approach），其中前两种属于政策执行中自上而下的途径，第三种属于自下而上的途径，而第四种则属于能力发展和讨价还价途径，他们认为这些研究都没有考虑政策执行的情景，应该针对政策执行的不同情景，分别设计不同的政策内容。尽管政策设计本身包含着很多要素和构成内容，但是，政策工具仍然是政策设计的核心，甚至很多学者直接将政策工具等价于政策设计，直接将政策工具和政策设计替代性使用。安妮·施奈特和海伦·英格拉姆（Schneider & Ingram，1990）进一步发展了政策工具理论，讨论了政策工具的行为假设（behavior assumptions），他们认为每一种政策工具背后都有关于如何改变政策相关行为的假设（policy relevant behavior），并讨论了五种政策工具背后的行为假设，即权威工具（authority tools）、激励工具（incentive tools）、能力工具（capacity tools）、符号和劝告工具（symbolic and hortatory tools）和学习工具（learning tools）。对于政策设计的关注，使海伦·英格拉姆和安妮·施奈特（Ingram & Schneider，1991）对社会建构框架中另一个重要要素目标群体的选择进行了研究，他们认为目标群体是公共政策行为调整的对象，由于政治环境的影响，使得法令设计者在目标群体的选择中经常会出现偏差，要么过多地选择了目标群体，要么过少地选择了目标群体，这两种情况都不利于公共政策目标的实现。

将政策设计、社会建构与民主等要素有机联系在一起的最初尝试是安妮·施奈特和海伦·英格拉姆（Schneider & Ingram，1993）于1993年发表在《美国政治学评论》的论文《目标群体的社会建构：对政治和政策的意蕴》，首次从目标群体的社会建构视角讨论了政策设计问题，代表了社会建构框架的雏形。他们认为，目标群体的社会建构是一个重要但常常被忽略的政治现象，值得公共政策研究者给予重视。目标群体的社会建构理论试图讨论社会建构对政策议程、政策工具选择和使公共政策本身合法化与理性化。此外，他们在该文中还提出了对目标群体社会构建的分类框架，按照目标群体的权力强弱和社会建构的形象是正面或负面，可以将目标群体划分为四类，即优势者（advantaged）、竞争者（contenders）、依赖者（dependents）和越轨者（deviants）。一旦社会建构影响了公共政策的议程和选择，它们本身会在公共政策中体现出来，这一展现社会建构的公共政策信息又会进一步影响公民的态度、偏好和参与，被称为政策反馈理论（policy feedback \ forward effect theory）。他们进一步提出，这一社会建构理论可以解释除了权力，社会建构也在公共政策中发挥重要作用，讨论了权力与社会建构对公共政策的双重影响，并且解释了为什么某些优势群体会比其他群体获得更多的收益，而这些公共政策本身又会进一步强化这些趋势。社会建构理论挑战了传统的政策变迁理论，为理解公共政策中的成功者与失败者提供了一个新的解释，并且进一步讨论了政策在民主社会中的角色和作用，发展了"民主的政策科学"思想。很显然，在这一分析框架中，目标群体的社会建构起着关键作用，这将在下一部分进行详细阐述。对于目标群体的分类，也构成了社会建构框架最具有创造性的内容之一。

1997年，安妮·施奈特和海伦·英格拉姆（Schneider & Ingram, 1997）撰写的专著对社会建构框架进行了系统阐述，这是社会建构框架发展史上的里程碑事件，客观上也有利于该分析框架的传播和扩散。在该书中，他们在公共政策发展历史脉络中讨论社会建构框架，明确地提出了社会建构框架的结构，并且重点讨论了政策设计的构成要素、目标群体的社会建构和知识的社会建构，目前社会建构框架主要将目标群体作为讨论重点，知识的社会建构问题没有受到应有重视（参见图7-2）。从图7-2可以看出，施奈特和英格拉姆的社会建构框架挑战了民主社会的政策过程，指出了社会建构可能导致政策制定发生偏差，这种偏差的结果是公共政策本身不能够公正地对待目标群体：对于一些目标群体给予过多的照顾，而对另外一些目标群体则给予过多的惩罚。这一分析框架还讨论了政策设计本身的后续影响，尤其是政策设计对于民主的意蕴，包括对公民的政治态度和政治参与的影响。很显然，图7-2是一个循环的过程，这也意味着政策设计与目标群体的社会建构互为因果关系，这也是该理论不同于其他理论的一个重要角度，讨论了政策设计、社会建构和民主之间的动态关系。在1997年提出的分析框架中，他们还区分了社会情景与议题情景，社会情景会对议题情景产生影响，议题情景反过来也会对政策设计产生影响。

2005年，安妮·施奈特和海伦·英格拉姆（Schneider & Ingram, 2005a）编辑出版了《值得与赋予：社会建构与公共政策》一书，将社会建构框架应用于具体案例研究中，这是理论研究与实际案例相结合的产物。随着更多的学者用社会建构框架来对美国公共政策案例进行研究，这

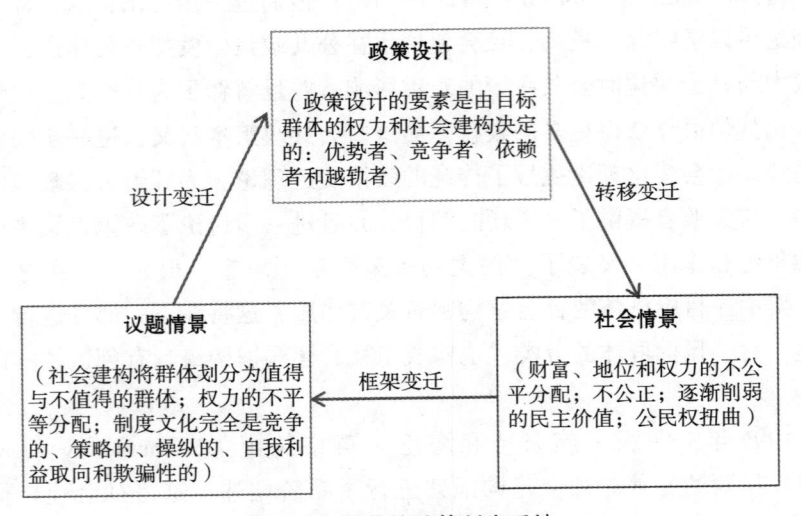

```
                    ┌─────────────────────┐
                    │     政策设计         │
                    │ (政策设计的要素是由目标│
                    │  群体的权力和社会建构  │
                    │  决定的:优势者、竞争者、│
                    │  依赖者和越轨者)     │
                    └─────────────────────┘
                   ↗                      ↘
            设计变迁                      转移变迁
           ↙                                ↘
┌─────────────────────┐              ┌─────────────────────┐
│     议题情景         │              │     社会情景         │
│ (社会建构将群体划分为 │              │ (财富、地位和权力的不 │
│  值得与不值得的群体; │ ← 框架变迁 ── │  公平分配;不公正;逐 │
│  权力的不平等分配;   │              │  渐削弱的民主价值;公 │
│  制度文化完全是竞争的、│             │  民权扭曲)           │
│  策略的、操纵的、自我利│             │                     │
│  益取向和欺骗性的)   │              │                     │
└─────────────────────┘              └─────────────────────┘
```

图 7-2 堕落的政策制定系统

资料来源:Schneider & Ingram, 1997:102。

是社会建构框架被接受的真实体现。在该书中,安妮·施奈特和海伦·英格拉姆提出了社会建构通常会将群体划分为值得(deserving)和不值得(undeserving),对值得的群体赋予利益(entitled),而对不值得的群体实施惩罚,群体的社会建构对于公共政策具有重要作用。与此前的研究相比,安妮·施奈特和海伦·英格拉姆进一步丰富了群体的社会建构的内涵,并且讨论了群体的社会建构的来源、社会建构在治理中的应用、社会建构本身的持续性、社会建构和公共政策本身的变化、制度和文化在社会建构中的作用、公共政策和社会建构本身之间的相互强化、社会建构本身对于公民偏好、身份、社会运动、参与和民主的意蕴。正是在这些理论指导之下,不同领域的作者以美国不同时期的公共政策案例为基础,讨论了群体的社会建构与公共政策之间的双向互动,这些案例包括美国退伍军人、日裔美国人、移民政策、非裔美国人和美国福利政策等。

2007 年,彼得·德利昂加入社会建构框架的开发之中,海伦·英格拉姆、安妮·施奈特和彼得·德利昂(Ingram, Schneider & DeLeon, 2007)共同发表了《社会建构与公共政策》一文,被萨巴蒂尔(Sabatier, 2007)的《政策过程理论》一书收录。与此前版本不同,这一版本有三个重要变化。一是用新的图形的形式对社会建构框架进行了展示（见图7-3），以方便厘清社会建构框架不同变量之间的内在逻辑，尤其是目标群体的社会建构、公共政策与民主三者之间的内在关系。由于这三者之间是复杂的双向因果互动，使得图形展示面临着一定的挑战。二是以命题的形式阐述了社会建构框架对政策过程的理解，围绕社会建构与公共政策之间的互动提出了六个基本命题，这为对分析框架进行理论检测提供了基础。三是按照不同研究主题将社会建构框架的经验研究划分为四类：(1) 社会建构、身份、政治态度、参与和公民权；(2) 社会建构、政策制定者/执行者和成本与收益分配；(3) 社会建构和设计要素的选择（问题定义，工具，规则和理性）；(4) 社会建构变迁和政策变迁。2014年，安妮·施奈特、海伦·英格拉姆和彼得·德利昂（Schneider, Ingram & DeLeon, 2014）又对这一版本进行了修改和完善，形成了新的版本，这是三位理论原创者对于社会建构构架的最新思考，随后将在本章的第四部分中进行详细阐述。

2009年，社会建构框架创始人之一安妮·施奈特与其合作者玛拉·西德尼（Schneider & Sidney, 2009）讨论了政策设计和社会建构理论的未来和下一步研究设想。安妮·施奈特和玛拉·西德尼对社会建构框架的几个重要内容进行了分析，这些内容包括：政策设计的中心位置、社会建构的关注、政策结果的关注和规范及经验研究和理论的整合。此外，他们还进一步指出了社会建构框架未来研究的五个重要方向："(1) 扩展对社会建构的研究，社会建构是公共政策领域的普遍现象，尤其是对知识的社会建构的研究；(2) 进一步经验性地和理论性地研究和发展政策设计要素与目标群体之间的关系；(3) 经验性地调查和理论化政策设计对后续的政治声音、社会运动和政治过程的其他方面的影响；(4) 将经验研究和规范性民主理论融合；(5) 将政策设计与其他政策理论进行融合。"(Schneider & Sidney, 2009: 103-104)。该论文的发表，对于社会建构和政策设计的扩展起到了很好的作用，让越来越多的学者认识到社会建构框架的重要性和解释力。

2014年，乔纳森·皮尔斯等研究者（Pierce, Siddiki, Jones, Schumacher, Pattison & Peterson, 2014）发表了《社会建构与政策设计：过去应用的回顾》一文，对1993—2013年发表的社会建构框架的应用性论文进行了系统的回顾。他们使用Google学术，将所有引用安妮·施奈特和海伦·英格拉姆（Schneider & Ingram, 1993; 1997）于1993年发表的学

```
                    ┌─────────────────────────┐
                    │  过去和现在的政策设计      │
                    │ （对成本和收益分配，问     │
                    │   题界定，规则类型、工具、 │
                    │   理性化、因果逻辑，"信息"）│
                    └─────────────────────────┘
```

图 7-3　社会建构与政策设计

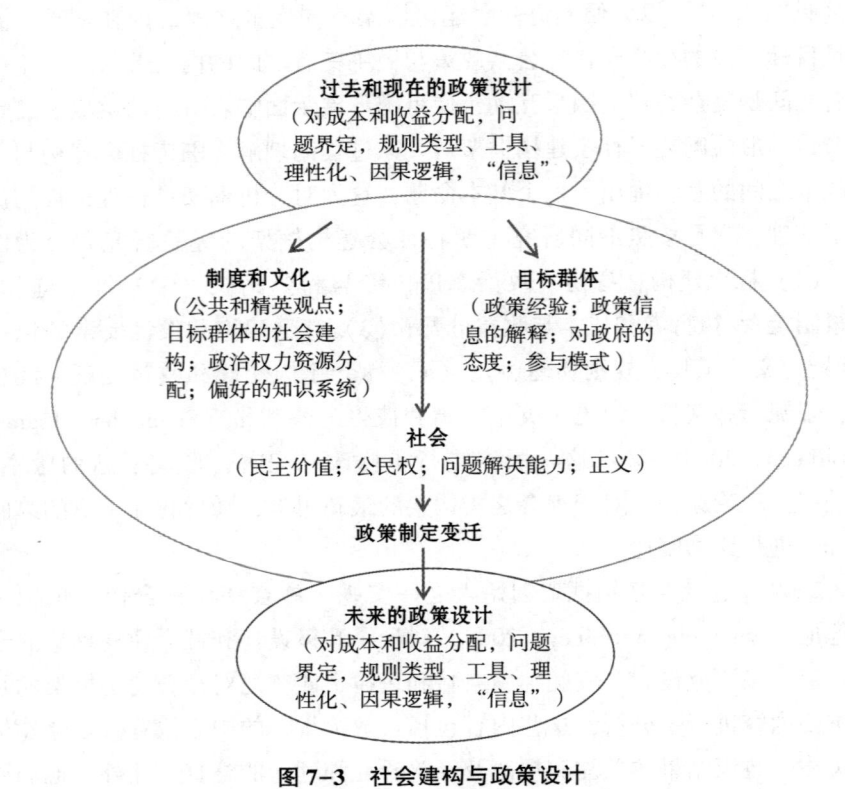

资料来源：Ingram, Schneider & DeLeon, 2007: 96。

术论文和1997年发表的学术著作进行编辑，将仅仅是引用他们的著作而没有进行实际应用的论文删除，一共找到了123篇使用社会建构框架的论文，其中111篇理论应用论文，12篇理论建构论文。他们对这111篇论文进行分析，发现社会建构框架应用研究的一些特点：最近理论应用的论文大大增加；社会建构框架被各种不同类型的学者广泛地应用于不同政策领域中，包括社会福利、卫生、犯罪、移民、教育、环境等，并且这些政策也体现为国际、联邦和州等不同层次；这些理论的应用更多地使用在有关目标群体的命题（target populations proposition）中，而不是该框架的反馈命题（feed-forward proposition）；很多学者对于目标群体不同类型之间的变化很感兴趣，并且试图发展导致目标群体类型变化的机制。可以预测，未来会有很多学者使用社会建构框架进行案例研究，并且也会使用更多的定量经验研究来对社会建构框架的命题进行检验，以测验框架本身的效度。接下来，将会对社会建构框架的假设、构成要素和基本命题进行分析。

## 四 社会建构框架的研究问题、假设、要素和基本命题

随着社会建构框架被萨巴蒂尔的《政策过程理论》一书收录，这也意味着该理论逐渐被主流政策过程理论所接受。而主流政策过程理论非常强调从科学的角度对政策过程进行研究，从而使政策过程理论本身能够被实证检验。社会建构框架的主要特色是强调了政策过程中的规范性层面，突出知识和目标群体的社会建构，尤其是目标群体的社会建构对于政策过程的意义，它试图解释："除了有关传统政治权力的观点之外，为什么有些群体比其他群体获得更多的优待？政策设计是如何强化或改变这些优势的？"（Schneider & Ingram，1993：334）通过上面对社会建构的理论基础和演进过程的分析，我们可以发现，该框架的核心构成要素主要有三个：目标群体的社会建构、政策设计和民主价值。虽然，不同时期，社会建构框架的创立者以不同的框架来展示这一分析框架（见图7-2和图7-3），但这些核心要素本身并没有变化。不过，与其他框架相比，这一框架由于强调双向因果关系，使得构造一个完整的社会建构框架更为困难，这也是框架结构本身不断变化的原因。目前，安妮·施奈特、海伦·英格拉姆和彼得·德利昂构造了一个新的社会建构框架，这一框架结构仍然强调反馈效果（见图7-4）。

### 1. 社会建构框架的研究问题

社会建构框架的提出者主要是希望对民主社会的一系列持续困境进行解释，这些困境是其他分析框架所不重视和基本不关注的。他们的一个基本设想是民主社会的公共政策应该服务于民主价值，而不是与之相反，但是现实中的民主政治却是堕落的政策制定系统。为此，社会建构框架提出了一系列需要回答的研究问题（Ingram，Schneider & DeLeon，2007：93）：

（1）尽管每一个公民在法律面前都是平等的，为什么政策设计倾向

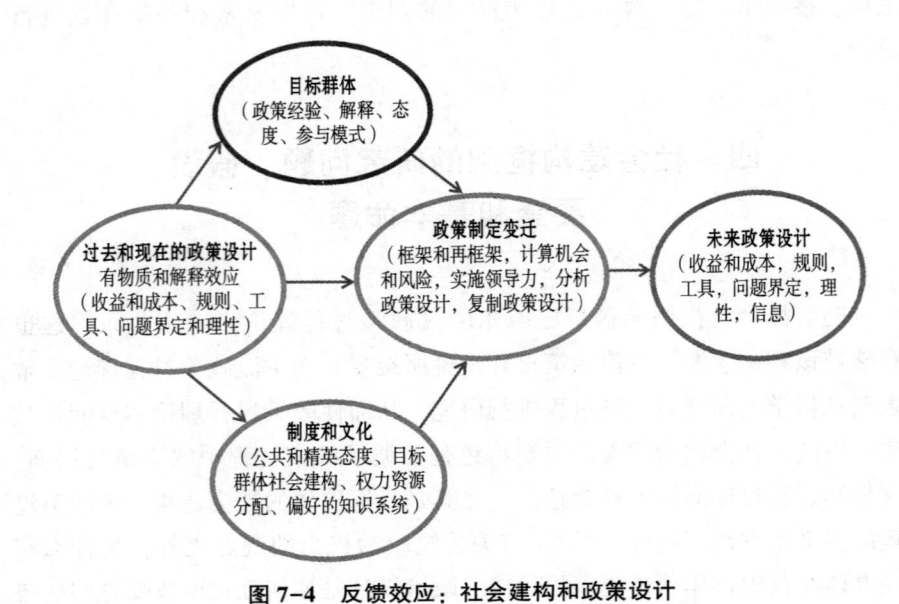

图 7-4 反馈效应：社会建构和政策设计

资料来源：Schneider, Ingram & DeLeon, 2014: 108。

于主要将利益分配给一些群体，而将负担配置给另外一些群体？

（2）一些政策不能够实现政策目标，为什么它们能够持续存在并且扩大？

（3）一些负面建构群体为什么能从政策制定者中获得更多的正面社会建构和更好的对待，而其他负面建构群体却不能？

（4）为什么政策设计有时会偏离典型的权力和社会建构的再生产而引发制度、权力关系和目标群体社会建构的变迁？这一过程是如何发生的？

这些研究问题大致上可以分为三类：第一类是解释政策设计是如何产生的。对于这类问题，政策设计是因变量，权力和目标群体的社会建构是自变量。上述第一个问题属于这类问题，社会建构框架的特色是从社会建构的角度给出一个解释，并且使以前被忽视的规范因素被重新认知。第二类是讨论政策设计的效果问题，即政策设计对民主社会意味着什么。对于这类问题，政策设计是自变量，民主社会的一些基本价值和行为是因变量，如公民的态度、参与行为等。上述第四个问题属于这类问题，社会建构框架的反馈效应提供了一个不同的视角来评估政策效果。第三类是讨论政策设计和目标群体的社会建构为什么会稳定或变迁。这类问题是政策过程理论最关心的问题,在讨论目标群体的社会建构变迁中,政策设计只是其中的一种影响因素,还有其他因素。在讨论政策设计的变迁中,目标群体的社会建构的变迁是一个重要因素。

**2. 社会建构框架的基本假设**

与其他研究框架相比,社会建构框架并没有形成自己明确的假设。不过,乔纳森·皮尔斯等学者(Pierce, Siddiki, Jones, Schumacher, Pattison & Peterson, 2014)对社会建构框架的基本假设进行了总结,他们将这些假设概括为三类:一是人的模型(the model of individual);二是权力(power);三是政治环境(political environment),一共由八个假设构成(见表7-1)。

**表7-1　　　　　　　　　社会建构框架的基本假设**

| |
|---|
| 人的模型 |
| 1. 行动者在做决策的过程中不能够处理所有的信息,因此,他们会依赖心智启发法(mental heuristics)来决定哪些信息保留。 |
| 2. 心智启发法会以偏见的方式过滤信息,因此,这会导致个人存在一种证实与他们信念一致的新信息,拒绝与他们不一致的信息。 |
| 3. 人们会以主观的方式使用社会建构,这一社会建构具有评价性。 |
| 4. 社会事实具有有限的相对性,人们会在客观情况之下观察具有一般化模式的社会建构。 |
| 权力 |
| 5. 在政治环境中,权力在个体中的分配是不平等的。 |
| 政治环境 |
| 6. 政策会创造未来政治,这主要是通过反馈效应来创造新政策和新政治。 |
| 7. 政策会传递新信息,这会影响公民的政治态度和参与模式。 |
| 8. 政策是在不确定的政治环境中被创造的。 |

资料来源:Pierce, Siddiki, Jones, Schumacher, Pattison & Peterson, 2014: 5。

第一类假设是有关人的模型,它由四个基本假设构成。其核心是强调从建构主义视角理解个人的选择过程,它不同于理性人的假设。社会建构框架强调人在处理信息过程中会使用心智启发法,而不是完全理性决策,这不可避免地会导致偏见的产生。这些偏见中最常见的是证实性偏见(confirmative bias),即一个人只会选择与其观点或意见一致的信息,而忽视与其不一致的信息。除了在信息处理方面有偏见,个人在评价方面会使用社会建构方法对群体进行评价,这些评价可能不是基于理性计算与目标相比较的结果,而是社会建构的结果。这意味着人们对事物进行评价时,会带入其此前形成的社会建构意识。例如，将福利获得者建构成"福利女王"，将"网络约车"建构为"共享经济"，这些不同的社会建构包含着主观性评价。社会建构本身是对社会事实的建构，这些社会事实具有相对性，人们一般会基于这些社会事实而形成一般化的社会建构。社会事实的有限相对性意味着，不同的个人会对同样的社会事实进行不同维度的社会建构，从而形成不同的理解和认知。

第二类假设是有关权力的假设。社会建构框架理论认识到权力的不同维度，认为权力具有多重性。对于权力的分类，经典理论一般将权力划分为三个维度（three dimensions）或具有三面性（three faces）。权力的第一个维度是影响能力（capability to influence），安妮·施奈特和海伦·英格拉姆将之作为对目标群体进行分类的一个重要维度，并用投票、财富、资源、技术和动员能力等来测量。权力的第二个维度涉及议程控制，它主要是通过对信息的筛选而使相关问题不纳入议程，一旦不纳入议程也就没有决策的可能性，这可以通过公众意见和媒体报道等来进行测量。权力的第三个维度涉及意识形态权力，它通过改变权力接受者的观念来对其实施影响。社会建构框架正是非常重视权力的第三个维度的作用，并将它称为"社会建构"，社会建构会对目标群体产生影响，且会进一步影响政策过程。

第三类假设是有关政治环境的假设，它由三个假设构成。这些假设涉及社会建构框架对公共政策与政治之间关系的认知，也是其理论特色之一。社会建构框架假定公共政策具有很强的政治意蕴，一方面，公共政策本身会创造政治，而不仅仅是政治创造公共政策；另一方面，公共政策会对政治产生影响。公共政策对政治的影响，即反馈效应的讨论，涉及公共政策通过信息传递来影响公民的态度、认知、参与和公民权。

### 3. 社会建构框架的构成要素

社会建构框架的主要构成要素有三个，一个是目标群体的社会建构，另一个是政策设计，还有一个是政策反馈效应。整个社会建构框架都围绕着这三者之间的关系展开，由于社会建构框架并非单向度的因果关系，这使三者之间的关系更加复杂，图7-3已经展示了这种复杂的双向因果关系。

社会建构框架的一个主要理论贡献是讨论目标群体的社会建构与公共

政策选择和变迁之间的关系，又被称为"目标群体命题"（target populations proposition）。对于命题的具体内容将在下一小节中阐述。为此，需要首先对目标群体的社会建构进行可操作化，这也构成了该框架最大的特色，也是理论应用中最广泛的内容之一（Pierce, Siddiki, Jones, Schumacher, Pattison & Peterson, 2014）。要对目标群体的社会建构进行分类和可操作化，首先需要对目标群体和社会建构分别进行定义。对于目标群体而言，一般很容易理解，它通常指公共政策所作用的对象。例如，老年人照料项目，其目标群体是老年人。有些政策可能没有明确的目标群体，如社会保障政策，它是针对所有人群。对于社会建构的内涵，安妮·施奈特和海伦·英格拉姆给出了一个清晰的定义，他们指出："社会建构是关于特定群体的原型，这些原型主要由政治、文化、社会、历史、媒体、文学和宗教等创造。"（Schneider & Ingram, 1993：335）对于社会建构而言，可以分为两类，一类是正面建构（positive social constructions），另一类是负面建构（negative constructions），前者通常会使用"值得""智慧""诚实"和"公共精神"等词汇来形容，而后者通常会使用"不值得""愚蠢""不诚实"和"自私"等词汇来形容。目标群体的社会建构则包含两个层面的含义：一是认识到目标群体作为一个具有社会意义的群体的一些基本特征；二是这些基本特征包含一些被赋予的特殊价值、符号和形象。在安妮·施奈特和海伦·英格拉姆看来，政策制定者在制定公共政策时，通常会考虑两个主要变量，一个是目标群体本身拥有的权力，另一个是目标群体的社会建构。于是，他们根据权力和社会建构两个维度将目标群体划分为四种类型（见表7-2）。

**表 7-2　　　　　　社会建构和政治权力：目标群体的类型**

|  |  | 建构 | |
|---|---|---|---|
|  |  | 正面 | 负面 |
| 权力 | 强 | 优势者（advantaged）<br>老年人、商业、退伍军人 | 竞争者（contenders）<br>富人、大型工会、少数民族、文化精英、道德上多数 |
| | 弱 | 依赖者（dependents）<br>儿童、母亲、残疾人 | 越轨者（deviants）<br>罪犯、吸毒者、黑帮等 |

资料来源：Schneider & Ingram, 1993：336。

此后，安妮·施奈特和海伦·英格拉姆又进一步提出权力和建构两个维度并不是非此即彼的两分，每一个维度都是由一个谱系构成。如建构维度的正面和负面，可能包容着居于正面和负面的中间状态；权力维度的强和弱，也可能包含着居于强和弱的中间状态。而且对于每一个维度的两极，都可能进一步区分强弱，如正面建构可以进一步区分非常正面的建构和正面的建构。一旦将权力和建构两个维度都作为一系列的谱系来思考，那么权力和建构这两个维度会形成很多不同组合，能够包容更多的目标群体。这样，他们可以将更多的目标群体包含在这一分类框架（见图7-5）中。很显然，与表7-2相比，图7-5能够包含更多的目标群体，且目标群体的分布会更加多元和分散，也更符合政策过程中的现实情况。因为任何分类都是一种理想类型，它很难涵盖现实中的多样性。以目标群体谱系而不是目标群体类型的方式来展示，则能够更好地体现现实中多样性的目标群体。

　　社会建构框架的第二个构成要素是政策设计，它起着承上启下的作用。一般而言，政策设计作为结果变量，它受到目标群体社会建构的影响。与此同时，政策设计也作为自变量，会对民主产生影响。前者被称为"目标群体命题"，后者被称为"反馈效应命题"。安妮·施奈特和海伦·英格拉姆将政策设计直接定义为政策内容（the content of policy），认为政策设计包含着一系列的基本要素（fundamental elements）或设计（design），与建筑物的结构（architecture）类似。这也构成了社会建构框架的另外一个理论贡献，他们对政策内容进行详细阐述，并发展了政策设计理论，认为政策设计并非由单一要素构成，而是由一系列存在逻辑联系的基本要素组成。目前，政策设计缺乏一套系统的框架性理论来对不同政策设计进行分析，正是因为这一原因，他们发展了政策设计理论，提出了分析政策设计的框架结构（见图7-6）。

　　从图7-6可以看出，政策设计框架结构受到了项目评估中逻辑模型的影响（Mertens & Wilson, 2012）。在项目评估中，第一步就是需要讨论项目的设计逻辑，厘清项目是依据什么样的理论和假设得以运行，以及采取什么样的方式来实现目标和解决问题。项目评估的逻辑模型一般按照"投入—过程—产出—影响"来构造，其中项目设计和项目理论都需要考虑项目自身的因果逻辑，探究项目如何从投入转化为产出和影响。项目设计的逻辑与政策设计的逻辑具有很强的相似性，它们都具备设计的共同特征。这意味着，在安妮·施奈特和海伦·英格拉姆看来，政策设计的核心

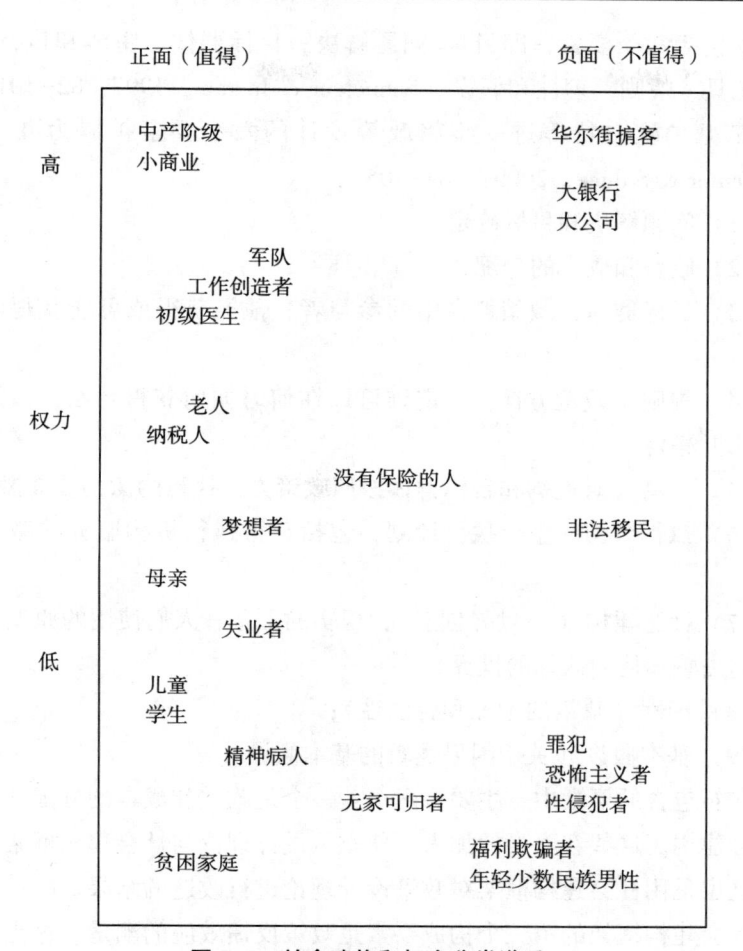

## 图 7-5 社会建构和权力分类谱系

|  | 正面（值得） | 负面（不值得） |
|---|---|---|
| 高 | 中产阶级<br>小商业 | 华尔街掮客<br>大银行<br>大公司 |
| 权力 | 军队<br>工作创造者<br>初级医生<br>老人<br>纳税人<br>没有保险的人<br>梦想者 | 非法移民 |
| 低 | 母亲<br>失业者<br>儿童<br>学生<br>精神病人<br>无家可归者<br>贫困家庭 | 罪犯<br>恐怖主义者<br>性侵犯者<br>福利欺骗者<br>年轻少数民族男性 |

资料来源：Schneider, Ingram & DeLeon, 2014：111。

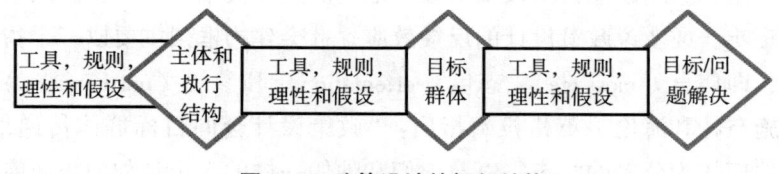

图 7-6 政策设计的框架结构

工具，规则，理性和假设 → 主体和执行结构 → 工具，规则，理性和假设 → 目标群体 → 工具，规则，理性和假设 → 目标/问题解决

资料来源：Schneider & Ingram, 1997：83。

是要基于一套理性和假设，让执行机构使用一些合适的政策工具对目标群体进行干预，以解决问题和实现预期目标。图 7-6 所展示的政策设计结构主要包括六个要素,即目标/问题解决、目标群体、主体和执行结构、政策工具、规则、理性和假设(Schneider & Ingram,1997:82-101)。此后,安妮·施奈特等进一步将政策设计的六个要素扩展为九个要素(Schneider & Sidney,2009:104-105):

(1) 问题解决和目标确定;
(2) 收益和成本的分配;
(3) 目标群体(政策舞台中的参与者,他们获得或可能获得收益与成本);
(4) 规则(政策方针,规定谁可以在何时如何获得什么,以及谁有资格获得等);
(5) 工具(对机构和目标群体按照政策方针执行的激励或非激励);
(6) 执行结构(整个执行计划,包括获得执行机构服务的激励和资源);
(7) 社会建构("世界创造",现实的形象,人们使用的原型,这会让人们去感知他们认知的世界);
(8) 理性(政策的论证和合法性);
(9) 基本假设(关于因果逻辑的基本假设)。

在新包含的要素中,主要有两个:一个是收益和成本的分配,另一个是社会建构。这些新要素的加入,使政策设计理论与社会建构框架有机结合,这也是用社会建构框架对政策设计理论进行改造的结果。

社会建构框架的第三个构成要素是政策反馈效应的测量。这是社会建构框架最重要的特色之一,它不仅考虑社会建构对于政策设计的影响,而且进一步分析政策设计对于民主社会的意蕴,探讨政策设计与民主政治之间的关系,重新建立公共政策与政治之间的连接关系。对于公共政策对政治的影响,或者说政策设计的反馈效应,社会建构框架主要以三个指标来衡量,即信息(message)、态度(orientation)和参与(participation)。安妮·施奈特和海伦·英格拉姆指出:"政策设计会向目标群体传递信息,告诉他们作为公民的状态,以及他们和他们一样的人民是如何被政府对待的。这些信息本身会进一步内化为公民权的概念,并且会影响他们对政府的态度,以及他们的参与情况。政策会传递民众属于哪一类群体、这一类群体有哪些特征、他们应该从政府获得什么以及对他们有什么期望的经验"(Schneider & Ingram,1997:140-141)。对于公民获得的信息而言,既包括他们对政治的观察和媒体报道，也包括他们与公共政策相关的直接经验和感知，这些经验会形成他们自身在政府中形象的感知。这些感知也会影响他们对政府的态度，如持正面态度或负面态度，并进一步形成积极参与政治或消极不参与政治的行为。政策反馈效应形成了"信息—态度—行为"的逻辑链条，这既是探讨公共政策与政治之间关系的一种视角，也是评估公共政策的一种新的维度。

### 4. 基本命题

任何分析框架的目的都在于加强我们对现实的理解和认知，并为进一步改善现实提供建议。社会建构框架也不例外，它需要形成对政策过程的独特认知，增进研究者对政策过程的理解，尤其是对民主社会的政策过程的理解。从 2009 年开始，社会建构框架以命题的形式来展示其对民主社会的政策过程的理解和认知，这些命题最初是六个。随后，乔纳森·皮尔斯等学者（Pierce, Siddiki, Jones, Schumacher, Pattison & Peterson, 2014）将社会建构框架的命题概括为目标群体命题和反馈命题。2014 年，安妮·施奈特、海伦·英格拉姆和彼得·德利昂（Schneider, Ingram & DeLeon, 2014）三位研究者将社会建构框架的基本命题概括为五个，即配置命题、反馈命题、起源命题、社会建构变迁命题和政策变迁命题。接下来，将围绕这五个命题对社会建构框架的研究结论进行阐述。

（1）配置命题（allocation proposition）

社会建构框架的第一个命题与资源的配置有关，这也是政治学的传统命题。根据拉斯韦尔（2009）的看法，政治涉及谁得到什么，何时以及如何得到。资源配置是政治学的核心，而政治学的传统主张是权力决定资源配置，谁拥有权力，谁就能够获得更多的资源配置。社会建构框架在认同权力对政策过程影响的同时，提出了另外一个影响资源配置的变量，即目标群体的社会建构，认为社会建构本身具有配置效应，它会对政策过程产生影响。于是，形成了社会建构框架的配置命题（Schneider, Ingram & DeLeon, 2014: 109）：

> 命题 1：公共政策对目标群体收益和成本的配置，既依赖于他们的政治权力，也受到他们自身正面或负面社会建构形象的影响。

安妮·施奈特和海伦·英格拉姆认为，政策设计的一个重要内容是对目标群体进行成本和收益分配。他们根据表7-2中目标群体的分类，以及引入成本和收益两个维度，可以找出八种类型的政策设计模式。但是，对于官员而言，对每一类群体给予收益或成本的配置，都可能面临着不同的政治风险和机会（见表7-3）。

**表7-3　　目标群体收益与成本配置的风险与机会**

|  | 优势者<br>(advantaged) | 竞争者<br>(contenders) | 依赖者<br>(dependents) | 越轨者<br>(deviants) |
|---|---|---|---|---|
| 收益 | 收益分配将会产生实质性政治回报（政治机会） | 收益分配将有风险，为他们提供秘密支持（政治风险） | 收益分配面临着巨大成本，会使用口头上的支持（政治风险） | 收益分配将会有较大风险（政治风险） |
| 负担 | 负担将会有较大的风险（政治风险） | 负担将会产生混合效应，使用形式上的惩罚（政治风险） | 负担一般不会明确通知（政治风险） | 惩罚将会产生实质性政治支持（政治机会） |

资料来源：根据 Schneider & Ingram, 1997：113-114 的图5.3和图5.4整理。

从表7-3可以看出，同时具有政治权力和正面社会建构的优势群体会被政策设计者给予更多的收益分配，而不具有政治权力和负面社会建构的越轨群体则会受到惩罚，这样的政策设计具有最大的政治机会，并且政治风险较少。这导致的结果是公共政策不能够公平、公正地对待不同的社会群体，常常使一些群体获得过多的收益、承担过少的负担，另一些群体承担过多的负担、获得过少的收益，收益与负担并不与他们的实际需求相对应，也没有得到公正的配置。

当前，研究者们在讨论目标群体的社会建构对政策设计的影响时，主要聚焦于收益和负担的分配。事实上，政策设计包含九个要素，其他要素与目标群体之间的关系，并没有被重视和讨论。因此，安妮·施奈特与玛拉·西德尼（Schneider & Sidney, 2009）在讨论社会建构框架理论的下一步发展方向时，就将探讨政策设计要素与目标群体之间的经验关系作为未来研究方向之一。早在1997年，安妮·施奈特和海伦·英格拉姆就提出了政策设计要素与目标群体之间关系的一些设想，这些设想还需要经验研究予以证实（见表7-4、表7-5和表7-6）。当然，海伦·英格拉姆、安妮·施奈特和彼得·德利昂（Ingram, Schneider & DeLeon, 2007：104）在2007年的版本中提出的第三个命题与此相关，他们认为："政策设计的要素，包括工具、规则、理性和提供结构等，会因为目标群体的社会建构与权力的不同而不同。"目前的版本，将这两个命题都归入目标群体的收益与负担分配之中。

表 7-4    在选择目标群体中的共同设计特征

|  | 优势者 | 传统竞争者 | 新出现竞争者 | 依赖者 | 越轨者 |
|---|---|---|---|---|---|
| 收益政策选择目标群体 | | | | | |
| 议程代表性 | 强力代表 | 较弱代表 | 较弱代表 | 较弱代表 | 几乎没有代表 |
| 目标可获得性 | 普遍 | | 特殊 | 特殊 | 非常特殊 |
| 资助 | 非常高的资助 | | 较低资助 | 较低资助 | 非常低的资助 |
| 负担政策选择目标群体 | | | | | |
| 议程代表性 | 非常弱的代表 | 强力代表 | 强力代表 | 一些代表 | 非常强的代表 |
| 目标可获得性 | 非常特殊 | 非常特殊 | 特殊 | 特殊 | 普遍性 |
| 资助 | 非常低的资助 | 非常低的资助 | 非常低的资助 | 低的资助 | 巨大资助 |
| 法令形式 | | | | | |
| 对于提供收益 | 与目标之间并非有最优连接；较强的法令有一定的欺骗性 | 困惑的秘密的非常有欺骗性 | 非逻辑的空洞的欺骗性的 | 更多是逻辑性的空洞的欺骗性的 | 逻辑上的空洞的欺骗性的 |
| 对于分配负担 | 更多属于逻辑上的空洞的非常具有欺骗性 | 困惑的空洞的非常有欺骗性 | 非逻辑的混合的欺骗性的 | 非逻辑的强力的欺骗性的 | 非逻辑的强力的欺骗性的 |

资料来源：Schneider & Ingram，1997：126。

表 7-5    不同目标群体的工具、规则和理性

|  | 优势者 | 竞争者 | 依赖者 | 越轨者 |
|---|---|---|---|---|
| 工具 | | | | |
| 提供收益 | 能力建设 补助 赋权 自由信息 扩大服务项目 | 混合的，不可预测 | 收入为基础的补助 权威 说服 自由信息 顾客必须建立可获得性标准 | 带有惩罚威胁的权威 |

续表

|  | 优势者 | 竞争者 | 依赖者 | 越轨者 |
|---|---|---|---|---|
| 分配负担 | 自我管制和学习诱发性（正向）标准和付费（有时是惩罚） | 将其中最高的一部分实施严格惩罚 | 权威、惩罚 | 惩罚、力量和死亡 |

规则

|  | 优势者 | 竞争者 | 依赖者 | 越轨者 |
|---|---|---|---|---|
| 提供收益 | 包容性 | 下放权力到低层次机构 | 排他性，法定评估 | 排他性，需要评估 |
| 分配负担 | 更多是在未来设定日期 | 下放权力到低层次 | 严格、复杂的可获得性要求 | 严格、复杂的可获得性 |

理性

|  | 优势者 | 竞争者 | 依赖者 | 越轨者 |
|---|---|---|---|---|
| 提供收益 | 一些重要的国家利益被服务，如国防安全、经济竞争；效率/效益手段实现目标； | 忽视陈述：有必要实现经济或国防目标 | 正义：公平机会、需要、公正 | 正义：平等、权利和公正 |
| 分配负担 | 为了一个国家的经济和国防需要，他们必须牺牲；负担从长期看是有利于他们自身的； | 过度陈述：对他们贪婪的纠正；国家并不会很好地对待他们；他们在政治策略中犯错误了 | 坚持普遍性原则，这不幸伤害了他们；其他一些优先目标必须被满足，这使得并不可能为每一个人提供足够资源；规则是为了他们的好 | 他们应该被惩罚；公众必须得到保护 |

资料来源：Schneider & Ingram, 1997: 130。

表 7-6    执行的特征

|  | 优势者 | 竞争者 | 依赖者 | 越轨者 |
|---|---|---|---|---|
| 提供收益 | 较强的法令，但是使用模糊的或者具有误导性的理由；当认购超额时，机构或目标会被赋予命令来决定可获得性规则 | 对于大部分要求，通常会被分散到各个机构命令之中 | 项目设计会采取分权模式，但是高层会制定特殊的可获得性规则；过度监管；机构会提取或重新标签化 | 项目设计会采取分权模式；法令会提供特殊的可获得性规则；法律干预；共同性的；机构会重新标签化 |
| 分配负担 | 通过长时期的软化过程而实现共识达成模型，这是通过威尔逊式设计来实现的；通过法令干预来实现例外 | 较窄地制定较强的法令，并且在目标群体中有精细区分，只对其中一部分实施较重惩罚 | 采取分权的机构命令，并且会伴随着机构的重新标签或者设立较坚固的门槛以使得损害最小化 | 较强的法令；在过度认购时，机会会有权力制定不同群体的优先性 |

资料来源：Schneider & Ingram, 1997: 136。

表 7-7　　　　　　　　　　　信息、公民态度和参与

|  | 优势者 | 竞争者 | 依赖者 | 越轨者 |
| --- | --- | --- | --- | --- |
| 信息 | | | | |
| 个人的 | 好、聪明 | 矛盾 | 无助、需要 | 坏的、危险的 |
| "你们的"问题是…… | 重要的公众关注 | 与他人有冲突 | 私人部门的责任 | 你自己的私人责任 |
| 政府应该对待你…… | 尊重 | 害怕或谨慎 | 遗憾 | 不尊重、讨厌 |
| 态度 | | | | |
| 对待政府 | 讨厌但支持 | 怀疑、警惕 | 不感兴趣、被动 | 生气、受到压制 |
| 对待自身利益 | 与公众利益一致 | 与他人利益有冲突 | 私人责任 | 个人责任 |
| 对待其他诉求 | 不具有合法性 | 竞争性对手 | 比他们自身的利益更重要 | 简单具有优势 |
| 对待政治游戏 | 开放、可赢 | 最原始使用权力，骗子 | 等级和精英 | 权力滥用 |
| 参与 | | | | |
| 动员 | | | | |
| 投票、利益集团 | 高 | 中 | 低 | 低 |
| 破坏性（罢工、暴动） | 低 | 中 | 低 | 中 |
| 自主治理潜能（私人提供） | 高 | 中 | 低 | 低 |
| 公民—机构互动 | 机构扩大范围 | 目标群体破坏执行 | 客户必须启动联系 | 避免 |

资料来源：Schneider & Ingram, 1997：142。

(2) 反馈命题 (feedback or feed forward)

社会建构框架的第二个命题与政治有关，它强调政策设计对于民主政治的影响。这一命题与配置命题相反，将政策设计看作自变量，讨论政策设计对目标群体的政治影响。这一命题有学者专门发展了政策反馈理论，讨论政策对政治的影响，而不仅仅是政治对政策的影响（Mettler & Soss, 2004；Mettler & So Relle, 2014）。对于政策反馈命题而言，政策设计是研究的起点，政策设计不仅会对公民的政治态度和参与行为产生影响，而且还会对后续政策设计产生影响，这也是历史制度主义的观点。于是他们形成了基于公民权的政策反馈命题（Schneider, Ingram & DeLeon, 2014；

116）：

> 命题2：政策设计会对目标群体产生物质和符号（声誉或解释性的）效果，这些效果会进一步影响他们的政治态度和政治参与。这些效果主要是通过对机会的结构化来实现，这些结构化机会塑造他们的生活经验和关于政府如何工作以及他们是被如何对待的敏锐信息。

反馈命题提出了政策设计对政治影响的机制和途径。政策设计对政治影响的机制主要是通过物质利益和符号利益来实现的，前者意味着目标群体能够直接获得好处，后者意味着目标群体能够获得很好的声誉。虽然对于哪一类政策设计会产生物质利益或符号利益，不同学者之间存在争论。安妮·施奈特、海伦·英格拉姆和彼得·德利昂认为，任何一项公共政策同时具有物质利益和符号利益，即便一些修饰性政策也会影响公民的态度和参与。一般而言，符号利益也会传递政策设计对目标群体看法的信息，体现了对目标群体的社会建构。而这些信息本身，以及目标群体与公共政策的接触会进一步对公民的政治态度和政治参与产生影响（见图7-7）。

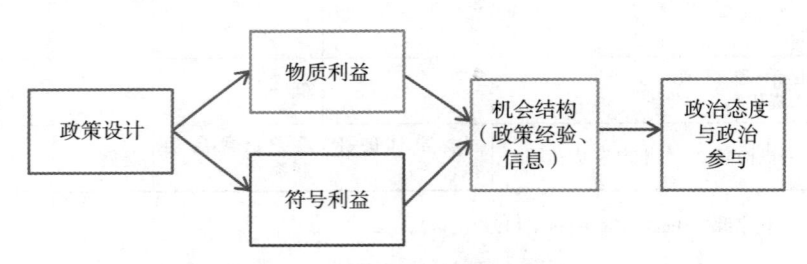

**图7-7 反馈效应的机制与形式**

对于符号利益的强调是社会建构框架的一大特色。传统上研究者只关注政策设计的物质利益，而忽视政策设计的符号利益。政策设计一方面受到社会建构的影响，另一方面也在强化或推动社会建构的产生。由于符号利益涉及一种声誉，这些声誉一般都是通过语言来建立的，因此，政策设计所传递的信息也显得十分关键和重要。在早期的社会建构框架中，安妮·施奈特和海伦·英格拉姆就讨论了政策设计对不同目标群体在信息、公民态度和政治参与方面的影响。他们认为，政策设计通常会针对不同的目标群体传递不同的信息，这些信息反过来会影响目标群体的政治态度和政治参与（见表7-7）。

（3）起源命题（origins proposition）

社会建构框架的第三个命题是有关社会建构起源的命题。社会建构框架的起源，意味着探讨社会建构的形成机制，这也是进一步理解社会建构变迁和政策变迁的基础。不理解社会建构是如何形成的，也就不能够理解社会建构的变迁过程。安妮·施奈特和海伦·英格拉姆在最初提出社会建构框架时，并没有讨论社会建构是从哪里来。只是假定社会建构存在，并且讨论社会建构对于政策设计的影响。

在讨论社会建构的起源时，社会建构作为因变量存在，它本身需要得到解释。对于社会建构起源的讨论，可以使社会建构框架建立在坚实的微观基础之上，将社会建构框架与社会心理学、行为经济学等学科联系起来。对于社会建构起源的讨论，也会促使社会建构框架关注其微观假设，有利于其发展一个更具有科学性的理论框架。为此，在2014年的修订中，安妮·施奈特、海伦·英格拉姆和彼得·德利昂提出了起源命题（Schneider, Ingram & DeLeon, 2014: 121）：

> 命题3：社会建构起源于情感和直觉反映，这随后会被对证据的选择性关注所论证。政策制定者，尤其是选举的政治官员，会在他们的理性和政治要素选择中对这些情感性和直觉性判断进行反映和探究。

这一命题对社会建构的起源进行了回应。很显然，安妮·施奈特和海伦·英格拉姆认为过去二十多年有关社会心理学的研究证实了他们的观点，社会建构是重要的，社会建构会对人的认知、决策和行为产生影响。社会建构框架只是在公共政策领域探讨了情感、直觉、习惯和心理反应等因素的作用，这些因素会与一定的符号、原型和价值语言联系在一起，会促进观点的形成和决策的产生，并在政策过程中发挥关键作用。社会建构是心理、道德直觉和选择性认知偏见共同作用的结果，经常会使用一些启发式决策，如"快思考""可获得性""证实偏见""非证实偏见""锚定效应"，这使人们在思考中会形成一些偏见、原型、标签、污名等看法。此外，群体本身会有最大化差异的倾向，这会促进群体自身的社会建构形成。简言之，原型、价值判断和道德直觉都很有吸引力，它们可能是人们决策和形成判断的基础，这也是社会建构形成的社会心理机制，为社会建构框架理解社会建构如何影响政策设计提供了微观基础。当然，目前社会建构框架对此还缺乏实证研究，只是提出了一些理论设想和主张，并且也不是很完善。

(4) 社会建构变迁命题（changing social constructions）

社会建构框架的第四个命题是有关社会建构变迁的命题。该命题是对社会建构起源命题的深化，从动态形成机制来理解社会建构变迁机制的转变。这一命题本身也是社会建构框架下一个政策变迁命题的基础，更是第一个命题的自然延续。在第一个命题中，配置命题已经指出目标群体的社会建构会对政策设计中成本和负担的分配产生影响，那么其逻辑推断便是社会建构变迁也会导致政策变迁。在讨论下一个命题时，首先需要回答社会建构变迁是如何产生的。对这一问题的回答，直接决定了社会建构框架本身的预测性。对此，彼得·德利昂（DeLeon，2005：637）在一篇评论文章中，就指出安妮·施奈特和海伦·英格拉姆的社会建构框架缺乏关键一环：群体或个人是如何实现从一种类型的社会建构向另一种类型的社会建构转换，以及这种转换对于政治过程的意义。彼得·德利昂的关键一环，就是社会建构变迁理论，尤其是目标群体的社会建构如何从一种类型向另一种类型转变。当然，一旦某一种群体的社会建构一直长期不变，这种情况本身也需要解释。社会建构的稳定与变迁，都需要纳入解释的范畴。他认为，对于这一问题的讨论，是使社会建构框架更具有预测性的基础。为此，安妮·施奈特、海伦·英格拉姆和彼得·德利昂提出了社会建构变迁命题（Schneider，Ingram & DeLeon，2014：124）：

> 命题4：目标群体的社会建构能够变迁。政策设计是一个重要的但不是唯一的推动变迁的力量。改变社会变迁的种子能够在此前政策设计中非期望或非预期的结果中找到。

命题4进一步强化了目标群体的社会建构与政策设计之间的双向因果关系，讨论此前的政策设计会关注、强化或改变目标群体的社会建构。由于政策设计本身的惯性，以及由于社会建构中的情感和习惯因素，这使得即便目标群体自身也会常常抵制社会建构。值得本身会成为一种决策启发法（decision heuristic），它经常会被提起和使用，但是很难被改变。政策设计的反馈效应也会强化这一趋势。

乔纳森·皮尔斯等学者（Pierce, Siddiki, Jones, Schumacher, Pattison & Peterson, 2014）在对社会建构框架的应用回顾中，也对社会建构变迁问题进行了分析，讨论了导致社会建构变迁的主要动因。他们在总结安妮·施奈特和海伦·英格拉姆在提出社会建构变迁的模型时，将社会建构变迁的动因主要分为四类：对目标群体看法的改变，如从值得群体向不值得群体改变，或者相反；外部变化事件；机会；企业家有技术的操纵。随后，他们将社会建构变迁的动因总结为两类，一类是来自外部，另一类是来自内部，并且具体提出了九种导致变化的因素（Pierce, Siddiki, Jones, Schumacher, Pattison & Peterson, 2014：18）："外部因素：（1）制度；（2）其他政策子系统的政策；（3）反馈效应；（4）外部动荡；（5）精英或媒体的公共叙事；（6）学习。内部因素：（7）倡导群体的组织或动员；（8）群体规模、行为和资源变化；（9）政治的、道德的和政策的企业家的发展。"

(5) 政策变迁命题（policy change propositions）

社会建构框架的第五个命题是有关政策变迁的命题。该命题是试图从社会建构框架的角度来理解政策变迁的逻辑。与社会建构变迁命题一样，政策变迁命题也是此后增加的内容。不过，安妮·施奈特和海伦·英格拉姆（Schneider & Ingram, 2005b）认为，最近二十多年虽然发展了很多政策变迁理论，如倡导联盟理论（ACF），制度分析与发展理论（IAD），路径依赖理论（PD），以及间断均衡理论（PET），但是这些理论都没有回答拉斯韦尔的核心问题，即谁能够从政策变迁中获利，谁会在政策变迁中受损，他们认为社会建构框架能够理解谁能够从政策变迁中获益。于是，形成了社会建构框架的第五个命题（Schneider, Ingram & DeLeon, 2014：129）：

> 命题5：政策变迁的类型和模式会依据目标群体的社会建构和权力的不同而不同。

根据命题5，他们认为，社会建构框架为路径依赖理论和间断均衡理论提供了新的理解，该框架回答了在什么情况下政策更有利于形成平衡和产生正回报效应。路径依赖理论只是强调当一项政策能够产生正反馈时，该政策更可能会持续。社会建构框架则认为，路径依赖只可能发生在两种政策情境之中：一种是给予优势群体利益，另一种是给予越轨群体惩罚。在这两种情况之下，都会产生路径依赖，其结果是优势群体会得到更多的照顾，而越轨群体则会得到更多的惩罚。每一种情况都会持续很长时间，直到发生转折，间断状态产生。但是，对优势群体实施必要的惩罚时，这些政策则会受到优势群体不同程度的抵制，这些抵制可能发生在法律层面，也可能发生在执行层面，总而言之，有可能导致政策本身的失败。同样，对于越轨群体给予适当的照顾，也不会具有持续性，其他社会群体本身会给予反对。社会建构框架认为公共政策会产生更多的路径依赖、更多的抑制变迁，尤其是发生在对优势群体给予照顾和对越轨群体实施惩罚这两类政策领域。当然，一旦命题4中提出的社会建构发生变迁，目标群体从一种社会建构向另一种社会建构转变，这本身也会为改变政策的路径依赖，打破政策平衡的路径创造条件，这也是政策发生变迁的窗口和时机。社会建构框架为政策变迁的平衡与中断提供了一个更有解释力的分析框架。

## 五　社会建构框架的案例研究

案例研究是政策过程理论使用和检验分析框架的主要做法之一，社会建构框架也不例外。由于目标群体命题和反馈效应命题是该框架的主要理论发现，接下来，将结合学者们在这两个方面的研究，分别用案例进行阐述。

对于反馈效应命题和政策变迁命题，社会建构框架的创立者之一安妮·施奈特（Schneider，2012）以美国的惩罚政策（Punishment Policy）为例加以阐述。在讨论美国的惩罚政策时，安妮·施奈特以美国的监禁（incarceration）为例，分析了美国各州从1890年至2008年在使用监禁方面的变化模式（patterns of change），以此理解社会建构框架发挥作用的方式。她的研究发现，尽管美国一个多世纪的社会、政治和经济一体化（integration）在加快，但各州在政策主张方面并没有朝向相同监禁水平持续收敛（sustained convergence），相反会呈现周期性现象，一段时间的收敛伴随着另一段时间的背离（divergence）。有时候，变化本身是同步的（synchronous），不同的州由于国家力量在相同时期向相同步伐迈进。

不过，这些变化本身存在"反馈效应"，不同州的步伐并不一致，这些差异可以从各州最开始在监禁方面的政策中找到。安妮·施奈特的社会建构框架在讨论政策变迁时不同于其他政策变迁理论，它不仅解释政策变迁产生的原因，还回答谁从政策变迁中获得了什么，并且进一步讨论政策变迁的方向是否有助于正义、自由、问题有效解决以及其他民主价值。对于安妮·施奈特而言，美国的惩罚政策变迁更多是使"越轨者"利益受到了损害，这主要是由于他们自身的负面社会建构。这意味着，一些不是优势的群体，他们自身会过多受到政策的惩罚。以美国的惩罚政策为例，黑人就更可能在监狱中度过，他们被关进监狱的概率较高。此外，安妮·施奈特还通过对同步政策变迁这一变量的构造，成功地讨论了社会建构的作用，并对政策的反馈效应进行了检验。在她看来，如果所有州都在监禁方面朝着相同方向迈进，一定是国家的力量推动，国家通过对犯罪群体的负面建构促使各州采取行动，这是不同州的监禁都朝向相同方向变化的原因。但是，即使各州都采取措施对犯人实施惩罚，这些惩罚的程度和比率却不同。为此，安妮·施奈特通过构造共同决定系数和滞后效应对政策反馈效应进行了检验，不同州之间相互关系的水平在未来也会保持相同。从结果看，历史和路径依赖确实在发挥作用，过去的监禁水平会对未来监禁水平产生影响，这证明了政策反馈效应发挥着作用。

斯蒂芬妮·J. 多阿尔托（Dialto, 2005）讨论了日裔美国人的社会建构演化过程，日裔美国人的社会建构完成了从"问题少数"（problem minority）、"敌对外国人"（enemy aliens）向"模范少数"（model minority）的转变。多阿尔托的研究提出了一个考虑目标群体社会建构动态演化过程，以及政策设计对社会建构影响的经典案例。多阿尔托的研究提供了一个从历史和动态的角度，讨论行动者与机构之间互动影响社会建构变迁的案例。在设计目标群体社会建构的影响因素中，多阿尔托认为政策、对话和法院在日裔美国人的身份建构中发挥着重要作用，这三个因素促成了目标群体的社会建构形成。日裔美国人也通过与政策、对话和法院等机构的互动来改变自身的形象，形成有利于自身的正面社会建构形象的形成。多阿尔托在讨论社会建构的形成机制中，就将公共政策作为一种重要的因素来讨论，就指出公共政策在目标群体的社会建构过程中发挥着重要作用，公共政策通常通过建立边界来促成目标群体的社会建构的形成和制度化。当然，公共政策也会体现社会、政治、经济、历史等环境对社会建构的考虑，在政策设计中体现社会建构的要素。体现社会建构的政策设计会传递政府对于目标群体的看法，这会进一步强化社会对目标群体社会建构的态度和看法。目标群体也会从与政府的交往中形成经验，实现社会建构身份的学习。除了公共政策，公众媒体的对话，以及法院判决都会对社会建构的形成产生影响。多阿尔托认为，一旦这三个方面的因素形成叠加，就会对目标群体的社会建构产生聚集效应。以这三个要素为基础，多阿尔托结合变化的美国政治、经济和社会文化环境，讨论了日裔美国人的社会建构动态变化过程。在第二次世界大战之前，由于日裔美国人在经济中的成功、社会大众关于日本文化与美国文化之间的差异性认知以及日本战争等影响，美国社会将日裔美国人建构成"问题少数"这一形象。当然，日裔美国人并非被动接受这一负面社会形象建构，他们也采取了各种措施来改变社会对他们的认知。在第二次世界大战期间，日裔美国人继续被建构成非白人、不能够融合和不适应的公民。并且随着战争的深入，有关日裔美国人不忠诚的建构与种族建构的叠加进一步加剧了这种负面形象的形成，使日裔美国人从"问题少数"成为"敌对外国人"，这些建构使美国社会要求对日裔美国人采取监禁、建立集中营等措施进行管理，加剧了以负面社会建构为基础的公共政策出台。第二次世界大战之后，日裔美国人成功地实现了"模范少数"的建构，这些形象建构的改变既与美国和日本关系改善的环境有关，也与日裔美国人推动政策变迁，来形成有利于正面形象的政策设计有关。日裔美国人社会建构身份的变迁说明，目标群体的社会建构变迁并非线性，而是存在更加复杂的动态关系。并且政策设计与社会建构之间也并非单向度因果关系，而是存在复杂互动的双向因果关系，一方面，公共政策的形成会受到社会建构的影响；另一方面，公共政策也会对社会建构的形成发挥持续作用。

## 六　社会建构框架的评价与展望

正如社会建构框架的创立者安妮·施奈特和海伦·英格拉姆（Schneider & Ingram, 1997）所言，社会建构框架重建了公共政策的政治传统，通过引入社会建构视角，打开政策内容的黑箱，避免了单纯从权力角度讨论公共政策的局限性，讨论了公共政策对民主的意蕴，为政策过程理论提供了一个全新的分析框架。社会建构框架的三个核心要素政策设计、社会建构和民主等都很有特色，都是其他政策过程理论所忽略的。

社会建构框架很好地将权力与观念实现了整合，讨论了两者之间的互动对于公共政策的作用。观念的重要性正在被很多学者所认识，观念发挥作用的途径很多，如政策创新与扩散专门讨论新观念对政策选择的影响。安妮·施奈特和海伦·英格拉姆则从社会建构的角度讨论了观念的作用，观念通过对目标群体进行社会建构，从而形成"值得"与"不值得"的评价，这些评价会影响政治家对于公共政策的选择。在社会建构框架看来，公共政策在分配收益和成本时，通常会给予一些优势群体过多的照顾，而对越轨群体实施过多的惩罚。社会建构是认知、情感和评价的混合，其最终体现为对目标群体的评价。

社会建构框架通过突出政策设计的重要性，对政策内容进行了深入研究。与其他框架相比，社会建构框架非常重视政策内容的复杂性，提出了一套分析政策设计的基本框架。与其他学者只是关注政策工具不一样，政策设计理论包含着更加丰富的内容。政策设计中包含着对目标群体的社会建构、成本收益分配、理性、规则、政策工具、基本假设等要素，这些分析会加深对政策过程的认知。

社会建构框架借鉴历史制度主义和路径依赖理论，提出了公共政策的反馈效应命题，认为不仅政治创造公共政策，公共政策本身也会创造政治。社会建构框架对于政策反馈效应的强调，目前已经形成强调公共政策的物质利益和符号利益，重视公共政策对公民态度、参与和治理影响的政策反馈的子理论，并成为有竞争力的政策过程理论之一（Mettler & Sorelle，2014）。

社会建构框架在提出新的理论洞见和解释力的同时，也面临着一系列挑战。社会建构框架的一个重大的理论特色是从单向因果关系向双向因果关系转变，强调复杂的因果机制。一旦主张复杂因果机制，这使研究者面临着较大困难，需要协调影响因素的多样性和分析框架之间简洁性的矛盾。正是这一原因，使得社会建构框架目前还是没有形成令人信服的框架结构，来对其所试图阐述的复杂因果机制进行包容。目前的框架结构，更多的是以政策反馈理论为依据，主张现有政策设计对社会、政治和经济的影响、对社会建构的影响，并通过这一影响过程对未来政策设计产生影响。政策设计成为整个分析框架的起点和终点，但是仍然不足以包含社会建构框架试图回答的多样性命题。

社会建构框架对微观理论不太重视，没有打开政策设计的选择过程，仍然遵循多元主义传统，强调从输入对政治结果进行解释。一个好的政策过程理论，一定需要打开政策选择或政策变迁过程，分析政策选择或政策变迁是如何产生的。目前该理论仅仅是强调权力与社会建构两个维度区分不同群体，并从理性选择的角度给出一个预测，认为政治官员会从自身利益的角度采取不同类型的政策设计。但是，一旦决定政策选择的政治过程涉及不同的政治行动者，这些不同的政治行动者不同的偏好、价值观和主张，对于社会建构存在不同认知时，公共政策是如何产生的？对此，社会建构框架并没有给予深入分析。

社会建构框架对于该框架的核心内容社会建构变迁和政策变迁讨论并不多。目前，该框架虽然提出了五个基本命题，后面三个命题主要涉及社会建构变迁和政策变迁。但是，该框架仍然没有形成比较完整的社会建构变迁理论和政策变迁理论，并且也没有进一步讨论社会建构变迁如何进一步影响政策变迁。社会建构框架目前更多回答了社会建构如何影响政策选择，以及政策选择如何对政治产生影响，这些仍然是一个静态理论。对于社会建构变迁和政策变迁这些动态过程，还没有形成清晰的解释框架。这也是彼得·德利昂（Deleon，2005）对社会建构框架的主要批评。由于没有一个完整的社会建构演化和变迁理论，这也使得社会建构忽视对个人假设的关注。由于不重视政策变迁，社会建构框架也没有很好地回答导致政策变迁的动因和机制，没有将不同因素的重要性进行区分。当然，这些也是社会建构框架未来进一步发展的增长点。

## 小　　结

社会建构框架主要是由安妮·施奈特和海伦·英格拉姆两位研究者所创立，他们不满于公共政策研究者对政治的忽视，试图重新建立公共政策和政治之间的关系，从公共政策的视角回答谁得到什么、何时以及如何得到这一政治学基本问题。社会建构框架并非全新的框架，它是在借鉴多元主义理论、政策科学理论、公共选择理论和后现代公共政策理论基础之上建立的，是对这些理论的完善和超越。

社会建构框架的主要理论基础有三个，即政策设计理论、社会建构理论和政治理论，这些理论也构成了框架的主要要素。社会建构是社会建构框架的主要理论特色之一，他们重新思考了观念的作用。与其他理论在对政治过程的研究中重视权力的作用相比，他们非常重视社会建构对于政治过程的影响，认为政治选择既受到权力影响，也受到目标群体的社会建构的影响，权力和社会建构共同决定政策内容的选择。

对于社会建构框架而言，政策设计的一个重要内容，也是起到承上启下作用的关键变量。对于政策设计，他们提出了分析政策设计的概念性框架，认为可以从目标群体、社会建构、成本与收益分配、政策工具、规则、理性、执行结构和基本假设等要素对政策设计进行分析。目前，他们重点讨论了政策设计中的目标群体、社会建构和成本、收益分配，其他要素还没有深入阐述。如政策工具，很多学者非常重视，他们还没有考察政策工具与社会建构之间的关系。

政策反馈理论是社会建构框架的另一理论特色。他们重视政策设计作为自变量，讨论政策设计所传递的信息，对于公民的政治态度、政治参与的影响，进而对整个民主社会的影响。在他们看来，民主社会中公共政策并没有坚守公平、正义等基本价值观，并没有实现对所有目标群体的同等对待。由于成本和收益的不对称性分配，公共政策会导致一些群体过度参与从而过多从政治中获取利益，另一些群体则因为政治参与不足而被政治所排除。当然，政策设计本身也会对社会建构进行强化，这也是政策持续性的原因，是路径依赖理论在公共政策中的体现。

社会建构框架形成的五个命题中，配置命题和反馈命题得到了较多研究和检验，而社会建构起源命题、社会建构变迁命题和政策变迁命题仍然需要深入研究。对于社会建构变迁和政策变迁研究的缺乏，也使社会建构框架不重视微观理论，没有建立起从微观到中观和宏观的理论联系。尤其是社会建构是如何形成、如何变迁的，社会建构的形成和变迁是否会对政策变迁产生影响，导致政策变迁的动因是什么，过去政策是如何发挥作用的，过去政策的持续是如何被打破的。简言之，社会建构框架需要与政策过程的其他理论，如 IAD 框架、间断—均衡理论和倡导联盟理论等进行有机对话，相互学习和借鉴。

# 第八章

# 叙事式政策框架

叙事式政策框架（narrative policy framework，NPF）主要是由马克·麦克贝斯（Mark K. McBeth）、迈克尔·琼斯（Michael D. Jones）和伊丽莎白·沙纳汉（Elizabeth A. Shanahan）三位学者创立，他们为回应萨巴蒂尔（Sabatier，1999；2000）对后现代公共政策分析（policy analysis postmodernized）和后实证主义（postpositivism）的批评，将后现代政策分析的视角和实证主义的研究方法有机结合，试图提出一个主要讨论叙事（narrative）在政策过程中作用的理论框架，进一步推动后现代政策分析学者与政策过程理论者对话，推进政策过程理论的发展。经过近十多年的研究与完善，NPF 正成为政策过程理论中一个有竞争力的分析框架，被越来越多的学者、研究者和实践者所重视和接受。2014 年，保罗·萨巴蒂尔和克里斯托弗·怀布尔（Sabatier & Weible，2014）在其主编的《政策过程理论》一书中，将叙事式政策框架纳入到主要的政策过程理论之中，这是对 NPF 作为有生命力的政策过程理论的正式承认。同一年，迈克尔·琼斯（Michael D. Jones）、伊丽莎白·沙纳汉（Elizabeth A. Shanahan）和马克·麦克贝斯（Mark K. McBeth）（Jones, Shanahan & McBeth，2014）主编出版了《故事的科学：叙事式政策框架在公共政策分析中的应用》一书，这是第一次对叙事式政策框架的系统、全面、深入的多维度阐述，为这一理论的完善、传播和发展奠定了坚实的基础。

迈克尔·琼斯和马克·麦克贝斯（Jones & McBeth，2010）于 2010 年在《政策研究杂志》上发表了《叙事式政策框架：足够清晰以致很容易鉴别错误？》（*The Narrative Policy Framework: Clear enough to be wrong?*）一文，正式将他们的研究命名为"叙事式政策框架"，并对该框架的理论基础、核心假设和主要命题进行了系统阐述，叙事式政策框架的雏形基本形成。随后，他们分别于 2011 年、2013 年、2014 年、2015 年对这一分析框架进一步进行了补充、修订、完善和发展（Shanahan, Jones, & McBeth, 2011; Shanahan, Jones, McBeth & Lane, 2013; Jones, McBeth, Shanahan, 2014; McBeth, Jones & Shanahan, 2014; Jones & Radaelli, 2015），其中2014年出版的《政策过程理论》一书中的版本是该理论的最新版本。不过，与倡导联盟理论（ACF）、制度分析与发展（IAD）、多源流理论（MS）、间断—均衡理论（PET）等政策过程理论相比，叙事式政策框架仍然处于快速成长、发展、检验和被接受的过程。很显然，它的生命力一方面取决于这一理论对于政策过程的解释力，另一方面取决于学术共同体对这一理论的接受和应用程度。当然，这两者也是相辅相成、相互促进的。

接下来，内容安排如下：首先将会讨论叙事式政策框架的主要理论来源，它的核心是两个方面理论分支，即倡导联盟理论和后现代公共政策分析；其次对叙事式政策框架的哲学基础进行讨论，核心回答本体论、认识论、方法论、伦理论、社会理论选择等问题，其中重点讨论其与解释主义哲学之间的关系；再次对叙事式政策框架的主要内容进行详细阐述，包括基本定义、核心假设、分析层次、基本命题、主要结论等内容；随后将对利用叙事式政策框架进行案例研究的成果进行介绍，其核心是回答理论框架如何应用于具体的案例研究；最后对叙事式政策框架进行简单的评论。

## 一　叙事式政策框架的理论基础

叙事式政策框架的理论基础主要由两大类构成，一类是公共政策研究中的叙事视角，另一类是政策过程理论中的倡导联盟框架。迈克尔·琼斯和马克·麦克贝斯（Jones & McBeth, 2010）开创性地提出叙事式政策框架时，他们将其理论归为叙事式视角（narrative approach）研究政策过程的范式，并将叙事式视角进一步划分为后结构主义叙事视角（poststructuralist narrative approach）和结构主义叙事视角（structural narrative approach）。对于后结构主义叙事视角，其核心是"研究设计中坚持后结构主义的本体论和认识论，归纳，抵制假设检验，定性设计"（Jones & McBeth, 2010: 333）。对于结构主义叙事视角，其核心是"理论上演绎，叙事结构的可操作化,假设检验,可靠性和可证伪性,定量研究方法"(Jones & McBeth, 2010: 333)。2011 年,伊丽莎白·沙纳汉、迈克尔·琼斯和马克·麦克贝斯(Shanahan, Jones & McBeth, 2011)发表了《政策叙事与政策过程》一文,认为叙事式政策框架直接受倡导联盟框架启发,它是对倡导联盟框架的进一步发展和深化,通过提出叙事式政策框架,可以更好地理解倡导联盟中的信念系统、政策学习、公众意见和策略,它也弥补了政策过程理论中对于叙事研究的缺乏。

政策研究中叙事视角是政策分析从技术式政策分析(technocratic Policy Analysis)向审慎式政策分析转型的产物(deliberative policy analysis),这种转型被称为"论证式转向"(Fischer & Forester, 1993; Fischer, 2007)。叙事式政策分析(narrative policy analysis)是"论证式转向"的一个理论分支,不过,对于如何考虑叙事在政策分析中的作用,不同学者存在不同看法。米歇尔·范·艾腾(Van Eeten, 2007)将有关政策分析中叙事视角总结为四种,即政策的叙事分析(the narrative analysis of policy)、政策叙事的分析(the analysis of policy narrative)、叙事的政策分析(the policy analysis of narratives)、政策分析的叙事(the narrative of policy analysis)。这些研究存在不同的侧重点,但都是试图将"叙事"与"政策"有机结合,由于"叙事"和"政策"本身都有各自的理论,再加上"叙事"存在"政策"含义,"政策"本身可以作为一叙事,这使"叙事"与"政策"之间结合更加复杂、多样和动态。我们可以根据政策和叙事分别作为一种研究内容和研究方法,对上述的政策研究的叙事视角按照逻辑划分为四类(见表 8-1)。

表 8-1　　　　　　　　　　政策研究的叙事视角

|  |  | 叙事 | |
| --- | --- | --- | --- |
|  |  | 方法 | 内容 |
| 政策 | 内容 | 政策的叙事分析 | 政策叙事的分析 |
|  | 方法 | 政策分析的叙事 | 叙事的政策分析 |

政策的叙事分析强调使用叙事分析的方法研究政策,它通常会关注政策过程中的叙事和符号结构。在这一研究中,叙事方法是其核心,政策作为一种叙事逻辑也可以使用叙事方法。政策叙事的分析强调使用社会科学的方法对政策中的故事进行分析,它通常会关注同一政策词汇会显示不同

的含义。在这一研究中,政策和叙事有机结合,政策作为一种叙事,叙事也作为一种政策。叙事的政策分析强调使用文学理论(literary theory)和社会科学方法来分析竞争性政策叙事的含义,并试图对现有政策叙事进行超越,从而提出解决问题的新的政策。政策分析的叙事则强调通过使用叙事分析的方法来展现不同政策分析背后的叙事基础,它通常会显示其背后的意识形态和权力结构。总体而言,政策研究中叙事视角强调叙事的重要性,叙事作为一种研究视角,既可以采取后结构主义视角,也可以采取结构主义视角。前者认为叙事是独一无二的,不能够进行结构化分析。后者认为叙事有可能存在共同要素,可以进行结构化分析,不同叙事可能内容和策略不同,但是结构是相同的。

在后结构主义叙事视角中,迈克尔·琼斯和马克·麦克贝斯(Jones & McBeth, 2010: 333)认为有四个代表性人物,即玛丁·哈杰尔(Hajer, 1995)、弗兰克·费希尔(Fischer, 2003)、埃默里·罗伊(Roe, 1994)和德博拉·斯通(Stone, 2002),他们的著作是其他学者获取后现代公共政策分析的本体论和方法论知识的源泉。这些学者的共同特点是对叙事的关注,他们都将对话和符号作为研究重点,并且认为对话和符号具有说服、操纵和意义赋予等职能。费希尔和斯通放弃了从实证主义视角研究公共政策,倡导解释主义的视角,认为应该注重公共政策所包含的对话层面和政策事实的主观层面,他们将语言重新纳入公共政策研究的范畴,重视语言对于议程设置和问题建构的意义。哈杰尔和罗伊则将"叙事"作为他们学术研究的重点,建立了以叙事为理论中心的话语体系,这也使叙事式政策分析成为公共政策分析的一个重要理论流派。哈杰尔将其分析单位定为"话语联盟"(discourse coalition),认为话语由一系列观念、概念和分类构成,它们是意义建构的基础,话语联盟是具有相同话语体系的成员形成的一个团体,他们通过故事寻找共同的目标,政策变迁的过程是新的话语体系形成和占主导地位的过程。罗伊通过使用符号矩阵(semiotic square)来对不同政策叙事进行比较和对比,从而建立一个"宏观叙事"(metanarrative)。在罗伊看来,"宏观叙事"的建构主要可以分四个步骤构成:(1)分析者识别主导议题的传统叙事;(2)他或她去发现哪些与传统叙事不一致的叙事;(3)分析者比较和对比传统叙事与对立叙事之间关系,以便产生宏观叙事;(4)最后分析者来决定"宏观叙事"是否很好地解决了问题,并且能够更好地服务于讨论、深思和政策制定。

在结构主义叙事视角中,研究者希望使用演绎理论来对叙事进行研究,一些研究者对叙事结构和内容进行定义,并试图实现可操作化,使用定量和统计方法,在此基础之上对假设进行检验。对于结构主义叙事视角的研究,大多起源于文学家对叙事学(narratology)的研究,他们十分注重不同叙事所包含的共同结构,即对叙事结构的定量研究。例如,戴维·赫尔曼(Herman,2009)对叙事的基本要素进行了分析,他将要素概括为四个,即情境(situatedness),任何叙事都是在一定的对话情境之下展开的;事件顺序(event sequencing),叙事包括结构化的按照时间顺序发生的事件;世界创造或世界破坏,事件会驱动世界发生变化;会是什么(what it's like),叙事包含生活者的经验,它向人们传递这个世界是什么样的。也有一些其他学者对叙事结构的构成要素进行了分类,这些研究为叙事式政策框架奠定了良好的知识基础。

倡导联盟框架(ACF)是叙事式政策框架的另一个重要理论来源,也是该框架发展的知识源泉(ground spring)。伊丽莎白·沙纳汉、迈克尔·琼斯和马克·麦克贝斯(Shanahan, Jones & McBeth, 2011)系统地讨论了叙事式政策框架与倡导联盟框架之间的关系,他们早期的努力是弥补倡导联盟框架对叙事的忽视,加深对倡导联盟框架中政策信念、政策学习、公众意见和策略选择等问题的理解和认知,进一步通过将叙事纳入讨论而完善倡导联盟框架(见图 8-1)。

叙事可以更好地测量政策信念,政策信念需要通过叙事体现,不同的政策信念会使用不同叙事逻辑。叙事为理解政策学习的过程提供了途径,叙事逻辑和结构的变化是政策学习的体现。叙事还可以对公众意见进行概念化,不同公众意见会表现出不同叙事逻辑和类型。叙事还可以对倡导联盟中策略选择类型化,不同联盟会选择不同的叙事策略。正是对这些重要问题的讨论,使得对政策过程中的叙事讨论逐渐发展成一个独立的叙事式政策框架成为可能。

## 二 叙事式政策框架的哲学基础

与其他政策过程理论相比,叙事式政策框架的哲学基础是解释主义

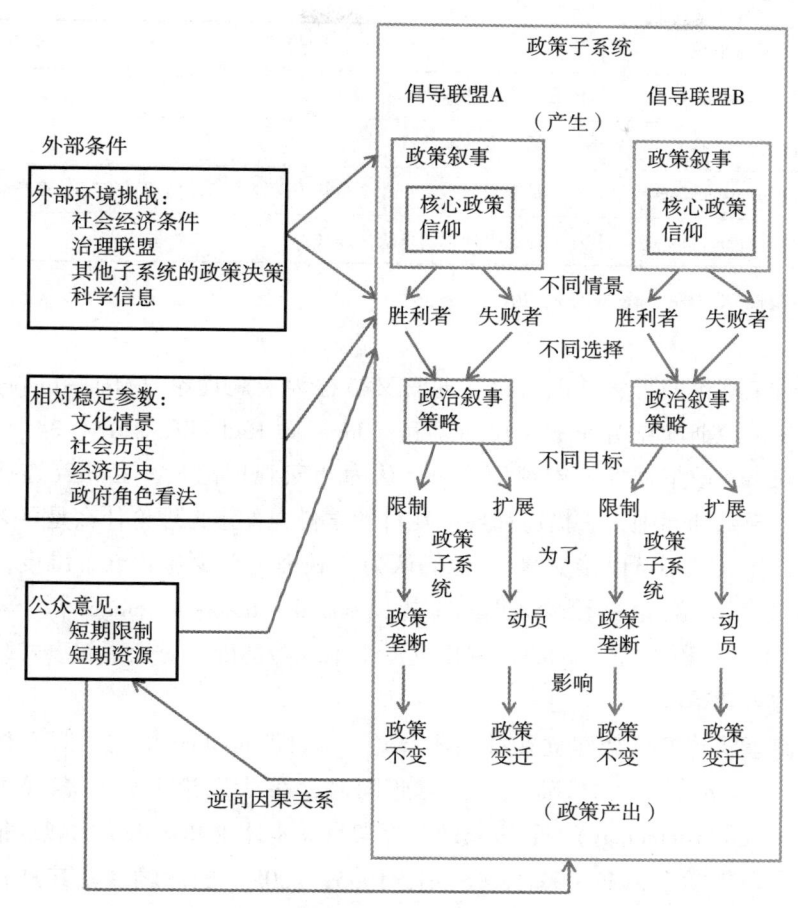

**图 8-1 作为 NPF 来源的 ACF 框架**

资料来源：Shanahan, Jones & McBeth, 2011：543。

(interpretive foundation)。不过，由于叙事式政策框架对实证主义持同情态度，使得叙事式政策框架试图调和实证主义与后实证主义之间的矛盾，通过实证主义方法对解释主义的观点进行检验，将两种不同哲学范式在同一理论上实现有机融合。对于哲学的讨论，一般认为应该包括本体论（ontology）、认识论（epistemology）、方法论（methodology）和伦理论（axiology）等要素，不同哲学范式，会包含不同的内容（Mertens & Wilson, 2012）。通常认为，哲学包括实证主义、后实证主义、解释理论、批判理论等范式（见表8-2）。

表 8-2　　　　　　　　　范式中的四种哲学假设

| 哲学假设 | 主导性问题 |
| --- | --- |
| 伦理学（axiology） | 什么是伦理的本质？ |
| 本体论（ontology） | 什么是现实的本质？ |
| 认识论（epistemology） | 什么是知识的本质？什么是知识探究者与被认知对象之间的关系？ |
| 方法论（methodology） | 什么是获得知识的系统化途径？ |

资料来源：Mertens & Wilson, 2012：35-36。

对于理论的哲学基础讨论，通常又被称为宏观理论（Meta-theory）。迈克尔·琼斯和克劳迪奥·拉达埃利（Jones & Radaelli, 2015：343）在讨论叙事式政策框架的宏观理论时，认为"宏观理论是一套相互连接的标准、规则和原则，它描述和规范在科学学科中，作为理论什么是可以接受的，什么是不可以接受的"。他们认为宏观理论至少包含五个维度，即本体论、认识论、社会理论选择（social-theoretic choice）、学科（discipline）和风格（style）。并以这五个维度为基础，讨论了叙事式政策框架的哲学基础。

叙事式政策框架建立在社会本体论（social ontology）或主观本体论（subjective ontology）基础之上，与此同时，在认识论上坚持客观主义（objective epistemology）。叙事式政策框架有关本体论和认识论的观点很显然是受到哲学家约翰·塞尔（Searl, 1995；2005）的影响，尤其是有关"社会实在的建构"的思想影响。在塞尔（Searl, 2005：3-5）看来，对于世界的特征可以区分为独立于人类情感和态度而存在的世界（observer independent features）和与人类态度相关的世界（observer dependent features），后者通常被称为"社会实在"（social reality），而有些物体（entity）可能同时具备独立于人类而存在的特征和依赖于人类态度的特征。很显然，公共政策属于一种依赖人类态度和感知而存在的社会实在。这样，塞尔进一步将认识论中的"主观/客观"二分法延伸到本体论的"主观/客观"二分法中，认为同时存在主观本体论和客观本体论。一般认为认识论的客观主义是一种关于陈述（claim）的客观判断，这种判断独立于人类的主观性感和态度而存在，它是可以检验的。而认识论的主观主义则是一种有关陈述的主观判断，这种判断与人的情感、价值和感知等联系在一起，它不是能够进行检验的。主观本体论认为一种事实的存在仅仅是因为被人类体验而存在，制度是这种存在的典型特征，没有人类的体验这种事实不存在，它本质上是一种主体间实在（inter-subjective reality）。客观本体论认为一种事实的存在独立于人类体验而存在，如高山、河流、水等，这些实在并不因为人类对其不存在体验而不存在。这样，我们可以根据本体论和认识论两个维度，对不同的理论基础进行区分（见表8-3）。传统的自然科学属于本体论客观主义和认识论客观主义范畴，这也是正统实证主义的经典观点。而后实证主义则是对实证主义的修正，在坚持认识论客观主义的基础之上，认为本体论可以是主观主义，实在是一种社会建构的产物。解释主义则是强调同样的事实可以有不同的理解，它在认同本体论客观主义的同时，认为认识论应该遵循主观主义范畴。后现代主义认为无论是本体论还是认识论，都应该是主观的产物，离开了人类的主观性不可能有事实存在，也不可能有对事实的认知存在。

叙事式政策框架试图建立在本体论主观主义和认识论客观主义基础之上，它一方面强调公共政策作为一种社会实在需要依靠人类的情感、认识和态度而存在，这是本体论上坚持主观主义的产物；另一方面它也强调这种主观意义存在的实现可以通过客观主义的方法来认识，可以进行实证检验。这样，叙事式政策框架希望遵循科学主义中的认识论准则，如效度（validity）、信度（reliability）、可重复性（replicability）和可证伪性（falsification），同时坚持认为公共政策是一种社会建构的产物，叙事在公共政策中发挥重要作用。

表8-3　　　　　　　　基于主观主义与客观主义的哲学分类

|  |  | 本体论 | |
| --- | --- | --- | --- |
|  |  | 主观主义 | 客观主义 |
| 认识论 | 主观主义 | 后现代主义（人文学科） | 解释主义（美学） |
|  | 客观主义 | 后实证主义（社会科学） | 实证主义（自然科学） |

为此，在方法论上，叙事式政策框架则兼容定量分析方法和定性分析方法。对于叙事式政策框架而言，定量方法主要是实验设计，通过随机实验来验证叙事结构和逻辑对个人行为的影响；定性方法则主要是内容分析方法，通过对政策叙事的文本进行编码来比较不同联盟所采取叙事逻辑的

差异性。不过，总体而言，叙事式政策框架坚持使用实证主义的研究方法，强调定性研究和定量研究共享客观标准，认为两者之间并没有本质差别。

在社会理论选择方面，叙事式政策框架放弃了理性选择的范式，主张规则遵循的范式，认为个人行为不是选择的结果，而是规则遵循的结果。理性选择范式的本质是结果逻辑，强调行动者根据预期结果进行选择，只有一个选择的预期结果能够实现自身偏好，该选择才会被行动者所采纳。与此相反，规则遵循范式的本质是适应性逻辑（a logic of appropriateness），强调个人在一种情境之下什么样的行为是合适的。社会规则和规范在行动者行为逻辑中发挥关键作用，行动不是选择驱动而是价值和规范驱动。叙事式政策框架主要是按照规则遵循的逻辑来组织自己的理论，不过，它也给理性留下了空间，认为个人可以通过对社会意义的操纵来实现自身利益。

在学科类型方面，叙事式政策框架主要是在公共政策学科的话语体系下展开，它试图成为政策过程理论的一种有竞争力的分析框架。不过，这一分析框架的理论构成要素则是多学科的，它包括哲学、叙事学、神经科学、心理学、经济学、语言分析、营销学、传播学、政治科学和公共政策等。对于叙事式政策框架而言，它的核心假设是叙事在政策过程中发挥重要作用。为了讨论这一命题，该分析框架充分借鉴不同学科的理论研究成果，加深人们对于叙事在政策过程中重要性的理解。例如，叙事式政策框架在微观层面的研究已经进入认知心理学领域。

在理论风格方面，叙事式政策框架主张普遍主义风格（a generalizing style）而不是特殊主义风格（a particularizing style）。普遍主义风格是社会科学的传统，它强调一种理论的普遍适应性，能够超越时间和空间，认为理论具有一般化特征。特殊主义风格则是后现代主义的传统，它强调一种理论的特定情境性，认为理论只有在此时此地此景才能够发挥作用。不同理论风格会对研究问题、研究范围、研究方法和研究结论等产生影响。叙事式政策框架试图发现一般性理论，这一理论能够被检验。

在规范层面，其核心是讨论叙事式政策框架关注什么样的民主、参与、公平和赋权标准，这一研究是否有行动价值。这意味着，这一研究要从事实走向价值，讨论通过研究主张什么样的价值准则，赞同什么样的伦理与标准。对此，叙事式政策框架并没有进行深入研究，也没有讨论公共政策的规范价值。这些内容也是叙事式政策框架未来需要关注和研究的问题。

不过，从总体而言，叙事式政策框架的哲学基础是解释主义，解释主义与叙事式政策框架具有很多内在一致性。很显然，在本体论、社会理论选择和学科类型方面，叙事式政策框架的基本主张与解释主义不存在分歧。而在其他三个维度方面，解释主义与叙事式政策框架从表面上看存在一定的差异，但是在实质上具有内在契合性。在理论风格方面，解释主义虽然关注"特殊性"，但是有一些解释主义者也试图寻找解释中所包含的一般性理论逻辑，如发现叙事中的对话机制，找出影响"意义"赋予的内在逻辑等。在认识论方面，叙事式政策框架与解释主义之间存在较大差异性，他们主张不同从认知途径去进行知识探索，叙事式政策框架强调实证主义范式，解释主义强调参与性、行动研究和意义阐述，事实上两者之间可以相互学习。

## 三　叙事式政策框架的主要内容

与其他政策过程理论相比，叙事式政策框架的发展只有十多年历史，还处于成长和完善过程之中。这一分析框架于2010年正式提出（Jones & McBeth，2010），在2014年初步形成了一个较为系统、正式和完善的版本（Jones，McBeth，Shanahan，2014；McBeth，Jones & Shanahan，2014），这也标志着这一理论正在走向成熟，它也可能成为政策过程理论中有竞争力的理论模型之一。随着越来越多的硕士研究生和博士研究生将叙事式政策框架作为他们论文的分析框架，越来越多学者开始使用NPF进行案例分析，这也表明NPF正在被学术界和研究者所认可和接受。

根据马克·麦克贝斯、迈克尔·琼斯和伊丽莎白·沙纳汉（McBeth，Jones & Shanahan，2014）三位创立者对叙事式政策框架的阐述，叙事式政策框架的核心是讨论叙事在政策过程中的作用，政策叙事是其核心概念，对政策叙事的测量包含形式和内容两个层面，微观、中观与宏观构成了分析的三个层次。在微观层面，叙事式政策框架研究叙事对于个人信念和行为的影响；在中观层面，叙事式政策框架研究叙事对于联盟的形成及其策略的影响，以及它对于政策信念、公众意见的影响；在宏观层面，叙事式政策框架研究文化和制度式政策叙事对于公共政策的影响。接下来，将分别围绕这些内容，对叙事式政策框架进行介绍。

### 1. 政策叙事的形式和内容

叙事式政策框架面临的最大挑战是如何界定"政策叙事"，并且将解释主义与实证主义有机结合，用实证主义方法来证明解释主义的论点和主张。一方面，叙事式政策框架强调"叙事"对于政策过程的作用和重要性，并且认为不同的人会对同样的政策问题采取不同的叙事，叙事存在"相对性问题"(the problem of narrative relativity)。另一方面，叙事式政策框架要进行假设检验和提出理论命题，它必须对"叙事"本身进行形式化定义，它要求寻找不同叙事背后的共同特征，这些共同特征为比较、分析和检验奠定了基础。事实上，在前面理论基础的讨论中，我们已经指出有关叙事研究本身存在"结构主义"与"后结构主义"争论，"结构主义"强调叙事本身包含共同要素，"后结构主义"强调叙事的差异性、独特性和情景性。对此，叙事式政策框架采取了折中的方式，它强调了政策叙事的形式（form）和内容（content）两个方面，前者注重叙事的一般性结构，后者注重叙事的独特性。

对于政策叙事的构成要素而言，马克·麦克贝斯、迈克尔·琼斯和伊丽莎白·沙纳汉等（Shanahan et al., 2013）于2013年提出了六个构成要素，即问题陈述（statement of a problem）、角色（characters）、情景（setting）、情节（plot）、因果机制（causal mechanism）和寓意（moral）（见表8-4）。后来，他们认为因果机制属于叙事策略，并且将问题陈述与情景结合，于是提出了四个构成要素，即情景、角色、情节和寓意。情景是政策叙事发生的舞台，任何政策叙事都要解决一定情境之下的政策问题。一般而言，情景包括法律和宪法参数、地理、科学证据、国家民族边界、环境、经济状况、规范、习惯等，这些情境通常被认为是不变的，它们构成了行动者的共同背景知识。当然，在一定环境之下，这些情景要素本身也会发生变化。任何一个政策叙事至少包含一个角色，这个角色也是我们通常所说的"行动者"，他们是政策过程中的"中心"。叙事式政策框架通常会强调三类角色，即受害者或无辜者（victims）、无赖或坏人（villains）以及英雄（heroes）。受害者通常是政策问题的承担者，无赖是政策问题的生产者，英雄是政策问题的解决者。个人通常是角色的主要承担者，但有时组织也可能是角色的承担者。情节是连接情景和角色的纽带，它通常会有开始、进展和结束。例如，斯通（Stone, 2006: 136-144; 2012: 159-168）提出了四种故事类型，即"每况愈下"的故事（the story of decline）、阻碍进步的故事（stymied progress）、变革仅仅是一种幻觉的故事（change-is-only-an-illusion story）、无助和控制的故事（helpless and control）等，它们是对于情节的一种分类方式，主要关注故事的变革和力量两个方面。寓意通常是指提供一个政策问题的解决方案，例如，有关气候变化的政策叙事可能将发展核能作为解决方案。当然，有时候沟通可能被当作一种没有解决方案的政策叙事，这意味着沟通包含政策叙事的其他要素，但是没有解决方案的内容。

表 8-4　　　　　　　　　　　　　政策叙事

|  | 定义 | 科德角（美国马萨诸塞州东南部的海角）案例 |
| --- | --- | --- |
| 叙事要素 |  |  |
| 问题陈述 | 一个政策叙事总是建立在对相关问题的陈述基础之上 | 马萨诸塞州的人民应该享受干净、可负担和再生能源（Pro-Wind） |
| 角色 | 政策叙事中主角 |  |
| 受害者或无辜者 | 被一个特别状态伤害的群体 | 美国土著居民的神圣土地会被玷污（Anti-Wind） |
| 无赖或坏人 | 对某一个伤害负有责任的群体 | 科赫兄弟（Koch Brothers）仅仅在意他们自身的观点，并不是为其余美国人提供清洁能源（Pro-Wind） |
| 英雄 | 能够解决特定问题的群体 | 科德角风力及协会希望在科德角建立风力发电厂（Pro-Wind） |
| 证据（情景） | 对于展示的问题提供支持，通常涉及问题环境的真实世界形象 | 风力涡轮将提供 4.68 亿瓦特电力（Pro-Wind） |
| 因果机制 | 在一个自变量和因变量之间，有关原因与结果的理论关系。通常的因果关系包括：目的性（intentional）、不可避免性（inadvertent）、偶然性（accidental）和机械性（mechanical）（Stone, 2002） | 风力发电厂的位置会导致美国本土鲸鱼的破坏（不可避免性因果机制） |
| 寓意 | 一个解决特定问题的政策方案 | 建设和部署科德角风力发电（Pro-Wind） |
| 情节 | 连接角色、情景、因果机制和寓意的故事设施。通常的故事情节包括变坏的故事和可以控制的故事 | 通过帮助人们远离石化能源，科德角风力会帮助美国人控制他们的能源未来（Pro-Wind） |

续表

| | 定义 | 科德角（美国马萨诸塞州东南部的海角）案例 |
|---|---|---|
| 叙事策略 | | |
| 扩大 | 一个描述集中收益和分散成本的故事，以期望吸引更多的参与者，以及扩大冲突范围 | 通过建立科德角风力，一个跨国公司会赚很多钱，与此同时，马萨诸塞州的纳税人、海洋生物和观光者会付出成本（Anti-Wind） |
| 限制 | 一个描述分散的收益和集中的成本的故事，以期望不让新参与者参与，以及维持现状 | 通过建立科德角风力，很少人会失去海洋风景，但是社会中其余人会从低能源价格中获益（Pro-Wind） |
| 魔鬼转换 | 通过放大对手权力，贬低自身联盟权力的政策故事 | 科德角风力通过内幕交易绕过"透明"的监管，与此同时发布有关费用成本的不实信息让我们相信一切都正常（Anti-Wind） |
| 天使转换 | 强调对某一个群体解决问题的能力，同时不太重视无赖者的政策故事 | 科德角风力将会导致更一个更加清洁的世界，让我们摆脱对于外国石油的依赖（Pro-Wind） |
| 政策信仰 | 指导一个群体的一系列价值或信念 | 意识形态、环境主义等 |

资料来源：Shanahan et al., 2013: 459。

对于政策叙事的内容而言，马克·麦克贝斯等三位作者提出可以划分为信念系统（belief systems）和策略（strategy）两个层面，它们是区分不同叙事的重要维度。这意味着，不同政策叙事可能表现出不同情景，不同利益相关者，不同问题，政策叙事呈现"相对性"，但是他们却可以使用信念系统和策略的差异去衡量。信念系统意味着可以从演绎理论出发，将信念系统划分为不同类型，这样不同政策叙事可以归为不同信念系统。与此同时，信念系统本身可以通过政策叙事的要素去描述，通过对政策叙事的分析，我们可以理解不同联盟的信念系统以及它们的稳定性。与信念系统对于叙事"意义"的关注相比，策略则是关注不同政策叙事如何使用不同内容来实现自身目标。策略更多地被当作一种技术手段，它们通常被使用来作为操纵或控制政策过程和结果的工具。马克·麦克贝斯等四位学者（McBeth, Shanahan, Arnell & Hathaway, 2007）提出了五种政策叙事的策略，即发现赢家和输家（identifying winner and loser）、成本与收益的建构（construction of benefit and cost）、浓缩符号的使用（the use of condensation symbol）、政策替罪羊（policy surrogate）、科学确定性和不一致

(scientific certainly and disagreement),并且认为不同联盟对自身是"赢家"或"输家"的自我认知会确定他们选择不同的策略（表8-4列举了其中几个具体策略）。对于不同策略的具体选择问题，将在叙事式政策框架的中观层次分析中进行详细阐述。

**2. 叙事式政策框架的核心假设**

科学哲学强调任何研究范式或研究项目都有自己的核心假设或公理，这些假设或公理是理论、命题发展和检验的基础。通常这些假设或公理都是不能够被挑战的，它们通常被自然接受，并作为任何分析的前提。例如，经济学即以理性人假设为基础，强调个人效用最大化，它构成了整个经济学理论的基石。公共选择理论就是应用于经济学理论研究政治学，它也强调了经济学的三个假设，即方法论个人主义、理性选择和作为交易的政治。一旦对理性人假设进行挑战，整个经济学将会面临较大困境和问题。例如，心理学现在越来越对理性选择的假设进行了挑战，强调人类进行选择中情感、习惯、价值等因素的作用。

同样，叙事式政策框架也建立在一些核心假设基础之上，这些假设包括：社会建构（social construction）、有限的相对性（bounded relativity）、一般化的结构要素（generalizable structural elements）、三个层次的同时运行（simultaneous operation at three levels）和个人模型中的叙事假设（homo narrans model of the individual）。虽然存在独立于人类认知的社会事实，但是不同个体会对同样的事实有不同认知，赋予不同的意义。社会建构正是强调不同个体或群体对同样的事实或过程会赋予不同的含义。对于公共政策而言，社会建构意味着不同的个体或群体会对同样的社会事实有不同的认知、主张和意义。与社会建构相一致，有限的相对性主张虽然对社会事实存在不同的理解和认知，但是这些理解和认知却并不是无限的，它们可以归为有限范畴，如不同意识形态的类型，不同价值和信念系统的类型，这也使得社会建构不是随机的。为了分析的目的，叙事式政策框架主要是从结构主义的角度讨论叙事，认为不同叙事包含相同的结构要素，如情景、角色、情节和寓意。借鉴了IAD框架的多层次分析思路，叙事式政策框架也强调个体层面、集体层面和制度层面的分析，个体层面是微观视角，聚焦于个人的观点和认知；集体层面是中观视角，聚焦于团体和联盟分析；制度层面是宏观视角，聚焦于文化和制度分析，政策叙事在这三个层面都发挥作用。个人模型中叙事假设强调叙事在个人的信息处理、沟通和推理中的作用。

### 3. 叙事式政策框架的分析层次

根据三个层次的同时运行假设,叙事式政策框架包含微观、中观和宏观三个层次。不同层次存在不同分析单位,回答不同研究问题,关注不同理论问题。在很大程度上,研究问题决定了分析单位和分析层次的选择,而研究问题本身是理论的诉求的产物。在研究问题的建构中,政策叙事是一个核心概念,它可以作为一个自变量(解释变量),讨论政策叙事的影响机制、过程和绩效,也可以作为因变量(被解释变量),讨论哪些因素可能会对政策叙事的选择产生影响(见表8-5)。

表 8-5　　　　　　　　　叙事式政策框架中的研究问题

| 叙事作为解释变量 |
|---|
| 1. 叙事会影响公众或个人对一个政策的看法吗? |
| 叙事作为被解释变量 |
| 2. 个人信念系统会影响倡导联盟对政策叙事的选择吗? |
| 3. 个人信念系统会影响个人对政策叙事的拒绝或接受吗? |
| 4. 制度会影响倡导联盟选择不同的叙事吗? |
| 5. 倡导联盟对叙事的选择会稳定吗? |

资料来源:Pierce, Smith-Walter & Peterson, 2014:32。

一般而言,在微观层次,研究者通常会关注政策叙事与个人认知、态度和评价之间的关系,它既会关注政策叙事对个人认知的影响,也会影响个人信念系统对政策叙事的影响。在中观层次,研究者会关注政策叙事在团体或倡导联盟中的作用,如对于倡导联盟中策略选择、政策学习、稳定性等的影响,也会关注叙事与公众意见之间的关系。在宏观层次,研究者会关注文化或制度中所包含的政策叙事对公共政策的影响。表8-6提供了三次层次分析的分析单位、核心变量、理论、方法和数据等。

表 8-6　　　　　　　　　NPF 的三个层次分析

| | 微观层次 | 中观层次 | 宏观层次 |
|---|---|---|---|
| 分析单位 | 个体 | 团体/联盟 | 制度/文化 |

续表

| | 微观层次 | 中观层次 | 宏观层次 |
|---|---|---|---|
| 核心变量 | 政策叙事<br>—情景<br>—角色<br>—情节<br>—寓意 | 政策叙事<br>—情景<br>—角色<br>—情节<br>—寓意 | 政策叙事<br>—情景<br>—角色<br>—情节<br>—寓意 |
| 引入理论 | 信念系统<br>合规与违背<br>一致性（congruence）<br>叙事通道（narrative transportation）<br>叙事者信任度（narrator trust） | 信念系统<br>魔鬼/天使转换<br>操纵（heresthetics）<br>政策学习<br>公众意见<br>冲突范围 | 还未详细阐述 |
| 使用方法 | 实验、访谈、焦点群体、群集分析 | 内容分析、网络分析、理性选择 | 历史分析、美国政治发展 |
| 潜在数据 | 调查、文本 | 文本、讲话、视频 | 档案、二手来源、原始文件 |

资料来源：McBeth，Jones & Shanahan，2014：231。

## 4. 微观层面的叙事式政策框架

任何政策过程理论框架都需要建立在对个人行为的假设基础之上，都需要思考个人的模型（model of the individual），这也是方法论个人主义的内在要求。如 IAD 框架建立在理性选择的基础之上，将个人看成一个理性行动的个人，当然这一理性行动的个人仍然要受到规范和价值的影响，属于第二代理性选择理论。ACF 模型虽然以团体或联盟作为分析单位，但是它仍然需要建立个人的模型，以很好地讨论联盟是如何形成的。于是 ACF 很重视信念系统在个人行动中的作用，并且很重视信念有利于形成稳定的联盟，它是联盟得以持续的基础。

叙事式政策框架提出了个人模型中的叙事假设，认为叙事在人类认知世界中发挥着非常重要的作用，这也是上面提出的叙事式政策框架的核心假设之一。个人模型中叙事假设主要来源于政治心理学（political psychology），也受到了叙事学、认知科学等其他学科的启发和影响。对于政治心理学而言，查尔斯·泰伯和米尔顿·洛奇（Lodge & Taber，2005；Taber & Lodge，2006；Taber & Lodge，2016）做出了重要贡献，他们提出了基于动机的政治推理思想（motivated political reason），并进一步发展了政治信息处理的 JQP 模型（John Q. public model of political information processing)，这种模型是一种不同于政治行为中理性选择的模型，它重视非意识思考的重要性（unconscious thinking），它是一场有关思考的思考革命（a revolution in thinking about thinking），认为应该重视审视和定义人类是如何处理信息的，这为政治决策和行为奠定了坚实的心理学基础。与卡尼曼（2012）强调思考中"系统1"和"系统2"一样，查尔斯·泰伯和米尔顿·洛奇提出的政治系统处理JQP模型同样认为人类在推理中存在"无意识的推理"和"有意识的推理"，并且认为无意识推理无处不存，它在很大程度上可以解释人类政治选择和政治行为（见图8-2）。

图8-2的信息处理模型意味人脑在信息处理时遵循两套逻辑，即有意识的理性选择逻辑和无意识的情感选择逻辑。传统的理性选择逻辑一般遵循c-g-h的路径，人脑接触事件之后首先进行信息搜索，然后形成论证，最后对事件进行评价和选择。而无意识的情感选择逻辑则可能遵循不同的路径，如a/b-f-i路径、c-d/e-h-g路径等，这些路径的共同特点是情感、观点等因素会无意识地影响人类的选择和评价过程，如动机偏见、热认知等都会对认知过程产生影响。

叙事式政策框架有关人的模型中，叙事假设主要受到了政治心理学中有关无意识思考、选择与评价的影响，主要由10个基本假定构成：

（1）有限理性。有限理性的假设受到西蒙（Simon，1997）的启发，他强调一个人在做决策时面临着时间、资源和信息的限制，人类决策过程是一个信息处理过程，这一信息处理必然受到有限理性的限制，一个人更多是遵循满意决策而非最大化决策。

（2）启发法。启发法是有限理性的假设的自然延伸，它强调个人在做决策时通常会使用一些捷径来处理信息和做出决策，这些启发法包括经验、专家和培训、生物偏见等。

（3）情感优势性（primacy of affect）。情感优势性主要是由政治学家布莱恩·琼斯（Jones，2001）提出，他认为情感在人类注意力分配中发挥着重要作用，情感会影响人类对于什么是重要的，以及应该将哪些事物设定为优先性的决定，它们通常先于理性。事实上，西蒙在强调有限理性时，也十分重视情感的作用，认为情感在理性推理中发挥着重要角色。

（4）两种认知（two kinds of cognition）。两种认知是由心理学家卡尼曼（2012）提出的，他在《思考，快与慢》一书中，明确提出直觉和严

第八章　叙事式政策框架　　295

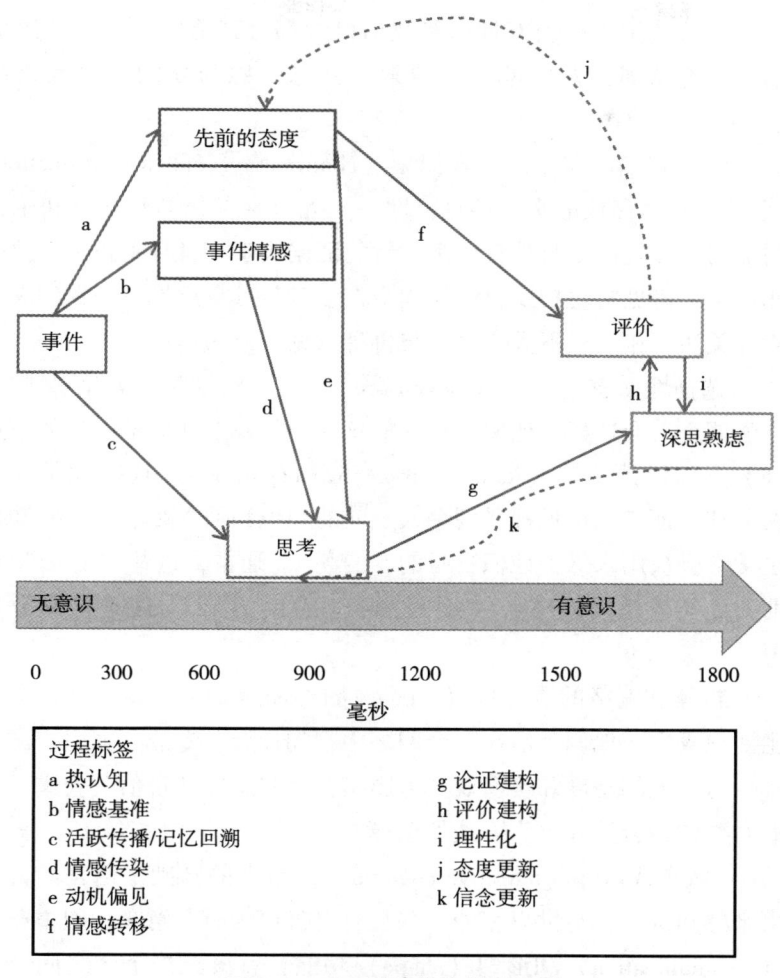

图 8-2　JQP 政治信息处理模型

过程标签
a 热认知
b 情感基准
c 活跃传播/记忆回溯
d 情感传染
e 动机偏见
f 情感转移
g 论证建构
h 评价建构
i 理性化
j 态度更新
k 信念更新

资料来源：Taber & Lodge，2016：63。

谨思考是大脑中两种性格的特征和性情，并且将这两种特征分别命名为系统 1 和系统 2，其中"系统 1 的运行是无意识且快速的，不怎么费脑力，没有感觉，完全处于自主控制状态。系统 2 将注意力转移到需要费脑力的大脑活动上来，如复杂的运算。系统 2 的运行通常与行为、选择和专注等主观体验相关联"。简言之，系统 1 为快思考，强调直觉性作用，动机会在其中发挥较大作用；系统 2 为慢思考，强调思考作用，理性会在其中发挥较大作用。

(5) 热认知（hot cognition）。热认知进一步对系统 1 进行了阐述，它强调在公共政策中，所有社会和政治概念都会有情感因素，情感会影响人的推理与认知，人总是会"搜索"熟悉情感与新的概念或物体相联系。

(6) 证实式偏见和非证实式偏见（confirmation and disconfirmation bias）。个人有时会存在证实式偏见，即一个人只会寻找与其观点和主张相一致的证据，并且接受与自身主张一致的证据快于与自身主张不一致的证据。非证实式偏见与之相反，它强调个人会对与自身意见不一致的观点或主张格外关注，相反，不太会关注与自身意见一致的信息。

(7) 选择性暴露（selective exposure）。与证实性偏见具有内在一致性，它强调个人会选择与他们一致的信息，而忽视与他们不一致的信息。

(8) 身份保护认知（identity-protective cognition）。选择性暴露、证实式偏见和非证实式偏见都受到个人先前的知识和信念影响，这些知识和信念也常常会被用来保护他们自身的"身份"。通常，这些"身份"意识很早前就已经被建构，并且会使用他们知道的知识来对这一"身份"进行捍卫。

(9) 群体和网络的重要性（primacy of groups and networks）。个人并不是生活在真空，他们生活在一个网络中，如社会、专业、家庭、文化网络等都会对个人的态度和价值观产生影响，这些态度和价值观会进一步影响他们对事件的看法和行为方式的选择。

(10) 叙事式认知（narrative cognition）。叙事的基础是语言，人类通过叙事来感知世界，与世界相处，并且对自身行为赋予意义。叙事兼具有沟通（communication）和形塑（shape）功能，叙事充当个体之间、群体之间的沟通工具，叙事也是组织观点、思想和情感的基础，人类通过叙事实现对自身的建构，叙事过程也是一个意义生产的过程。

微观层面的叙事式政策框架在经验研究中关注的核心问题是：政策叙事如何影响个人的偏好、风险态度、对特定领域公共政策的意见，以及集体的公众意见。这也使叙事式政策框架能够和政治心理学对话，讨论政策过程中叙事效应的心理基础。迈克尔·琼斯和马克·麦克贝斯（Jones & Macbeth, 2010: 343-345）提出了在微观层面的政策叙事假设和命题，见表 8-7。

表 8-7　微观层面叙事式政策框架的假设和相关研究

| 假设 | 理论简要描述 | 假设文字表达 | 应用 |
| --- | --- | --- | --- |
| H1：违背（breach） | 现状或者正统故事通常不会被记忆。只有违背规范，打破正统，产生期望的故事才有说服力 | 随着叙事违背层次的提升，一个人越是被暴露于那个叙事，则他被说服的可能性越大（Jones & Macbeth, 2010） | 没有 |
| H2：叙事通道（narrative transformation） | 叙事通道是一个读者对他们所处世界解码的过程，通过这一过程使得他们融入故事之中 | 随着叙事通道的增加，一个被暴露于那种叙事的个人越有可能被说服（Jones & Macbeth, 2010） | Jones（2014） |
| H3：一致性和不一致性（congruence and incongruence） | 当政策叙事与个人对于世界看法一致时，他们越可能接受这种叙事 | 随着一致性增加，一个人越有可能被故事说服（Jones & Macbeth, 2010） | Husmann（2013）<br>Lybecker et al.（2013）<br>MacBeth et al.（2010a）<br>Jones and Song（2014）<br>Shanahan et al.（2011） |
| H4：叙事者信任（narrator trust） | 当政策叙事来源于他们所信赖的渠道时，他们越可能接受这种政策叙事 | 随着叙事者信任增加，一个人越有可能被叙事所说服（Jones & Macbeth, 2010） | 没有 |
| H5：角色的力量（power of character） | 角色在政策叙事中发挥重要作用。角色在政策叙事的说服中发挥重要作用 | 与科学或技术信息相比，政策叙事角色的描述对于公众、民选官员和精英选择和意见有更大影响 | Jones（2010）<br>Jones（2013） |

资料来源：Jones, M. D., Mcbeth, M. K. & Shanahan, E. A, 2014：14。

在所有这些命题中，政策叙事是自变量，个人观点改变是因变量，获得个人的认同以及对个人进行说服是政策叙事的目的。政策叙事通过不同叙事类型、叙事通道、叙事信任、叙事角色、叙事观点一致性等影响个人观点，实现个人对政策叙事的接受。简言之，所有政策叙事都是为了使个人接受政策主张，这是一个说服的过程。对于这些命题和假设的检验，研究者通常会使用实验方法。遵循"没有操纵就没有因果关系"的实验主义准则，研究者将研究对象区分为实验组和控制组，对不同政策叙事进行操纵，与此同时，询问个人对政策叙事的态度，从而判断政策叙事的改变是否会对个人对于政策的态度产生影响。表 8-8 列举了这些假设被验证的初步结果。

表 8-8　微观层面 NPF 的应用、方法与主要发现

| 研究 | NPF 被检验的主要方面 | 方法 | 主要发现 |
| --- | --- | --- | --- |
| Gray & Jones（2013） | 叙事要素 | 访谈 | 精英的政策主张能够通过 NPF 的核心要素进行有效描述 |
| Husmann（2013） | 一致性 | 实验 | 自由和民主的参与者赞成一致性叙事 |
| Shanahan, Mcbeth, and Hathaway（2011） | 一致性 | 实验 | 媒体政策叙事显著地影响一致性或不一致性的意见 |
| Shanahan, Adams, Jones, and Mcbeth（2014） | 一致性 | 实验 | 目的性因果机制显著地影响一致性或不一致性的意见 |
| M. Jones（2010，2013） | 一致性 | 实验 | 对英雄角色的情感会塑造反应者对气候变化风险相关的偏好和看法 |
| M. Jones（2014） | 叙事通道 | 实验 | 如果个人能够更好地想象一个故事，他们越可能对英雄人物给予正面评价，这会促进他们对以叙事形式展开的政策主张的接受 |
| McBeth, Lybecker, and Garner（2010）；Lybecker, McBeth, and Kusko（2013） | 一致性 | 调查 | 个人会选择与他们公民偏好一致的故事 |
| McBeth et al.（2014） | 一致性 | 调查 | 公民和实践者会选择与他们公民偏好一致的故事 |
| Clemons, McBeth, and Kusko（2012） | 一致性 | 调查 | 拉考夫父母的比喻与故事选择方面存在部分一致性 |

资料来源：Mcbeth, M. K, Jones, M. D & Shanahan, E. A, 2014: 236。

### 5. 中观层面的叙事式政策框架

中观层面的叙事式政策框架的分析单位是政策子系统，它讨论政策叙事在政策过程中的角色和作用。中观层面的叙事式政策框架借鉴了古希腊公共空间（agona）的概念，希腊人的公共空间是实现政策目标的行动场域。马克·麦克贝斯认为在这一空间中，不同政策叙事之间的竞争在空间叙事（agona narrans）中展开。不同联盟为了在空间叙事竞争中获胜，通常会采取不同叙事理念和叙事策略，并在叙事竞争中进行叙事扩散、模仿和学习，以实现对政策设计、过程、变革和结果的影响。

通过借鉴 ACF 的概念和理论，突出政策叙事在政策过程中的关键作用，中观层面的叙事式政策框架形成了一套完整的解释政策叙事形成和影响的概念体系（见图 8-3）。政策子系统的概念是中观层面叙事式政策框架的核心，它强调该子系统是由一系列相互联系的构成要素组成，这些要素之间的关系模式是整个系统变革的基础。

## 第八章 叙事式政策框架

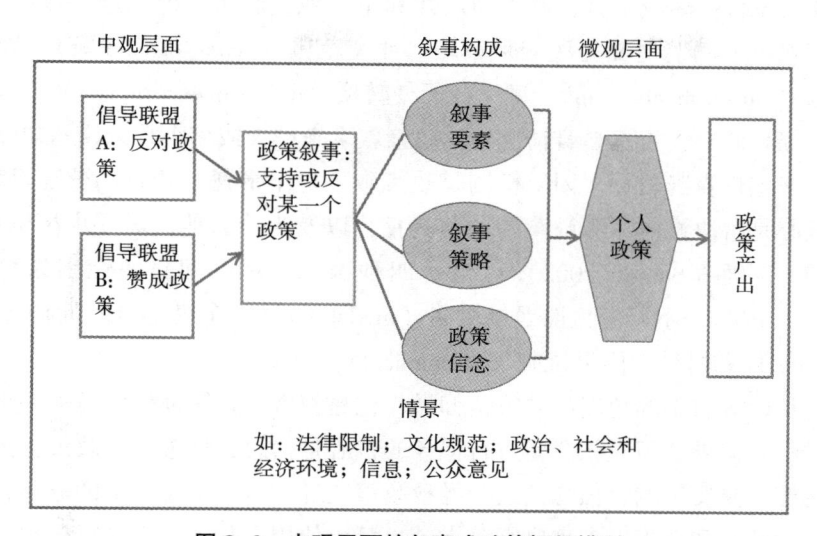

**图 8-3　中观层面的叙事式政策框架模型**

资料来源：McBeth, Jones & Shanahan, 2014: 239。

从图 8-3 可以看出，政策子系统、联盟、政策叙事策略、政策信仰、政策叙事学习和公众意见等是其核心概念。政策子系统是由不同行动者构成的，这些行动者会形成若干联盟，不同联盟会形成自身对政策问题的不同意见，联盟之间的竞争就转化为政策叙事的竞争。此前，研究者都是对单一政策子系统的关注，目前越来越多研究者开始对多政策子系统或政策体系（policy regime）进行研究，讨论政策叙事在不同政策子系统之间流动。

联盟是叙事式政策框架的另外一个核心概念，它也是直接借鉴 ACF 框架的核心概念。联盟是政治学面临的最古老的问题，也是公共利益的最大挑战之一。只要有政治，就会有小团体，而小团体追求自身利益会损害公共利益。联盟的形成既有工具主义的考虑，也有"信念系统"的考虑。工具主义强调不同行动者为了利益而结盟，结盟是成员追求政治和经济利益的重要手段。

政策叙事策略（policy narrative strategies）是政策叙事的另外一个构成内容，这也是联盟为实现其目标，影响政策偏好的一个重要手段。对于政策叙事策略，最初马克·麦克贝斯等（McBeth et al., 2007）提出了五种策略，即识别赢家和输家、建构利益和成本、使用浓缩性符号、政策替罪羊（policy surrogate）、科学确定性和不一致。后来，他们进一步指出，叙事式政策框架主要关注三种策略：冲突范围（scope of conflict）、因果机制（causal mechanism）、魔鬼或天使转换（devil/angel shift）。冲突范围强调倡导联盟会根据自身情况通过政策叙事来扩大或缩小政策议题知晓范围，来实现自身目标。因果机制是政策叙事对于责任和责备的分配过程，其核心是解决谁应该为政策问题负责任，以及为什么他们需要承担责任。例如，斯通（Stone，2002）讨论了四种因果机制，即目的性因果机制（intentional）、不可避免性因果机制（inadvertent）、偶然性因果机制（accidental）和机械性因果机制（mechanical）。

从政策叙事的角度将政策信仰操作化是叙事式政策框架的另外一个重要贡献。倡导联盟主张联盟进行倡导的核心是信念，信念会对政策主张和立场产生重要影响，信念变迁会导致政策变迁。对于信念系统的分类，可以使用政党和意识形态来进行分类，也可以使用文化理论来进行分类。叙事式政策框架的重要贡献是对"政策信念"的可操作化，对不同联盟采取什么样的信念，以及对同一联盟内部的信念之间的差异都可以进行衡量，以测量这些信念的稳定性、强度和一致性。伊丽莎白·沙纳汉等（Shanahan et al.，2013）从政策叙事的角度对政策信念的差异性进行了实证研究，讨论了在是否发展风电方面不同联盟所坚持的政策叙事要素、策略和政策信念的差异性，以及同一联盟内部所坚持的叙事要素、策略和政策信念差异性。

政策叙事学习（policy narrative learning）认为政策叙事可以和政策学习有机结合，讨论政策学习的叙事基础。政策学习是影响政策变迁的重要机制之一，而如何对其操作化也是理论研究的难题。叙事式政策框架通过政策叙事与政策学习联系在一起，如果一种政策叙事被一个联盟接受，那么这意味着政策学习在这个联盟发生作用。一个联盟叙事策略改变，也是政策学习的结果和表现。当然，政策叙事只是探讨政策学习发生的方法之一，政策学习也可以以其他形式展现（Heikkila & Gerlak，2013）。

公众意见（Public Opinion）也是叙事式政策框架需要考虑的另外一个变量，政策叙事既可以反映内部或外部公众意见，也可以回应内部或外部公众意见。将公众意见纳入考察范围时，政策叙事就成为结果变量，倡导联盟会根据公众意见选择不同的政策叙事逻辑实现自身的政策结果期望。这样，中观层面的叙事式政策框架形成了一系列有关叙事策略、政策信念、政策学习和公众意见的假设与命题（见表8-9）。

**表8-9　中观层面叙事式政策框架的假设和相关研究**

| 类型 | 假设 | 理论描述 | 假设文字阐述 |
|---|---|---|---|
| 叙事策略 | H1和H2：冲突的范围 | 按照E. Schattschneider（1960）的观点，政治行动者会通过扩大或缩小冲突范围而控制其他参与者对政策子系统的涉入，从而实现他们的主张 | 那些在某一政策议题中将自己描述为失败者的团体或个人将会使用叙事要素来扩大政策议题从而实现增大他们联盟规模的目的<br>那些在某一政策议题中将自己描述为成功者的团体或个人将会使用叙事要素来缩小政策议题从而实现增大他们联盟规模的目的（McBeth et al., 2007） |
| 叙事策略 | H3：操控游说（heresthetics） | 按照Riker（1983）的观点，政治行动者会使用沟通策略来构造一种使得他们能够赢的策略 | 团体会通过使用政策叙事来操控政治联盟以实现其策略利益（Jones and McBeth, 2010） |
| 叙事策略 | H4：魔鬼转换 | 政治行动者会放大对手的恶意动机、行为和影响（Sabatier et al., 1987） | 政策子系统中魔鬼转换的高发生率是与政策本身的难驾驭有密切联系（Shanahan et al., 2011a; Shanahan et al., 2013） |
| 政策信仰 | H5：联盟黏合（coalition glue） | 倡导联盟的黏合剂质量会发生作用。拥有较强的黏合剂的联盟不太可能被内部不一致所分裂，更可能协调行为和获得资源（Shanahan et al., 2011a, p. 548） | 那些拥有较高水平黏合剂的倡导联盟（联盟稳定性、力量、联盟内团结）更可能影响政策结果（Shanahan et al., 2011a; Shanahan et al., 2013） |
| 政策学习 | H6：政策叙事说服 | 对政策叙事要素的重构可以独立于新信息或焦点事件而改变政策图景（Shanahan et al., 2011a） | 政策叙事要素的差异性可以解释政策学习、政策变迁和政策结果（Shanahan et al., 2011a） |
| 公众意见 | H7：外部公众意见 | 对于政策子系统行动者而言，公众意见既有可能是资源，也有可能是约束。当公众意见有利于一个群体时，他们会倾向于利用这一意见来扩大他们的优势（Jones and Jenkins-Smith, 2009） | 当外部公众意见与联盟偏好的结果相一致时，联盟会提供维持现有政策子系统的政策叙事（主要通过维持现有联盟成员来实现）（Shanahan et al., 2011a） |
| 公众意见 | H8：内生公众意见 | | 当内生公众意见冲击与联盟偏好政策结果不一致时，联盟将会寻找扩大子系统联盟的政策叙事（Shanahan et al., 2011a） |
| 联盟成员 | H9：媒介 | 媒介是政策子系统中被忽略的重要参与者（Shanahan et al., 2008） | 媒介对于倡导联盟而言是一个重要的贡献者（Shanahan et al., 2008） |

资料来源：Jones, M. D., Mcbeth, M. K. & Shanahan, E. A, 2014：17。

### 6. 宏观层面的叙事式政策框架

与微观层面和中观层面的研究相比，叙事式政策框架对于宏观层面的研究相对缺乏。这一研究的缺乏，也使叙事式政策框架的微观、中观与宏观之间联系比较弱。对于这一点，叙事式政策框架的创始人马克·麦克贝斯和伊丽莎白·沙纳汉在该理论的开创性论文中就有清晰认识，他们认为"缺乏一个一般性理论处理政治系统中宏观层面力量如何影响政策叙事在政策行动者和更广泛的公众的发展"（McBeth & Shanahan，2004：319-320）。在该论文中，他们提出了"政策营销者"（policy marketers）① 的概念，讨论了宏观层面的消费主义对于美国经济和政治习惯的影响，这一理念使"政策营销者"建构了政策叙事，并将这些政策叙事兜售给公民。他们研究发现，政策方案的生产过程并非遵循理性讨论和政治利益的原则，它更多受到政策营销者创造的短暂的生活方式的影响。他们对于其理论中提出的"制度和文化"本身所包含的"政策叙事"的研究也不够。制度和文化代表了宏观层面的变量和限制条件，而这些因素如何与政策叙事发生关系，他们会对政策叙事产生什么样的影响，以及作用机制是什么，这些问题还没有得到很好的回答。

此外，叙事式政策框架的不同层次之间联系，如微观层次分析与中观层次分析，中观层次分析与宏观层次分析之间内在联系的研究也还没有得到很好研究。例如，无论是微观层面还是中观层面的研究，都讨论了公众意见与政策叙事之间的关系，两个层面的研究可能得出了不同结论，这需要进一步解释结果差异的原因。这些内在互动及其逻辑关系也是该理论在未来研究中应该发展的重点内容。

## 四　叙事式政策框架的案例研究

根据乔纳森·J. 皮尔斯等学者（Pierce, Smith-Walter & Peterson, 2014）的文献回顾，到目前为止，利用叙事式政策框架进行案例研究并

---

① 政策营销者可能是利益集团、媒体，也可能是当选官员，这一概念与政策企业家具有类似特点。不过，政策营销者更多与叙事、话语等联系在一起。

正式发表在匿名评审期刊的论文一共有 19 篇。结合我们利用期刊数据库的搜索，2016 年又有两篇案例研究已经发表，以及两篇案例研究论文提前在线出版，这样一共就有 23 篇论文发表（见表 8-10）。他们系统地讨论了 NPF 在过去应用中的一些情况，如发表、叙事要素、研究问题、数据收集和研究设计、分析层次、数据分析等，让我们能够全面和清晰地了解这一研究的进展。

**表 8-10　　　　　发表于匿名评审期刊的 NPF 应用型论文**

1. Clemons, Randy S., Mark K. McBeth, and Elizabeth Kusko. (2012). Understanding the Role of Policy Narratives and the Public Policy Arena: Obesity as a Lesson in Public Policy Development. *World Medical & Health Policy*, 4 (2): 1-26.
2. Crow, D. A., & Lawlor, A. (2016). Media in the policy process: using framing and narratives to understand policy influences. *Review of Policy Research*, 33 (5): 472-491.
3. Gupta, K., Ripberger, J., & Wehde, W. (2016). Advocacy group messaging on social media: using the narrative policy framework to study twitter messages about nuclear energy policy in the united states. *Policy Studies Journal*, on line.
4. Heikkila, Tanya, Jonathan J. Pierce, Samuel Gallaher, Jennifer Kagan, Deserai A. Crow, and Christopher M. Weible. (2014). Understanding a Period of Policy Change: The Case of Hydraulic Fracturing Disclosure Policy in Colorado. *Review of Policy Research*, 31 (2): 65-87.
5. Jones, Michael, D. (2013). Cultural Characters and Climate Change: How Heroes Shape Our Perception of Climate Science. *Social Science Quarterly*, 95 (1): 1-39.
6. Jones, Michael D. 2014. Communicating Climate Change: Are Stories better than "Just the Facts"?. *Policy Studies Journal*, 42 (4): 644-673.
7. Jones, Michael D., and Geoboo Song. (2014). Making Sense of Climate Change: How Story Frames Shape Cognition. *Political Psychology*, 35 (4): 447-476.
8. Knox, Claire Connolly. 2013. Distorted Communication in the Florida Everglades: A Critical Theory Analysis of "Everglades Restoration". *Journal of Environmental Policy & Planning*, 15 (2): 269-284.
9. Lybecker, Donna L., Mark K. McBeth, and Elizabeth Kusko. (2013). Trash or Treasure: Recycling Narratives and Reducing Political Polarisation. *Environmental Politics*, 22 (2): 312-332.
10. McBeth, Mark K., and Elizabeth A. Shanahan. (2004). Public Opinion for Sale: The Role of Policy Marketers in Greater Yellowstone Policy Conflict. *Policy Sciences*, 37 (3-4): 319-338.
11. McBeth, Mark. K., Elizabeth A. Shanahan, and Michael D. Jones. (2005). The Science of Storytelling: Measuring Policy Beliefs in Greater Yellowstone. *Society & Natural Resources*, 18: 413-429.
12. McBeth, Mark. K., Elizabeth A. Shanahan, Ruth J. Arnell, and Paul L. Hathaway. (2007). The Intersection ofNarrative Policy Analysis and Policy Change Theory. *Policy Studies Journal*, 35 (1): 87-108.
13. McBeth, Mark. K., Elizabeth A. Shanahan, Paul L. Hathaway, Linda E. Tigert, and Lynette J. Sampson. (2010). Buffalo Tales: Interest Group Policy Stories in Greater Yellowstone. *Policy Sciences*, 43 (4): 391-409.
14. McBeth, Mark. K., Donna L. Lybecker, and Kacee A. Garner. (2010). The Story of Good Citizenship: Framing Recycling in the Context of Duty-Based and Engaged Citizenship. *Politics & Policy*, 38 (1): 1-23.
15. McBeth, Mark. K., Elizabeth A. Shanahan, Molly C. Arrandale Anderson, and Barbara Rose. (2012). Policy Story or Gory Story? Narrative Policy Framework Analysis of Buffalo Field Campaign's YouTube Videos. *Policy &Internet*, 4 (3-4): 159-183.
16. Merry, M. K. (2016). Constructing policy narratives in 140 characters or less: the case of gun policy organizations. *Policy Studies Journal*, 44 (4): 373-395.

续表

17. Rad, Masoud Gholampour. (2012). Identification of a new plot line in public policy narratives using Narrative policy Framework (NPF) in order to Predict Public Policy Changes. *Journal of International Public Administration*, 4 (3): 31-54.
18. Radaelli, Claudio M., Claire A. Dunlop, and Oliver Fritsch. (2013). Narrating Impact Assessment in the European Union. *European Political Science*, 12 (4): 500-521.
19. Schlaufer, C. (2016). The narrative uses of evidence. *Policy Studies Journal*, on line.
20. Shanahan, Elizabeth A., Mark K. McBeth, Paul L. Hathaway, and Ruth J. Arnell. (2008). Conduit or Contributor? The Role of Media in Policy Change Theory. *Policy Sciences*, 41 (2): 115-138.
21. Shanahan, Elizabeth A., and Mark K. McBeth. (2010). The Science of Storytelling: Policy Marketing and Wicked Problems in Greater Yellowstone. In Knowing Yellowstone: Science in American's First National Park, ed. J. Johnson. Taylor Publishing.
22. Shanahan, Elizabeth A., and Mark K. McBeth, and Paul L. Hathaway. (2011). Narrative Policy Framework: The Influence of Media Policy Narratives on Public Opinion. *Politics & Policy*, 39 (3): 373-400.
23. Shanahan, Elizabeth A., Michael. D. Jones, Mark K. McBeth, and Ross R. Lane. (2013). An Angel on the Wind: How Heroic Policy Narratives Shape Policy Realities. *Policy Studies Journal*, 41 (3): 453-483.

资料来源：根据 Pierce, Smith-Walter & Peterson, 2014：40-41 的表格进行修改和增加。

在这些案例研究中，研究者主要使用了实验研究方法和内容分析方法。其中，实验研究方法主要用于对 NPF 中微观层次假设的检验，而内容分析方法则主要用于对 NPF 中中观层次假设的检验。我们将分别介绍一个具有代表性的典型案例，阐述 NPF 所主张的叙事在政策过程中作用的具体应用。

迈克尔·琼斯及其合作者（Jongs & Song, 2014）在一篇《理解气候变化：故事框架如何影响认知》的论文中，使用实验方法对于 NPF 微观层次分析中的"一致性"假设进行检验，讨论作为政策叙事的故事框架对于个人认知的影响，并进一步验证了 NPF 所依据的"情感推理"假设（Lodge & Taber, 2005；Taber & Lodge, 2006；Taber & Lodge, 2016）。在研究设计中，他们以气候变化为例，结合玛丽·道格拉斯（Mary Douglas）和政治学家维达斯夫基（Thompson et al., 1990）发展的文化理论（culture theory, CT），根据群体（group）[①] 和格栅（grid）[②] 两个维度，将文化理论划分为四种类型，即等级文化（hierarchs）、平等文化

---

[①] 群体维度主要是对群体互动水平的测量，它强调个人在大多程度上属于一个群体，需要受到群体何种程度限制，它强调个人对于群体的忠诚度，以及群体对于个人的压力。

[②] 格栅维度主要是对群体对于个人态度和信仰的结构化限制的测量，它强调个人有多大程度的自由，个人会受到何种程度的约束。

(egalitarians)、个人文化（individualists）和宿命文化（fatalists）（见表8-11）。

表8-11　　　　　　　　　　　　文化的类型

|  | 群体（低） | 群体（高） |
| --- | --- | --- |
| 格栅（高） | 宿命文化 | 等级文化 |
| 格栅（低） | 个人文化 | 平等文化 |

在这四种文化中，有三种文化即等级文化、个人文化和平等文化分别对应于韦伯所讨论的官僚理性、市场理性和宗教理性。以这三种文化为基础，迈克尔·琼斯及其合作者构成了基于这三种文化的气候故事（cultural climate story）：（1）放荡：一个平等主义故事。在这个故事中，气候变化的原因是过度消费，本身是一个道德问题，它是由自私产生的。故事中的无赖是追求利益的大企业，帮助这些大企业的政府，以及其他一些支持这些体系的团体。故事的英雄是支持环境和生态保护的环保组织，要解决气候变化问题，需要依靠清洁能源。（2）缺乏全球规划：一个等级文化故事。在这个故事中，气候变化的原因是市场导致的经济增长和人口规模扩大。等级文化认为整个经济和社会系统处于缺乏管理之中，罗马俱乐部、公正科学家和政府等是故事中的英雄，而解决方案则需要发展核能。（3）依旧是商业：一个个人文化故事。个人文化故事中的英雄是卡图研究所、华尔街杂志，他们认为平等文化和等级文化是气候变化产生的原因，并且非常危险。如果市场中个人认为气候变化是问题，那么他们会通过总量管制交易（cap-and-trade）来解决。

以这些文化叙事为基础，迈克尔·琼斯及其合作者通过实验设计的方法，分别于2009年和2010年两次进行在线实验，一共产生了2005个样本。根据文化理论中文化类型的测量指标，作者首先将具有相同文化类型的人员归为一类，随后将每一类的人员随机分配到控制组和三个文化故事叙事的实验组，其中控制组只是提供有关气候变化的一些基本信息，实验组按照政策叙事中故事内容和逻辑组织。这样，整个实验可以形成十二个小组。然后，通过聚类算法评价（adjusted rand index，ARI）来比较实验组和控制组成员对于故事叙事的反应。表8-12对实验结果进行了总结。

**表 8-12** 文化类型和文化故事框架发现总结

|  | 平等故事 | 个人故事 | 等级故事 |
| --- | --- | --- | --- |
| 平等 | 强（一致性） | 弱 | 弱 |
| 个人 | 中等 | 强（一致性） | 弱 |
| 等级 | 中等 | 弱 | 弱（一致性） |

资料来源：Jongs & Song, 2014：465。

通过表 8-12 可以看出，作者基本上证明了他们有关"情感推理"中"证实性偏见"的假设，符合 NPF 中有关政策叙事的一致性假设，即一个人更可能会受到与其文化相一致的政策叙事影响。在三类文化中，拥有平等文化倾向的个人，更容易受到平等故事叙事的影响；拥有个人文化倾向的个人，更容易受到个人故事叙事的影响。当然，在实验研究中，他们并没有发现拥有等级文化的人群受到等级故事影响，他们的一个解释可能是等级文化故事叙事并不具有"典型性"。这一研究发现表明，故事具有"框架"效应，它会引导个体认知，促使个人得出与其文化类型相一致的结论。

伊丽莎白·沙纳汉及其合作者（Shanahan, Jones, McBeth & Lane, 2013）在《风中天使：英雄式政策叙事如何塑造政策现实》一文中，应用内容分析讨论了政策叙事在政策过程中的作用，尤其是政策叙事对于倡导联盟的影响。他们主要是回答两个问题：一是有关联盟差异性（inter-coalitional difference）的问题，即案例中两个主要联盟在使用叙事要素、策略和政策信仰方面是否有差异性；二是有关联盟内部差异性（intra-coalitional difference）的问题，即案例中同一联盟内部通过使用叙事要素、策略和政策信仰来测量团结水平，不同群体之间是否有团结水平差异性。

这些作者通过对科德角（Cape Cod，美国马萨诸塞州东南部的海角）是否应该选址进行风力发电的案例分析，他们发现在 2001 年至 2011 年，赞成风力发电（Pro-Wind）和反对风力发电（Anti-Wind）之间进行了持续斗争，并且分别形成了赞成风力发电的联盟和反对风力发电的联盟，最后赞成风力发电的联盟取得胜利。这一问题由于涉及联邦、州和地方管辖，政策问题比较复杂。而且与一般环境问题不同，关于是否进行风力发电，环保组织和商业企业分别既有赞成风力发电的，也有反对风力发电的，这说明环境组织和商业企业本身存在分歧，这更加使得风力发电政策子系统复杂性增加。

伊丽莎白·沙纳汉及其合作者对赞成风力发电联盟和反对风力发电联盟在2001—2011年的201个政策叙事进行了内容分析，讨论了他们在政策叙事方面的差异性。其中，赞成风力发电的政策叙事有125条，他们主要集中在2004—2007年，这期间主要是为了寻求联邦和州政府对于风力发电的批准。反对风力发电的政策叙事有76条，而他们政策叙事的高峰是在2010年，这是他们向法院寻找反对风力发电的尝试。对于每一条政策叙事，她们按照政策叙事要素（主角、故事类型、因果机制、解决方案、科学信息）、政策叙事策略（魔鬼转换、成本与收益分担）、政策信仰（自然—人类、政治—市场、商业—保护）等编码，通过卡方检验，发现不同联盟在政策叙事要素、政策叙事策略和政策信仰之间具有显著差异性。

在讨论联盟间政策叙事差异方面，他们分别针对政策叙事要素、政策叙事策略和政策信仰等得出了不同的结论。在故事选择方面，赞成风力发电的联盟会使用控制和胜利的故事，而反对风力发电的联盟则会使用衰微的故事。在因果机制的使用方面，反对风力发电会使用机械因果机制，强调风力发电会造成损害，而赞成风力发电则会使用非故意的原因。在政策叙事策略方面，反对风力发电的联盟会使用魔鬼转换，而赞成风力发电的联盟则会使用天使转换；反对风力发电的联盟在他们反对的政策方面会使用集中收益、分散成本的策略，而赞成风力发电的联盟则会在他们支持的政策方面使用分散收益、集中成本的策略。在政策信仰方面，反对风力发电联盟会有更多的人类中心意识，并且更多地使用政策信仰，相反，赞成风力发电则较少地使用政策信仰。

在讨论联盟内政策叙事差异方面，他们分别对联盟内的主要群体与其他群体之间在政策叙事要素、政策叙事策略和政策信仰等方面的差异进行了分析。在故事选择方面，赞成风力发电的主要团体和次要团体都使用控制的故事，不过，主要团体会更多地使用胜利的故事。对于反对风力发电的联盟，其主要团体一般会采用控制的叙事方式，而次要团体则会使用衰微的故事。在政策叙事策略选择方面，不管是赞成风力发电联盟，还是反对风力发电联盟，双方在联盟内部都没有显著差异性。

## 五　叙事式政策框架的评价与展望

由于叙事式政策框架还处于成长初期，对于其系统的评价和讨论并不多。目前看来，只有一本体现后现代公共政策研究内容的《批判性政策研究》（*Critical Policy Studies*）杂志于 2015 年刊登了一组讨论叙事式政策框架的论文。杂志首先请叙事式政策框架的创立者阐述其核心思想，随后邀请了一些研究者对该分析框架进行评价。接下来，我们将首先对这些评价者的观点进行简要总结，随后做一些评价，最后讨论其在中国政策过程研究中的前景。

在《批判性政策研究》杂志中，迈克尔·琼斯克劳迪奥·拉达埃利（Jones & Radaelli, 2015）发表了《叙事式政策框架：小孩，还是怪物》一文，讨论了叙事式政策框架的哲学基础。他们试图将叙事式政策框架建立在更为坚实的本体论、认识论、方法论、伦理理论和社会选择理论等基础之上，使之成立更为独立的理论流派。围绕他们的论文，一些研究者发表了不同的观点和看法，其中核心是围绕不同研究范式之间是否能够整合展开（Miller, 2015; Lejano, 2015; Dodge, 2015）。

休·米勒（Miller, 2015）对叙事式政策框架的哲学基础进行了批判，认为该框架的哲学基础是认识论中科学主义（scientism）和建构主义（constructionism）的混合（mishmash），而这两种认识论存在很大差异。米勒认为政策研究本身不能够以科学主义为基础，为此，他首先对科学主义的核心思想进行了批判。他指出，20 世纪公共行政和公共政策等应用社会科学将客观、中立、标准化和理性作为学术研究的主流，强调通过定量方法来发现一般性规律，将客观性与人类的主观性、情感和偏见等分开，客观性被奉为圭臬，它成为判断有效性、测量和一致性理论的唯一标准。但是，米勒认为科学主义本身存在内在矛盾，有效性和测量选择本身是一个政治性活动，一致性理论认为"我们对经验观察的名字与客观事实的领域一致"（Miller, 2015: 357-358）。但事实上概念本身是一个符号系统，它需要通过其他词汇来解释，不存在一一对应关系，叙事式政策框架的倡导者不加批判地接受了科学主义的一些准则，如有效性、效度、可证伪性、可重复性和因果关系等，并且希望通过科学准则来解决叙事之间的冲突，但是，建构主义本身已经承认了现实和事实的争论既发生在认知共同体内部，也发生在认知共同体之间。简言之，米勒认为叙事式政策框架在科学主义与社会建构主义之间存在内在冲突。对此，他指出"将有效性、效度和假设检验等科学式教条嵌入社会建构主义期待中本身产生了不可调和的认识论矛盾"（Miller，2015：358）。科学主义是以"可以感觉的经验"（sensory experience）为基础，他们也是真理的基础。叙事式政策框架隐含着学者们有关政策叙事之间的争论可以一劳永逸地解决，政策叙事可以区别正确与错误，但是它本身背叛了社会建构主义所强调的对于现实的自我认同的主观主义视角。因此，米勒认为叙事式政策框架最大的问题是使用科学的方法来研究叙事，而科学本身要求的研究对象是可感知的经验。这种研究对象的差异性，使叙事式政策框架求助于主观性的协议和认同来达成对叙事本身正确与错误的认同，很显然，这不可能达到目的。社会建构主义本身强调对想当然的假设、态度和信仰进行解构，进而使人们能够理解构成性叙事、文化、实践和公共政策，从而为我们提供新的理解和认知奠定基础。通过这一判断看，叙事式政策框架所倡导的社会建构主义主张在其分析中并没有坚持。

劳尔·乐加罗（Lejano，2015）在讨论叙事式政策框架的哲学基础时，也对实证主义和后实证主义是否能够融合进行了评论。他认为，叙事式政策框架的创新是试图用实证主义用法来研究叙事这一后实证主义问题，这使得该框架需要处理因果关系与解释主义之间关系，解释主义主要是通过意义进行挖掘来理解政策叙事，进而进一步理解政策过程和政策变迁，而因果关系则试图描述客观物体之间的逻辑关系。很显然，解释主义对意义的理解更复杂，它很难通过因果关系来阐述。对此，乐加罗指出："我们试图揭示的意义十分复杂，以至于通过用一个物体影响另一个物体来描述的因果关系本身是一个错误的指称政策出现的名词。"（Lejano，2015：370）

詹尼弗·道奇（Dodge，2015）也对叙事式政策框架的混合范式（mixing paradigms）面临的挑战进行了讨论。在道奇看来，叙事式政策框架试图融合实证主义与解释主义两种哲学传统，形成一个"主观主义/社会建构主义本体论，客观主义认识论，混合的社会建构/实证主义理论视角和包含定量和定性的实证主义理论方法"（Dodge，2015：361）。尽管对这一努力持同情性理解，不过他也指出融合两种范式在形成推理中存在的问题。在他看来,实证主义主要从假设演绎视角来从事研究,它基本上是模仿自然科学,强调使用基于观察和实验的经验方法(程序、工具和技术)来生产和分析数据,从而产生知识。这种范式强调主观与客观分离,通过假设检验和推理来获得真理形成对于世界的理解。解释主义则强调社会世界不同于自然世界,需要使用不同方法来获得知识。这种范式强调解释的重要性,认为需要通过实践理性和对话来获取知识,它并不强调客观性,相反认为主观性本身是理解的一部分。该范式主要是从多种真理中发现一种真理,获得这种真理的方法主要是基于认知共同体的共同认可。在道奇看来,叙事式政策框架混淆了本体论和认识论,它所强调的社会建构主义本身应该是认识论范畴而不是本体论范畴,本体论强调现实的本质,一旦存在多种现实,这些假设本身便与实证主义认识论存在矛盾,后者认为只有一种现实,这也是发展普遍性法则和原理的基础。因此,道奇认为,叙事式政策框架在本体论和认识论方面存在不匹配。当然,如果引入约翰·塞尔的社会实在论观点,或许这种矛盾和冲突本身可以消解。此外,这两种范式获得知识和实现知识发展的共同方法都是推理(inference),但是他们使用推理的方法不同。自然主义社会科学强调发展具有普遍性和一般性真理的推理,而解释主义则发展基于情景的真理的推理。道奇甚至认为叙事式政策框架本身使得叙事的力量消失,使得该框架不关心政策叙事本身的动态性,以及政策叙事对于政策变迁的影响。他指出:"在微观层面,叙事式政策框架狭义地检验公众意见是政策叙事特征的函数(例如,叙事者越被公众信任,他们对个人越有说服力,如影响一个人改变他或她的心灵)(Jones and McBeth, 2010)。因此,这一途径不能够分析为什么特定的叙事即便要素不发生变化,它是什么时候、怎样和为什么失去其信任的,这一变化是如何影响联盟变化进而产生政策变迁。在中观层面,联盟变化是政策叙事的函数,但不是通过叙事变化或者它们是如何被理解的。叙事和它们的特征被假定为静态的,相反正是通过对叙事的策略性使用而改变争论的价值观从而促进联盟变迁(Jones & McBeth, 2010)。很显然,辩论的价值维度是如何转换的,以及这种转换如何影响政策变迁,其逻辑并不清晰。"(Dodge,2015:364)应该说,道奇的评论触及了叙事式政策框架最核心的矛盾和冲突,即它试图通过将主观性政策叙事客观化来实现实证主义的理想。正是在这个意义上,道奇认为叙事式政策框架的倡导者本身对社会科学中的解释主义范式缺乏深入研究和分析。

政策过程研究仍然需要关注解释主义范式对于政策研究的知识贡献。可以预计，在未来很长一段时间，解释主义与实证主义之间的冲突仍然会成为政策过程研究中的重要争论之一。叙事式政策框架本身也是政策过程研究中解释主义的一个"异端"，无论是实证主义者，还是解释主义者，对于其接受可能都需要一个过程。尽管如此，叙事式政策框架本身还是推进了政策过程研究的进展，让更多的实证主义者认识到政策叙事的重要性。

## 小　　结

叙事式政策框架由马克·麦克贝斯、迈克尔·琼斯和伊丽莎白·沙纳汉三位学者创立和倡导，于2010年提出之后，产生了广泛而深远的影响。目前，叙事式政策框架正成为政策过程理论中有竞争力的理论之一。在2014年，萨巴蒂尔等人编辑的《政策过程理论》（第三版）中，叙事式政策框架就被收录。随着越来越多的学者开始使用叙事式政策框架从事政策研究，它的学习、传播、扩散和应用速度越来越快。

由于叙事式政策框架本身是建立在倡导联盟和叙事政策分析的理论之上，这使得这一理论具有后发优势。理论的创立者有一个远大的理想，他们试图在实证主义与解释主义之间建立桥梁，即使用实证主义的方法来研究解释主义的问题，并且用实证主义方法来证明解释主义本身的重要性。为此，他们发展了基于个人叙事假设的模型，并以此为基础建立了叙事式政策框架的微观、中观和宏观分析框架，提出了很多有理论和现实意义的研究假设。目前，这些研究假设正在不断的被检验过程之中。

当然，在这三个层次的分析中，有两个研究方向还需要加强。一个是对宏观层次的分析，即讨论作为政策叙事的制度和文化的影响，对此还缺乏深入分析。另一个是三个层次的不同理论连接，尤其是微观如何影响中观和宏观，以及中观和宏观如何影响微观。

与他们宏大设想相比，叙事式政策框架在实证主义研究者中接受程度比解释主义研究者的接受程度高。或许这本身是由于他们试图遵循实证主义范式，尤其是使用实证主义方法，如实验设计等对政策叙事在政策过程中的作用进行分析有关。叙事式政策框架要能够推进政策过程的认识,进一步发掘和强调观念、价值、认识、符号的意义,仍然需要继续与解释主义和实证主义研究进行深入对话。或许,将实证主义与解释主义进行"混合"本身就是一个不可实现的目标。当然,找出沟通不同范式之间的分歧,寻找理论之间的融合点,促进理论之间对话,仍然具有重要的理论价值和实践价值。

# 第九章

# 政策创新与扩散框架

政治学者杰克·沃克（Jack L. Walker）首次提出了政策创新与扩散的研究议题，并基于美国州政府的政策创新实践讨论了政策扩散的过程和模式，认为其他州的政策创新对于本州的政策采纳具有重要影响，竞争和模仿是重要解释因素（Walker, 1969）。自此，政策创新与扩散成为政治学的重要研究领域，并且分别在美国政治、比较政治和国际关系三个领域独立展开，分别形成了各自的研究议题和核心命题（Graham, Shipan & Volden, 2013）。与此同时，政策学者和政治学者将事件史分析（event history analysis）引入对政策创新与扩散的研究，讨论政策扩散机制，提出政策采纳的外部决定和内部决定模型，这也使得政策创新与扩散框架逐渐成熟，并且成为政策过程的主要理论之一（Berry & Berry, 1990; Shipan & Volden, 2012）。

政策扩散领域著名学者查尔斯·希潘（Charles Shipan）和克雷格·沃尔登（Craig Volden）从"5W1H"的角度对研究进展进行总结，讨论政策扩散中的行动者（who）、何时（when）、何地（where）、内容（what）、如何（how）和为什么（why）的议题，并试图总结政策扩散的核心发现（Graham, Shipan & Volden, 2013; Shipan & Volden, 2012）。对于什么是政策扩散，查尔斯·希潘和克雷格·沃尔登给出一个简单并被广泛接受的定义，即"在更一般的形式看，政策扩散可以界定为一个政府的选择受到其他政府选择的影响"（Shipan & Volden, 2012: 788）。弗朗西斯·贝瑞（Frances Stokes Berry）和威廉·贝瑞（William D. Berry）基于他们提出的政策采纳的内部决定和外部因素对政策扩散研究进行了总结，并试图提出一个政策扩散的统一框架以同时包含内部和外部因素（Berry & Berry, 2018）。

与其他政策过程理论相比，政策创新与扩散还没有形成统一的框架和构成要素，这也影响了该框架的传播、交流和进一步发展。正是由于政策创新与扩散框架没有形成共识，这也使不同研究领域使用不同词汇对同一现象进行研究，即便使用相同词汇对同一现象进行研究，相互之间也没有理论对话。为此，我们基于查尔斯·希潘、克雷格·沃尔登、弗朗西斯·贝瑞和威廉·贝瑞等学者的研究，试图对政策创新与扩散研究领域进行系统回顾，讨论政策创新与扩散框架的理论基础和思想演进，提出政策框架与扩散框架的假设、构成要素和主要模型，分析政策创新与扩散框架在中国的应用，并对政策创新与扩散框架的未来发展进行展望。

## 一 政策创新与扩散框架的理论基础

杰克·沃克在提出政策创新与扩散的研究议题时，就指出他的研究受到了西蒙、马奇等学者关于有限理性理论的影响，重点讨论政策扩散对政策决策的影响（Walker，1969）。查尔斯·希潘和克雷格·沃尔登等学者对政策扩散进行研究时，则将政策扩散置于美国政治制度的背景下探讨，政策扩散被称为"民主的实验室"（democratic laboratories），分析了政策扩散的政治逻辑（Graham，Shipan & Volden，2013）。戴维·斯特兰奇和莎拉·索尔等学者对社会学领域的政策扩散研究做了回顾，重点讨论了政策扩散的制度和文化逻辑（Strang & Soule，1998）。基于这些研究，我们认为政策创新与扩散框架的理论基础主要包括四个，即民主的实验室理论、联邦主义理论、有限理性理论和制度趋同理论，其中前面两个理论具有较强的政治学色彩，第三个理论属于经济学和组织行为学范畴，第四个理论则具有社会学色彩。

### 1. 民主的实验室理论

民主的实验室（laboratories of democracy）理论是政策创新与扩散的理论基础，该理论将美国州的政策创新与扩散过程想象成创新实验、成功和获得扩散三个阶段，民主的实验室也成为政策扩散的"隐喻"。民主的实验室对于政策扩散具有双重含义，一方面，它强调美国政治制度的特征为政策扩散提供了可能性；另一方面，政策扩散也发挥着创新和实验的作用，它为民主的韧性和活力提供了支撑。通常认为"民主的实验室"这一概念首次是由美国大法官路易斯·布兰德斯（Louis Brandeis）提出的，他认为："联邦系统的一个附带好处是如果其公民选择，一个州可以作为一个实验室。这个州可以尝试新奇的经济和社会实验，与此同时，它也不会对国家的其他地方带来风险。"（Karch，2007：5）从此，美国的50个州被称为"民主的实验室"，创新政策可以在不同州实施，一旦成功可以在不同的州扩散。不同政治取向的人员都会通过这一"隐喻"来强调州政府的创新潜能，各州就发挥了"民主的实验室"的作用。各种新的政策创新可以在不同州展开，即便实验失败，损失也可以控制在一定范围内。由此，卡奇认为，"'民主的实验室'的隐喻暗示着一个科学的过程，创新的实施者会启动评估，其他法律制定者会利用这一信息决定是否在所在地区启动这一创新"（Karch，2007：5）。正是基于"民主的实验室"理论，各州可以进行政策创新实验，其他州可以相互借鉴、相互学习和相互竞争，政策扩散的土壤得以产生，其合法性得到论证，这也使得政策扩散具有可能性。

当然，"民主的实验室"的隐喻并非没有问题，它也存在挑战。卡奇指出这一隐喻的两个主要缺陷，一个是实验结果客观评估的可能性，另一个是决策者是否按照客观标准进行决策。对于第一个方面，创新实验或者政治实验可能无法完全符合自然科学实验的条件，这使得对这一实验的效果进行客观评估可能并不现实。由于场景的不可控性、情况的变化，这使得对政策效果评估通常十分困难。对于第二个方面，决策者在对采纳行为进行决策时，客观结果只是其中一个维度，他们还会考虑其他目标，尤其是采纳创新对于政治的影响以及他们所认可的其他目标的影响。从这个角度看，"民主的实验室"强调各州可以发挥政策创新实验室作用，而政策创新是否扩散，以及以何种方式扩散，则是一个需要研究的经验问题。丹尼尔·特瑞斯曼（Daniel Treisman）及其合作者对政治分权进行了系统讨论，他们认为"民主的实验室"理论可能并不成立，相反集权会导致更多的实验，而分权则导致更少的实验（Cai & Treisman，2005；2009）。

### 2. 联邦主义理论

民主的实验室理论其实已经蕴含了联邦主义理论（theories of federalism），联邦主义构成了民主的实验室的制度基础。为此，围绕着联邦主义制度对政策创新与扩散的影响，构成了政策创新与扩散的另外一个重要理论来源。联邦主义理论是对联邦主义制度的研究，也是美国政治学关注的核心议题，对政策创新与扩散具有启发。研究者可以借鉴联邦主义研究的结论来审视他们是否应用于政策创新与扩散情景，实现从理论到应用的转换。从这个意义上看，政策创新与扩散成为检验联邦主义理论的新场域。与此同时，政策创新与扩散也可以丰富联邦主义理论，使联邦主义理论有更多的维度得以呈现。

美国联邦主义实践并非一成不变，而是处于不断演化中，这也形成了不同的联邦主义理论（Elazar，1987；Riker，2012）。美国联邦制度经历了不同的演进阶段，主要包括：（1）双重联邦制度（dual federation），每一级政府都有自己独立的权威和职责，如分层蛋糕，双重公民；（2）合作型联邦制度（cooperative federation），每一级政府权力相互交叉，如大理石蛋糕；（3）创造型联邦（creative federation），联邦政府是州政府、地方政府实现国家目标所必需的，突出不同领域的联邦、州和地方政府之间合作，已经很难分清联邦、州和地方之间的界限；（4）新联邦制（new federation），联邦政府向州和地方政府放权，强调权力重新回到基础和基层。政策创新与扩散在借鉴联邦主义理论时，重点讨论了联邦主义所包含的纵向和横向关系及其影响，尤其是联邦政府与州政府之间的纵向互动，这也是纵向政策创新与扩散的理论来源。

### 3. 有限理性理论

杰克·沃克在1969年撰写政策扩散的论文时，就尝试对创新的采纳进行解释，这些解释主要是基于决策理论、参照群体和创新扩散方面的洞见（Walker，1969）。对于依靠决策理论来对创新采纳的解释，沃克主要借鉴了西蒙、马奇、塞特和林德布洛姆等学者的研究，认为决策者需要选择复杂的替代方案以及不断地从环境中获取信息。根据西蒙的观点，决策者不可能寻找最优方案，他既没有时间也没有精力，相反他会选择比较满意的方案。这是有限理性的基本思想，强调人在从复杂环境获取信息时，会用自己的抽象模型对其中部分进行选择，并且逐步形成决策规则来获取信息和挑选备选方案。因此，我们要理解决策者行为，就需要寻找他们从事决策时所遵循的"拇指法则"。为此，沃克指出："从这些人类选择和组织决策理论中获取线索，我们对州政府有关创新的采纳是建立在这一假定基础之上，即州政府官员在大部分时候主要依靠模仿进行决策。他们所采取的'拇指法则'或许可以按照如下方式表达：寻找一个与你需要处理的情景相类似的情景，或许这个情景在其他州，该州的问题得到解决。"(Walker, 1969: 889) 由此可见，沃克在最初提出政策创新与扩散理论时，就将有限理性作为其理论基础，并以此为基础建构政策创新与扩散模型。

库尔特·韦兰（Weyland, 2009）首次系统地将有限理性与政策扩散联系在一起，尝试建构政策扩散的新理论。在韦兰看来，政策扩散研究，尤其更广义的政治研究需要处理三对重要的关系，即外部强制（external imposition）和选择自由（latitude for choice）、合法性（legitimacy）和个人利益（self-interest）、完全成本利益计算（comprehensive cost/benefit calculation）和认知捷径（cognitive shortcuts）。他通过对拉美的养老金改革和医疗改革的研究，提出："有限理性在政策创新的跨国扩散中广泛存在。尽管决策者会做出有效决策，也会主要追求固定和清晰的利益，但是他们的行为方式完全不同于传统理性选择途径所设定的假设。令人印象深刻的拉丁美洲养老和卫生保健改革专家所拥有的专业训练应该最有可能使他们实施充分、系统的成本收益分析，即便如此，也缺乏时间以及信息、计算和金融资源来遵循理想类型的全面理性。"(Weyland, 2009: 5-6) 通过访谈，韦兰发现这些专家在采纳政策时很少通过系统平衡的成本收益分析，相反，则是通过偶然机会借鉴其他地方创新。

对于有限理性与政策扩散的内在逻辑关系，韦兰通过借鉴心理学研究成果提出了可获得性（availability）、代表性（representativeness）和锚定（anchoring）三种启示法对社会政策模型扩散的影响。可获得性启示法强调人们会对注意力进行不成比例分配，重点关注一些刺激、鲜活和可记忆的信息，并且会高估这些可获得的认知信息。韦兰在分析养老改革在拉美扩散时，就使用了可获得性启示法，智利的养老金私有化改革成为很多专家的参考点，并逐步在拉美国家得到采纳。代表性启示法强调人们会过高估计一些政策的价值，认为他们可以指称更广泛的群体，这样有可能会形成有偏见的判断。同样以智利的养老金私有化改革为例，一些专家会因为智利的成功而过高估计这一政策，认为这一政策在其他情景之下也会取得同样效果。锚定启示法则认为政策制定者会因为参考国外政策而限制该政策在国内的调整范围，很有可能不进行过多调整就应用于国内情景。最初获取的信息通常会限制调整，它也会使后面的政策采纳局限在很小的范围，不会再收集更多的政策选项。同样以智利的养老金改革为例，后面的国家大多选择了智利有关养老金私有化和建立个人账户的选项。

### 4. 制度趋同理论

社会学者对于政策扩散的研究始于组织社会学中的制度学派，它强调政策扩散的结构和文化基础，属于"宏观"扩散分析（"macro" diffusion research）（Strang & Soule，1998）。迪马久和鲍威是组织社会学中制度学派的开创者，他们提出了一个重要问题：什么使得组织趋同？他们认为一旦一系列组织成为一个领域，那么就会出现一个悖论：理性的组织在变革他们的组织时，会逐渐使他们的组织相似。那么，是什么使这一趋同过程（isomorphic process）发生的？为此，他们描述三种趋同过程，即强制（coercive）、模仿（mimetic）和规范（normative），并且讨论了资源集中和依赖、组织模糊和技术不确定、职业化和结构化三个方面对趋同的影响。很显然，制度趋同的三种过程与政策扩散机制的讨论不谋而合，从某种程度上看，政策扩散机制的讨论可以在制度趋同理论中找到原型，制度趋同理论构成了政策扩散机制理论的基础。

对于"宏观"扩散分析，组织学者和社会学者的旨趣主要是关注环境、文化、社会网络、历史等因素对于扩散的影响。对此，戴维·斯特兰奇和莎拉·索尔指出："当理论上开始关注大环境，关注文化模型规范行为的方式，关注历史情景和变化而非静态时，扩散主张也开始蓬勃发展。"（Strang & Soule，1998：268）组织和社会运动是社会学者对于扩散研究的两个主要场景，他们关注组织如何通过扩散实现趋同，以及扩散如何使作为集体行动的社会行动成为可能。对于制度趋同的研究，使社会学者更加关注文化在扩散中的作用，强调共同理解、共同认同和共同信任对于创新及采纳的影响，从而使扩散成为可能。社会学者在研究扩散的文化基础时，会非常重视解释、沟通、对话、交流等对扩散的影响，以及经验扩散模型与扩散对象的文化状态之间的内在联系（Strang & Soule，1998：276）。将制度和文化引入政策扩散研究，这是社会学者对政策扩散研究的主要贡献，他们也为政策扩散的影响因素、机制和模型研究提供了基础理论。

## 二 政策创新与扩散框架的思想演进

当前,很多学者开始对政策创新与扩散的研究进行回顾,以总结该研究的主要内容,并对未来进行展望(Graham, Shipan & Volden, 2013; Shipan & Volden, 2012; Gilardi, 2016)。但是,目前似乎对政策创新与扩散研究的思想史论述不多。我们认为可以按照研究过程中的标志性事件、代表性人物和重大发展,对政策创新与扩散的演进过程划分为创立阶段(1969—1990)、发展阶段(1990—2006)和成熟阶段(2006年至今)。对于政策创新与扩散的阶段划分,一个重要的思路是从研究方法的角度来划分标志性事件、代表性人物和重大发展。在政策创新与扩散研究的演进过程中,两次方法创新带来了研究的发展和繁荣,其中1990年前后的事件史分析方法的引入具有标志性意义,而2006年的定向配对事件史分析方法则是方法方面的进一步优化。

在政策创新与扩散研究的创立阶段,代表性学者是沃克,他开创了政策创新与扩散这个领域,并且提出了很多该领域需要研究的议题(Walker, 1969)。在政策创新与扩散研究的发展阶段,代表性学者是贝瑞夫妇,他们提出了政策创新与扩散的事件史方法,实现了定量化转型,并开创了政策创新与扩散的内部和外部决定因素统一模型(Berry & Berry, 1990)。在政策创新与扩散研究的成熟阶段,代表性学者是查尔斯·希潘和克雷格·沃尔登,他们对政策创新与扩散研究的方法进行了发展,提出了定向匹配事件史分析方法,将联邦制这一制度环境引入政策创新与扩散研究,并且开始关注基础性理论,这也标志着这一研究日益完善(Volden, 2006; Shipan & Volden, 2006)。应该说,第三个阶段是对前面两个阶段的融合,将理论、方法与案例进行有机结合,探讨基于因果推理的政策创新与扩散理论。

### 1. 创立阶段(1969—1990)

沃克是公认的政策创新与扩散研究的创立者,而他于1969年在《美国政治学评论》上发表的论文《美国各州的政策创新扩散》则是奠基之作,它标志一个新的研究领域的提出(Walker, 1969)。沃克指出,他们的主要目的是:"为指导创新扩散研究发展一些命题,这些命题也可能适用于预算领域和其他形式的决策过程。"(Walker, 1969: 881)为此,沃克提出了测量州政府采纳新政策速度的方法,并试图依据决策理论和创新扩散理论来对创新的采纳提出解释,他重点回答了如下两个问题:(1)在采纳新项目方面,与其他州相比,为什么一些州会成为领先者?(2)一旦一些州率先采纳了新项目,这些服务和管制的新形式是如何在美国州之间扩散的?由此可见,沃克重点关注新的观点是如何扩散的,扩散的新观点并不一定是新的发明,只是对采纳单位而言是新的,那么这就是创新的扩散。

沃克首先对创新的速度进行了测量,他通过发明创新分数(innovation scores)来对各州的创新程度进行测量。这里所谓的"创新分数"就是对各州在若干政策领域采纳创新的时间进行赋值,从而计算各州采纳创新的速度,创新分数越高,创新采纳速度越快。在此基础之上,他讨论了影响创新的人口因素(demographic factor)和政治因素(political factor),以及进一步讨论州之间如何影响扩散,并提出了与纵向扩散(vertical diffusion)不同的横向扩散(horizontal diffusion)概念。对基于横向关系的政策扩散研究,沃克认为他主要是借鉴了西蒙、马奇等学者的研究,突出"拇指法则"对于政策采纳的影响,他认为:"他们所使用的'拇指法则'可以概述如下:寻找你正在处理的情景和其他情景的相似性,也许在其他州,这些问题已经得到解决。"(Walker, 1969: 889)基于这一法则,沃克提出了参照地区、邻近地区、沟通与交流等可能对政策扩散的影响,这些都成为后续政策创新与扩散理论发展的源泉(见图9-1)。

沃克的开创性研究激励了后来学者对政策创新与扩散的关注,他们在更多政策领域检验这一理论的有效性,并尝试使用新的方法。弗吉尼亚·格雷(Gray, 1973)对教育、福利和公民权利三个政策领域的创新进行了研究,并提出了三个研究问题:(1)新的思想和观点是如何在各州之间扩散的?(2)为什么一些州会比另一些州更具有创新性?(3)存在创新的范式吗?格雷的研究使政策创新与扩散学者关注过程和模式,即政策观念是如何传播的,这些传播会形成什么模式。为此,他通过引入人类学、乡村社会学、医疗社会学、产业、政治科学和医学等领域的扩散研究,提出基于互动的扩散模型,进一步检验政策创新扩散是否符合正态分

图 9-1　影响创新采纳的因素

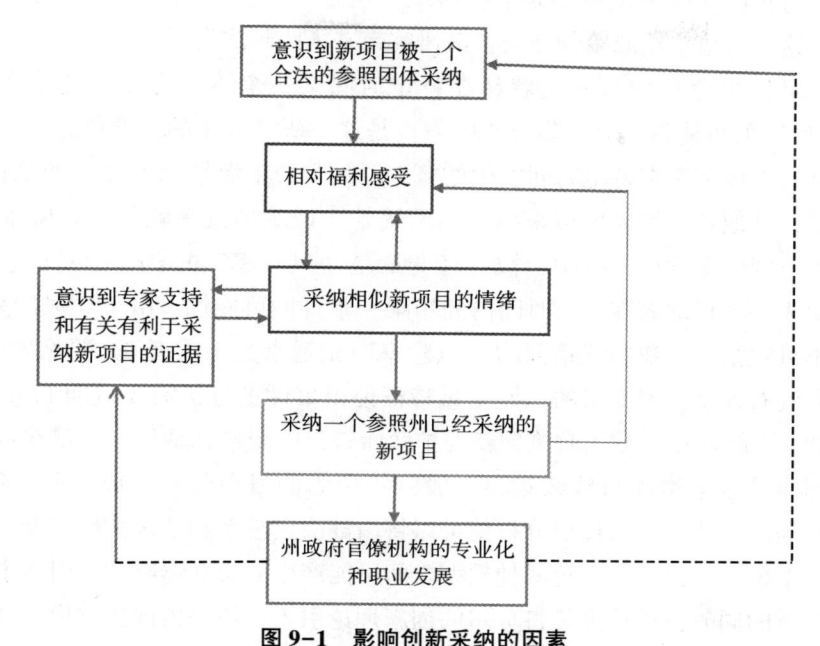

资料来源：Walker, 1969：63。

布，并且以 S 形的方式呈现。

### 2. 发展阶段（1990—2006）

贝瑞夫妇在政策创新与扩散的研究中发挥了关键作用，他们在理论和方法上都有较大贡献，这也使政策创新与扩散研究的科学性得到较大提高（Berry & Berry 1990）。贝瑞夫妇对政策创新与扩散的传统研究问题和结论进行了总结，他们指出这些研究主要关注：影响一个政府采纳新的项目和政策的因素是什么。对此，贝瑞夫妇将研究结论总结为内部决定和地区扩散两种模型："内部决定（internal determinants）模型指出导致州政府创新的因素是内生于各州的政治、经济和社会属性。地区扩散（regional diffusion）模型强调附近州的影响，通常认为各州在遇到政策问题时会模仿他们邻近的州。"（Berry & Berry, 1990：395-396）在对政策创新与扩散研究传统进行评述时，贝瑞夫妇认为这些研究的一个致命问题是将两种解释完全分割开来，事实上任何一种纯粹的地区扩散模型或者内部决定模型都不能够单独解释州政府的创新行为，需要将这两种解释整合成解释政策创新与扩散的统一模型。为了检验统一模型，他们引入了事件史分析方法，这一方法也给政策创新与扩散研究带来了跨越式发展。

事件史分析的目标是解释在特定时间某一个体行为发生定性变化（事件）的可能性，风险集（risk set）是这一研究方法的关键概念，它强调某一具体事件在特定时间发生的概率。例如，上海推动了"一网统管"改革，其他超大特大城市采纳"一网统管"改革的概率就是"风险集"。在不连续的事件史分析中，被解释变量是"风险率"（hazard rate），它被定义为一个行动者在某一时间内经历某一事件的可能性。由于"风险率"是不可观察的，我们观察到的"风险率"则通常是1或者0，要么发生，要么没有发生，因变量的二元变量特征使得事件史分析需要借助Logit模型和Probit模型。对于政策创新与扩散而言，因变量就是某一个州在特定时间内是否采纳项目或政策，一般以年作为测量单位，形成"州—年"的数据库。这样，事件史分析就可以将内部决定模型和地区扩散模型统一到一个模型中，从而避免两种模型之间可能产生的交互影响。在引入事件史分析的同时，贝瑞夫妇将莫尔的创新理论引入，使得内部决定模型和地区扩散模型与创新的动机、障碍以及克服障碍的资源等基础理论建立联系，为发展政策创新与扩散的一般理论和定量模型提供了可能性。这意味着，内部决定模型的影响因素可以分别归于创新动机，或者创新的障碍以及克服创新的资源，而地区扩散模型则可以归为利用信息资源对创新障碍进行克服。更为重要的是，通过引入莫尔的创新理论，贝瑞夫妇可以将创新动机与创新障碍和资源的影响进行交互分析，从而得出更多有意义的结论。

### 3. 成熟阶段（2006年至今）

查尔斯·希潘和克雷格·沃尔登是政策创新与扩散研究第三阶段的代表性人物，他们的主要贡献表现在两个方面：(1) 发展了政策创新与扩散的事件史分析研究方法，提出了定向配对时间事件史分析（the directed dyad-year event history analysis）；(2) 将政策创新与扩散放在联邦主义的制度背景之下讨论，提出了基于联邦主义的政策创新与扩散理论，并且尝试系统化讨论机制问题（Shipan & Volden, 2006; Volden, 2006; Shipan & Volden, 2008）。应该说，研究方法的创新与理论创新是紧密联系的，通过研究方法创新来发展理论，理论发展需要以研究方法为依托。

克雷格·沃尔登在政策创新与扩散研究中引入定向配对时间事件史分析时，他提出了一个新的问题：是否更成功的政策会扩散更快一些？这意味着，州政府在学习其他地方的政策时，并非全部无差别学习，相反，他们会向成功者学习。传统的事件史分析方法只关注在特定时间一个州是否采纳特定的政策，沃尔登认为存在两个缺陷，一是州政府不可能简单地采纳相同州的任何政策，他们会对有效政策有更多的偏向性；二是研究者不仅关注政策是否会被采纳，而且会关注什么样的政策会被采纳（Volden，2006：295）。沃尔登引入了定向配对事件史分析方法，研究哪一对州更有可能相互学习彼此的政策，这需要对每一年各对州是否采纳彼此政策进行检验。为此，沃尔登构造了一个成功变量（Success Variable），对于任何与一个拥有成功政策的州匹配的州都会赋值1，相反，对于任何与一个低绩效政策的州匹配的州都会赋值0，而该变量如果呈现正相关，则代表更加成功的政策得到采纳。基于美国儿童健康保险项目（Children's Health Insurance Program，CHIP），沃尔登发现与失败的政策相比，更加成功的政策更容易扩散，而对于成功的政策而言，减少项目成本的成功政策比增加成本的成功政策更容易扩散，立法部门制定的成功政策比行政部门制定的成功政策更容易扩散。在进行政策扩散时，政治、人口和预算的相似性比地理相似性更重要。

## 三　政策创新与扩散框架的主要内容

随着政策创新与扩散研究日益走向成熟，越来越多学者开始尝试对这一领域的研究进行系统性回顾与总结，并为未来指明方向，最有影响的还是贝瑞夫妇以及查尔斯·希潘和克雷格·沃尔登，这也为我们厘清政策创新与扩散框架的主要内容奠定了基础（Berry & Berry，2018；Shipan & Volden，2012；Graham，E. R.，Shipan，C. R.，& Volden，2013；Gilardi，F. 2016）。在最新的研究综述中，贝瑞夫妇对政策创新与扩散的模型进行了总结（Berry & Berry，2018）。总体而言，他们仍然按照1990年那篇开创性论文对研究进展进行了回顾，试图进一步发展政策创新与扩散的统一模型。对于内部决定因素和外部压力因素，张友浪等学者分别将之总结为：（1）内部决定因素包括：管辖地区属性（经济发展或文化传统）、政府属性（财政健康或组织规模）和政策制定者或政策企业家属性（年龄、性别、职业背景等）；(2) 外部压力因素包括：纵向压力（自下而上的命令、自下而上的滚雪球效应）和横向压力（学习、竞争、模仿等）(Zhang & Yang, 2022)。

查尔斯·希潘和克雷格·沃尔登在2012年的研究综述文章中指出，过去50多年在政治科学和公共行政的杂志上发表的有关"政策扩散"的论文超过1000多篇，他们认为这些研究的核心观点是政府在政策创新中不可避免地受到其他政府的政策影响，政策扩散的作用不可忽视，在当今相互连接的世界，理解政策扩散对于政策倡导和政策创新更是格外重要(Shipan & Volden, 2012)。为此，查尔斯·希潘和克雷格·沃尔登为学者和实践者提供了七种观点：(1) 政策扩散不是或不仅是相同政策的地理聚集；(2) 政府之间会彼此竞争；(3) 政府之间会彼此学习；(4) 政策扩散并不总是有益的；(5) 政治和政府能力对于政策扩散而言十分重要；(6) 政策扩散也会受到政策本身影响；(7) 分权是政策扩散的关键。

接下来，我们将结合政策创新与扩散的思想演进，构造一个政策创新与扩散的框架，这一框架参考了贝瑞夫妇，以及查尔斯·希潘和克雷格·沃尔登等的研究，试图系统总结政策创新与扩散的构成要素、过程、机制和主要发现（见图9-2）。

从图9-2可以看出，我们建构了一个政策创新与扩散框架，这一框架由外部变量、自变量、中介变量和结果变量组成。政策采纳的过程就是政策创新的过程，它意味着政策决策者采纳一项对于其自身而言是新的项目或政策。政策创新与扩散框架聚焦于其他政府的政策创新行为对于政策创新与变迁的影响，探究这一影响的过程、机制和结果。它试图回答如下问题：政策采纳是如何发生的？哪些因素在政策采纳中发挥关键作用？政策采纳是由外部因素影响的，还是由内部因素决定的？外部因素和内部因素是否可以共同对政策采纳进行解释？政策决策者围绕着政策采纳，是如何决策的？其心智模型是什么？政治制度会对政策采纳产生什么影响？接下来，我们将结合政策创新与扩散框架，以及学者们的研究，对政策创新与扩散框架的主要发现进行介绍，将重点围绕政策决策者及其心智模型、内部决定因素模型、外部决定因素模型、政策采纳统一模型、政策扩散机制和形态模型、政治制度下的政策扩散过程等议题展开。

第九章 政策创新与扩散框架　　325

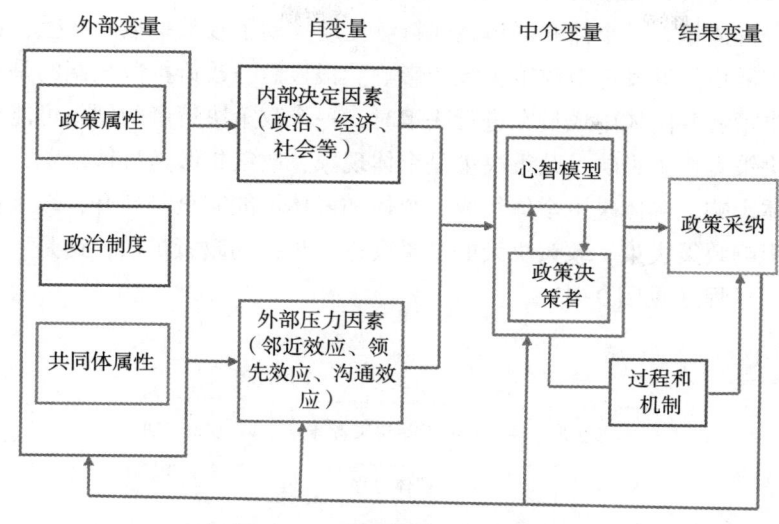

```
外部变量          自变量            中介变量      结果变量

┌─────────┐   ┌──────────┐
│ 政策属性 │──▶│内部决定因素│
└─────────┘   │(政治、经济、│──┐
              │  社会等)   │  │   ┌────────┐
              └──────────┘  │   │ 心智模型 │
┌─────────┐                 │   └────┬───┘    ┌────────┐
│ 政治制度 │                 ├──▶    ▲▼       │ 政策采纳 │
└─────────┘                 │   ┌────────┐   └────────┘
              ┌──────────┐  │   │ 政策决 │──▶
┌─────────┐   │外部压力因素│  │   │  策者  │
│共同体属性│──▶│(邻近效应、领│──┘   └────┬───┘
└─────────┘   │先效应、沟通效│         ▲
              │    应)     │    ┌────────┐
              └──────────┘    │ 过程和 │
                               │  机制  │
                               └────────┘
```

**图 9-2　政策创新与扩散框架**

资料来源：作者自制。

## 1. 政策决策者及其心智模型

沃克在提出政策创新与扩散这一研究领域时，就非常重视组织决策理论，并认为他的研究部分建立在西蒙、马奇、塞特和林德布洛姆等人提出的组织决策理论之上，这构成了其理论内核（Walker, 1969）。对此，他指出："这些理论的核心是决策者概念，决策者努力在复杂的替代方案中进行选择，持续地获得有关环境的信息，这些信息可能超过他们能够咀嚼和评估的数量。"（Walker, 1969: 888-889）正是这一原因，有限理性构成了政策创新与扩散的理论基础。有限理性既是决策者自身信息处理能力的结果，也是外部环境信息选择性获取的产物，内部因素和外部环境共同决定了决策者在进行决策时会采用有限理性的心智模型。有限理性使得借鉴和学习其他人的经验成为决策中的"拇指法则"，这也使政策扩散具有坚实的微观基础。

从这个意义上看，贝瑞夫妇提出的政策创新与扩散的统一模型，其理论基础也是有限理性。有限理性使得政策决策者在进行政策创新的决策时，会同时受到内部因素和外部环境的影响。因此，任何只从单一因素或者单一来源来解释政策采纳行为，都不可避免具有自身的片面性和局限性，需要将内部和外部因素统一起来进行研究。事实上，政策决策者和政策扩散之间具有复杂的互动关系，政策决策者是一个个体概念，政策扩散包含着群体概念，个体和群体之间持续互动推动了政策扩散的产生，也使政策扩散更能够发挥对政策决策的影响。很显然，政策扩散强调的是一个政策决策者共同体中成员在进行决策时，一个政策决策者的创新可能会对其他决策者产生影响，政策决策是个体现象，政策扩散是群体现象，个体受群体影响，群体是由个体组成，个体和群体不能完全割裂开，政策扩散可以影响政策决策，政策决策的结果会进一步推动政策扩散，这是一个正反馈的过程（见图9-3）。

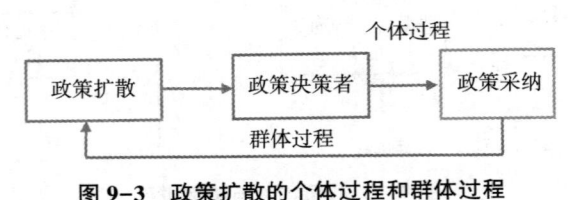

图9-3 政策扩散的个体过程和群体过程

### 2. 政策采纳的内部因素决定模型

从内部因素讨论政策采纳问题，此时政策采纳就转化为政策创新研究，其核心问题是：什么因素影响政策决策者选择一个创新行为？由于任何一项此前没有采纳的政策对于政策采纳者而言都是政策创新，这使得大部分政策创新研究与政策选择研究和政策变迁研究具有相同逻辑，只是使用不同的学术概念。简言之，我们可以将政策选择和政策变迁看作政策创新行为，政策选择逻辑和政策变迁逻辑同样适用于政策创新逻辑。当然，政策采纳的内部因素决定模型会重点考虑政策选择和政策变迁的内部影响因素，这些因素主要包括政治因素、经济因素和社会因素等，其核心是回应政治学的经典之问：谁统治？这一议题转化为公共政策议题，就是政策决策是受什么因素影响？一般认为，更富裕、规模更大和经济水平更高的州创新性可能更高，决策者的受教育程度更高，政策创新的可能性更高。贝瑞夫妇在讨论政策创新的内部决定模型时，他们提出可以借鉴组织创新的研究，按照创新动机、创新障碍和克服创新障碍的资源等方面来组织论述，讨论政策创新的影响因素。

从创新动机的角度讨论政策采纳，其核心是分析哪些因素可能会影响政策决策者的采纳行为。通常而言，问题的严重性、政治激励、决策者属性等因素会影响政策采纳行为。政治决策者会对注意力进行选择性分配，这使他们更可能关注更为严重的政策问题，并且针对该问题进行政策创新。与此同时，政策决策者的政治激励也会对政策采纳行为产生影响，这是政策创新的政治周期理论。该理论认为，由于政策决策者面临着选举的压力，这使得他们在面临选举压力时，有可能会选择一些大众接受的政策。而一旦没有政治选举的压力，政策决策者有可能会选择一些不太受大众欢迎的政策。决策者自身的受教育程度、职业经历、专业背景等因素，也会影响政策采纳行为，这是组织行为学研究的重点。

对于从创新障碍和克服障碍的资源的角度讨论政策采纳，其核心是资源拥有情况可能会影响政策决策者的采纳行为。组织创新理论强调财政资源会影响创新，组织冗余是组织创新的前提和基础。一般而言，政策采纳的内部决定模型会讨论经济发展水平、人均收入水平高和财政健康水平对于政策创新的影响，通常认为经济发展水平高和财政资源充足的地方更可能采取政策创新行为，这主要是由于政策创新需要支付成本和代价，没有资源支撑不能保证政策实施。事实上，经济发展水平更高，人们对于创新行为会更容易接受，也会提出创新的需求和偏好，并且会与政策创新者进行良性互动，这也会减少创新的阻力。

### 3. 政策采纳的外部因素决定模型

扩散作为一种群体现象，它强调不同行动者之间互动如何影响观念的传播，其本质是观念在共同体内被不同群体接受的过程。创新扩散研究者罗杰斯对扩散的定义是："在一定时间内，创新通过一定渠道在社会系统成员中被沟通的过程。"（Rogers，1995：35）因此，对于扩散而言，群体中行动者数量、沟通渠道和观念传播三者是决定性因素。对于扩散研究，研究者首先需要对行动者数量及其所形成的共同体进行刻画，随后要对不同行动者之间围绕观念的生产、传播和接受过程进行建构，从而形成对扩散过程的理解。对于扩散的研究，扩散过程和扩散形态两者同等重要，扩散过程关注观念是如何被传播的，扩散形态关注扩散结果。对于创新采纳的扩散模型，贝瑞夫妇总结了三种经典模型，即全国互动模型（the national interaction model）、地区扩散模型（the regional diffusion model）和领导者—跟进者模型（leader-laggard model），这些模型对扩散如何促进创新采纳进行了描述。

全国互动模型是传播学者对于扩散研究的理论概括，他们认为一定社会系统中行动者通过互动可以促使创新在共同体中传播，并且扩散模式会呈现S形。简言之，创新扩散可以划分为三个阶段，第一阶段会比较缓慢，第二阶段会加速，第三阶段又会变得缓慢。对于扩散过程，这一模型强调社会系统中每一个行动者都有同样可能性采纳创新行为。从某种程度上看，全国互动模型是一种政策扩散的纯理论，它假设一旦创新产生，这一创新就会在共同体中扩散，并不考虑不同行动者对于创新采纳的差异性，这很显然与现实不符。为此，政策扩散学者对全国互动模型进行了改进，他们分别关注扩散中的邻近效应和领先效应，从而提出了地区扩散模型和领导者—跟进者模型。地区扩散模型强调地理区域会影响政策扩散，一个州的政策创新会受到其邻近州的影响。但是对于如何构造地区的概念，学者们存在分歧，有一些学者以地理区域作为边界，强调边界之间连接，还有一些学者以共同区域为分析单位，强调该区域的政府会彼此影响。不过，地区扩散模型也面临着挑战，一方面政策创新可能会受到非邻近区域的影响，另一方面对于政策扩散的机制到底是什么存在不同解释。领导者—跟进者模型则试图将政策扩散中的先进者和后进者进行区分，强调后进者会向先进者学习，这意味着政策扩散过程并非随机的，而是存在明确的扩散路径。领导者—跟进者模型面临的最大挑战是如何提前预测谁是领导者，谁是跟进者，如果没有办法提前预测，整个理论也不具有可检验性。

### 4. 政策扩散的机制

对于政策扩散机制的讨论，也构成了政策创新与扩散框架的重要理论进程，它关注政策创新者为什么会选择创新采纳行为。法布里齐奥·吉拉尔迪（Fabrizio Gilardi）等学者在对政策扩散理论进行回顾时，就指出："政策扩散文献的核心是政策制定者为什么以及如何对其他地方做出的决定做出反应的问题。"（Gilardi & Wasserfallen，2019：1246）为此，他们提出了政策扩散的程序化模型（a stylised model），将这一模型的核心划分为行动者、假设和机制等三个部分（见表9-1）。很显然，对于机制的讨论，构成了政策扩散研究的重点。当前，对于政策扩散的机制，学者们已经将其总结为学习、竞争、强制和模仿四种机制（Shipan & Volden，2008）。

**表 9-1　　　　　　　　　　政策扩散的程序化模型**

| 要素 | 内容 |
| --- | --- |
| 主要行动者 | 政策制定者（政府或者立法部门） |
| 假设 | 决策是基于事实评价的产物 |
| 机制 | 学习其他单位的经验<br>来自外在的经济激励（竞争或强制） |

资料来源：Gilardi & Wasserfallen, 2019。

学习机制是政策扩散的第一个机制，它来源于"作为民主的实验室"观点，强调决策者对其他单位经验的学习，学习是问题解决的前提和基础。学习机制特别强调政策在其他地方能够产生较好的效果，即学习一般是对成功经验或者有效经验的学习。对于决策者而言，当他们遇到问题时，他们可能会将问题简化为寻找解决方案，而其他地方的替代性方案尤其是一些成功的替代方案就会成为他们学习的对象。因此，学习机制会关注谁、学习什么，不同行动者会对不同维度进行学习（Gilardi, 2010）。

竞争机制是政策扩散的第二个机制，它来源于公共选择学者对于公共物品和地方公共财政的分析，借鉴了蒂布特模型（Tiebout model）的思想，强调政府官员是否采纳政策创新主要是受到他们对于避免其他地方获得经济优势或者阻止其他地方获得经济优势的考虑（Tiebout, 1956）。竞争机制会以"位置选择"和"溢出效应"两种形式存在，前者认为不同的决策者会因为对公民的竞争而选择相同或者类似的政策创新，而后者则认为邻近地区所导致的正外部效应或者负外部效应会促使政策扩散。

强制机制是政策扩散的第三种机制，它来源于联邦主义的讨论，是政府间关系对于政策扩散的影响，强调一旦更有权力的政府采纳了一项政策，这会促进另外的政府也采纳类似政策。强制机制在国家间关系或者纵向政府间关系中发挥作用，前者认为一个更有权力的国家采纳了一项政策，这会给其他国家采纳这项政策带来压力；后者认为更高层级的政府采纳了一项政策，这也会给较低层次政府采纳该项政策带来压力。

模仿机制是政策扩散的第四种机制，它来源于社会心理学理论，强调一个地方的决策者采纳另一个地方的政策创新，其原因仅仅是希望能够看着向其他地方的政策一样。简言之，学习机制关系政策本身，模仿关注行动者本身，无论政策会带来何种效果，模仿者只关注模仿本身，不考虑行为结果，模仿行为就是价值，它是权威关系对政策采纳行为的影响。

## 5. 政策采纳的统一模型

在对内部决定和地区扩散模型进行整合时，贝瑞夫妇借鉴劳伦斯·B. 莫尔（Lawrence·B. Mohr）有关创新动机的理论，尝试提升政策创新与扩散的理论水平。对于创新的影响因素，莫尔指出创新的可能性主要是由"创新的动机，阻碍创新的障碍强度，以及克服这些障碍的资源可获得性"（Mohr, 1969: 111）。基于莫尔的创新理论，贝瑞夫妇引入了事件的概念，认为州政府是否采纳项目或政策可以当作一个事件，他们提出了政策创新与扩散的根本问题：在一定的时间内，决定采纳事件发生的影响因素是什么？事件史分析成为研究方法，莫尔的创新理论成为理论基础，这使得政策创新与扩散的统一模型和定量检验成为可能，也标志着政策创新与扩散研究迈入新的发展阶段。

为此，他们形成了如下政策创新与扩散的统一模型：

$$采纳_{it} = f（动机_{it}，资源/障碍_{it}，其他政策_{it}，外部影响_{it}）$$

其中采纳$_{it}$表示某一管辖区域 i 在时间 t 对创新的采纳，动机、资源/障碍、其他政策属于内部决定因素，而外部影响则是扩散因素（Berry & Berry, 2018: 272）。

为了对理论进行实证检验，贝瑞夫妇以美国各州对彩票政策的采纳为例进行了分析，提出了影响彩票政策采纳的统一理论。对于创新动机而言，他们认为州政府的财政健康水平、政治选举以及两者之间交互会影响州政府是否采纳彩票政策，当一个州的财政健康水平差以及处于选举年时，更可能采纳彩票政策。对于涉及创新障碍而言，他们认为州的人均收入水平、宗教信仰以及这些因素与创新动机之间交互会影响州政府是否采纳彩票政策，当一个州的人均收入水平更低和宗教信仰比较强烈时，该州不太可能采纳彩票政策，而州的人均收入水平和宗教信仰在选举年和州财政收入不好时会发挥更大限制彩票政策采纳的作用。对于克服创新障碍的资源而言，政治体制和邻近州的采纳行为以及他们与政治选举和财政健康水平的交互会对彩票政策采纳行为产生影响，当一个州处于一党控制和邻近州采纳彩票政策时，该州更可能采纳彩票政策，而当州处于选举年和财政健康水平较差时，政治控制和邻近州的采纳能够发挥更大作用。

## 6. 政治制度下的政策扩散过程

对于政治扩散的研究，一个重要视角是将政治制度与政策扩散联系在一起，讨论政治制度对政策扩散的影响。美国学者在讨论政治制度对政策扩散的影响时，主要是将政策扩散放在联邦主义制度的背景之下进行分析，思考联邦主义对于政策扩散意味着什么。对于联邦主义理论，政策创新与扩散研究主要关注自上而下联邦主义（top down federalism）、自下而上联邦主义（bottom up federalism）和逐底竞争（a race to bottom），前面两个重点讨论纵向关系对政策创新与扩散的影响，后面一个阐述横向关系对政策创新与扩散的影响。

自上而下联邦主义主要是强调联邦主义除了通过法令和财政影响州政府的行为，还能够通过对议题的讨论以及提供信息对州政府的政策选择产生影响。为此，研究者提出了一个有意思的问题，即政策观念是如何从联邦政府向州政府扩散的。查尔斯·希潘和克雷格·沃尔登等学者基于美国的控烟政策，发现国会有关控烟的听证和议案引入会对州政府采纳政策有影响，但是这种影响仅在拥有专业立法人员和较强倡议的州才发挥作用（McCann, Shipan & Volden, 2015）。

自下而上联邦主义则是讨论地方和城市政策如何影响州政府政策，州政府政策如何影响联邦政府政府，它与自上而下联邦主义相结合构成了纵向政策创新与扩散的主要内容（Garlick, 2023）。查尔斯·希潘和克雷格·沃尔登在讨论自下而上的联邦主义对政策创新与扩散的影响时，提出了地方政府政策采纳对州政府可能产生的两种效应，一种是滚雪球效应（a snowball effect），另一种是压力阀效应（a pressure valve effect），前者强调地方政府政策采纳会增加州政府的政策采纳，后者强调地方政府政策采纳会减少州政府的政策采纳（Shipan & Volden, 2006）。

逐底竞争是竞争性联邦主义对州政府横向关系的讨论，强调各州为了避免"福利磁场"，都会降低各自的福利待遇，这样导致不同州的福利待遇越来越低（Volden, 2002）。这一理论用于政策创新与扩散，认为不同州的政策会对其他州的政策产生影响，这也比较接近政策创新与扩散自身的逻辑。

## 四 政策创新与扩散框架的案例研究

查尔斯·希潘和克雷格·沃尔登于 2008 年发表了《政策扩散的机制》一文，尝试对政策扩散机制进行实证检验，他们认为地方政策采纳为检验政策扩散机制提供了较好的场域（Shipan & Volden，2008）。在这篇论文中，他们以 1975 年至 2000 年美国 675 大城市的禁烟法律采纳为例，证明了学习、竞争、模仿和强制四种机制在政策扩散中都发挥作用。在对政策扩散机制定义的基础之上，他们提出了如下假设：（1）学习假设：当一个政策被同一州的其他城市广泛采纳时，这一政策被城市采纳的可能性增加。（2）经济竞争假设：当一个政策对邻近城市有负面影响时，这一政策被城市采纳的可能性降低，而当一个政策对邻近城市有正面影响时，这一政策被城市采纳的可能性提高。（3）模仿假设：当一个政策被邻近更大城市采纳时，该城市采纳这一政策的可能性增加。（4）强制假设：当一个州采纳了一项政策时，该城市采纳这一政策的可能性降低。与此同时，他们还引入时间和条件维度，讨论这些机制的持续时间，以及在何种条件下会发挥更大作用，这样形成了如下两个假设：（5）暂时性效应假设：模仿会持续较短时间，相反，学习和竞争则会持续更长时间。（6）条件性学习、竞争、模仿和强制假设：较大城市更有可能向其他城市学习；较大城市不易受外界经济竞争影响；较大城市不易采纳模仿策略；较大城市不太容易受到强制影响。为了检验这些假设，他们对美国三类禁烟政策进行了分析，即政府建筑物禁烟、饭店禁烟和青年禁烟，使用标准的事件史分析方法讨论一个事情发生的可能性。实证研究表明地方政府也会受到来自横向和纵向的压力，这一研究为区分政策扩散机制提供了一种检验路径，并且证实了四种机制都会发挥作用，而模仿机制持续时间更短一些，规模对扩散会产生较大影响。

朱旭峰与张友浪合著的研究论文《中国扩散的多重机制》讨论了政策扩散机制在中国的应用情况，他们使用定向配对事件史分析方法分析了中国 1999—2015 年省级行政服务中心扩散的过程（Zhang & Zhu，2019）。结果表明，横向学习、横向模仿、自上而下和自下而上等组织层面的扩散机制可以同时存在于中国省级政府的政策扩散过程中。朱旭峰与张友浪的另一篇合著研究论文《职业群组与跨区域创新扩散：基于中国的实证探索》，他们认为现有文献已经充分表明，地方政府创新存在广泛的横向扩散机制（Zhang & Zhu，2020）。但是，到底谁学习谁呢？中国独特的官员人事制度决定了地方长官在横向考察政策经验信息时，会更多地关注与自己年龄较近和政治级别相同的官员，研究者称年龄较近和政治级别相同的官员同为一个政策群组（career cohort）。相对于不同组别的官员，同一组的官员通常会接触类似的政策信息，拥有高度重合的职业机会，政治竞争会更加激烈，从而形成一种独特的政策互倚模式。该研究基于对中国1999—2015年省级行政服务中心扩散过程的定向配对事件史分析验证了这种政策创新扩散过程中的群组效应。

## 五 政策创新与扩散框架的评价与展望

政策创新与扩散研究加深了我们对政策过程中相互依赖性和观念传播的理解和认知，围绕着观念相互依赖性进行了多个维度的深入研究，在取得较大成绩的同时，也一直面临着各种挑战。法布里齐奥·吉拉尔迪在一篇论文中，就提出可以在测量、研究目标、研究设计和研究应用四个方面进一步推进政策扩散研究（Gilardi，2016）。我们认为，要进一步推进政策创新与扩散研究，还是回到政策过程研究的最根本性问题，即政策创新和扩散研究在何种程度上加深了我们对政策过程的理论认知。为此，推动政策创新与扩散的理论发展，并将这一理论发展与其他理论进行有效对话，这仍然是未来政策创新与扩散的发展方向。事实上，政策创新与扩散的研究已经认识到理论的重要性，并且尝试在政策创新与扩散的一般理论发展方面有所作为。当前，学者们至少在三个方面进行了较多探索，即政策扩散机制的评价与优化、政策扩散研究范围的拓展和政策扩散理论与理论之间的对话。

### 1. 政策扩散机制的评价与优化

政策扩散机制的提出、类型化和定量分析是政策扩散研究的重要进展，它也是政策扩散研究日益成熟的标志性事件。正是对于政策扩散机制的讨论，研究者重新将行动者及其动机作为研究重点，这为发展基于因果推理的政策扩散研究提供了可能性。当前,学习、竞争、强制和模仿四种机制逐步成为政策扩散机制的正统类型,并得到越来越多的学者认可(Shipan & Volden, 2008; Zhang & Zhu, 2019)。学习、竞争、强制和模仿四种机制在获得认可的同时,法布里齐奥·吉拉尔迪等学者开始对其质疑,认为这些机制并没有形成符合预期的理论,其缺点主要包括测量问题(Maggetti & Gilardi, 2016)、内在一致性问题(Braun & Gilardi, 2006)、忽视政治逻辑(Gilardi & Wasserfallen, 2019)等。以四种政策扩散机制的测量为例,马尔蒂诺·马杰蒂和法布里齐奥·吉拉尔迪通过利用 QCA 进行系统文献回顾,他们的研究指出,在机制测量中同时存在不同指标测量相同机制,以及同一个指标测量不同机制等问题,结构相同、地理相近、共同成员、成功政策、采纳者数量、贸易往来等指标被用来测量不同机制(见表9-2)(Maggetti & Gilardi, 2016)。

表9-2　　　　　　　　　　扩散机制的概念化和可操作化

|  | 学习 | 模仿 | 竞争 | 总计 |
| --- | --- | --- | --- | --- |
| 结构相同 | 6 | 12 | 13 | 31 |
| 地理相近 | 10 | 11 | 3 | 24 |
| 共同成员 | 7 | 14 | 1 | 22 |
| 成功政策 | 18 | 3 | 0 | 21 |
| 采纳者数量 | 4 | 7 | 1 | 12 |
| 贸易往来 | 2 | 4 | 5 | 11 |
| 总计 | 47 | 51 | 23 | 121 |

资料来源:Maggetti & Gilardi, 2016:97。

乔基姆·布莱特(Joachim Blatter)等研究者尝试从理论的角度对政策扩散机制进行系统反思,并提出替代性的理论构想,应该说他们的研究代表了政策扩散机制理论发展的最新进展(Blatter, Portmann & Rausis, 2022)。乔基姆·布莱特等学者认为,目前对政策扩散机制的讨论更多是基于归纳逻辑,这使得这些机制分类不可避免地存在单个机制的不一致性和交叠,以及对某些机制的偏好而忽略其他机制。为此,他们提出可以基于理性和建构视角(rationalist versus social constructivist),以及对称和非对称关系组合(symmetric versus asymmetric constellations)两个维度,提出了四种类型的新机制,他们分别是利益驱动的政策扩散(interestdriven policy diffusion)、权利驱动的政策扩散（rights-driven policy diffusion)、意识形态驱动的政策扩散（ideology-driven policy diffusion）和认同驱动的政策扩散（recognition-driven policy diffusion）（见表9-3）。

表9-3 政策扩散形式的范式假设

| | 理性主义 | 建构主义 |
| --- | --- | --- |
| 对称关系组合 | 利益驱动的政策扩散<br>结构：<br>—多元（竞争）政体<br>—法律规定每一个平等的管辖主体都有正式的决策自主权<br>能动（Agency）：<br>—计算能够满足国内决定的自我利益的政策后果 | 意识形态驱动的政策扩散<br>结构：<br>—多元（竞争）政策<br>—在多元社会中被赋予表达各自价值的法定权利<br>能动：<br>—解释不同政策对于实现内在价值或者认同的适宜性 |
| 非对称关系组合 | 权利驱动的政策扩散<br>结构：<br>—被法律规定为拥有不同权利和义务的不平等管辖权主体组成的政体<br>能动：<br>—在各自的政体和政策领域围绕着已经建立的权利和义务来判断政策立场 | 认同驱动的政策扩散<br>结构：<br>—政策通过反思过程和行动者来取得合法性<br>能动：<br>—通过识别合适的政策来建构和巩固已经建立或者期望的声誉，这些声誉需要行动者负责或者进行回应 |

资料来源：Blatter, Portmann & Rausis, 2022：8。

乔基姆·布莱特（Joachim Blatter）等研究者围绕这些理想范式，结合政策扩散发生在某一政策领域，还是跨政策领域，进一步提出了政策扩散产生的八种路径。对于利益驱动的政策扩散而言，如果政策扩散在同一政策场域，那么这种扩散主要是通过信息交换来实现，即不同行动者通过寻找信息来决定自身是否采纳政策，而跨政策领域的扩散则主要是通过外部性来实现，即一个政策领域的政策创新可能会对相邻或者相近领域的政策产生影响，如航空领域的放松管制可能扩散到交通领域。对于权利驱动的政策扩散而言，政策扩散可能通过等级制，或者条件制的方式发挥作用。对于意识形态驱动的政策扩散而言，政策扩散可能通过主要信仰，或者政策信仰来发挥作用。对于认同驱动的政策扩散而言，政策扩散可能通过政策专家，或者公众注意力来发挥作用。

#### 2. 政策扩散研究在政策过程中的拓展和应用

政策扩散研究的另一个重要进展是将政策扩散研究扩展到政策过程的

其他环节，而不仅仅是关注政策采纳的扩散研究。对于政策扩散文献而言，"政策扩散被界定为选择是相互依赖的过程，也即一个政府的选择会影响其他政府的选择，或者相反，一个政府的选择会受到其他政府选择的影响"(Braun & Gilardi, 2006: 299)。此前，研究者主要是对政策采纳的扩散过程进行研究，即一个政府的政策采纳会影响其他政府的采纳。为此，一些研究者认为政策扩散不仅在政策采纳中发挥作用，而且在政策过程的其他环节发挥作用。当前，政策扩散研究向政策过程的其他环节进行拓展，主要体现为议题定义（issue definitions）和政策放弃（policy abandonment）两个阶段。

法布里齐奥·吉拉尔迪和查尔斯·希潘（Gilardi, Shipan & Wüest, 2021）等研究者首次尝试将政策扩散研究应用到议题定义阶段，讨论政策采纳对议题定义的扩散，而不是传统的政策采纳对政策采纳的扩散。简言之，他们认为一个政府的政策采纳会对另一个政府的议题定义产生影响。在这一讨论中，议题定义作为结果变量，其他政府的政策采纳作为自变量，政策采纳会影响后续议题定义和政策框架化。与此同时，他们还引入对政策扩散机制的讨论，认为学习机制会促进政策采纳对可以学习的议题定义产生影响，而模仿机制则表明政策采纳不会对规范性的议题定义发挥作用，这样就可以形成有关政策采纳对议题定义的三个假设：(1) 其他州的政策采纳可以预测该州的政策框架出现情况（扩散假设）；(2) 其他州的政策采纳可以预测有关实际、经验证实结果的政策框架出现情况（学习假设）；(3) 其他州的政策采纳和有关规范论证框架的出现情况存在负向关系（模仿假设）。此外，他们还对政策框架之间相关性进行了讨论，形成了第四个假设：(4) 个别框架会彼此相关从而形成复杂框架，此前的政策采纳会促使复杂框架形成（框架相关假设）。为了对上述假设进行检验，他们利用结构话题模型（structural topic model）对美国49个州从1996年到2013年的52000个禁烟话题进行编码，发现禁烟话题被定义和讨论会受到其他州采纳该政策的影响，而随着该政策被逐步采纳，有关禁烟对赌场的影响、实施议题和政治支持等会处于显著位置，而有关酒吧和饭店的影响、烟草公司影响以及管制细节等话题则会萎缩，扩散假设和竞争假设都得到检验。而有关自由话题的讨论则一直持续，与模仿假设并不一致。随着政策被广泛传播，政策框架的内容也日益丰富，这使围绕禁烟的规范、实际和政治意蕴的复杂政策框架得以形成。

克雷格·沃尔登将政策扩散引入对政策放弃的研究，试图拓展对政策实验室的认知（Volden，2016）。他认为此前对政策扩散的研究主要聚焦于成功的政策，而失败的政策是否会对扩散产生影响则没有引起研究者关注。如果政策实验室同时对政策成功和政策失败发挥作用，那么其他地方的政策失败会促进行动者放弃可能的失败，即便这一政策还没有出现失败的征兆。在沃尔登看来，要对政策放弃进行政策扩散研究，需要包含对政策采纳的政策扩散研究的相同要素。简言之，政策放弃的政策扩散研究需要考虑行动者选择政策放弃行为的动机，而这一动机可能是政治原因，也可能是政策原因。沃尔登重点关注了政策原因对于政策放弃行为选择的影响，他提出了三个基本假设：（1）政府更有可能放弃在其他地方被证明失败的政策（放弃政策失败假设）；（2）政府更可能放弃与其具有相同意识形态州被证明失败的政策（向相同州学习假设）；（3）那些拥有专业能力的州政府更可能放弃在其他地方被证明失败的政策（专业能力学习假设）。为了证明上述假设，沃尔登通过使用定向配对方法，结合贫困家庭临时援助项目（Temporary Assistance for Needy Families）进行了检验，他发现政策放弃的政策扩散逻辑得到了证实。

### 3. 政策扩散研究与其他政策过程理论的连接

与其他政策过程理论对话，这是政策扩散研究当前进展的一个重要内容。这种理论对话既可以发展不同理论的深度和广度，还有可能提出新的理论。当前，政策创新与扩散的研究者已经将政策扩散研究与间断—均衡理论、政策设计理论、多源流理论和政策网络理论进行对话，通过引入其他政策过程理论，进一步提升政策扩散理论的科学性。理论对话的过程也是理论融合的过程，这为未来发展统一的政策过程理论范式提供了可能性。

格雷姆·布谢（Graeme Boushey）将政策扩散研究与间断—均衡理论联系起来，试图用间断—均衡理论的正反馈和负反馈机制来解释政策扩散模式（Boushey，2012）。为此，布谢认为间断—均衡理论可以为政策扩散模式提供一种机制解释，回答政策扩散通过什么机制导致了政策扩散所形成的模式。基于间断—均衡理论，布谢提出了政策扩散的间断性假设，并认为政策扩散的间断性是由不同决策过程引进的，从根本上是政治制度中政治注意力不成比例分配的结果，他将这些决策过程概括为三类：

(1) 渐进的政策学习会导致政策的逐步扩散；(2) 政策模仿会导致州与州之间政策的快速扩散；(3) 州政府对外部冲击的反应可能导致政策立即扩散。在将间断—均衡理论与政策扩散理论结合的过程中，布谢提出至少可以关注间断—均衡理论在问题建构和制度设施两个方面对政策扩散的影响。一方面，问题建构和议题框架会导致政治家对注意力分配的变化，从而对政策创新采取不同看法。外部环境、外生冲击等都会导致政策图景发生变化，这种变化会进一步改变决策者对于政策创新的注意力分配和行为选择逻辑变化。另一方面，政策制定的制度情景会进一步放大政策扩散的间断性，这主要是通过联邦政府的介入和正反馈机制来实现。

格雷姆·布谢还将政策扩散研究与政策设计框架（Policy design framework）联系起来，讨论影响政策设计的社会建构是否同样会对政策采纳的扩散产生影响（Boushey, 2016）。布谢将安妮·施奈特（Anne L. Schneider）和海伦·英格拉姆（Helen Ingram）于1993年提出的政策设计框架的洞见应用到政策扩散研究中，讨论目标群体的形象和权力对于政策扩散的影响，以进一步丰富有关政策属性对于政策扩散的研究，并且形成了一个基于社会建构的政策设计和政策扩散的统一理论（Schneider & Ingram, 1993）。政策设计框架应用于政策扩散研究的理论逻辑是行动者在进行政策采纳时，他们会考虑被采纳政策的目标群体所拥有权力和社会图景。这意味着，州政府更有可能采纳如下政策，即将利益扩大到强大、受欢迎和有权势的目标人群，或给弱势和政治边缘化群体带来负担。而且该项政策越是被全国所关注，这项政策采纳的可能性越大。为此，布谢利用美国的司法正义政策对于上述假设进行了检验，发现当权力和图景一致时政策更容易采纳，而全国关注会增加决策者的回应性，从而促使他们的政策采纳行为。

尼希特·戈亚尔（Nihit Goyal）将政策扩散研究与多源流框架（Multiple Streams Framework, MSF）联系在一起，尝试回答在何种程度上政策企业家可以利用政策扩散推动政策创新（Goyal, 2022）。戈亚尔甚至认为政策扩散研究的一个重要缺陷就是将政策变迁理论与政策扩散研究割裂开，而要实现两者融合首先就需要"研究政策扩散何时、何地、为什么以及如何可能影响政策制定以及何时不影响政策制定"（Goyal, 2022: 642）。在尝试将政策变迁理论与政策扩散研究相结合时，戈亚尔认为多源流框架更好一些，该框架可以讨论政策扩散时期结构、行动者和机会对于政策采纳的影响，并且还可以将政策扩散研究应用于议程设置和政策执行研究。通过引入多源流框架，戈亚尔认为政策扩散可以当作一个外生变量对于问题源流、政策源流和政治源流的影响，即其他地方的政策采纳对于要进行政策采纳的地方而言就是外生冲击，这种外生冲击会分别对问题源流、政策源流和政治源流产生影响，相反这三种源流耦合时能够更好地借鉴其他地方的政策采纳，这也是为什么有些地方能够进行政策采纳，而其他地方不能进行政策采纳的原因。通过引入多源流框架，戈亚尔认为这可以实现政策转移、政策扩散和多源流框架三者统一，实现政策扩散研究中结构与行动者兼顾、微观和宏观的整合，有利于更好地理解政策扩散过程。随后，戈亚尔利用定性和定量的方法，结合印度的建筑物节能扩散进行了研究，解释了为什么这一政策采纳被扩散的程度低。

布鲁斯·德马雷（Bruce A. Desmarais）等研究者将政策扩散研究与政策网络理论相结合，试图通过已经实施的政策采纳行为来推理政策扩散网络，从而更好地回答政策扩散中相互依赖的关键问题（Desmarais, Harden & Boehmke, 2015）。德马雷认为，政策扩散研究的创立者沃克提出的不同州政府之间政策扩散模式这一研究问题没有得到很好的回答，很多研究者关注单一政策扩散的研究，而忽略了所有政策扩散而形成的州政府之间扩散模式。于是，德马雷指出政策扩散研究需要重新回到政策扩散的基本问题，即州政府之间政策扩散模式呈现什么特征。这意味着，研究者需要探究政策扩散网络（policy diffusion network），厘清州与州之间潜在隐藏的扩散网络，从而利用这一扩散网络来解释政策采纳行为。这也意味着，政策扩散网络提供了一种不同于邻近效应的替代解释。对于政策扩散网络，就需要通过对政策采纳和政策扩散的深入研究，分析哪一个州是政策创新的提供者，哪一个州是政策创新的接受者，并且在特定时间内分析不同州之间围绕政策的创新与采纳之间关系形成的潜在扩散网络。如何对政策扩散网络进行推理和分析，以及基于对政策扩散网络的推理再对政策扩散过程进行研究，这成为该研究的重点。他们通过实证研究表明，政策扩散网络确实对政策扩散发挥作用，这为政策扩散研究提供了替代性解释范式。

# 参考文献

［美］安德鲁·肖特：《社会制度的经济理论》，陆铭、陈钊译，上海财经大学出版社2003年版。

［美］安东尼·吉登斯：《社会的构成》，李康，李猛译，生活·读书·新知三联书店1998年版。

［美］埃莉诺·奥斯特罗姆：《公共事务的治理之道》，余逊达、陈旭东译，上海译文出版社2012年版。

［美］保罗·A. 萨巴蒂尔编：《政策过程理论》，彭宗超、钟开斌等译，生活·读书·新知三联书店2007年版。

［美］保罗·A. 萨巴蒂尔、［美］汉克·C. 詹金斯-史密斯：《政策变迁与学习：一种倡议联盟途径》，邓征译，北京大学出版社2011年版。

［美］戴维·L. 韦默、［加］艾丹·R. 瓦伊宁：《公共政策分析理论与实践》，刘伟译校，中国人民大学出版社2013年版。

［美］戴维·M. 克雷普斯：《博弈论与经济模型》，商务印书馆2006年版。

［美］丹尼尔·卡尼曼：《思考，快与慢》，胡晓姣、李爱民、何梦莹译，中信出版社2012年版。

［美］弗兰克·鲍姆加特纳、［美］布赖恩·琼斯：《美国政治中的议程与不稳定性》，北京大学出版社2011年版。

高奇琦、张鹏：《英国"脱欧"与欧洲一体化前景：一种新结构政治学的分析》，《探索》2019年第1期。

［美］哈罗德·D. 拉斯韦尔：《政治学：谁得到什么？何时和如何得到》，商务印书馆2009年版。

黄璜：《政策科学再思考：学科使命、政策过程与分析方法》，《中国行政管理》2015年第1期。

［美］孔飞力：《中国现代国家的起源》，陈兼、陈之宏译，生活·读书·新知三联书店 2013 年版。

李文钊：《多中心的政治经济学——埃莉诺·奥斯特罗姆的探索》，《北京航空航天大学学报》（社会科学版）2011 年第 6 期。

李文钊：《公共政策研究的范式变迁及其超越》，《中国人民大学学报》2019 年第 4 期。

李文钊：《论作为认知、行为与规范的制度》，《公共管理与政策评论》2017 年第 2 期。

［日］青木昌彦：《比较制度分析》，周黎安译，上海远东出版社 2001 年版。

渠敬东：《项目制：一种新的国家治理体制》，《中国社会科学》2012 年第 5 期。

［冰岛］思拉恩·埃格特森：《经济行为与制度》，吴经邦等译，商务印书馆 2004 年版。

［美］文森特·奥斯特罗姆：《复合共和制的政治理论》，毛寿龙译，三联书店 1999 年版。

吴晓林：《结构依然有效：迈向政治社会研究的"结构—过程"分析范式》，《政治学研究》2017 年第 2 期。

［美］W. 理查德·斯科特：《制度与组织：思想观念与物质利益》，姚伟、王黎芳译，中国人民大学出版社 2010 年版。

肖瑛：《从"国家与社会"到"制度与生活"：中国社会变迁研究的视角转换》，《中国社会科学》2014 年第 9 期。

谢立中：《结构—制度分析，还是过程—事件分析？——从多元话语分析的视角看》，《中国农业大学学报》（社会科学版）2007 年第 4 期。

［美］詹姆斯·M. 布坎南、［美］戈登·图洛克：《同意的计算：立宪民主的逻辑基础》，陈光金译，上海人民出版社 2014 年版。

张敏：《拉斯韦尔的路线：政策科学传统及其历史演进评述》，《政治学研究》2010 年第 3 期。

周黎安：《中国地方官员的晋升锦标赛模式研究》，《经济研究》2007 年第 7 期。

周雪光、练宏：《政府内部上下级部门间谈判的一个分析模型——以环境政策实施为例》，《中国社会科学》2011 年第 5 期。

周雪光、练宏:《中国政府的治理模式:一个"控制权"理论》,《社会学研究》2012年第5期。

朱旭峰:《中国社会政策变迁中的专家参与模式研究》,《社会学研究》2011年第2期。

Ackrill, R., & Kay, A., 2011, Multiple streams in EU policy-making: The case of the 2005 sugar reform. Journal of European Public Policy, 18 (1): 72-89.

Ackrill, R., Kay, A., & Zahariadis, N., 2013, Ambiguity, multiple streams, and eu policy. Journal of European Public Policy, 20 (6): 871-887.

Alexandrova, P., Carammia, M., & Timmermans, A., 2012, Policy punctuations and issue diversity on the European Council agenda. Policy Studies Journal, 40 (1): 69-88.

Aligica, P., 2014, *Institutional diversity and political economy : the Ostroms and beyond*. Madison Avenue, New York: Oxford University Press.

Amiri, A., Farhangi, F., Pourezzat, P., Rad, G., 2012, Identification of a new plot line in public policy narratives using Narrative policy Framework (NPF) in order to Predict Public Policy Changes in Iran. Journal of International Public Administration, 4 (3): 31-54.

Anderies, J. M., Janssen, M. A., & Ostrom, E., 2004, A framework to analyze the robustness of social-ecological systems from an institutional perspective. Ecology & Society, 9 (1): 243-252.

Araral, E., & Amri, M., 2016, Institutions and the Policy Process 2.0: Implications of the IAD Framework. Peters, B. G., & Zittoun, P., 2016, *Contemporary Approaches to Public Policy*. Palgrave Macmillan.

Arrow, K. J., 2012, Social choice and individual values (Vol. 12). Yale university press.

Bak, P., 2013, How nature works: the science of self-organized criticality. Springer Science & Business Media.

Baratz, M. S., & Bachrach, P., 1962, Two faces of power. American Political Science Review, 56 (4): 947-952.

Basurto X., Kingsley G., McQueen K., Smith M., Weible C. M.,

2010, A Systematic Approach to Institutional Analysis: Applying Crawford and Ostom's Grammar, Political Research Quarterly, Vol. 63, 523-537.

Baumgartner, Frank R., Berry, Jeffrey M., Hojnacki, M., Leech, Beth L. and Kimball, David C., 2009a, Lobbying and policy change: Who wins, who loses, and why. Chicago: University of Chicago Press.

Baumgartner, Frank R., De Boef, Suzanna L., Boydstun, Amber E., 2008, The decline of the death penalty and the discovery of innocence. New York: Cambridge University Press.

Baumgartner, Frank R., & Jones, Bryan D., 2009, Agendas and instability in American politics, 2nd edn. Chicago: University of Chicago Press.

Baumgartner, Frank R., & Jones, Bryan D., 2015, The politics of information: Problem definition and the course of public policy in American. Chicago: University of Chicago Press.

Baumgartner, F. R., Breunig, C., Green-Pedersen, C., Jones, B. D., Mortensen, P. B., Nuytemans, M., & Walgrave, S., 2009b, Punctuated equilibrium in comparative perspective. American Journal of Political Science, 53 (3): 603-620.

Baumgartner, F. R., Green – Pedersen, C., & Jones, B. D., 2006, Comparative studies of policy agendas. Journal of European Public Policy, 13 (7): 959-974.

Baumgartner, F. R., & Jones, B. D., 1991, Agenda dynamics and policy subsystems. The journal of Politics, 53 (4): 1044-1074.

Baumgartner, F. R., & Jones, B. D., 1993, Agendas and instability in American politics. University of Chicago Press.

Baumgartner, F.R., & Jones, B.D., 2015, The politics of information: Problem definition and the course of public policy in America. University of Chicago Press.

Baumgartner, F. R., & Jones, B. D. (Eds.)., 2002, Policy dynamics. University of Chicago Press.

Baumgartner, F. R., Jones, B. D., & Mortensen, P. B., 2014, Punctuated equilibrium theory: Explaining stability and change in public policymaking. Sabatier, P. A., & Weible, C. M. (Eds.). Theories of the policy process. Westview Press, 59-103.

Baumgartner, F. R., Jones, B. D., & Wilkerson, J., 2011, Comparative studies of policy dynamics. Comparative Political Studies, 44 (8): 947-972.

Bendor, J., Moe, T. M., & Shotts, K. W., 2001, Recycling the garbage can: An assessment of the research program. American political science review, 95 (1): 169-190.

Berger, P., & Luckmann, T., 1966, *The social construction of reality: A treatise in the sociology of knowledge.* Garden City, NY: Doubleday.

Berry, F. S., & Berry, W. D., 1990, State lottery adoptions as policy innovations: An event history analysis. American political science review, 84 (2): 395-415.

Berry, F. S., & Berry, W. D., 2018, Innovation and diffusion models in policy research. In Weible, C. M., & Sabatier, P. A. (Eds.). Theories of the policy process. Boulder, CO: Westview Press, 253-297.

Bitektine, A., Haack, P., Bothello, J., & Mair, J., 2020, Inhabited actors: Internalizing institutions through communication and actorhood models. Journal of Management Studies.

Blatter, J., Portmann, L., & Rausis, F., 2022, Theorizing policy diffusion: From a patchy set of mechanisms to a paradigmatic typology. Journal of European Public Policy, 29 (6): 805-825.

Boushey, G., 2012, Punctuated equilibrium theory and the diffusion of innovations. Policy Studies Journal, 40 (1): 127-146.

Boushey, G., 2012, The Punctuated Equilibrium Theory of Agenda Setting and Policy Change. In Araral, E., Howlett, M., & Ramesh, M. Routledge handbook of public policy. New York: Routledge, 138-152.

Boushey, G., 2016, Targeted for diffusion? How the use and acceptance of stereotypes shape the diffusion of criminal justice policy innovations in the American states. American Political Science Review, 110 (1): 198-214.

Braun, D., & Gilardi, F., 2006, Taking "Galton's problem" seriously: Towards a theory of policy diffusion. Journal of theoretical politics, 18 (3): 298-322.

Breunig, C., & Jones, B. D., 2010, Stochastic process methods with an application to budgetary data. Political Analysis, 19 (1): 103-117.

Breunig, C., & Koski, C., 2012, The tortoise or the hare? Incrementalism, punctuations, and their consequences. Policy Studies Journal, 40 (1): 45-68.

Brunner, R. D., 2008, The policy scientist of democracy revisited. Policy Sciences, 41 (1): 3-19.

Buchanan, James M., 1991, *Constitutional Economics*. Cambridge, Massachusetts: Basil Blackwell.

Buchanan, J. M., 1990, The domain of constitutional economics. *Constitutional Political Economy*, 1 (1): 1-18.

Buchanan, J. M., & Tullock, G., 1962, The calculus of consent (Vol. 3). Ann Arbor: University of Michigan press.

Cai, H., & Treisman, D., 2005, Does competition for capital discipline governments? Decentralization, globalization, and public policy. American Economic Review, 95 (3): 817-830.

Cai, H., & Treisman, D., 2009, Political decentralization and policy experimentation. Quarterly Journal of Political Science, 4 (1): 35-58.

Cairney, P., 2012, *Understanding public policy: theories and issues*. Palgrave Macmillan.

Cairney, P., & Jones, M. D., 2016, Kingdon's Multiple Streams Approach: What Is the Empirical Impact of this Universal Theory? . Policy Studies Journal, 44 (1): 37-58.

Campbell, D. T., 1969, Reforms as experiments, *American Psychologist*, Vol. 24 (4): 409-429.

Chun, Y. H., & Rainey, H. G., 2005, Goal ambiguity in US federal agencies. Journal of Public Administration Research and Theory, 15 (1): 1-30.

Clemons, R. S., Mcbeth, M. K., & Kusko, E., 2012, Understanding the role of policy narratives and the public policy arena: obesity as a lesson in public policy development. *World Medical & Health Policy*, 4 (2): 1-26.

Coase, R. H., 1960, The Problem of Social Cost. Journal of Law and Economics, 3: 1-44.

Cobb, R., Ross, J. K., & Ross, M. H., 1976, Agenda building as a comparative political process. American political science review, 70 (1): 126-138.

Cobb, R. W., & Elder, C. D., 1971, The politics of agenda-building: An alternative perspective for modern democratic theory. The Journal of Politics, 33 (4): 892-915.

Cohen, M. D., & March, J. G., 1974, Leadership and ambiguity: The American college president. New York, NY: McGraw-Hill.

Cohen, M. D., & March, J. G., 1986, Leadership and ambiguity: The American college president (2nd ed). Boston, MA: Harvard Business School Press.

Cohen, M. D., March, J. G., & Olsen, J. P., 1972, A garbage can model of organizational choice. Administrative Science Quarterly, 17 (1): 1-25.

Cohen, M. D., March, J. G., Olsen, P. J., 2012, "A Garbage Can Model" At Forty: A Solution that Still Attracts Problems. In Lomi, A. & Harrison, J. R., eds. The Garbage Can Model of Organizational Choice: Looking Forward at Forty. Bingley, UK: Emerald Books.

Crawford, S. E., & Ostrom, E., 1995, A grammar of institutions. American political science review, 89 (3): 582-600.

Crow, D. A., & Lawlor, A., 2016, Media in the policy process: using framing and narratives to understand policy influences. *Review of Policy Research*, 33 (5): 472-491.

Dahl, R. A., & Lindblom, C. E., 1953, Politics, economics and welfare: planning and politico-economic systems, resolved into basic processes. New York: Harper & Brothers.

DeLeon, P., 1988, Advice and consent: The development of the policy sciences. New York: Russell Sage Foundation.

DeLeon, P., 1990, Participatory policy analysis: Prescriptions and precautions. Asian Journal of Public Administration, 12 (1): 29-54.

Deleon, P., 1995, Democratic values and the policy sciences. American Journal of Political Science, 39 (4): 886-905.

DeLeon, P., 1997, Democracy and the policy sciences. SUNY Press.

DeLeon, P., 1999, The stages approach to the policy process: What has it done? Where is it going. In Sabatier, P. A. Theories of the policy process. Boulder, CO: Westview, 19-32.

Deleon, P., 2005, Social construction for public policy. Public Administration Review, 65 (5): 635-637.

DeLeon, P., 2006, The historical roots of the field. In Moran, M., Rein, M., & Goodin, R. E. Ed. *The Oxford handbook of public policy*. Oxford: Oxford University Press.

DeLeon, P., & Vogenbeck, D. M., 2007, The policy sciences at the crossroads. In Frscher, F., Miller, G. J., & Sidney, M. S., 2007, *Handbook of Public Policy Analysis: Theory, Politics, and Methods*. Boca Raton, London, and New York: CRC Press.

Denzau, Arthur T., & North, Douglass. C., 2000, "Shared Mental Models: Ideologies and Institutions.", In Tetlock, Philip E., Lupia, A., McCubbins, Mathew D., Popkin, Samuel L., eds, *Elements of Reason – Cognition, Choice, and the Bounds of Rationality*, 23-46. Cambridge: Cambridge University Press.

Desmarais, B. A., Harden, J. J., & Boehmke, F. J., 2015, Persistent policy pathways: Inferring diffusion networks in the American states. American Political Science Review, 109 (2): 392-406.

DiAlto, S. J., 2005, From "problem minority" to "model minority": The changing social construction of Japanese Americans. In Schneider, A. L., & Ingram, H. M. *Deserving and entitled: Social constructions and public policy*, 81-103. Albany: State University of New York Press.

DiMaggio, P. J., & Powell, W. W., 1983, The iron cage revisited: Institutional isomorphism and collective rationality in organizational fields. American sociological review, 48 (2): 147-160.

Dodge, J., 2015, Indication and inference: reflections on the challenge of mixing paradigms in the narrative policy framework. *Critical Policy Studies*, 9 (3): 361-367.

Downs, A., 1957, An economic theory of political action in a democracy. Journal of political economy, 65 (2): 135-150.

Dryzek, J. S., 1989, Policy sciences of democracy. *Polity*, 22 (1): 97-118.

Dudley, G., Parsons, W., Radaelli, C. M., & Sabatier, P., 2000, Symposium: theories of the policy process. Journal of European Public Policy, 7 (1): 122-140.

Durnova, A., Fischer, F., & Zittoun, P., 2016, Discursive Approaches to Public Policy: Politics, Argumentation, and Deliberation. In Peters, B. Gug, Zittoun, P., ed Contemporary Approaches to Public Policy (pp. 35-56). London: Palgrave Macmillan UK.

Easton, D., 1950, Harold Lasswell: policy scientist for a democratic society. Journal of Politics, 12 (3): 450-477.

Eissler, R., Russell, A., & Jones, B. D., 2016, The Transformation of Ideas: The Origin and Evolution of Punctuated Equilibrium Theory. In Peters, B. G., & Zittoun, P. (Eds.). Contemporary Approaches to Public Policy: Theories, Controversies and Perspectives. London: Palgrave Macmillan UK.

Elazar, D. J., 1987, Exploring federalism. University of Alabama Press.

Eldredge, N., Gould, Stephen, J., 1972, "Punctuated Equilibria: An Alternative to Phyletic Gradualism." In Schopf, Thomas, J. M., ed. Models in Paleobiology, San Francisco: Freeman, Cooper, 82-115.

Falkner, G. (Ed.), 2011, The EU's decision traps: comparing policies. OUP Oxford.

Farr, J., Hacker, J. S., & Kazee, N., 2006, The policy scientist of democracy: The discipline of Harold D. Lasswell. American Political Science Review, 100 (4): 579-587.

Farr, J., Hacker, J. S., & Kazee, N., 2008, Revisiting lasswell. Policy Sciences, 41 (1): 21-32.

Fischer, F., 1995, Evaluating Public Policy. Belmont, CA: Wadsworth.

Fischer, F., 2003, *Reframing Public Policy: Discursive Politics and Deliberative Practices*. Oxford: Oxford University Press.

Fischer, F., 2003, Reframing public policy: Discursive politics and deliberative practices. Oxford University Press.

Fischer, F., & Gottweis, H., 2013, The argumentative turn in public policy revisited: twenty years later. Critical Policy Studies, 7 (4): 425-433.

Fischer, F., & Gottweis, H. (Eds.), 2012, The argumentative turn revisited: Public policy as communicative practice. Duke University Press.

Fischer, F. & J. Forester. (Eds), 1993, The Argumentative Turn in Policy Analysis and Planning. Durham, NC: Duke University Press.

Fischer, Frank, 2007, Deliberative Policy Analysis as Practical Reason: Integrating Empirical and Normative Arguments. Chapter In Fischer, F., Miller, Gerald, J., Mara, S. (eds.), Handbook of public policy analysis: theory, politics, and methods, CRC Press.

Flink, C. M., 2017, Rethinking punctuated equilibrium theory: A public administration approach to budgetary changes. Policy Studies Journal, 45 (1): 101-120.

Frank, F., Miller, Gerold, J., & Sidney, Mara, S., 2007, *Handbook of Public Policy Analysis: Theory, Politics, and Methods*. Boca Raton, London, and New York: CRC Press.

Garlick, A., 2023, Laboratories of Politics: There is Bottom-up Diffusion of Policy Attention in the American Federal System. Political Research Quarterly, 76 (1): 29-43.

Gibson, C. C., McKean, M. A., & Ostrom, E., 2000, *People and forests: Communities, institutions, and governance*. MA: MIT Press.

Gilardi, F., 2010, Who learns from what in policy diffusion processes?. American journal of political science, 54 (3): 650-666.

Gilardi, F., 2016, Four ways we can improve policy diffusion research. State Politics & Policy Quarterly, 16 (1): 8-21.

Gilardi, F., Shipan, C. R., & Wüest, B., 2021, Policy diffusion: The issue-definition stage. American Journal of Political Science, 65 (1): 21-35.

Gilardi, F., & Wasserfallen, F., 2019, The politics of policy diffusion. European Journal of Political Research, 58 (4): 1245-1256.

Gould, S. J., 2007, Punctuated equilibrium. Harvard University Press.

Goyal, N., 2022, Policy Diffusion Through Multiple Streams: The

(Non -) Adoption of Energy Conservation Building Code in India. Policy Studies Journal, 50 (3): 641-669.

Graham, E. R., Shipan, C. R., & Volden, C., 2013, The diffusion of policy diffusion research in political science. British journal of political science, 43 (3): 673-701.

Granovetter, Mark, S., 1973, The Strength of Weak Ties. American Journal of Sociology, 78 (6): 1360-1380.

Gray, G., & Jones, Michael, D., 2013, Constructing Campaign Finance Policy Realities: Elite Stories of Expression and Equality. Paper prepared for the International Conference on Public Policy meeting, Grenoble, France, June.

Gray, V., 1973, Innovation in the states: A diffusion study. American political science review, 67 (4): 1174-1185.

Green-Pedersen, C., & Walgrave, S. (Eds.), 2014, Agenda setting, policies, and political systems: A comparative approach. University of Chicago Press.

Griggs, S., 2007, Rational choice in public policy. In Fischer, F., Miller, Gerald, J., Sidney, Mara, S. (eds.), Handbook of public policy analysis: theory, politics, and methods, CRC Press.

Hajer, Maarten A., 1995, *The Politics of Environmental Discourse: Ecological Modernization and the Policy Process.* New York: Oxford University Press.

Hajer, M. A., & Wagenaar, H. (Eds.), 2003, Deliberative policy analysis: understanding governance in the network society. Cambridge University Press.

Hayek, F. A., 1943, The facts of the social sciences. Ethics, 54 (1): 1-13.

Hayek, F. A., 1945, The use of knowledge in society. The American economic review, 35 (4): 519-530.

Hayek, F. A., 2013, The constitution of liberty: The definitive edition. Routledge.

Heclo, H., 1974, Modern social politics in Britain and Sweden. New Haven and London: Yale University Press.

Heclo, H., 1978, Issue Networks and the Executive Establishment. In King, A., ed., The New American Political System. Washington, D. C.: American Enterprise Institute.

Heikkila, T., & Cairney, P., 2014, A Comparison of Theories of the Policy Process. In Theories of the Policy Process, ed. Paul Sabatier, and Christopher Weible. Boulder, CO: Westview Press.

Heikkila, T., & Gerlak, A. K., 2013, Building a conceptual approach to collective learning: lessons for public policy scholars. Policy Studies Journal, 41 (3): 484-512.

Heikkila, T., Pierce, Jonathan, J., Gallaher, S., Kagan, J., Crow, Deserai, A., and Weible, Christopher, M., 2014, Understanding a Period of Policy Change: The Case of Hydraulic Fracturing Disclosure Policy in Colorado. *Review of Policy Research*, 31 (2): 65-87.

Herman, D., 2009, Basic Elements of Narrative. Oxford: Wiley-Blackwell.

Herweg, N., 2016, Explaining European agenda-setting using the multiple streams framework: the case of European natural gas regulation. Policy Sciences, 49: 13-33.

Herzberg, R. Q., 2015, Governing their commons: Elinor and Vincent Ostrom and the Bloomington School. , Public Choice, Vol. 163: 95-109.

Hjern, B., & Porter, D. O., 1981, Implementation Structures: A New Unit of Administrative Analysis. Organization Studies, 2 (3): 211-227.

Hofferbert, R. I., 1974, The study of public policy. Indianapolis: Bobbs-Merrill.

Holstein, Janes, A., & Gubrium, Jober, F. (Eds.), 2008, *Handbook of constructionist research*. New York: The Guilford Press.

Howlett, M., & Lejano, R. P., 2012, Tales From the Crypt: The Rise and Fall (and Rebirth?) of Policy Design. Administration & Society, 45 (3): 357-381.

Hurwicz, L., 1996, Institutions as Families of Game Forms. , The Japanese Economic Review, Vol. 47 (2): 113-132 .

Hurwicz, L., 2008, But Who Will Guard the Guardians?, American Economic Review, Vol. 98 (3): 577-585.

Husmann, Maria A, 2013, Obesity: The Elephant in the Room or Why Words and Stories Matter. Master's thesis, Idaho State University, Pocatello.

Hwang, H., Colyvas, J. A., & Drori, G. S. (Eds.), 2019, Agents, Actors, Actorhood: Institutional Perspectives on the Nature of Agency, Action, and Authority. Emerald Group Publishing.

Ingold, K., & Varone, F., 2012, Treating policy brokers seriously: evidence from the climate policy. Journal of Public Administration Research & Theory, 22 (2): 319-346.

Ingram, H., & Schneider, A., 1990, Improving implementation through framing smarter statutes. Journal of Public Policy, 10 (1): 67-88.

Ingram, H., Schneider, A., & Deleon, P., 2007, Social Construction and Policy Design. In *Theories of the Policy Process*, edited by Paul A. Sabatier, 93-126. Boulder, CO: Westview Press.

Ingram, H., & Schneider, A. L., 1991, The choice of target populations. Administration & Society, 23 (3): 333-356.

Jenkins-Smith, H. C., Nohrstedt, D., Weible, C. M., & Sabatier, P. A., 2014, The advocacy coalition framework: Foundations, evolution, and ongoing research. In Sabatier, P. A., & Weible, C. M. (Eds.). Theories of the policy process. Boulder, CO: Westview Press, 183-224.

Jenkins-Smith, H. C., Nohrstedt, D., Weible, C. M., & Sabatier, P. A., 2017, The advocacy coalition framework: Foundations, evolution, and ongoing research. In Weible, C. M & Sabatier, P. A., (Eds.). Theories of the policy process. Boulder, CO: Westview Press: 135-171.

Jenkins-Smith, H. C., & Sabatier, P. A., 1994, Evaluating the advocacy coalition framework. Journal of public policy, 14 (2): 175-203.

Jenkins-Smith, H. C., & Sabatier, P. A., 1999, The advocacy coalition framework: An assessment. In Sabatier, P. A. (Eds.). Theories of the policy process. Boulder, CO: Westview Press, 117-166.

Jenkins-Smith, H. C., St. Clair, G. K., & Woods, B., 1991, Explaining change in policy subsystems: Analysis of coalition stability and defection over time. American Journal of Political Science, 851-880.

John, P., 1998, *Analysing Public Policy*. London: Continuum.

John, P., 2003, Is There Life After Policy Streams, Advocacy Coalitions, and Punctuations: Using Evolutionary Theory to Explain Policy Change?. The Policy Studies Journal 31 (4): 481-98.

John, P., 2012, *Analysing Public Policy*. 2nd London: Routledge.

John, P., & Bevan, S., 2012, What are policy punctuations? Large changes in the legislative agenda of the UK Government, 1911-2008. Policy Studies Journal, 40 (1): 89-108.

Jones, B. D., 1994, Reconceiving decision-making in democratic politics: Attention, choice, and public policy. University of Chicago Press.

Jones, B. D., 2001, Politics and the architecture of choice: Bounded rationality and governance. University of Chicago Press.

Jones, B. D., 2003, Bounded rationality and political science: Lessons from public administration and public policy. Journal of Public Administration Research and Theory, 13 (4): 395-412.

Jones, B. D., 2017, Behavioral rationality as a foundation for public policy studies. Cognitive Systems Research, 43: 63-75.

Jones, B. D., & Baumgartner, F. R., 2005b, A model of choice for public policy. Journal of Public Administration Research and Theory, 15 (3): 325-351.

Jones, B. D., & Baumgartner, F. R., 2012, From there to here: Punctuated equilibrium to the general punctuation thesis to a theory of government information processing. Policy Studies Journal, 40 (1): 1-20.

Jones, B. D., Baumgartner, F. R., & Talbert, J. C., 1993, The destruction of issue monopolies in Congress. American Political Science Review, 87 (3): 657-671.

Jones, B. D., Baumgartner, F. R., & True, J. L., 1998, Policy punctuations: US budget authority, 1947-1995. The Journal of Politics, 60 (1): 1-33.

Jones, B. D., Sulkin, T., & Larsen, H. A., 2003, Policy punctuations in American political institutions. American Political Science Review, 97 (1):

151-169.

Jones, B. D., True, J. L., & Baumgartner, F. R., 1997, Does incrementalism stem from political consensus or from institutional gridlock?. American Journal of Political Science, 1319-1339.

Jones, Bryan D., and Baumgartner, Frank, R., 2005a, The politics of attention. Chicago: University of Chicago Press.

Jones, Bryan D., Baumgartner, Frank, R., Breunig, C., Wlezien, C., Soroka, S., Foucault, M., Francois, A., et al., 2009, A General Empirical Law of Public Budgets: A Comparative Analysis. American Journal of Political Science, 53 (4): 855-873.

Jones, M. D., & McBeth, M. K., 2010, A narrative policy framework: clear enough to be wrong? . Policy Studies Journal, 38 (2): 329-353.

Jones, M. D., Mcbeth, M. K., & Shanahan, E. A., 2014, Introducing the Narrative Policy Framework. In Jones, M. D., Shanahan, E. A., Mark, K. (eds) *The Science of Stories: Applications of the Narrative Policy Framework*, New York: Palgrave.

Jones, M. D., Peterson, H. L., Pierce, J. J., Herweg, N., Bernal, A., Lamberta Raney, H., & Zahariadis, N., 2016, A River Runs Through It: A Multiple Streams Meta-Review. Policy Studies Journal, 44 (1): 13-36.

Jones, M. D., & Radaelli, C. M., 2015, The narrative policy framework: child or monster? . *Critical Policy Studies*, 9 (3): 339-355.

Jones, Michael, D., 2013, Cultural Characters and Climate Change: How Heroes Shape Our Perception of Climate Science. *Social Science Quarterly*, 95 (1): 1-39.

Jones, Michael D., 2014, Communicating Climate Change: Are Stories better than "Just the Facts"? . *Policy Studies Journal*, 42 (4): 644-673.

Jones, Michael, D., Shanahan, Elizabeth, A., & McBeth, Mark, K. Ed., 2014, *The Science of Stories: Applications of the Narrative Policy Framework*, New York: Palgrave.

Jones, Michael D., & Song, G., 2013, Making Sense of Climate Change: How Story Frames Shape Cognition. *Political Psychology*, 35 (4): 447-476.

Jordan, G., 1990, Sub-governments, policy communities and networks: refilling the old bottles? . Journal of theoretical politics, 2 (3): 319-338.

Kahneman, D., & Tversky, A., 1979, Prospect Theory: An Analysis of Decision under Risk. Econometrica, 47 (2): 263-292.

Karch, A., 2007, Democratic laboratories: Policy diffusion among the American states. University of Michigan Press.

Kingdon, J.W., 1984, Agendas, alternatives, and public policies. Boston: Little, Brown.

Kiser, Larry L. & Ostrom, E., 1982, The Three Worlds of Action: A Metatheoretical Synthesis of Institutional Arrangements. In Ostrom, E., eds. Strategies of Political Inquiry, 197-222. Beverly Hills, CA: Sage.

Knox, Claire, C., 2013, Distorted Communication in the Florida Everglades: A Critical Theory Analysis of "Everglades Restoration". *Journal of Environmental Policy & Planning*, 15 (2): 269-284.

Kreps, D.M., 1990, Game theory and economic modelling. Oxford University Press.

Lakatos, I., 1970, "Falsification and the Methodology of Scientific Research Programmes." In Lakaos, I., & Musgrave, A., eds. *Criticism and the Growth of Knowledge*, 170 – 196, Cambridge, MA: Cambridge University Press.

Lam, Wai F., 1998, *Governing Irrigation Systems in Nepal: Institutions, Infrastructure, and Collective Action.* San Francisco: Institute for Contemporary Studies Press.

Larsen-Price, H.A., 2012, The right tool for the job: the canalization of presidential policy attention by policy instrument. Policy Studies Journal, 40 (1): 147-168.

Lasswell, H.D., 1951, "The Policy Orientation", in D. Lernerand H.D. Lasswell, eds., The Policy Sciences: Recent Developments in Scope and Metheds. Stanford: Stonford Vniversity Pess, pp. 3-15.

Lasswell, H.D., 1955, Current studies of the decision process: automation versus creativity. Western Political Quarterly, 8 (3): 381-399.

Lasswell, H.D., 1970, The emerging conception of the policy sciences. Policy sciences, 1 (1): 3-14.

Lasswell, H. D., 1970, "The Emerging Conception of the Policy Sciences", Policy Sciences (1): 3-14.

Lasswell, H. D., 1971, A Pre-View of Policy Sciences. New York: American Elsevier.

Lasswell, H. D., & McDougal, M. S., 1943, Legal education and public policy: Professional training in the public interest. The Yale Law Journal, 52 (2): 203-295.

Lejano, R. P., 2006, Frameworks for policy analysis: Merging text and context. Routledge.

Lejano, R. P., 2015, Narrative disenchantment. Critical Policy Studies, 9 (3): 368-371.

Lerner, D., & Lasswell, Harold, D., 1951, Policy Sciences: Recent Developments in Scope and Method. Stanford: Stanford University Press, pp. 3-15.

Lindblom, Charles E., 1959, The Science of "Muddling Through". Public Administration Review. 19 (2): 79-88.

Li, W., & Weible, C. M., 2021, China's policy processes and the advocacy coalition framework. Policy Studies Journal, 49 (3): 703-730.

Lodge, M., & Taber, C. S., 2005, The primacy of affect for political candidates, groups, and issues: an experimental test of the hot cognition hypothesis. *Political Psychology*, 26 (3): 455-482.

Lomi, A., & Harrison, J. Richard., 2012, The Garbage Can Model of Organizational Choice: Looking Forward at Forty. Bingley, UK: Emerald Books.

Lord, C. G., Ross, L., & Lepper, M. R., 1979, Biased Assimilation and Attitude Polarization: The Effects of Prior Theories on Subsequently Considered Evidence. Journal of Personality and Social Psychology, 37 (11): 2098-2109.

Lowi, T. J., 1992, The state in political science: How we become what we study. *The American Political Science Review*. 86 (1): 1-7.

Lybecker, Donna, L., McBeth, Mark K., & Kusko, E., 2013, Trash or Treasure: Recycling Narratives and Reducing Political Polarisation. *Environmental Politics*, 22 (2): 312-332.

Maggetti, M., & Gilardi, F., 2016, Problems (and solutions) in the measurement of policy diffusion mechanisms. Journal of Public Policy, 36 (1): 87-107.

Majone, G., 1989, Evidence, argument, and persuasion in the policy process. New Haven, CT: Yale University Press.

March, James, G., 1997, Understanding how decisions happen in organizations, in Z. Shapira (Ed), Organizational Decision Making. New York: Cambridge University Press.

March, J. G., 1991, How decisions happen in organizations. Human–computer interaction, 6 (2): 95-117.

March, J. G., 1994, Primer on decision making: How decisions happen. Simon and Schuster.

March, J. G., 2008, Explorations in organizations. Stanford University Press.

March, J. G., 2010, The ambiguities of experience. Ithaca, NY: Cornell University Press.

March, J. G., & Olsen, J. P., 1976, Ambiguity and choice in organizations. Bergen, Norway: Unirersitet forlaget.

March, J. G., & Olsen, J. P., 2008, The logic of appropriateness. In Goodin, R. E., Moran, M., & Rein, M. (Eds.), The Oxford handbook of public policy. Oxford: Oxford University Press.

March, J. G., & Simon, H. A., 1958, Organizations. New York: John Wiley and Sons.

March, J. G., & Weissinger-Baylon, R., 1986, Ambiguity and command: Organizational perspectives on military decision making. Marshfield, MA: Pitman.

Margetts, H. & Hood, C., 2016, Tools Approaches. In Peters, B. G., & Zittoun, P., eds. *Contemporary Approaches to Public Policy*. London: Palgrave Macmillan.

Marsh, D., & Rhodes, R. A. W., 1992, Policy networks in British government. Clarendon Press.

Mayntz, R., Scharpf, F. W., 1975, Policy making in the German federal bureaucracy. Amsterdam and New York: Elsevier.

Mazur, A., 1981, The dynamics of technical controversy. Washington, D. C: Communications Press.

McBeth, Mark, K., and Shanahan, Elizabeth, A., 2004, Public Opinion for Sale: The Role of Policy Marketers in Greater Yellowstone Policy Conflict. Policy Sciences, 37 (3): 319-338.

McBeth, Mark, K., Jones, Michael, D., & Shanahan, Elizabeth, A., 2014, The Narrative Policy Framework. Chapter in Paul A. Sabatier and Christopher Weible (Eds.), *Theories of the Policy Process* (3rd edition), Boulder: Westview Press.

McBeth, Mark K., Lybecker, Donna, L., & Garner, Kacee A., 2010a, The Story of Good Citizenship: Framing Public Policy in the Context of Duty-Based Versus Engaged Citizenship. *Politics & Policy*, 38 (1): 1-23.

McBeth, Mark K., Shanahan, Elizabeth, A., Arrandole Anderson, Molly, C., & Rose, B., 2012, Policy Story or Gory Story?: Narrative Policy Framework, YouTube, and Indirect Lobbying in Greater Yellowstone. Policy & Internet 4 (3-4): 159-183.

McBeth, Mark, K., Shanahan, Elizabeth, A., Hathaway, Paul, L., Tigert, Linda, E., & Sampson, Lynette, J., 2010b, Buffalo Tales: Interest Group Policy Stories in Greater Yellowstone. *Policy Sciences*, 43 (4): 391-409.

McBeth, Mark, K., Shanahan, Elizabeth, A., & Jones, Michael, D., 2005, The Science of Storytelling: Measuring Policy Beliefs in Greater Yellowstone. *Society and Natural Resources*. 18 (5): 413-429.

McBeth, M. K., Shanahan, E. A., Arnell, R. J., & Hathaway, P. L., 2007, The intersection of narrative policy analysis and policy change theory. Policy Studies Journal, 35 (1): 87-108.

McCann, P. J. C., Shipan, C. R., & Volden, C., 2015, Top-down federalism: State policy responses to national government discussions. Publius: The Journal of Federalism, 45 (4): 495-525.

Meijerink, S., & Huitema, D., 2010, Policy entrepreneurs and change strategies: lessons from sixteen case studies of water transitions around the globe. Ecology & Society, 15 (2): 21.

Meltsner, A. J., 1976, Policy analysts in the bureaucracy. Berkeley: University of California Press.

Merry, M. K., 2016, Constructing policy narratives in 140 characters or less: the case of gun policy organizations. Policy Studies Journal, 44 (4): 373-395.

Mertens, D. M., & Wilson, A. T., 2012, Program evaluation theory and practice: A comprehensive guide. New York and Lodon: Guilford Press.

Mettler, S., & Sorelle, M., 2014, Policy feedback theory. In Sabatier, Paul, A., &Weible, Christopher, M., eds. *Theories of the Policy Process*, 151-181. Boulder, CO: Westview Press.

Mettler, S., & Soss, J., 2004, The consequences of public policy for democratic citizenship: bridging policy studies and mass politics. *Perspectives on Politics*, 2 (1): 55-73.

Meyer, R. E., & Vaara, E., 2020, Institutions and actorhood as co-constitutive and co-constructed: the argument and areas for future research. Journal of Management Studies, 57 (4): 898-910.

Miller, H. T., 2015, Scientism versus social constructionism in critical policy studies. Critical Policy Studies, 9 (3): 356-360.

Mohr, L. B., 1969, Determinants of innovation in organizations. American political science review, 63 (1): 111-126.

Nohrstedt, D., 2010, Do advocacy coalitions matter? Crisis and change in Swedish nuclear energy policy. Journal of public administration research and theory, 20 (2): 309-333.

North, D.C., 2005, *Understanding the Process of Economic Change*.Princeton, Princeton: Princeton University Press.

Novotný, V., & Polášek, M., 2016, Multiple streams approach and political parties: modernization of Czech Social Democracy. Policy Sciences, 49 (1): 89-105.

Nowlin, M. C., 2011, Theories of the policy process: state of the research and emerging trends. Policy Studies Journal, 39 (s1): 41-60.

Oakerson, Ronald J., 1992, "Analyzing the Commons: A Framework." In Daniel W. Bromley et al., eds., *Making the Commons Work: Theory, Practice, and Policy*, pp. 41-59. San Francisco: Institute for Contemporary Studies Press.

Ostrom, Cox, & Schlager., 2014, An Assessment of the Institutional Analysis and Development Framework and Introduction of the Social-Ecological Systems Framework. In Sabatier, Paul A & Christopher M. Weible., 2014, *Theories of the Policy Process*. 3nd ed. Boulder, CO: Westview Press.

Ostrom, E., 1986, An agenda for the study of institutions. Public Choice, 48 (1): 3-25.

Ostrom, E., 1990, Governing the Commons: The Evolution of Institutions for Collective Action. Cambridge University Press.

Ostrom, E., 1990, *Governing the Commons: The Evolution of Institutions for Collective Action*, New York: Cambridge University Press.

Ostrom, E., 2005, Understanding institutional diversity. Princeton, NJ: Princeton University.

Ostrom, E., 2005, Understanding institutional diversity. Princeton: Princeton university press.

Ostrom, E., 2007, A Diagnostic Approach for Going beyond Panaceas., Proceedings of the National Academy of Sciences, Vol. 104 (39): 15181-15187.

Ostrom, E., 2007, Institutional Rational Choice: An Assessment of the Institutional Analysis and Development Framework. In Sabatier, Paul, A., ed. Theories of the Policy Process, Boulder, CO: Westview Press, 21-64.

Ostrom, E., 2010a, A long polycentric journey, The Annual Review of Political Science. Vol. 13: 1-23.

Ostrom, E., 2010b, Beyond Markets and States: Polycentric Governance of Complex Economic Systems, American Economic Review, Vol. 100 (3): 641-672.

Ostrom, E., 2011, Background on the Institutional Analysis and Development Framework. Policy Studies Journal, 39 (1): 7-27.

Ostrom, E., 2014, Do institutions for collective action evolve?, Journal of Bioeconomics, Vol. 16 (1): 3-30.

Ostrom, E. & Basurto, X., 2010, Crafting analytical tools to study institutional change, Journal of Institutional economics, Vol. 7 (3): 317-343.

Ostrom, E., Gardner, R., Walker, J., 1994, *Rules, games, and common-pool resources*, Ann Arbor: University of Michigan Press.

Ostrom, Elinor., 1998, A Behavioral Approach to the Rational Choice Theory of Collective Action: Presidential Address, American Politicac Science Association, American Political Science Review, Vol. 92 (1): 1-22.

Ostrom Elinor., 2005a, "Unlocking Public Entrepreneurship and Public Economies." Discussion Paper No. 2005/01. Helsinki, Finland: *World Institute for Development Economics Research* (UNU/WIDER).

Ostrom, E., & Ostrom V., 2014, *Choice, Rules and Collective Action: The Ostroms on the Study of Institutions and Governance*, The European Consortium for Political Research (ECPR) Press.

Ostrom, E., Parks, Roger, B., & Whitake, Gordon, P., 1978, *Patterns of Metropolitan Policing*, Cambridge, MA: Ballinger Publishing Compang.

Ostrom, E., Walker, J., 2003, *Trust and Reciprocity*: Intesdisciplinary Lessons tor Experimental Research. NewYork: Russell Sage Foundation.

Ostrom, E., Walker, J., & Gardner, R., 1992, Covenants with and without a sword: Self - governance is possible. American political science Review, 86 (2): 404-417.

Ostrom, Vincent., 1975, Public Choice Theory: A New Approach to Institutional Economics. American Journal of Agricultural Economics, Vol. 57 (5): 844-850.

Ostrom, Vincent., 1980, Artisanship and Artifact., Public Administration Review, Vol. 40 (4): 309-317.

Ostrom, Vincent., 1993, Epistemic Choice and Public Choice., Public Choice, Vol. 77 (1): 163-176.

Ostrom, V., & Ostrom, E., 1971, Public Choice: A Different Approach to the Study of Public Administration. Public Administration Review, 31 (2): 203-216.

Ostrom, V., & Ostrom, E., 1977, "Public Goods and Public Choices". In E. S. Savas, ed. *Alternatives for Delivering Public Services: Toward Improved Performance*. Boulder, CO: Westview Press, 7-49.

Patriotta, G., 2020, Actors and Actorhood in Institutional Theory. Journal of Management Studies, 57 (4): 867-872.

Peffley, M. A., & Hurwitz, J., 1985, A hierarchical model of attitude constraint. American Journal of Political Science, 29 (4): 871-890.

Peters, B. G., 2016, Institutionalism and Public Policy. In Peters, B. G., & Zittoun, P. (2016). *Contemporary Approaches to Public Policy: Theories, controverises and Porspectives*. Lodon: Palgrave Macmillan UK.

Peters, B. G., & Zittoun, P., 2016, Contemporary approaches to public policy. Theories, Controversies and Perspectives. London: Palgrave Macmillan UK.

Petridou, E., 2014, Theories of the policy process: contemporary scholarship and future directions. Policy Studies Journal, 42 (S1): S12-S32.

Pierce, J. J., Peterson, H. L., & Hicks, K. C., 2020, Policy change: an advocacy coalition framework perspective. Policy Studies Journal, 48 (1): 64-86.

Pierce, J. J., Peterson, H. L., Jones, M. D., Garrard, S. P., & Vu, T., 2017, There and back again: A tale of the advocacy coalition framework. Policy studies journal, 45 (S1): S13-S46.

Pierce, J. J., Siddiki, S., Jones, M. D., Schumacher, K., Pattison, A., & Peterson, H., 2014, Social construction and policy design: a review of past applications. *Policy Studies Journal*, 42 (1): 1-29.

Pierce, Jonathan, J., Smith-Walter, A., & Peterson, Holly, L., 2014, Research Design and the Narrative Policy Framework. In *The Science of Stories: Applications of the Narrative Policy Framework*, edited by Michael D. Jones, Elizabeth A. Shanahan, and Mark K. McBeth. New York: Palgrave Macmillan US.

Poteete, Amy, R., Jansen, Marco, A., Ostrom, E., 2010, *Working together: Collective action, the commons, and multiple methods in practice*. Princeton, NJ: Princeton University Press.

Pressman, J. L., & Wildavsky, A., 1973, Implementation: How great expectations in Washington are dashed in Oakland; Or, why it's amazing that federal programs work at all, this being a saga of the Economic Development Administration as told by two sympathetic observers who seek to build morals on a foundation (Vol. 708). Berkeley: University of California Press.

Prindle, D. F., 2012, Importing concepts from biology into political science: the case of punctuated equilibrium. Policy Studies Journal, 40 (1): 21-44.

Radaelli, Claudio M., Dunlop, Claire, A., & Fritsch, Oliver., 2013, Narrating Impact Assessment in the European Union. *European Political Science*, 12 (4): 500-521.

Rainey, H. G., & Jung, C. S., 2015, A Conceptual Framework for Analysis of Goal Ambiguity in Public Organizations. Journal of Public Administration Research and Theory, 25 (1): 71-99.

Rawat, P., & Morris, J. C., 2016, Kingdon's "streams" model at thirty: still relevant in the 21st century? . Politics & Policy, 44 (4): 608-638.

Redford, E. S., 1969, Democracy in the administrative state. New York: Oxford University Press.

Riker, W. H., 1980, Implications from the Disequilibrium of Majority Rule for the Study of Institutions. American Political Science Review, 74 (2): 432-446.

Riker, W. H., 2012, The development of American federalism. Springer Science & Business Media.

Riker, William H., 1986, *The Art of Political Manipulation.* New Haven: Yale University Press.

Robinson, S. E., & Eller, W. S., 2010, Participation in policy streams: Testing the separation of problems and solutions in subnational policy systems. Policy Studies Journal, 38 (2): 199-216.

Roe, E., 1994, Narrative policy analysis: Theory and practice. Duke University Press.

Rogers, Everett. M., 1995, Diffusion of innovations. 4th ed. New York: Free Press.

Rose, M., & Baumgartner, F. R., 2013, Framing the poor: Media coverage and US poverty policy, 1960-2008. Policy Studies Journal, 41 (1): 22-53.

Rozbicka, P., & Spohr, F., 2016, Interest groups in multiple streams: specifying their involvement in the framework. Policy Sciences, 49 (1): 55-69.

Sabatier, P. A., 1986, Top-down and bottom-up approaches to implementation research: a critical analysis and suggested synthesis. Journal of public policy, 6 (1): 21-48.

Sabatier, P. A., 1987, Knowledge, policy-oriented learning, and policy change: An advocacy coalition framework. Knowledge, 8 (4): 649-692.

Sabatier, P. A., 1988, An advocacy coalition framework of policy change and the role of policy-oriented learning therein. Policy sciences, 21 (2): 129-168.

Sabatier, P. A., 1991, Toward better theories of the policy process. PS: Political Science & Politics, 24 (2): 147-156.

Sabatier, P. A., 1998, The advocacy coalition framework: revisions and relevance for Europe. Journal of European public policy, 5 (1): 98-130.

Sabatier, P. A., 1999, Theories of the policy process. Boulder, CO: Westview Press.

Sabatier, P. A., 2000, Clear enough to be wrong. *Journal of European Public Policy*, 7 (1): 135-140.

Sabatier, P. A., 2005, From policy implementation to policy change: A personal odyssey. In Reform and change in higher education. Gornitzka, Å., Kogan, M., & Amaral, A. (Eds.). Springer, pp. 17-34.

Sabatier, P. A., 2007, Fostering the development of policy theory. In Theories of the policy process, edited by Paul A. Sabatier, 321-336. Boulder, CO: Westview Press.

Sabatier, P. A., 2007, Theories of the policy process. Boulder, CO: Westview Press.

Sabatier, P. A. & Christopher M. Weible. Ed., 2014, *Theories of the Policy Process*. 3rd ed. Boulder, CO: Westview Press.

Sabatier, P. A. (Eds.), 1999, Theories of the policy process. 1$^{st}$ ed. Boulder, CO: Westview Press.

Sabatier, P. A., & Jenkins-Smith, H. C. (Eds.), 1993, Policy change and learning: An advocacy coalition approach. Boulder, CO: Westview press.

Sabatier, Paul A., Hunter, S., & McLaughlin, S., 1987, The Devil Shift: Perceptions and Misperceptions of Opponents. *Western Political Quarterly*, 40 (3): 449-476.

Sabatier, P. A., & Weible, C. M., 2007, The advocacy coalition framework: Innovations and clarifications. In Sabatier, P. A. (Eds.). Theories of the policy process. Boulder, CO: Westview Press, 189-220.

Sabatier, P. A., & Weible, C. M. (Eds.), 2014, Theories of the policy process. Boulder, CO: Westview Press.

Sabatier, P., Hunter, S., & McLaughlin, S., 1987, The devil shift: Perceptions and misperceptions of opponents. Western Political Quarterly, 40 (3): 449-476.

Sabatier, P., & Mazmanian, D., 1979, The conditions of effective implementation: A guide to accomplishing policy objectives. Policy analysis, 481-504.

Sabatier, P., & Mazmanian, D., 1980, The implementation of public policy: A framework of analysis. Policy studies journal, 8 (4): 538-560.

Sager, F., & Rielle, Y., 2013, Sorting through the garbage can: under what conditions do governments adopt policy programs? . Policy Sciences, 46 (1): 1-21.

Saurugger, S., & Terpan, F., 2016, Do crises lead to policy change? The multiple streams framework and the European Union's economic governance instruments. Policy Sciences, 49 (1): 35-53.

Scharpf, F. W., 1987, A game-theoretical interpretation of inflation and unemployment in Western Europe. Journal of Public Policy, 7 (3): 227-257.

Scharpf, F. W., 1988, The joint-decision trap: Lessons from German federalism and European integration. Public administration, 66 (3): 239-278.

Scharpf, F. W., 1989, Decision rules, decision styles and policy choices. Journal of theoretical politics, 1 (2): 149-176.

Scharpf, F. W., 1990, Games real actors could play: the problem of mutual predictability. Rationality and Society, 2 (4): 471-494.

Scharpf, F. W., 1991, Games real actors could play: The challenge of complexity. Journal of Theoretical Politics, 3 (3): 277-304.

Scharpf, F. W., 1994a, Games real actors could play: positive and negative coordination in embedded negotiations. Journal of theoretical politics, 6 (1): 27-53.

Scharpf, F. W., 1994b, Community and autonomy: Multi-level policy-making in the European Union. Journal of European Public Policy, 1 (2): 219-242.

Scharpf, F. W., 1997, Games real actors play: Actor-centered institutionalism in policy research. Routledge.

Scharpf, F.W., 1999, Governing in Europe: Effective and democratic?. Oxford University Press.

Scharpf, F.W., 2000, Institutions in comparative policy research. Comparative political studies, 33 (6-7): 762-790.

Scharpf, F. W., 2006, The joint-decision trap revisited. JCMS: Journal of Common Market Studies, 44 (4): 845-864.

Scharpf, F. W., 2009, Legitimacy in the multilevel European polity. European Political Science Review, 1 (2): 173-204.

Scharpf, F. W., 2010, Community and autonomy: institutions, policies and legitimacy in multilevel Europe. Frankfurt a. M.: Campus Verlag.

Scharpf, F. W., 2015, After the Crash: A Perspective on Multilevel European Democracy. European Law Journal, 21 (3): 384-405.

Scharpf, F. W., 2017, De-constitutionalisation and majority rule: A democratic vision for Europe. European Law Journal, 23 (5): 315-334.

Scharpf, F. W., 2019, Multilevel democracy: A comparative perspective. In Behnke, F., Broschek, J., & Somicksen, J., eds, Configurations, Dynamics and Mechanisms of Multilevel Governance (pp. 249-271). London: Palgrave Macmillan, Cham.

Schattschneider, E. E. 1960. *The Semi-Sovereign People*. New York:

Holt, Rinehart, & Winston.

Schlager, E., 1995, Policy making and collective action: Defining coalitions within the advocacy coalition framework. Policy sciences, 28 (3): 243-270.

Schlager, E., & Weible, Christopher, M., 2013, New theories of the policy process. Policy Studies Journal, 41 (3): 389-396.

Schneider, A., & Ingram, H., 1988, Systematically pinching ideas: A comparative approach to policy design. *Journal of public policy*, 8 (1): 61-80.

Schneider, A., & Ingram, H., 1990, Behavioral assumptions of policy tools. *The Journal of Politics*, 52 (2): 510-529.

Schneider, A., & Ingram, H., 1993, Social construction of target populations: Implications for politics and policy. *American political science review*, 87 (2): 334-347.

Schneider, A. L., 2012, Punishment policy in the American states from 1890 to 2008: convergence, divergence, synchronous change, and feed-forward effects. *Policy Studies Journal*, 40 (2): 193-210.

Schneider, A. L., & Ingram, H., 2008, Social constructions in the study of public policy. In Holstein, J., & Gubrium, Jaber, F., eds, Handbook of constructionist research, 189-211. New York: Guilford Publications.

Schneider, A. L., Ingram, H., Deleon, P., 2014, Democratic Policy Design: Social Construction of Target Populations. In Sabatier, Paul, A., & Weible, Christophe, M., eds. *Theories of the Policy Process*, 105-149. Boulder, CO: Westview Press.

Schneider, A. L., & Ingram, H. M., 1997, *Policy design for democracy*. Lawrence: University Press of Kansas.

Schneider, A. L., & Ingram, H. M., 2005a, *Deserving and entitled: Social constructions and public policy*. Albany: State University of New York Press.

Schneider, A. L., & Ingram, H. M., 2005b, A response to peter deleon. Public Administration Review, 65 (5): 638-640.

Schneider, A., & Sidney, M., 2009, What is next for policy design and social construction theory? 1. Policy Studies Journal, 37 (1): 103-119.

Schotter, A., 1981, The economic theory of social institutions. Cambridge: Cambridge University Press.

Searle, J. R., 1995, *The Construction of Social Reality*. New York: The Free Press.

Searle, J. R., 2005, What is an institution? *Journal of Institutional Economics*, 1 (1): 1-22.

Shanahan, E. A., Jones, M. D., & Mcbeth, M. K., 2011a, Policy narratives and policy processes. *Policy Studies Journal*, 39 (3): 535-561.

Shanahan, E. A., Jones, M. D., Mcbeth, M. K., & Lane, R. R., 2013, An angel on the wind: how heroic policy narratives shape policy realities. *Policy Studies Journal*, 41 (3): 453-483.

Shanahan, E. A., Jones, M. D., McBeth, M. K., & Radaelli C. M., 2017, The narrative policy framework. In Weible, C. & Sabatier, P. (Eds.). Theories of the policy process. Boulder, CO: Westview Press, 173-213.

Shanahan, Elizabeth, A., McBeth, Mark, K., Arnell, Ruth, J., & Hathaway, Paul, L., 2008, Conduit or Contributor? The Role of Media in Policy Change Theory. *Policy Sciences*, 41 (2): 115-138.

Shanahan, Elizabeth, A., & McBeth, Mark, K., Hathaway, Paul, L., 2011b, Narrative Policy Framework: The Influence of Media Policy Narratives on Public Opinion. *Politics & Policy*, 39 (3): 373-400.

Shepsle, A. Kenneth., 2010, Analyzing Politics: rationality, behavior, and institutions. NewYork: W. W. Norton & Company.

Shepsle, K. A., 1979, Institutional arrangements and equilibrium in multidimensional voting models. American Journal of Political Science, 27-59.

Shepsle, Kenneth A., 2010, Analyzing politics: rationality, behavior, and institutions. New York: W. W. Norton.

Shipan, C. R., & Volden, C., 2006, Bottom-up federalism: The diffusion of antismoking policies from US cities to states. American journal of political science, 50 (4): 825-843.

Shipan, C. R., & Volden, C., 2008, The mechanisms of policy diffusion. American journal of political science, 52 (4): 840-857.

Shipan, C. R., & Volden, C., 2012, Policy diffusion: Seven lessons for scholars and practitioners. Public Administration Review, 72 (6): 788-796.

Siddiki S., Basurto X., Weible C. M., 2012, Using the institutional grammar tool to understand regulatory compliance: The case of Colorado aquaculture., Regulation & Governance, 6 (2): 167-188.

Siddiki S., Weible C. M., Basurto X., Calanni J., 2011, Dissecting Policy Designs: An Application of the Institutional Grammar Tool., Policy Studies Journal, 39 (1): 79-103.

Simon, H., 1983, Reason in human affairs. Stanford, Calif.: Stanford University Press.

Simon, H. A., 1947, Administrative behavior. A study of decision-making processes in administrative organization. New York: Free Press.

Simon, H. A., 1955, A behavioral model of rational choice. The quarterly journal of economics, 69 (1): 99-118.

Simon, H. A., 1956, Rational Choice and the Structure of the Environment. Psychological Review, 63 (2): 129-138.

Simon, H. A., 1957, Models of man; social and rational. New York: John Wiley.

Simon, H. A., 1983, Reason in human affairs. Stanford, CA: Stanford University Press.

Simon, H. A., 1985, Human nature in politics: The dialogue of psychology with political science. American political science review, 79 (2): 293-304.

Simon, H. A., 1996, The sciences of the artificial. MIT press.

Simon, H. A., 1997, Administrative Behavior. Simon and Schuster.

Simon, Herbert A., 1955, A Behavioral Model of Rational Choice., *Quarterly Journal of Economics*, Vol. 69 (1): 99-118.

Simon, Herbert A., 1981, *The Sciences of the Artificial.* 2nd ed. Cambridge, MA: MIT Press.

Simon, Herbert A., 1997, *Administrative behavior: A study of decision-making process in administrative organizations*: 4th edition, New York: The

Free Press.

Speth, J. G., 2008, Punctuated equilibrium and the dynamics of US environmental policy. New Haven and London: Yale University Press.

Stone, Deborah, A., 2002, *Policy Paradox: The Art of Political Decision Making*, Revised Edition, 3rd ed. New York: W. W. Norton & Compang.

Strang, D., & Soule, S. A., 1998, Diffusion in organizations and social movements: From hybrid corn to poison pills. Annual review of sociology, 265-290.

Sætren, H., 2016, From controversial policy idea to successful program implementation: the role of the policy entrepreneur, manipulation strategy, program design, institutions and open policy windows in relocating Norwegian central agencies. Policy Sciences, 49 (1): 71-88.

Taber, C. S., & Lodge, M., 2006, Motivated skepticism in the evaluation of political beliefs. *American Journal of Political Science*, 50 (3): 755-769.

Taber, C. S., & Lodge, M., 2016, The illusion of choice in democratic politics: the unconscious impact of motivated political reasoning. *Political Psychology*, 37 (S1): 61-85.

Tiebout, C. M., 1956, A pure theory of local expenditures. Journal of political economy, 64 (5): 416-424.

Torgerson, D., 1985, Contextual orientation in policy analysis: The contribution of Harold D. Lasswell. Policy Sciences, 18 (3): 241-261.

Torgerson, D., 2007, Promoting the policy orientation: Lasswell in context. In Ficher, F., Miller, G. J., & Sidney, M. S., (eds.) Handbook of Public Policy Analysis: Theory, Politics and Methods, 15-28, CRC Press.

Treisman, D., 2007, The architecture of government: Rethinking political decentralization. Cambridge University Press.

Tuomela, R., 2013, Social ontology: Collective intentionality and group agents. Oxford University Press.

Turnbull, N., 2008, Harold lasswell's "problem orientation" for the policy sciences. *Critical Policy Analysis*, 2 (1): 72-91.

Tversky, A., Kahneman, D., Slovic, P. (Eds.), 1982, Judgment under uncertainty: Heuristics and biases. Cambridge university press.

Van Eeten, Michel J. G., 2007, Narrative Policy Analysis. Chapter In Frank Fischer, Gerald J. Miller, Mara S. Sidney (Eds.), *Handbook of public policy analysis: theory, politics, and methods*, CRC Press.

Volden, C., 2002, The politics of competitive federalism: A race to the bottom in welfare benefits?. American journal of political science, 352–363.

Volden, C., 2006, States as policy laboratories: Emulating success in the children's health insurance program. American journal of political science, 50 (2): 294–312.

Volden, C., 2016, Failures: Diffusion, learning, and policy abandonment. State Politics & Policy Quarterly, 16 (1): 44–77.

Voronov, M., & Weber, K., 2020, People, actors, and the humanizing of institutional theory. Journal of Management Studies, 57 (4): 873–884.

Wagner, P., 2007, Public Policy, Social Science, and the State: An Historical Perspective. In Frank, F., Miller, G., & Sidney, M. ed. *Handbook of Public Policy Analysis: Theory, Politics, and Methods*. Boca Raton, London, and New York: CRC Press.

Walker, James M., 2015, The Bloomington Workshop: multiple methods, interdisciplinary research, and collective action., Public Choice, Vol. 163: 85–93.

Walker, J. L., 1969, The diffusion of innovations among the American states. American political science review, 63 (3): 880–899.

Weible, C. M., Ingold, K., Nohrstedt, D., Henry, A. D., & Jenkins-Smith, H. C., 2020, Sharpening advocacy coalitions. Policy studies journal, 48 (4): 1054–1081.

Weible, C. M., & Sabatier, P. A. (Eds.), 2017, Theories of the policy process. Boulder, CO: Westview Press.

Weible, C. M., Sabatier, P. A., Jenkins-Smith, H. C., Nohrstedt, D., Henry, A. D., & DeLeon, P., 2011, A quarter century of the advocacy coalition framework: An introduction to the special issue. Policy Studies Journal, 39 (3): 349–360.

Weible, C. M., Sabatier, P. A., & McQueen, K., 2009, Themes and variations: Taking stock of the advocacy coalition framework. Policy studies journal, 37 (1): 121-140.

Weible, C. M., & Schlager, E., 2016, The multiple streams approach at the theoretical and empirical crossroads: an introduction to a special issue. Policy Studies Journal, 44 (1): 5-12.

Weimer, D. L., & Vining, A. R., 2017, Policy analysis: Concepts and practice. Routledge.

Weinberg, D., 2008, The philosophical foundations of constructionist research. Gubrium, J. F., & Holstein, J. A. (Eds.). *Handbook of constructionist research*. New York: The Guilford Press, 13-39.

Weiss, C. H., 1977, Research for policy's sake: The enlightenment function of social research. Policy analysis, 531-545.

Weyland, K., 2009, Bounded Rationality and Policy Diffusion: Social sector reform in Latin American. Princeton, New Jersey: Princeton University Press.

Wildavsky, A., 1964, The Politics of the Budgetary Process. Boston: Little, Brown.

Williamson, O. E., 1985, The Economic Institutions of Capitalism: Firms, markets, relational Contracting. Free Press.

Winkel, G., & Leipold, S., 2016, Demolishing dikes: multiple streams and policy discourse analysis. Policy Studies Journal, 44 (1): 108-129.

Wittrock, B., 1991, "Social Knowledge and Public Policy: Eight Models of Interaction", in Wagner, P., Weiss, C. H., Wittrock, B., & Wollmann, H., eds., Social Sciences and Modern States: National Experiences and Theoretical Crossroads. Cambridge: Cambridge University Press, pp. 333-354.

Wolfe, M., 2012, Putting on the brakes or pressing on the gas? Media attention and the speed of policymaking. Policy Studies Journal, 40 (1): 109-126.

Workman, S., Jones, B. D., & Jochim, A. E., 2009, Information processing and policy dynamics. Policy Studies Journal, 37 (1): 75-92.

Worsham, J., & Stores, C., 2012, Pet Sounds: Subsystems, Regimes, Policy Punctuations, and the Neglect of African American Farmers, 1935-2006. Policy Studies Journal, 40 (1): 169-190.

Zahariadis, N., 1999, Ambiguity, Time and Multiple Streams. In Sabatier, Paul A. (ed.). Theories of the Policy Process. Boulder: Westview Press, 74-93.

Zahariadis, N., 2003, Ambiguity and choice in public policy: Political decision making in modern democracies. Georgetown University Press.

Zahariadis, N., 2007, The multiple streams framework: Structure, limitations, prospects. In Sabatier, P. A., Theories of the policy process. Boulder: Westview Press, 65-92.

Zahariadis, N., 2008, Ambiguity and choice in European public policy. Journal of European Public Policy, 15 (4): 514-530.

Zahariadis, N., 2014, Ambiguity and multiple streams. In Sabatier, P. A., & Weible, C. (Eds.). Theories of the policy process. Boulder: Westview Press, 25-59.

Zahariadis, N., 2015a, Plato's receptacle: Deadlines, ambiguity, and temporal sorting in public policy. Zeit der Politik. Nomos Verlagsgesellschaft mb H & Co. KG: 110-130.

Zahariadis, N., 2015b, The shield of Herakles: Multiple streams and the emotional endowment effect. European Journal of Political Research, 54 (3): 466-481.

Zahariadis, N., 2016a, Bounded Rationality and Garbage Can Models of Policy-Making. In Peters, B., Gay, & Zittoun, P., eds. Contemporary Approaches to Public Policy (pp. 155-174). Lodon: Palgrave Macmillan UK.

Zahariadis, N., 2016b, Delphic oracles: ambiguity, institutions, and multiple streams. Policy Sciences, 49 (1): 3-12.

Zahariadis, N., & Exadaktylos, T., 2016, Policies that succeed and programs that fail: Ambiguity, conflict, and crisis in Greek higher education. Policy Studies Journal, 44 (1): 59-82.

Zhang, Y., & Yang, H., 2022, Bureaucratic politics, innovation compatibility, and the dynamic diffusion of subnational decentralization reforms in

China. Review of Policy Research, 40 (4): 553-572.

Zhang, Y., & Zhu, X., 2019, Multiple mechanisms of policy diffusion in China. Public Management Review, 21 (4): 495-514.

Zhang, Y., & Zhu, X., 2020, Career cohorts and inter-jurisdictional innovation diffusion: an empirical exploration in China. International Public Management Journal, 23 (3): 421-441.

Zohlnhöfer, R., 2016, Putting Together the Pieces of the Puzzle: Explaining German Labor Market Reforms with a Modified Multiple-Streams Approach. Policy Studies Journal, 44 (1): 83-107.

# 后　　记

经过近 10 年的努力，《政策过程理论》一书终于要在 2024 年出版。拿到即将付印的书稿，心情仍然有些激动。10 年间，我也从青年学者变为中年学者，切实感受到孔子所言："逝者如斯夫，不舍昼夜。"本书的责任编辑宫京蕾老师嘱咐我写一个简单的后记，这样可以使得著作更加完整。我觉得这是很好的建议，很多时候读者甚至先从阅读后记开始，再转向阅读正文。在此，我想借这个机会把写作本书的源起、主要构思、不足之处等与读者进行分享，这也是另一种形式的知往鉴今。

写作本书的最初动因来自于博士教学，可以说是教学相长的产物。从 2015 年开始，中国人民大学公共管理学院开始推进博士生人才培养改革，要求所有的博士生都上两门基础理论课程，一门是公共管理理论，另一门是公共政策理论，主要是希望所有二级学科的学生都有公共管理和公共政策的素养，促进公共管理学科共同体意识的形成。根据学院安排，毛寿龙教授和我于 2016 年开始给两个博士生课程班中的一个班级讲授《公共政策理论》，我一般会讲授 6—8 次课程。应该说，此前虽然对公共政策理论有学习和研究，但是将之进行系统讲述还是第一次。在开始讲授时，我自己感觉有必要对一些主要的政策过程理论进行系统总结和回顾，于是有了写一本《政策过程理论》著作的冲动。想到就开始行动。2016 年，我与中国社会科学出版社签订了出版合同，拟撰写和出版《政策过程理论》一书。原本以为一两年应该能够完成，没有想到 8 年后才正式出版。中间多次想放弃，但是想到已经签订合同，还是要履行合约，这个信念使得本书能够和读者见面。

政策过程理论相对比较成熟，正在成为一个较为独立的研究领域，本书是对这个领域的回顾，也算是中国学者对这一研究领域的致敬。正是因为成熟，大家都知道有哪些主要理论，最新进展是什么，并且萨巴蒂尔等学者已经邀请了其他学者编辑出版《政策过程理论》一书。在这样的背景之下，我要再写一本书，要写出新意还是很困难的。我自己的想法很简单，能够出版就是成功。当然，除了萨巴蒂尔编辑《政策过程理论》一书之外，很多学者开始编辑类似的《公共政策理论》手册来介绍主要的政策过程理论。如果说我自己还有一点贡献的话，那就是我自己提出来可以从决策、政治和话语三个途径来对政策过程理论进行分类。从决策的途径，我重点介绍了多源流框架、间断—均衡理论、制度分析与发展框架和行动者中心制度主义等4种政策过程理论，从政治的途径，我重点介绍了倡导联盟框架和民主的政策设计理论等两种政策过程理论，从话语的途径，我重点介绍了叙事式政策框架和政策创新与扩散框架等两种政策过程理论。与此同时，国外编辑出版的《政策过程理论》通常由很多学者来撰写，本书是我个人从讲授公共政策理论的角度撰写。在介绍每一个理论时，我尝试对其理论基础、演进过程、框架结构、典型案例、评价与展望等进行系统阐述，希望读者能够对该理论有一个全景式图景，切实理解该理论的核心思想和来龙去脉。我自己有一个小的奋斗目标，就是希望读者阅读了我的介绍文章，就能够真正读懂这一政策过程理论，并以此为基础开展自己的研究。当然，是否能够达到这一目标，这只能由读者来评价。

  《政策过程理论》一书仍然还有很多不足，这些只能在未来继续完善。在最开始的规划中，本书应该是由15章左右构成，打算分成五个篇章，即第一篇导论，第二篇决策途径，第三篇政治途径，第四篇话语途径，第五篇结论，除了第一和第五篇分别由1章组成之外，其他三篇至少由4章组成。在确定了总体构思之后，分步开始写作，后来发现内容太多。如果全部都完成，一方面，可能需要花费更长时间，另一方面，篇幅可能会受到限制。当前一共是由9章构成，已经有40万字了。为此，我们把决策途径、政治途径和话语途径的单独写作文章都没有纳入本次出版，并且还有一些政策过程理论本次也没有在著作中体现，最为典型的包括：政策反馈理论、制度性集体行动、政策网络理论等三个重要的政策过程理论。考虑到本书篇幅限制，这些政策过程理论的介绍，可能未来需要再撰写新的著作。从这个意义上看，本书的出版不是终点，应该说是我从事政策过程理论研究新的起点。展望未来，我一方面还需要继续从事有关政策过程理论的推介工作，另一方面更需要围绕着建构中国自主的公共政策知识体系下更多功夫，为推进科学决策、民主决策和依法决策贡献知识和智慧。

　　本书的出版得到中国人民大学"中央高校建设世界一流大学（学科）和特色发展引导专项资金"的支持。相关章节的部分内容先后在《中国行政管理》《中国人民大学学报》《公共行政评论》《行政论坛》《甘肃行政学院学报》《学海》《南京社会科学》《上海行政学院学报》《江苏行政学院学报》《广西师范大学学报》（哲学社会科学版）等刊物刊出，在此一并致谢。很多同事、同行、学生都对本书的写作给予了帮助，我就不一一列出。家人也给予了很多支持，他们是我写作的重要动力。最后，还是要特别感谢一下本书的责任编辑宫京蕾老师，虽然我们并没有谋面，但是通过一次又一次的编校互动，我仍然能够感受到专业、热情、责任和精益求精，这是本书高品质的保障，让我学到很多！

　　夜已深，就此搁笔。

李文钊

2024 年 5 月 4 日晚于世纪城翠叠园